ANALYSE et POLITIQUE ÉCONOMIQUES

Beat BÜRGENMEIER

Analyse et Politique Économiques

6e édition

ECONOMICA

49, rue Héricart, 75015 Paris

SOMMAIRE

TROISIÈME PARTIE
LES RELATIONS INTERNATIONALES

QUATRIÈME PARTIE
L'ÉCONOMIE : UNE SCIENCE SOCIALE

AVANT-PROPOS

Ce texte d'introduction à l'économie politique est le fruit de plusieurs années d'enseignement à l'Université de Genève, enseignement destiné aux étudiants des sciences économiques et sociales. Il s'adresse à ceux qui cherchent à se familiariser avec l'économie au-delà des lieux communs, et propose une approche méthodique du raisonnement économique.

Les deux premiers chapitres permettent un rapide survol du champ théorique de l'économie ; les chapitres suivants proposent de l'approfondir. L'accent est mis sur une modélisation accessible qui se sert souvent et parallèlement des langages littéraire et graphique. L'utilisation des mathématiques se trouve ainsi réduite au strict minimum. En outre, cette modélisation n'est pas une fin en soi, elle reste un instrument de choix pour la formulation d'une politique dans les différents domaines de la vie économique.

Cette approche ayant manifestement répondu à un besoin, une sixième édition est devenue nécessaire. Elle a été complètement révisée et innove dans les trois domaines suivants :
— Premièrement, la nouvelle édition réserve une place plus grande à l'analyse des échecs de marché.
— Deuxièmement, la quatrième partie intitulée « L'économie, une science sociale » traite d'une manière plus structurée le développement durable.
— Troisièmement, les références à des observations empiriques de la vie économique ont été mises à jour et les rubriques « Pour en savoir plus », qui guident un lecteur intéressé dans les différents domaines de spécialisation, ont été actualisées.

Cette sixième édition, comme les précédentes, a bénéficié, pour sa gestation comme pour sa révision du précieux concours de nombreux collègues et de mes collaborateurs les plus proches. Que tous trouvent ici l'expression de ma profonde gratitude, mais je tiens à remercier tout particulièrement Nicolas Maystre, Cyrill Pasche et Huong Nguyen qui a fourni un travail de réédition remarquable.

INTRODUCTION
ET PREMIERS CONCEPTS

Cette partie introductive délimite l'objet des sciences économiques, présente leurs outils d'analyse, initie le lecteur au fonctionnement d'une économie de marché et introduit les principaux concepts qui permettent l'observation de l'activité économique. Elle est divisée en trois chapitres.

Le premier est entièrement consacré à une introduction au domaine économique et aux premières définitions.

Le deuxième chapitre expose les principes de fonctionnement du marché des points de vue micro- et macro-économiques.

Le troisième, enfin, applique les articulations macro-économiques à l'observation du produit et du revenu national, tout en décrivant les principaux acteurs qui se trouvent à l'origine de toute activité économique.

CHAPITRE I

INTRODUCTION

1.1. Objet de l'économie

Nous sommes tous impliqués dans la vie économique. En tant que consommateurs, nous demandons des biens et des services et en tant qu'épargnants, nous permettons la formation d'investissements. Pour que nous puissions être consommateurs/épargnants, nous devons disposer de revenus qui à leur tour, ne peuvent nous être versés que s'il y a une activité productrice. Le rôle que nous jouons dans l'économie est donc considérable. Inversement, le rôle que joue l'organisation de l'économie détermine notre comportement. Pourtant, malgré cet intérêt évident pour l'économie, force est de constater que des connaissances solides quant au fonctionnement économique de notre société font souvent défaut parmi le public. En effet, deux impressions se dégagent des commentaires économiques couramment entendus.

La première impression est liée à l'image que le public se fait de la profession d'économiste. On note souvent une confusion entre l'homme d'affaires et l'économiste. Or, il n'est pas certain que les études en économie politique ouvrent forcément au monde des affaires. L'économie politique propose l'étude du fonctionnement global des interactions économiques du point de vue de la société et non pas du point de vue de l'intérêt particulier de certains groupes, entreprises ou individus distincts. Si elle s'intéresse à un aspect particulier, tel que la formation de prix sur un marché distinct, c'est encore ce point de vue désintéressé qui est adopté. Pour délimiter le champ d'investigations de l'économie politique, il est donc utile de la définir. En voici une définition possible :

L'économie politique cherche à savoir comment les ressources productives sont affectées à la production de biens et services qui satisfont au mieux les besoins présents et futurs, individuels et collectifs.

Une telle définition ne nous aide pas forcément à connaître l'objet de l'économie, puisqu'elle fait appel à des termes qui ont une signification précise dans ce domaine et qui réclament à leur tour une définition ; soit, par exemple : qu'est-ce qu'un bien ? Qu'est-ce qu'un service ? Qu'entend-on par ressources productives ? Qu'est-ce qu'un besoin collectif ?

Une des premières difficultés est donc de se familiariser avec le jargon économique dont l'utilisation nous conduit à la réflexion suivante : les termes économiques sont souvent mal utilisés et créent des confusions, dont voici quelques exemples :

— Chaque année, nous apprenons que notre pays est classé parmi « les plus riches » du monde. Les difficultés statistiques de comparaison internationales mises à part, cette affirmation repose sur une confusion entre richesse et revenu. À l'occasion de la publication des chiffres concernant le produit national (mesure de l'activité économique), cette information est pourtant diffusée chaque année. Elle a son origine dans la méconnaissance des phénomènes flux et des phénomènes stocks qui jouent un rôle important dans les mécanismes d'ajustement d'une économie.

— La hausse du prix du pétrole est souvent mise en relation avec l'inflation. L'inflation est définie en économie politique par une hausse générale des prix et la hausse du prix d'un seul produit n'entraîne qu'une modification des prix relatifs. Cette modification des prix relatifs a des conséquences économiques importantes mais elle ne doit pas être confondue avec l'inflation.

— Les États de la plupart des pays occidentaux accusent des déficits importants. Il est devenu courant de comparer ces déficits à ceux qu'enregistre un ménage privé. L'État devient ainsi un ménage qui dépense plus que ses revenus ne le lui permettent. Or, cette comparaison est trop simpliste et donne une fausse idée du rôle que joue l'État dans l'économie.

— Une étude publiée par une grande banque compare le taux de croissance du chiffre d'affaires du secteur bancaire avec celui du produit national pour déterminer si l'importance relative du secteur bancaire ne s'est pas modifiée.

Dans ce cas, cette conclusion est basée sur la confusion entre valeur globale et valeur finale de la production, notions importantes pour mesurer l'activité économique.

L'objectif principal de l'enseignement de l'économie politique est d'expliquer le fonctionnement économique de notre société afin d'éviter ces confusions et préjugés. Pour atteindre ce but, l'essentiel des théories économiques sera exposé de telle manière que certains phénomènes économiques se présentent non pas comme une fatalité mais bel et bien comme une conséquence de l'organisation de notre société.

Cependant, il faut être conscient que la science économique ne peut déterminer elle-même les buts à atteindre. Elle ne peut se donner ses propres objectifs, elle ne peut qu'indiquer la meilleure manière de les atteindre. À ce propos, il est utile de distinguer entre l'aspect positif et normatif de l'économie politique.

1.1.1. *Aspect positif et aspect normatif de l'économie politique*

L'aspect positif, s'inspirant notamment d'une démarche souvent suivie en sciences naturelles, s'appuie sur des faits observables. Il met en lumière des relations causales et cherche à comprendre les mécanismes économiques à partir des informations disponibles. Or, la nature de ces informations, souvent non quantifiables et historiquement uniques, a provoqué une accentuation des méthodes purement déductives, si fréquemment utilisées pour soutenir des conclusions obtenues dans le courant principal de l'économie. Ce courant est certes le mieux représenté par le raisonnement néoclassique (cf. chap. XI) qui s'appuie sur l'hypothèse controversée de la rationalité économique. Le comportement humain est supposé rationnel lorsque les consommateurs maximisent leur satisfaction et les producteurs leurs profits sous contrainte (les différents revenus et des coûts de production, respectivement, en sont des exemples (cf. chap. VIII)). Ce calcul optimal des stratégies prêtées aux consommateurs et aux producteurs est le mieux servi par le mécanisme de marché. Une conclusion importante en suit : le bien-être économique le plus élevé possible est le résultat des stratégies individuelles ; la société n'a pas d'entité propre, elle est formée par l'addition d'individus agissant rationnellement. Cette conclusion s'appuie sur une démarche scientifique valorisant le critère d'efficacité.

L'aspect normatif fait intervenir des jugements de valeurs. Il s'appuie sur une représentation subjective des faits et aborde l'économie comme elle devrait être, compte tenu des critères que seul le mécanisme politique des décisions collectives peut dégager. En effet, la théorie économique admet que chaque acteur économique est parfaitement libre d'exprimer ses jugements de valeur. À la limite, il y aurait autant de points de vue subjectifs que d'agents économiques. Si un point de vue devait dominer, c'est donc seulement celui qui est issu majoritairement d'un processus démocratique valorisant le critère d'équité. L'établissement des lois et des règlements codifie donc des jugements moraux et éthiques sur le plan institutionnel de nos sociétés.

La distinction entre aspect positif et aspect normatif nous apprend également dans quelle mesure l'enseignement de l'économie est idéologique. Des jugements de valeur interviennent toujours dans son explication.

Une illustration de cette problématique est donnée par les objectifs de la politique économique pour lesquels il y a consensus dans la plupart des pays occidentaux. Outre la tâche de montrer comment les atteindre, l'économiste essaie d'expliquer dans quelle mesure ces objectifs sont compatibles entre eux et ne s'excluent pas mutuellement. Ces objectifs sont :
— plein emploi,
— stabilité des prix,
— croissance compatible avec le milieu naturel,
— justice redistributive des revenus et des richesses.

En ce qui concerne les deux premiers objectifs, on constate un lien entre le chômage et l'inflation. Non seulement ces deux objectifs ne peuvent être atteints, mais ils semblent s'exclure mutuellement. La tâche de l'économiste consiste donc à chercher une explication à ce phénomène et à proposer un remède qui réduise à la fois le chômage et l'inflation. En développant des techniques pour lutter contre l'inflation, l'économie est positive, mais en fixant des priorités entre ces deux objectifs, elle devient normative.

Concernant la croissance compatible avec le milieu naturel, l'économiste étudie les facteurs déterminant la croissance économique parmi lesquels se trouvent les ressources non renouvelables telles que l'énergie de source fossile. Le débat sur la nature de la croissance économique est donc du domaine normatif : certains sont adeptes de la croissance soutenue, d'autres, tels les mouvements écologistes, militent pour un développement durable. Le chemin à suivre résulte de la confrontation de ces deux prises de position.

Finalement, en ce qui concerne les inégalités de revenus et de richesse, les économistes proposent des techniques susceptibles de les réduire. Une des techniques, largement appliquée dans les pays occidentaux, est celle de l'impôt progressif (le taux d'imposition s'accroît progressivement avec le revenu), qui permet d'effectuer une redistribution des hauts vers les bas revenus. Le fait de s'occuper d'une telle redistribution ne peut cependant pas remplacer une discussion sur l'importance et l'opportunité d'une telle politique. Or, cette discussion étant normative, elle ne peut être tranchée par l'économiste.

Cette présentation très schématique des aspects positifs et normatifs construit donc une association d'idées entre l'efficacité et la sphère économique d'une part et entre l'équité et la sphère politique d'autre part. Dans cette optique, l'économie de marché est indissociable de la démocratie ; l'une ne va pas sans l'autre. Ainsi, l'application stricte des principes économiques du marché et des principes politiques de la démocratie obéit à une éthique. Or, cette éthique se trouve être mise en question car le besoin d'inclure des aspects éthiques nouveaux dans le domaine économique a fortement augmenté ces dernières années. L'explication de cette tendance tient au fait que la dégradation du milieu naturel par les activités économiques actuelles renforce l'exigence d'une responsabilité intergénérationnelle. Ni la délimitation de l'aspect normatif de l'aspect positif, ni la distinction entre l'efficacité et l'équité ne sont en réalité simples. En voici les deux principales raisons :

1) Bien sûr, il est trop simpliste de distinguer l'aspect normatif de l'aspect positif et d'y associer la sphère politique et la sphère économique. Le monde politique obéit à une logique qui a des traits rationnels et le monde économique reste également déterminé par des jugements de valeur. Il a fallu beaucoup de rhétorique pour ériger le positivisme comme seule norme rationnelle de la conduite économique des hommes. D'une part, la définition de la rationalité économique revêt de la tautologie ; d'autre part, le comportement de l'homme est façonné par les institutions et réciproquement.

En ce qui concerne le contenu tautologique de la définition comportementale, une méthodologie déductive est utilisée pour obtenir des résultats compatibles avec la rationalité économique servant de support aux politiques économiques dans de nombreux domaines. Cela ne signifie pas que l'hypothèse du comportement rationnel des acteurs économiques soit erronée ou qu'elle n'ait pas façonné d'une manière profonde la compréhension que la société a de son propre fonctionnement. Mais en s'appuyant sur cette hypothèse, la modélisation économique ne peut que déboucher sur une analyse des problèmes sociaux réduits à des problèmes d'optimalisation sous contrainte. Non seulement cette hypothèse risque donc de déclencher des raisonnements circulaires, mais elle implique, à travers le modèle du marché, des jugements de valeur propres à la sphère économique et non pas séparés d'elle. Il n'est dès lors plus possible de renvoyer les aspects normatifs à la seule sphère politique et de pratiquer l'étude du fonctionnement de l'économie comme une discipline scientifique dans la pure tradition positiviste. Même si l'éthique n'était que l'expression de jugements de valeur, elle aurait sa place dans l'économie.

En ce qui concerne l'interaction entre le comportement des acteurs économiques et leur cadre institutionnel, force est de constater que les écoles de pensée s'inspirant de la critique institutionnelle du modèle de marché, n'ont pas réussi à infléchir le courant principal de la pensée économique. Ce courant aspire avec force à démontrer des lois économiques indépendantes du lieu et du temps. Or, un dénominateur commun de la critique institutionnelle ayant inspiré une approche socio-politique de l'économie, semble être l'idée que les sciences économiques sont culturellement déterminées et qu'elles sont indissociables de l'histoire de la culture occidentale. Même si l'éthique n'était qu'une manifestation culturelle, elle aurait également sa place dans l'économie.

2) Le marché comme mécanisme allouant efficacement les facteurs de production a tendance à être appliqué à des domaines autres qu'économiques. De nombreuses tentatives témoignent de l'effort intellectuel de soumettre des domaines du droit, de la politique, de la sociologie et de la médecine au raisonnement économique : l'efficacité d'abord, l'équité ensuite. Il est tentant d'interpréter ces tentatives comme l'expression de la prédominance des contraintes de la production sur toutes autres considérations sociales, notamment éthiques.

1.1.2. *L'éthique de l'économie de marché*

Le marché n'est qu'un mécanisme de décisions collectives parmi d'autres. Le processus démocratique et les administrations publiques en sont d'autres exemples. En comparant des mécanismes entre eux, on constate une tendance favorisant des décisions issues non pas du marché ou de la démocratie, mais de la bureaucratie privée et publique. Ce déplacement des mécanismes de décisions collectives vers des solutions administratives a donné lieu à l'émergence de nouvelles mentalités. Non seulement de nouveaux groupes d'électeurs se sont constitués, mais les symboles véhiculés par la société à l'égard de l'économie change sans cesse. Tantôt l'efficacité économique tantôt l'équité sociale sont considérées prioritaires. La théorie économique dominante cherche à résoudre les problèmes d'équité par la croissance. En misant sur l'individualisme concurrentiel du marché, elle montre que cette croissance est optimale. Par contre, l'expérience politique propose de résoudre les problèmes de l'équité par la coopération créant des conditions propices au développement de comportements solidaires. Puisque nos sociétés se caractérisent par autant d'échecs de fonctionnement du marché que de manque de solidarité, le besoin de renforcer les références éthiques dans l'économie s'explique d'autant plus qu'avec la croissance économique, la pollution continue d'augmenter.

L'éthique comme expression de jugements de valeurs ou d'une culture, plus ou moins bien servie par les différents mécanismes de décisions collectives qu'une société a mis en place, pourrait donc trouver une meilleure place dans l'économie. Il suffirait d'admettre que la théorie économique elle-même a un fondement normatif et qu'elle reste un sous-ensemble du tout social. Faudrait-il dès lors conférer à l'éthique une valeur universelle et l'aborder également par une approche positiviste ? Une telle démarche est illustrée par la démonstration du caractère universel des droits de l'homme. Or, si l'éthique est une donnée inhérente à la nature humaine, il faut compléter l'hypothèse du comportement rationnel des acteurs économiques par une dimension supplémentaire. Si cette extension n'est pas tentée, la thèse positiviste sur les valeurs conduirait à les exclure du domaine de la connaissance économique. Les normes éthiques appartiendraient dès lors à la théologie ou à la philosophie politique. Cette rupture doit être évitée. En effet, au lieu d'essayer de démontrer que la rationalité économique est le seul comportement dominant de l'homme généralisable d'une manière indépendante de l'histoire, de la culture et de l'évolution des institutions comme tente de le faire le courant principal de la théorie économique, il est tout à fait concevable de supposer que l'éthique est un trait inhérent et exclusif à l'homme. Une telle approche traiterait l'éthique d'une manière autonome de l'économie et confierait son étude au domaine de la philosophie. Elle serait donc la conséquence d'une théorie économique libérée de tout jugement de valeur et créerait une filière spécialisée pour l'étude de l'éthique. On resterait dans la logique de l'organisation actuelle de la transmission du savoir prisonnière de filières de plus en plus spécialisées.

Afin d'assurer une place durable de l'éthique dans le raisonnement économique, il faut donc non pas rejeter l'hypothèse de la rationalité économique – les stratégies des consommateurs et des producteurs maximisant respectivement soit l'utilité, soit le profit, restent l'expression de motivations importantes dans le comportement humain – mais l'enrichir. Les acteurs économiques n'agissent pas seulement rationnellement, mais également émotionnellement. L'intensité émotionnelle confère dès lors aux actes économiques et sociaux une dimension morale et s'oppose à un discours scientifique basé sur le principe de causalité.

La science économique n'est parvenue à évacuer l'aspect normatif que par une conceptualisation abstraite du fonctionnement de la société en favorisant une méthodologie déductive. Afin d'étudier la réalité sociale sans censure, la science économique doit s'ouvrir sur d'autres disciplines.

Ces quelques remarques permettront peut-être de délimiter la sphère de l'économie politique, mais elles ne dégagent pas les raisons fondamentales qui sont à l'origine d'une étude économique.

1.1.3. *Problématique fondamentale de l'économie politique*

Cette problématique résulte de deux constatations très simples. Premièrement, les ressources productives sont rares. Deuxièmement, les besoins de l'homme sont nombreux. Ces deux constatations conduisent automatiquement à un choix des besoins à satisfaire. Le critère retenu pour arbitrer ce choix est la meilleure satisfaction possible des besoins retenus qui se traduit par une recherche du niveau de vie le plus élevé possible avec les ressources disponibles. Or, cette sélection des besoins requiert un emploi efficace des moyens productifs et exige également une renonciation. Renoncer à satisfaire certains besoins implique un coût que l'économiste appelle le coût d'opportunité. Chaque activité économique entraîne donc un coût de renonciation ou coût d'opportunité.

Voici deux exemples qui permettent de mieux saisir cette notion de coût d'opportunité :
— si un étudiant voulait s'acheter un portable et un vélo VTT, le coût d'opportunité du portable, s'il est choisi, est le coût de renoncer à l'achat du vélo tout terrain ;
— le coût d'opportunité de la protection de l'eau se mesure à la quantité d'autres biens qui auraient pu être produits avec les ressources nécessaires à la construction d'une station d'épuration des eaux.

Outre le choix entre plusieurs biens, intervient également un choix dans le temps. En effet, pendant un certain temps, la consommation d'un ensemble de biens peut être réduite pour faire place à l'épargne, qui permet d'augmenter la consommation future. Le coût d'opportunité de l'épargne est donné par la renonciation à la consommation immédiate.

Pour un individu, nous pouvons nous référer à trois données qui interviennent pour établir ces choix. Premièrement, son revenu, formé dans la plupart des cas par le salaire, deuxièmement le prix des biens qu'il aimerait acheter et troisièmement ses goûts et préférences. Compte tenu de ces trois données, l'individu établit son choix entre plusieurs biens et décide de leur consommation immédiate ou différée.

Cependant, pour passer du niveau de l'individu à celui d'une société entière, il faut également tenir compte du comportement social qui est déterminé par la spécialisation des individus dans des activités pour lesquelles ils ont une aptitude particulière. En effet, une spécialisation accrue permet d'élever le niveau de vie ; des besoins accrus peuvent dès lors être satisfaits.

La division du travail qui en résulte entraîne une complexité croissante de l'appareil de production. Comme la consommation ne se spécialise pas forcément dans le sens de la production, l'échange devient nécessaire. Et comme il faut échanger le produit de sa spécialisation contre d'autres produits, chaque individu devient ainsi dépendant des autres pour satisfaire ses besoins de consommation. Cette interdépendance entre production et consommation soulève donc le problème de l'adaptation de la production aux besoins des individus.

Deux mécanismes sont connus pour assurer cette adaptation de la production de biens aux besoins des individus. Le premier mécanisme est assuré par le marché. Le second mécanisme est assuré par un plan fixant la production et la répartition des biens entre les consommateurs.

Référons-nous, dans un premier temps, au mécanisme du marché. Le marché est un lieu où s'effectuent les transactions entre producteurs et consommateurs. La question qui se pose est de savoir si l'utilité que les consommateurs attachent à un certain bien justifie l'effort de production. Dans une économie en nature, ces transactions sont laborieuses puisque l'échange d'un bien se fait contre un autre bien. C'est le système du troc. La recherche de simplification des échanges a abouti à l'introduction de la monnaie qui devient ainsi un moyen de paiement plus commode. Sur les marchés, on n'échange plus un bien contre un autre bien, mais on échange un bien contre de la monnaie.

Dans une économie monétaire, l'introduction de ce moyen de paiement a d'abord permis la divisibilité des biens. L'idée était d'ajouter, à un troc, un bien qui puisse facilement s'échanger parce qu'il est d'utilité générale. La monnaie s'est donc d'abord introduite sous forme de biens qui avaient la faculté de compenser, lors d'un partage ou d'un échange, l'inégalité de valeur des lots. On a utilisé notamment le sel qui devenait ainsi un bien soulte. Un tel bien doit être parfaitement divisible, objet de besoin général et facile à conserver. C'est la raison pour laquelle le sel fut abandonné et remplacé successivement par le cuivre, l'or et l'argent.

Dans les échanges où un des biens est désigné comme moyen de paiement, la notion de bien s'estompe et celle de l'échange devient importante. Il suffit alors à l'échangeur de trouver un partenaire qui possède ce moyen de paiement grâce auquel il pourra, dans un échange ultérieur, satisfaire ses propres besoins. L'échange est ainsi divisé en deux parties et les difficultés liées au troc sont éliminées. Il y a ceux qui offrent des biens et ceux qui veulent les acquérir. Les échanges sont facilités, deviennent plus nombreux, et la formation de la valeur perd son caractère subjectif. En raison du nombre plus élevé de personnes en présence, le mécanisme d'adaptation de la production à la consommation devient objectif. C'est seulement lorsque l'échange est devenu monétaire que l'on a enfin pu parler de véritable marché avec formation de prix.

ANNEXE

RÉSUMÉ ET DÉFINITION DES TERMES UTILISÉS

Résumé

Presque toutes les ressources productives sont rares, ce qui signifie que l'humanité ne peut pas en disposer comme elle le souhaiterait pour satisfaire ses besoins. Pour cette raison, des choix doivent être faits parmi des possibilités limitées car l'accroissement de la consommation d'un bien implique forcément une diminution de la consommation d'un autre bien.

L'économie politique étudie les différentes options qui sont imposées par ce problème de ressources limitées à des entreprises et ménages et examine le processus de décision à disposition de ces groupes qui est à la base de ce choix. Le schéma suivant reprend ces différentes notions :

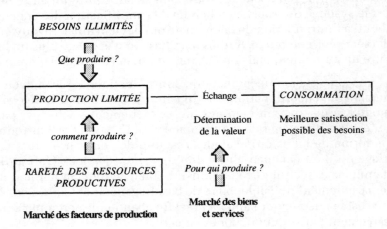

Définition des termes utilisés

Besoins : l'économiste fait la distinction entre les besoins naturels ou physiologiques (manger, dormir) et les besoins psychologiques (fumer, voyager). Les besoins sont généralement, soit imposés s'ils sont d'origine physiologique, soit suggérés s'ils sont d'origine psychologique ou sociale. Le deuxième groupe de besoins se fait sentir par des contraintes, des suggestions, des imitations et par la publicité.

Biens : un bien est tout objet matériel et utile à satisfaire directement ou indirectement un besoin. Nous distinguons un bien de consommation qui satisfait directement un tel besoin, d'un bien de production qui le satisfait indirectement. Seuls les biens en quantités limitées par rapport aux besoins à satisfaire intéressent l'économiste. Un bien économique est donc un bien qui est rare. Il s'oppose à un bien libre tel que l'air et l'eau, qui sont d'ailleurs en train de devenir également des biens économiques par le fait que les mesures anti-pollution entraînent un coût explicite.

Services : un service est toute activité qui sert directement ou indirectement un besoin.

Valeur : elle est le reflet de nos besoins sur les biens et indique l'utilité de ces biens qui sont appelés à satisfaire des besoins. Or, cette satisfaction se heurte à la rareté des biens. En cas de surabondance d'un bien, la rareté disparaît et la valeur s'estompe. La valeur économique n'existe qu'en fonction de la rareté et des besoins existants. Cependant, la protection de l'environnement nous rappelle que la nature peut avoir une valeur intrinsèque en dehors de toute valeur économique.

Rareté : elle se définit sur deux plans :

— pour les biens non productibles, la rareté est fonction de la quantité du bien disponible. Nous parlons de la rareté absolue (bien naturel à l'état brut, création artistique),
— pour les biens reproductibles, la rareté est fonction des coûts de production. Nous parlons de rareté relative.

Ressources productives : elles désignent tout ingrédient nécessaire à l'élaboration d'un bien. Pour simplifier, nous ne tenons compte que de deux facteurs :

— le facteur de production capital (machines et bâtiments constituant l'appareil de production),
— le facteur de production travail (population active).

Malgré cette simplification, des richesses naturelles telles que minerais et terres cultivables sont prises en compte puisque c'est par une combinaison de capital et de travail que nous obtenons leur valorisation.

1.1.4. *Perception individuelle et sociale de l'économie*

Il ne fait aucun doute que la problématique fondamentale de l'économie est perçue différemment selon que l'on se place sur le plan individuel ou social. Pour faire ressortir cette différence, nous décrirons brièvement le déroulement d'une analyse économique.

Une approche scientifique tente, en général, de vérifier une hypothèse au moyen de faits observables. En sciences exactes, ces faits observables peuvent être répétés sous forme d'expériences, tandis qu'en sciences économiques, ils sont uniques et historiques. Pour expliquer ces faits uniques et historiques, nous devons émettre des hypothèses. Supposons, par exemple, que la récession observée dans la plupart des pays occidentaux pendant les années 1975 et 1976 ait été provoquée par la hausse du prix du pétrole. Il s'agit alors de trouver une réponse à deux questions :

— pour quelle raison cette hausse du prix du pétrole provoque-t-elle une récession ?

— comment ce lien de causalité entre prix du pétrole et récession se vérifie-t-il ?

Ces deux questions nous amènent à construire une théorie qui essaie donc de mettre en évidence une relation causale entre deux observations. Cette théorie ne nous permet pas forcément de mieux comprendre la réalité car nous ne connaissons pas ce qui est réel. Nous n'avons qu'une perception subjective de cette réalité. Par conséquent, l'affirmation que quelque chose est uniquement vrai en théorie mais ne l'est pas en pratique n'est pas fondée. Cette méconnaissance du réel attire donc souvent le reproche que la théorie économique n'est pas réaliste. Or, la question de savoir ce qu'est la réalité ne peut être tranchée, en définitive, par des faits observables. Sur le plan individuel, le réel économique est perçu comme une contrainte (il faut avoir des moyens pour vivre, etc.). De ce fait, nous n'arrivons qu'à grand peine à faire abstraction de notre propre cas pour saisir l'interaction économique au niveau d'un pays, voire au niveau international. Sur le plan social, l'expression collective d'une telle perception ne la rend pas non plus objective. Il est donc loisible de discuter des critères sur la base desquels un phénomène observé est considéré comme réel ou imaginaire ; une théorie ne peut être autre chose qu'une tentative de représenter le réel.

Cette représentation se fait à l'aide de modèles qui simplifient forcément les causes et effets économiques. Il n'est donc pas possible de mesurer la performance d'un modèle avec la réalité. Tout au plus est-il possible d'apprécier un modèle en l'opposant à un modèle alternatif.

Cependant, il faut que chaque modèle soit confronté aux observations qualitatives et quantitatives dont nous disposons de la réalité.

Si un modèle parvient à mieux expliquer les faits qu'un autre, c'est ce modèle qui doit être retenu. Si aucun modèle ne parvient à expliquer les observations, il faut, dans ce cas, avouer l'impuissance de la théorie économique.

Si la comparaison ne se fait qu'entre modèles théoriques, la distinction entre l'aspect normatif et l'aspect positif des sciences économiques perd son sens. Or, insistons sur le fait que n'importe quel modèle économique reste subjectif puisqu'il traduit, si ce n'est que par le choix des hypothèses, une partie de notre système de valeur dans lequel nous vivons. Seule une confrontation des modèles théoriques avec des faits observables est donc garant de progrès des sciences économiques.

1.1.5. *Formalisation de la problématique de l'économie*

Les composantes d'une théorie sont les suivantes :

Définition des termes

Les hypothèses concernant le fonctionnement de l'économie et le comportement des principaux acteurs. Nous distinguons les relations fonctionnelles des paramètres de comportement. Pour exprimer un modèle, trois voies nous sont ouvertes :

1) *Expression mathématique* : l'algèbre est un langage qui décrit un modèle. L'avantage de cette représentation est de pouvoir, dans la plupart des cas, cerner instantanément les variables qui forment le modèle. Un modèle qui relie, par exemple, l'évolution du niveau général des prix à la variation de la masse monétaire peut s'écrire de la manière suivante :

$$P = f(M)$$

C'est une relation fonctionnelle qui stipule que la variation du niveau général des prix (dP) dépend de la variation de la masse monétaire (dM).
Une variable expliquée (P) est mise en relation avec une variable explicative (M) qui, à son tour, peut être expliquée soit à l'intérieur du modèle (variable endogène), soit venir de l'extérieur du modèle (variable exogène). Dans notre exemple, la masse monétaire est une variable exogène car son évolution dépend du comportement de la Banque centrale que nous n'avons pas expliqué dans le modèle.

2) *Expression graphique* : les graphiques nous permettent, d'une manière instantanée, de représenter la causalité entre deux ou plusieurs variables. Ils visualisent le langage algébrique. L'avantage des graphiques est donné par la facilité avec laquelle l'interprétation et l'analyse des données économiques peuvent être faites.

Nous donnerons, en annexe à ce chapitre, quelques exemples de l'utilisation des graphiques en économie.

3) *Expression littéraire* : le modèle est représenté par des mots, ce qui implique une description successive et non pas simultanée des variables.

Les modèles économiques ne cherchent pas seulement à mettre en relation des observations économiques pour découvrir des liens de causalité mais également à expliquer la variation de ces observations dans le temps.

1.1.6. Le temps économique

Nous avons pris l'habitude de raisonner avec un temps mesurable cardinalement, à savoir : exprimer le temps en unité telle qu'année, mois ou jour, à partir par exemple de la naissance de Jésus-Christ. Cette quantification du temps fournit un critère objectif au déroulement des événements.

Or, nous savons qu'à part ce temps mesurable, que l'on peut aussi qualifier d'historique, il existe un temps subjectif qui fait d'un instant pénible – la séance chez le dentiste ou la durée d'un examen – une éternité. Pour cette raison, certains événements économiques sont ressentis plus fortement que d'autres. La crise économique des années trente qui secoua le monde occidental a laissé des traces plus importantes dans la mémoire des générations qui l'ont subie que la formidable expansion d'après la Deuxième Guerre mondiale. Pourtant cette période de croissance a été d'un temps objectif plus long que la crise des années trente et s'est produite plus récemment. Une des conséquences de cette perception subjective de la durée des événements est – mis à part le fait que les théories explicatives des récessions abondent en économie – que le déroulement des événements économiques n'est pas uniforme et que l'économiste ne peut par conséquent pas observer un tout social se répétant immuablement. La réalité économique se fait et se défait donc sans cesse à des rythmes variant d'un événement à l'autre. L'économie n'est jamais régie par des lois et doit donc chercher à s'adapter au déroulement des événements. À partir de cette problématique, plusieurs distinctions sont utilisées en théorie économique.

1) Modèles statiques – modèles dynamiques

L'économiste est conduit à éliminer la dimension temporelle en se référant à des modèles statiques expliquant, par exemple, le comportement des acteurs économiques à un moment donné.

La difficulté d'un tel modèle provient de sa généralisation, car il implique que ce comportement, à un moment donné, reste valable indépendamment du temps historique. Nous donnerons une illustration de cette difficulté en analysant le marché. Le fait que nous sommes, en tant que consommateurs, supposés acheter plus d'une marchandise lorsque son prix baisse, peut être contredit lorsque nous observons le comportement du marché sur une période plus longue.

La référence explicite au temps a conduit à l'élaboration de modèles dynamiques faisant la distinction entre des représentations économiques en statique comparée ou en croissance continue.

Les modèles en statique comparée réunissent deux modèles statiques mais à des moments différents. Nous comparons par exemple la valeur des exportations (X) à une date donnée, à la valeur observée à une date ultérieure pour déterminer le signe de sa variation.

Les modèles de croissance continue cherchent par contre à exprimer, par exemple, cette variation en fonction du temps (t). La représentation formelle la plus simple serait donc :

$$X = f(t)$$

2) La distinction entre flux et stock

L'économiste base son raisonnement sur des observations qui sont des flux et des stocks. Un exemple simple permet de saisir la différence entre ces deux notions. L'eau contenue dans le lac de Genève est un stock, tandis que le débit du Rhône est considéré comme un flux. La différence fondamentale est donc le fait qu'un flux a une dimension temporelle.

Sur le plan économique, cette distinction s'applique parfaitement aux notions de richesse et de revenus. Dans une telle optique, les revenus contribuent à une variation de la richesse selon qu'une partie est épargnée ou non et introduisent donc la dimension temporelle d'accumulation de richesse d'un pays.

3) Les modèles à court terme et à long terme

Si nous nous référons à une période allant jusqu'à une année, l'économiste parle du court terme. Remarquons que la référence aux unités de mesure objective du temps ne devrait pas cacher que la notion du court terme est, en économie, tout à fait subjective. Elle signifie plutôt que l'on se réfère à des périodes pendant lesquelles le comportement des agents économiques ou certaines variables explicatives peuvent être considérées comme étant des facteurs constants.

La conjoncture économique est associée au court terme, à savoir la fluctuation de l'activité économique dans le temps. Par une théorie conjoncturelle, nous cherchons à comprendre avant tout la variation des flux.

La structure économique par contre est associée à un long terme, à savoir la modification des données fondamentales de l'économie. Nous nous référons donc plutôt à des modifications de stocks. Un exemple est donné par les changements technologiques qui transforment les usines et les machines constituant l'appareil productif d'un pays. Or, ces usines représentent bel et bien un stock. Nous verrons qu'il s'agit d'un stock d'un facteur de production particulièrement abstrait, celui du capital.

ANNEXE

UTILISATION DES GRAPHIQUES EN ÉCONOMIE

Les graphiques à deux dimensions sont fréquemment utilisés en économie. Ils représentent le comportement de deux variables économiques. Les valeurs de chacune d'entre elles sont portées sur l'abscisse et l'ordonnée.

En macroéconomie, la règle de mettre la variable expliquée en ordonnée et la variable explicative en abscisse est respectée. En microéconomie, par contre, l'inverse est appliqué – probablement pour des raisons historiques. C'est la raison pour laquelle le prix (variable explicative) apparaît en ordonnée et la quantité (variable expliquée) en abscisse dans le graphique suivant :

Graphique de base utilisé en analyse économique

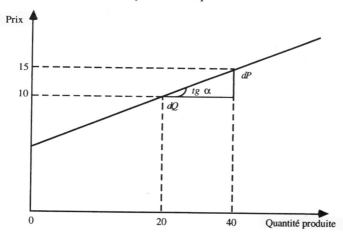

Selon une loi trigonométrique, la pente de cette droite se mesure par l'angle formé dans un triangle par le rapport entre le côté opposé (*dP*) et le côté adjacent (*dQ*) :

$$tg\alpha = \frac{dP}{dQ} = \frac{15-10}{40-20} = \frac{5}{20} = +0,25$$
$$tg\ 14° \approx 0,25$$

La pente d'une courbe à un point particulier (*A*) est égale à la pente de la droite qui est tangente à cette courbe au point donné.

Lorsque nous représentons une relation entre deux variables par une droite, la pente de cette droite nous renseigne en même temps sur l'accroissement relatif des variables. Dans ce cas la pente reste constante quel que soit le point d'observation. Par contre, si nous représentons la causalité entre

Différentes pentes et leur représentation

	COURBES	DROITES

Pentes positives :

$$\frac{dy}{dx} > 0$$

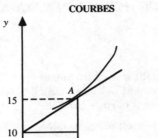

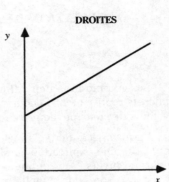

Pentes négatives :

$$\frac{dy}{dx} < 0$$

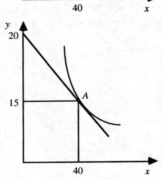

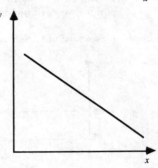

Pente nulle :
(constamment)

$$\frac{dy}{dx} = 0$$

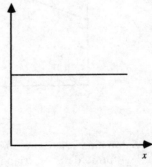

Pente infinie :
(constamment)

$$\frac{dy}{dx} = \infty$$

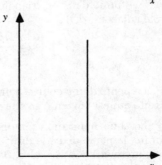

deux variables économiques par une courbe, la valeur de la pente à chaque point de la courbe change.

Utilisation d'un rayon

L'utilisation d'un rayon (une droite qui part de l'origine) peut être également un outil commode en économie. Un rayon particulier est la bissectrice (droite qui part de l'origine et forme un angle de 45° avec chacun des axes). Chaque point sur une bissectrice (point *A* par exemple dans le graphique suivant) est à égale distance de l'axe horizontal et de l'axe vertical. Cette propriété nous permet de définir les égalités entre deux variables économiques. Si, par exemple, nous portons sur l'axe vertical le salaire d'un ménage, et sur l'axe horizontal sa dépense de consommation, un point sur la bissectrice nous indique que le salaire est entièrement consommé. En d'autres termes, puisque le salaire est égal à la consommation, ce ménage ne peut pas constituer une épargne.

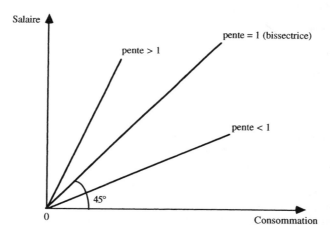

De même, une droite partant de l'origine, qui a une pente supérieure à 1, indique que le salaire est supérieur à la consommation, laissant ainsi la place à une épargne. Par analogie, une droite partant de l'origine, ayant une pente inférieure à 1, représente une situation où la consommation est supérieure au salaire, ce qui implique un endettement.

En plus de ces illustrations très simples, l'économie utilise des graphiques à trois dimensions. Pour éviter le maniement d'un appareil graphique devenu compliqué, ces trois dimensions – trois variables – peuvent être ramenées à une expression à deux dimensions également. Il s'agit de courbes de niveau qui indiquent des niveaux de production ou de consommation différents. Cette représentation graphique peut être comparée à une carte topographique des courbes de niveau représentant les points de même altitude.

Interprétation abusive des graphiques

À l'aide de données qui indiquent l'évolution du revenu national suisse depuis 1970, nous allons mettre en évidence quelques erreurs d'interprétation graphique.

1) Pour qu'une proportion temporelle soit respectée et des distorsions évitées, l'origine doit être indiquée. Dans le graphique ci-dessus, celle-ci se situe en 1970.

Produit intérieur brut à prix courants

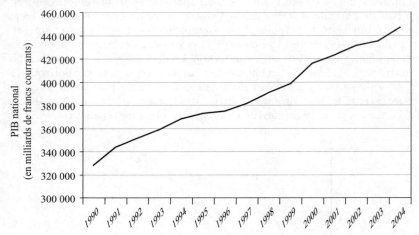

2) Le graphique doit tenir compte d'un choix approprié d'unités de mesure qui expriment les différentes variables économiques. Le choix d'unités trop grandes sur l'axe horizontal engendrera des pentes plus faibles et donnera l'impression que les accroissements sont insignifiants, tandis que le choix d'unités trop faibles engendrera, au contraire, une pente plus raide et des accroissements surdimensionnés. Le choix d'unités sur l'axe vertical influence également la pente, mais cette fois-ci dans le sens inverse.

3) L'interprétation des graphiques qui représentent des taux d'accroissement doit être prudente. Ces graphiques représentent les accroissements relatifs d'une variable économique dans le temps. C'est une illustration utilisée fréquemment et les exemples d'application sont nombreux.

4) En ne choisissant la représentation que d'un certain segment de l'évolution d'une variable économique dans le temps, il est possible de représenter une tendance inverse à celle qui est observée sur de plus longues périodes. Cette utilisation erronée de la représentation graphique est illustrée dans le graphique suivant qui indique le taux de croissance de l'économie suisse pour la période de 1990 à 1994. La tendance à la croissance en Suisse est négative. Or, sur le graphique précédent, le taux de croissance de l'économie suisse pour la dernière décennie est positif.

Différence entre taux d'accroissement et taux de croissance
Le taux d'accroissement est une notion absolue. Il correspond à l'évolution de la variable dépendante par rapport à la variable indépendante. Le taux d'accroissement annuel de la population suisse est égal au nombre d'habitants en plus (ou en moins) qui résident en Suisse durant l'année où le taux est calculé.

Le taux de croissance est une notion relative. Il est égal au taux d'accroissement pondéré par la valeur de la variable dépendante. Le taux de croissance annuel de la population suisse est un chiffre donné en pourcentage. On dit que la population a augmenté à un taux de croissance de x % durant l'année t.

Taux de croissance de l'économie suisse

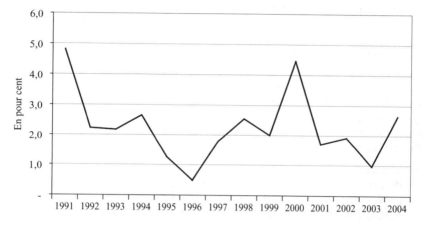

Taux de croissance de l'économie suisse, période sélectionnée

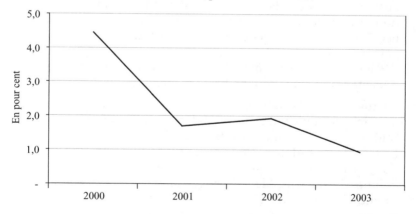

1.2.   L'économie et sa place dans les sciences humaines

1.2.1.   *L'évolution de la pensée économique*

L'économie est une science relativement jeune. On s'est mis d'accord pour fixer la naissance de cette discipline en 1776, date de la parution de *La richesse des Nations*, ouvrage fondamental du penseur anglais Adam Smith. Avec cet auteur, la science économique commence à s'imposer comme une branche indépendante de la philosophie. Jusqu'à cette date, l'économie était représentée dans la pensée de la plupart des philosophes. Si l'on pouvait parler, jusqu'au milieu du XIXe siècle, d'un courant assez uniforme qui déboucha sur la pensée économique libérale, il faut, dès la parution des ouvrages de Karl Marx, tenir compte de deux approches différentes. « L'arbre généalogique » dans une optique polarisée de l'évolution de la pensée économique a donc développé deux branches surtout visibles lors de la « guerre froide ».

a) L'économie de marché s'attachait d'abord à expliquer la formation des prix et trouvait une synthèse dans la théorie néoclassique qui représente aujourd'hui encore le courant principal. Cette théorie met en évidence l'allocation des facteurs de production à long terme et s'occupe donc de l'explication des phénomènes structurels de l'économie. Elle a été battue en brèche par la théorie keynésienne qui, dans le domaine conjoncturel, traitait de l'explication des phénomènes à court terme de l'économie. Dans la théorie néoclassique, la monnaie jouait seulement le rôle de moyen de paiement, n'ayant pas d'impact sur les données fondamentales de l'économie. Il appartient à Milton Friedman d'avoir montré le rôle plus étendu de la monnaie dans l'économie.

b) La théorie de l'économie planifiée est née de l'interprétation marxiste de la valeur. Dans les définitions introduites jusqu'à présent, la notion de valeur est le reflet de nos besoins sur les biens. La valeur dépend donc de la demande et la rareté des biens.
   Dans la théorie marxiste par contre, deux notions de valeur sont définies. D'une part, Marx distingue la valeur travail – le salaire qui garantit le minimum vital du travail – et, d'autre part, la valeur échange d'un bien. Comme cette dernière est supérieure à celle obtenue par les travailleurs, il y a une différence appelée plus-value, qui échoit au producteur. La seule source de plus-value est donc le travail. Afin d'éviter une accumulation unilatérale de cette plus-value au détriment des travailleurs, l'État doit dicter la production des biens qui sont socialement nécessaires. La planification a donc un fondement idéologique qui consiste à éviter des inégalités dans la distribution des revenus et de la fortune. Cependant, elle est également une technique d'allocation des ressources productives

qui a trouvé de nombreuses applications dans l'économie de marché telles que l'aménagement du territoire, l'énergie et le transport.

L'évolution de la pensée économique dans une optique polarisée

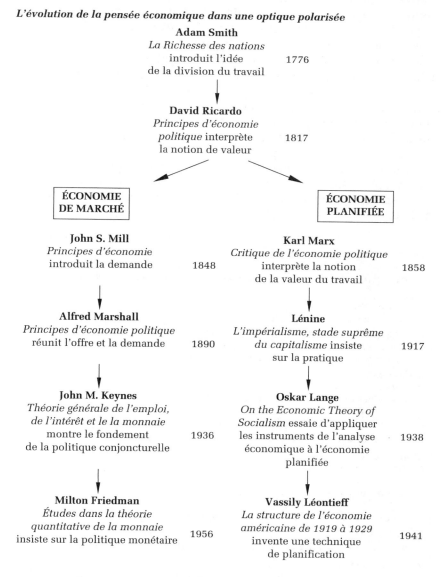

Adam Smith
La Richesse des nations
introduit l'idée   1776
de la division du travail

David Ricardo
Principes d'économie
politique interprète   1817
la notion de valeur

**ÉCONOMIE
DE MARCHÉ**   **ÉCONOMIE
PLANIFIÉE**

John S. Mill   **Karl Marx**
Principes d'économie   *Critique de l'économie politique*
introduit la demande   1848   interprète la notion   1858
                                                                de la valeur du travail

Alfred Marshall   **Lénine**
Principes d'économie politique   *L'impérialisme, stade suprême*
réunit l'offre et la demande   1890   *du capitalisme* insiste   1917
                                                                   sur la pratique

John M. Keynes   **Oskar Lange**
Théorie générale de l'emploi,   *On the Economic Theory of*
de l'intérêt et la monnaie   *Socialism* essaie d'appliquer
montre le fondement   1936   les instruments de l'analyse   1938
de la politique conjoncturelle   économique à l'économie
                                                                       planifiée

Milton Friedman   **Vassily Léontieff**
Études dans la théorie   *La structure de l'économie*
quantitative de la monnaie   *américaine de 1919 à 1929*   1941
insiste sur la politique monétaire 1956   invente une technique
                                                                 de planification

Cette polarisation entre ces deux courants a relégué au second plan un courant de pensée plus ouverte sur d'autres sciences humaines. Nous appelons ce courant intermédiaire de la socio-économie qui rappelle que de nombreux auteurs ayant contribué à l'élaboration du courant de pensée dominant s'intéressaient à l'économie en relation avec le social.

La pensée libérale de la formation de prix sur un marché a été critiquée par les écoles de pensée qui rappelaient que l'économie ne pouvait être détachée de son contexte socio-politique. Ces écoles reprochaient à la pensée économique libérale son réductionnisme ; le degré d'abstraction élevé, nécessaire à l'analyse, néglige l'essentiel, à savoir que l'économie est tributaire des événements du passé (école historique allemande), de son contexte social (école sociologique) et des institutions qui forment notre société (école institutionnaliste). En ce qui concerne les économies des pays du tiers monde, cette critique s'est maintenue jusqu'à nos jours. Le manque de succès, dans le domaine du développement, de l'application des politiques économiques inspirées par la théorie économique de marché, a maintenu en vie des approches globales qui cherchent à expliquer que le développement n'est pas seulement un problème économique, mais un choc culturel nécessitant une mutation en profondeur des structures sociales. De même la dégradation de l'environnement conduit à la question de la myopie des marchés.

« L'arbre généalogique » dans une optique interdisciplinaire se présente comme suit :

L'évolution de la pensée économique dans une optique interdisciplinaire	
Adam Smith *La richesse des nations* se réfère à une dimension morale	1776
Jean-Charles-Léonard Sismonde de Sismondi *Nouveaux principes d'économie politique* insiste sur des conditions sociales de l'économie	1819
John St. Mill *Principes d'économie* évoque pour la première fois des échecs de marché	1848
Alfred Marshall *Principes d'économie politique* montre qu'il y a des effets externes aux marchés	1890
Léon Walras *Études d'économie sociale* présente une trilogie : l'économie pure, l'économie appliquée et l'économie en relation avec le social	1896
Le marché dans une perspective historique, sociologique et anthropologique	
Emile Durkheim montre que le social fait irruption dans le comportement individuel	1893
Thorstein Veblen montre que l'économie est tributaire des institutions sociales	1899
Walter Sombard fonde l'École historique allemande	1902
Max Weber réfléchit sur le lien entre l'économie et la religion	1905

1.2.2. Quelques domaines de spécialisation de l'économie politique

Si la pensée libérale a été vivement critiquée par les économistes institutionnels au début du XXe siècle, tout en connaissant un développement alternatif par la pensée marxiste, elle n'a pas non plus été épargnée par la critique qui émanait de ses propres rangs. La théorie économique conventionnelle s'est donc de plus en plus spécialisée en cherchant à intégrer certaines des critiques auxquelles elle a dû faire face.

Voici les principaux domaines de spécialisation qui en résultent :

• *Distinction entre la micro- et la macroéconomie*
L'analyse macroéconomique concerne l'ensemble de l'économie, tandis que la micro-économie s'occupe de l'étude de comportement de certains agents économiques ou de certains marchés particuliers. La microéconomie privilégie les théories de formation de prix sur des marchés distincts. Elle formait le domaine traditionnel de la pensée libérale du XIXe siècle. Avec les ouvrages de Keynes, l'accent est mis sur l'étude macro-économique qui éclaire les interactions globales.

Cependant, bien que cette distinction soit devenue commode également du point de vue didactique, beaucoup de phénomènes continuent à avoir des répercussions à la fois micro- et macroéconomiques. La variation du revenu au niveau global consécutive à une fluctuation de l'activité économique (phénomène macroéconomique) se répercute sur des marchés particuliers en affectant la demande individuelle ou celle d'un groupe pour un bien particulier (phénomène microéconomique).

• *Le rôle de la monnaie*
Pendant longtemps, la monnaie était considérée comme moyen de paiement facilitant les échanges. Ce rôle neutre dans les interactions économiques a été progressivement mis en doute pour donner naissance à un domaine de spécialisation qui cherche à déterminer dans quelle mesure la monnaie est à l'origine des fluctuations de l'activité économique et influence d'une manière plus active les articulations macro-économiques.

• *Les relations internationales*
Il s'agit essentiellement d'une théorie de commerce et de finance internationaux. Cette branche, dont l'importance grandit après la Deuxième Guerre mondiale, s'occupa de plus en plus de la libéralisation des flux commerciaux et des mouvements de capitaux sur le plan international. Par la suite, elle s'intéressa au problème des relations particulières, notamment entre pays industrialisés et pays en voie de développement. Sa tendance récente est de chercher à intégrer dans

la théorie, non seulement les relations commerciales, mais également les relations financières entre pays.

- *La théorie de la croissance*

L'objectif de ce domaine de la théorie économique est d'expliquer comment a été réalisé l'accroissement, pendant une certaine période, de la production de biens et de services. La théorie de la croissance est une approche des motifs et des causes qui peuvent être à l'origine de l'accroissement du bien-être économique. Elle se distingue des théories du développement dans le sens où elle ne s'occupe guère des problèmes de changements sociaux et de mentalité d'une population, inhérents à une telle croissance.

- *L'économie publique et de l'environnement*

Ce domaine cherche à étudier le rôle de l'État dans l'économie. Il s'occupe notamment de la production des biens collectifs qui ne sont pas échangés sur un véritable marché et qui, ainsi, échappent à une détermination de prix (les Services Industriels, par exemple). En outre, en considérant l'environnement comme un bien public, il a donné lieu à des recommandations de politiques régulatives inspirant notamment les instruments proposés dans le protocole de Kyoto. Enfin, il étudie les effets des différents transferts de revenus tels les impôts, dans un sens, et telles les prestations sociales, dans l'autre.

- Extensions de la théorie économique

De nombreuses recherches tentent d'appliquer la théorie économique à un problème particulier. Citons comme exemples les tentatives d'utiliser la théorie économique, comme outil d'analyse, aux fins d'étude du cadre familial et des interactions sociales ou encore l'économie de l'éducation qui représente également un domaine relativement récent. Il s'agit d'examiner « la production » de l'éducation et d'analyser ses causes et ses effets sur l'ensemble de l'économie. Un aspect particulièrement important est formé par l'analyse des qualifications de la main-d'œuvre requises dans une économie donnée.

1.2.3. Le lien de l'économie avec d'autres sciences sociales

— Les sciences commerciales et industrielles sont probablement, avec l'économétrie, les domaines qui sont les plus proches de l'économie. Les sciences commerciales étudient l'organisation d'une entreprise et proposent donc une analyse approfondie d'un agent économique particulier, à savoir les producteurs. L'étude du fonctionnement d'une entreprise nous renseigne également sur le calcul et la stratégie de ces agents.

— L'économétrie, par contre, cherche à vérifier d'une manière globale les théories, émises sous forme de modèles économiques. Il s'agit essentiellement d'une vérification empirique afin de savoir dans quelle mesure la causalité entre deux ou plusieurs variables économiques peut trouver sa confirmation par des données disponibles. À cette fin, l'économétrie se sert des méthodes statistiques et utilise des techniques d'informatique. Ces domaines sont relativement proches de l'économie, à tel point que certains les considèrent comme partie intégrante des sciences économiques.

— L'histoire économique ajoute une dimension temporelle à toute recherche économique. Certains comportements que l'on ne parvient pas à expliquer dans un modèle peuvent être le fruit de l'héritage du passé et non pas être déterminés par des variables que nous pouvons observer à présent. L'étude du fonctionnement de l'économie au XVIIIe siècle, par exemple, fait ressortir la prépondérance du secteur agricole, et le rôle, encore négligeable, joué par l'épargne. Des notions comme la prépondérance agricole et l'épargne ont une importance capitale dans un processus de croissance.

— La géographie apporte la dimension de l'espace. L'économiste raisonne souvent dans un modèle qui suppose une mobilité parfaite des agents économiques dans l'espace. La géographie lui rappelle les limites de tels modèles. Une collaboration entre géographes et économistes peut aboutir à des modèles de régionalisation qui sont plus proches de préoccupations d'une politique économique opérationnelle.

— La science politique étudie entre autres la formation de la volonté collective. Comment une décision politique est-elle prise et quelle est l'influence des différents groupes de pression ? Or, ces questions sont également d'importance dans le domaine de la politique économique. Si dans une phase de récession, par exemple, l'économiste préconise un rôle plus actif de l'État, il ne peut ignorer le processus politique qui conduit à l'élaboration des moyens d'intervention.

— La démographie. Le lien entre la démographie et l'économie a été étudié au XVIIIe siècle déjà. La croissance démographique a été considérée comme une source de famine. Le potentiel de travail, donc des moyens productifs, croît en principe en relation avec l'évolution démographique. Cette évolution semble suivre une progression géométrique, tandis que la production alimentaire s'accroît selon une progression arithmétique en raison de la rareté du terrain. Ce raisonnement malthusien (selon l'auteur de cette théorie, R. Malthus *Essai sur le principe de la population*, 1798) expose l'humanité au risque de famine. Il est intéressant de noter que ce raisonnement se trouve également à la base de versions plus modernes telles que le rapport du club de Rome de D. Meadows *The Limits to Growth*, New York, 1972.

— La sociologie étudie entre autres le comportement de certains groupes et leur interdépendance. En un sens plus restreint, l'économie s'occupe également des liens entre différents groupes, mais cette fois-ci entre agents économiques. L'économiste étudie, par exemple, le lien qui existe entre les entrepreneurs et les consommateurs. Comme les entrepreneurs sont aussi des consommateurs, le sociologue, quant à lui, cherche, en adoptant des critères tels que les niveaux de revenu, le degré d'éducation et le quartier d'habitation, à déterminer à quelle catégorie chacun de ces agents économiques appartient.

— La psychologie. Sur le plan pratique d'abord, les connaissances dans le domaine psychologique permettent d'affiner l'orientation professionnelle. En termes économiques, l'allocation du facteur de production travail se trouve ainsi améliorée.

Sur le plan théorique ensuite, la psychologie permet de mieux spécifier les paramètres de comportement qui entrent dans les relations fonctionnelles et peuvent éclairer une approche qui explique certains phénomènes par l'attitude des individus face à l'avenir.

Ces quelques remarques mettent en évidence l'importance d'une approche pluridisciplinaire. Dès lors, on peut se demander pourquoi cette approche qui semble si prometteuse n'est pas exploitée plus souvent. Le développement historique de chacune des disciplines qui forment les sciences sociales peut sans doute apporter une première réponse à cette question. En effet, l'évolution de chacune de ses disciplines est indépendante et la spécialisation qui en résulte crée dès lors un problème de langage ; le jargon propre à chacune d'elles rend difficile leur compréhension et leur collaboration. Or, ce motif d'ordre plutôt technique en cache un autre plus fondamental, lié à la démarche même de toute modélisation d'une société. Il découle de la construction abstraite d'une théorie qui simplifie pour mieux cerner les causalités existant entre les différentes variables ou événements sociaux. Or, une approche pluridisciplinaire, plus globale, redeviendrait descriptive et affaiblirait cette analyse des relations causales que les observations empiriques cherchent à mettre en évidence. Nous reprenons cette problématique à la fin de ce livre en traitant, au XVIIe chapitre, le concept de développement durable.

1.2.4. *Les activités économiques réduites au marché ?*

Les activités économiques s'expriment par des formes très variées allant de la gratuité à la coopération jusqu'à la concurrence effrénée. Pour s'en rendre compte, il suffit d'adopter deux critères essentiels pour classer les acteurs économiques, à savoir ceux qui ont un emploi et ceux qui n'en ont pas et ceux qui disposent de revenus et ceux qui n'en disposent pas. Le tableau suivant distingue ainsi quatre groupes d'acteurs économiques :

L'économie en 4 secteurs

	Avec travail	Sans travail
Avec revenus	Travail rémunéré provenant des activités dans : • L'économie de marché • L'économie publique non marchande • L'économie souterraine	Sans travail rémunéré • Rentes • Transferts sociaux • Revenus de la propriété
Sans revenus	Travail non rémunéré provenant des activités dans : • La vie associative • Le bénévolat • Le ménage et l'éducation	Sans travail, non rémunéré • Enfants et jeunes en formation

Le premier ayant du travail rémunéré représente moins que la moitié de la population résidente de notre pays. On peut estimer que ceux qui reçoivent directement leurs revenus de l'économie de marché en forment un tiers. Les activités économiques des fonctionnaires et les activités économiques au noir sont plus difficiles à classer.

Le deuxième groupe disposant des revenus, mais pas d'emploi est formé par de nombreuses personnes qui vivent d'une rente et des assurances sociales. En Suisse, ce groupe représente environ un cinquième de la population résidente.

Le troisième groupe n'ayant ni revenus, ni emploi concerne toutes les personnes en formation représente également près d'un cinquième de la population résidente.

Enfin le quatrième groupe exerçant de nombreuses activités bénévoles allant de la garde de malades jusqu'aux travaux ménagers les plus courants et les plus difficiles pourrait être estimé à environ 10 à 15 % de la population résidente.

Cette diversité ne se laisse réduite à des activités marchandes qu'au prix d'un effort d'abstraction et qu'à l'aide d'un modèle. Le chapitre suivant présente les principes de fonctionnement d'une économie de marché dont le contenu narrateur domine si fortement les symboles que notre société s'est donnée pour comprendre ses activités économiques.

QUESTIONS

1) Expliquez ce que l'on entend par « l'approche normative de l'économie » et donnez-en un exemple.

2) Commentez l'affirmation suivante : « la valeur d'un bien est fonction de sa rareté ». Le prix d'un bien est-il égal à sa valeur ?

3) Expliquez le concept du coût d'opportunité et donnez-en un exemple.

4) Quelle différence faites-vous entre une économie monétaire et une économie de troc ?

5) Définissez l'objet de l'économie en trois mots, chacun suivi par le mot « produire ».

6) Dans chacune des paires de concepts ci-dessous, indiquez lequel des deux concepts correspond à un stock et lequel à un flux :
   a) investissement ; capital
   b) dette ; déficit
   c) richesse ; revenu
   d) niveau général des prix ; inflation
   e) ressources naturelles ; pollution.

POUR EN SAVOIR PLUS

Blaug M. (1999), *La pensée économique : origine et développement*, Paris, Economica, 5ᵉ édition, (traduit de *Economic Theory in Retrospect*).

Mankiw N.G. (2001), *Principes de l'Économie*, Paris, Economica, (original en anglais, 3ᵉ édition en 2004).

Stiglitz J.E. (2000), *Principes d'économie moderne*, Bruxelles, De Boeck Université, 2ᵉ édition, notamment chap. 2 « Comment raisonnent les économistes ».

CHAPITRE II

PRINCIPES DE FONCTIONNEMENT D'UNE ÉCONOMIE DE MARCHÉ

Ce chapitre présente un bref aperçu du fonctionnement du marché du point de vue micro- et macro-économique, précise les conditions d'équilibre d'une économie et énumère les différents acteurs qui sont à l'origine de toute activité économique. Les principaux points de ce chapitre seront approfondis ultérieurement.

2.1. La demande et l'offre au niveau micro-économique

Il s'agit de définir le marché pour un bien distinct. Le prix sur un tel marché est déterminé par la confrontation entre la demande et l'offre.

2.1.1. La demande

Parmi les facteurs qui déterminent la demande d'un bien, nous trouvons les phénomènes de mode, les goûts, le revenu, la croissance de la population, le prix du bien en question et les prix des autres biens.

Cependant, nous définissons la demande d'un bien par la quantité demandée (Q_D) de ce bien à un certain prix (P). Nous établissons donc la relation fonctionnelle suivante :

$$Q_D = f(P)$$

et supposons que la quantité demandée varie inversement au prix :

$$\frac{dQ_D}{dP} < 0$$

Le prix est défini par le rapport qui existe entre une certaine quantité type de biens et le nombre d'unités monétaires contre lequel ce bien s'échange.

La quantité de biens s'exprime dans des unités qui sont utilisées lors de la vente.

Dans le graphique suivant, nous avons représenté à gauche les courbes de demande des individus. Pour simplifier, nous ne nous référons qu'à deux individus. À droite est représentée la demande de l'ensemble des consommateurs d'un bien donné (Q_x). Elle est obtenue en additionnant les demandes individuelles.

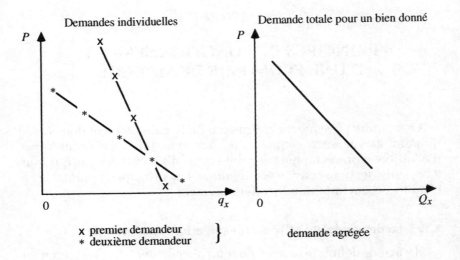

En passant des demandes individuelles à une demande formulée par tous les individus désireux d'acquérir le bien X, nous changeons bien sûr l'échelle des quantités demandées. À gauche nous portons sur l'axe horizontal des kg, par exemple (q_x), à droite des tonnes (Q_x).

Envisageons maintenant les variations possibles de la demande :

a) L'élasticité-prix de la demande

Ce concept mesure la sensibilité de réaction de la demande consécutive à la variation du prix. Comme la quantité demandée varie en principe dans le sens inverse du prix, l'élasticité-prix de la demande (ep_d) est négative. Elle est définie par le rapport des variations relatives de la quantité demandée et du prix :

$$ep_d = \frac{\dfrac{dQ_D}{Q}}{\dfrac{dP}{P}} = \frac{dQ_D}{dP} \frac{P}{Q} < 0$$

Cette formalisation indique clairement que l'élasticité-prix ne doit pas être confondue avec la valeur de la pente de la demande ($-dQ_D/dP$). À chaque point de la courbe de demande la valeur de ep_d se modifie. Le concept d'élasticité-prix de la demande peut être illustré graphiquement. Les différentes variations sont lues par les distances limitées par des lettres. dP est représenté dans le graphique par la distance AC, si nous supposons que le prix baisse à zéro. Cette exagération montre clairement que le concept d'élasticité permet de comparer des grandeurs qui n'ont pas les mêmes unités. En effet, le prix s'exprime par exemple en francs et les quantités demandées en kilos ou en pièces.

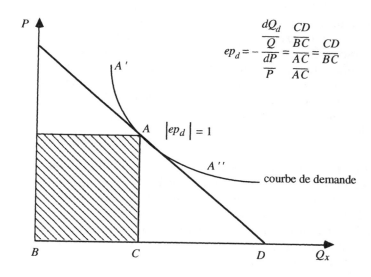

L'élasticité-prix de la demande peut donc être lue graphiquement par un rapport formé de distances mesurées sur le même axe. Sur la courbe de demande, chaque point accuse une élasticité-prix différente.

Lien entre l'élasticité-prix et la recette totale

Le concept d'élasticité renseigne également sur l'évolution de la recette totale (chiffre d'affaires) sur un marché particulier. Cette recette est définie par

$$RT = P \cdot Q \text{ (surface hachurée dans le graphique ci-dessus)}$$

Sa variation dépend donc à la fois des modifications du prix et de la quantité vendue, modifications qui sont recensées par l'élasticité-prix de la demande en termes relatifs.

$$dR_T = dP \cdot Q + P \cdot dQ$$

Trois cas peuvent se présenter :

			Hausse de prix	Baisse de prix
A'	$|ep_d| > 1$	fortement élastique	$dR_T < 0$	$dR_T > 0$
A	$|ep_d| = 1$	élastique	$dR_T = 0$	$dR_T = 0$
A''	$|ep_d| < 1$	faiblement élastique	$dR_T > 0$	$dR_T < 0$

La conséquence de ce lien entre l'évolution de la recette totale et l'élasticité-prix de la demande pour une entreprise qui a le pouvoir d'influencer les prix qu'elle pratique est d'augmenter le prix si elle est convaincue que la demande à laquelle elle s'adresse est relativement inélastique. L'exemple le plus frappant est la hausse du prix du pétrole par l'Organisation des pays exportateurs de pétrole, en 1973 et en 1980. Elle diminue le prix si cette demande est supposée relativement élastique. (Pour un développement de cette idée voir 9.4 l'oligopole).

Quelques exemples et exceptions :
— si deux biens sont fortement substituables, une variation de prix de l'un entraîne une forte élasticité-prix de l'autre (thé-café) ;
— si un bien est indivisible (voiture) et occupe une grande place dans le budget, son élasticité-prix est forte ;
— si la consommation d'un bien (vacances) peut être différée dans le temps, son élasticité-prix est forte (cf. prix des forfaits de vacances pendant et hors-saison).

Le cas où l'élasticité-prix de la demande est positive (effet de Giffen)
Supposons que le prix d'un bien courant, représentant une grande part de la dépense d'un pays (par ex. le pain) baisse. Cette baisse de prix est ressentie par les consommateurs comme une hausse de revenu qui fait accroître la demande pour des aliments plus nobles (par ex. la viande), entraînant une baisse de la consommation de pain :

$$ep_d \text{ du pain} > 0$$

Par conséquent, la consommation de certains biens, nommés biens inférieurs, diminue lorsque le revenu des consommateurs augmente (effet de revenu).

Pour que l'on puisse observer un effet de Giffen, il faut que l'effet de revenu soit plus fort que l'effet de substitution. Il doit donc s'agir d'un bien inférieur.

Attention : Dans une société où le pain n'occupe pas une place prépondérante dans les budgets, la baisse du prix peut amener une augmentation sensible de la demande, le consommateur étant tenté d'augmenter la consommation d'un bien inférieur qu'il estimait être à un prix trop élevé.

Des cas d'élasticité-prix constants

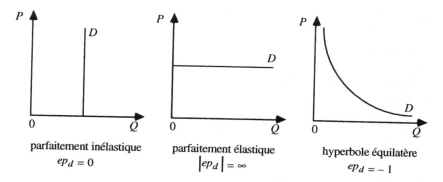

parfaitement inélastique
$ep_d = 0$

parfaitement élastique
$|ep_d| = \infty$

hyperbole équilatère
$ep_d = -1$

b) Le mouvement de la demande

Le mouvement de la demande est défini par la variation de la quantité demandée d'un bien, sans que le prix de ce bien se modifie.

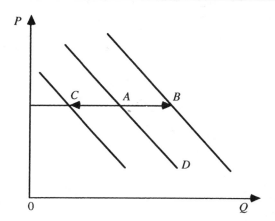

Le mouvement de la demande est provoqué par :
— un changement de goût des consommateurs consécutif à un phénomène de mode par exemple,
— un changement de prix d'un autre bien complémentaire ou facilement substituable,
— un changement de revenu des consommateurs. Un accroissement du revenu est responsable d'une expansion de la demande de *A* à *B*,

une diminution du revenu d'un déplacement de la demande de A à C, par exemple, à l'exception du cas d'un bien inférieur.

2.1.2. L'offre

L'offre d'un bien émane des entreprises qui combinent les facteurs de production nécessaires à la réalisation de biens destinés à être écoulés sur un marché.

Parmi les facteurs qui déterminent l'offre, nous pouvons mentionner la structure des coûts, la disponibilité des ressources productives et leurs prix, le prix du bien en question (P), la technologie, le nombre d'offrants et le profit.

Afin de simplifier, nous désignons à nouveau le prix comme variable explicative de la quantité offerte (Q_0).

$$Q_0 = f(P)$$

et supposons que la variation de la quantité offerte a le même signe que celle du prix

$$\frac{dQ_0}{dP} > 0$$

Dans le graphique suivant, cette relation fonctionnelle entre la quantité offerte et le prix est exprimée à gauche pour des entreprises individuelles (pour simplifier, nous n'avons tenu compte que de deux firmes), et à droite pour l'offre sur un marché particulier. Cette offre est la résultante des comportements individuels des entreprises.

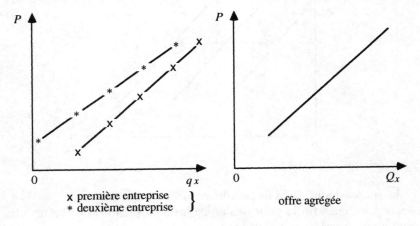

x première entreprise
* deuxième entreprise }   offre agrégée

a) L'élasticité-prix de l'offre

Elle se définit par le rapport entre la variation relative de la quantité offerte et la variation relative des prix.

$$ep_0 = \frac{\dfrac{dQ_0}{Q}}{\dfrac{dP}{P}} = \frac{dQ_0}{dP} \cdot \frac{P}{Q} > 0$$

Elle est généralement positive et varie à chaque point de la courbe de l'offre.

Graphiquement, l'élasticité-prix de l'offre se lit de la manière suivante :

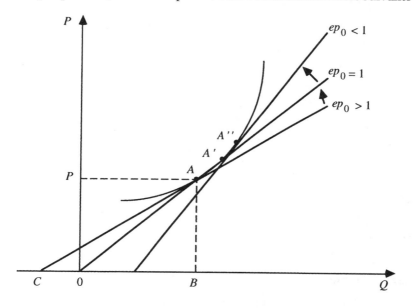

Au point *A*, la quantité offerte correspond à la distance *OB* et le prix à la distance *OP = AB*. En supposant une variation de prix de *OP*, la variation de la quantité s'exprime par *CB* :

$$ep_0 = \frac{\dfrac{dQ_0}{Q_0}}{\dfrac{dP}{P}} = \frac{\dfrac{CB}{OB}}{\dfrac{AB}{AB}} = \frac{CB}{OB} > 1$$

— lorsque la tangente à un point de la courbe d'offre (*A'*) passe par l'origine, $ep_0 = 1$;
— lorsque la tangente à un point tel que *A''* coupe l'axe qui mesure la quantité offerte à droite de l'origine, $0 < ep < 1$.

b) Le mouvement de l'offre

Le mouvement de l'offre est défini par la variation de la quantité offerte d'un bien sans que le prix de ce bien se modifie.

Le mouvement de l'offre est provoqué par :

— un changement technologique (une augmentation de la production consécutive à l'introduction du progrès technique dans un processus de fabrication par exemple est responsable d'une augmentation de l'offre de *A* à *B*) ;

— un changement du prix des ressources productives. (Une hausse du taux de salaire explique par exemple une baisse de l'offre de *A* à *C*).

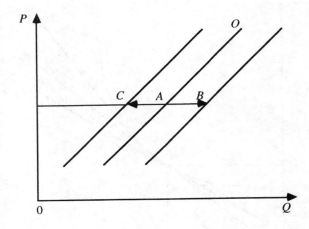

2.1.3. *Le marché pour un bien donné*

En juxtaposant les courbes de demande et d'offre, la formation de prix sur un marché donné (bien *X*) est déterminée (P_e).

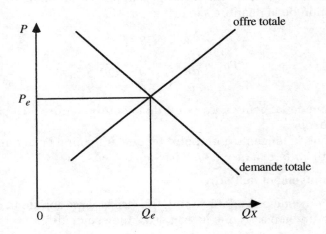

Le marché, pour ce bien, est en équilibre au prix P_e. Ce prix est unique et assure le nombre de transactions sur ce marché le plus élevé possible (distance OQ_e) puisque, à l'intersection entre l'offre et la demande, les dispositions des offreurs correspondent exactement aux dispositions des demandeurs.

a) Le marché en déséquilibre

Dès que le prix annoncé sur un marché ne correspond pas à l'intersection de l'offre avec la demande, nous observons un déséquilibre entre l'offre et la demande. Deux types de déséquilibres peuvent être observés :

L'offre est supérieure à la demande

Le prix annoncé se situe à P_1, supérieur au prix d'équilibre. L'excédent de l'offre sur la demande se lit graphiquement par la distance AB. En effet, au prix P_1, la quantité demandée OA est inférieure à la quantité offerte OB. Ce sont les offreurs qui se font concurrence. Par cette sous-enchère, le prix baisse jusqu'à ce que le marché soit en équilibre.

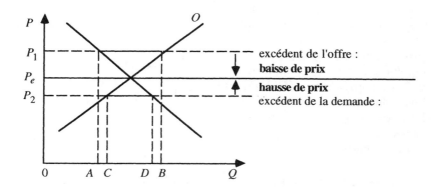

L'offre est inférieure à la demande

Le prix annoncé se situe à P_2, inférieur au prix d'équilibre. L'insuffisance de l'offre par rapport à la demande se lit maintenant par la distance CD, l'offre se mesurant par la distance OC et la demande par OD. Ce sont les demandeurs qui se font concurrence afin de s'approprier le bien produit en quantité insuffisante. Par cette surenchère, le prix augmente jusqu'à ce que le marché soit en équilibre.

Ce raisonnement fait abstraction du temps. On suppose que les dispositions des offreurs et des demandeurs sont instantanément connues par tous les participants au marché.

b) Le marché stable et le marché instable

Pour pouvoir décrire le déroulement du processus d'ajustement sur un marché, nous devons faire une hypothèse supplémentaire : nous supposons qu'il existe un décalage temporel entre le moment où la décision de produire une certaine quantité est prise et le moment où cette quantité arrive sur le marché. Pour les produits agricoles, il s'agit du temps écoulé entre les semailles et la récolte, pour les produits industriels, le temps d'ajuster une chaîne de montage à une variation de production.

Selon les élasticités-prix de l'offre et de la demande en présence, deux cas peuvent se présenter :

Les producteurs offrent une quantité Q_1 et constatent que l'excédent de la demande (AB), observée au prix initial (P_i), provoque une hausse de prix (BC). À ce nouveau prix, les offreurs prennent des dispositions pour produire des quantités supplémentaires (CD). Au moment où ils arrivent sur le marché avec une production plus importante, ils constatent que la demande fait défaut ; le prix baisse (DE) incitant ainsi les producteurs à réduire leurs plans de production : le processus d'ajustement converge vers le prix d'équilibre.

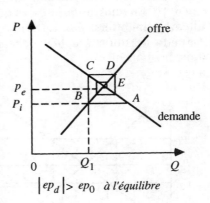

Marché stable

$|ep_d| > ep_0$ *à l'équilibre*

La quantité offerte sur le marché est insuffisante pour couvrir toute la demande qui se manifeste au prix P_i. La surenchère des consommateurs provoque une hausse des prix (BC) incitant les producteurs à augmenter la surface cultivable par exemple. Après la récolte, ils offrent une quantité supplémentaire (CD). Or, comme la demande ne peut absorber cette quantité, le prix s'effondre : le processus d'ajustement s'éloigne de l'équilibre.

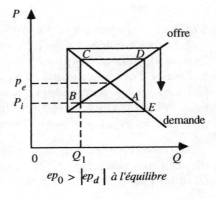

Marché instable

$ep_0 > |ep_d|$ *à l'équilibre*

2.1.4. Problèmes des estimations empiriques

Jusqu'à présent, nous avons raisonné avec un modèle qui propose une représentation abstraite du marché. Qu'en est-il du contenu empirique d'un tel modèle ?

Tester empiriquement un modèle théorique est du domaine de l'économètre. Pour lui, le marché peut être représenté par un système d'équations simultanées qui peuvent être estimées à l'aide d'observations empiriques sur un marché spécifique. Cependant, un offreur ou un demandeur pris isolément ne connaît pas les dispositions des autres acteurs opérant sur le même marché.

Pour illustrer ce problème, nous nous mettons dans la peau d'un offreur de café. Ne connaissant pas les informations réunies dans les courbes d'offre et de demande que nous avons utilisées pour déterminer le prix d'équilibre, notre offreur doit explorer lui-même les conditions régnant sur le marché du café. Au départ, il ne dispose que d'une seule information. Il connaît son chiffre d'affaires, il connaît donc la quantité qu'il a vendue et le prix. Sa connaissance du marché n'est donc pas « la croix de l'offre et de la demande » mais se résume à un seul point (le point *A* dans les graphiques suivants). À partir de cette maigre information, il peut être tenté de mieux connaître la réaction de la demande et de ses concurrents.

Connaissance de la demande

Afin d'obtenir davantage d'informations sur la demande, notre offreur cherche à tester la réaction de sa clientèle en accordant une réduction de prix (de P_1 à P_2) pendant une certaine période. En notant les ventes qui y correspondent, il obtient ainsi un deuxième point (*B*) sur le marché. Il pourrait être tenté de relier ces deux observations *A* et *B* et en déduire l'allure de la courbe de demande à laquelle il a affaire. Dans notre cas, il s'agirait d'une demande fortement élastique.

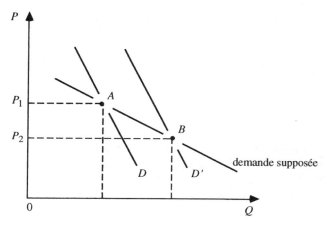

Or, il se peut que cette demande accuse une très faible élasticité et qu'elle se contente de se déplacer de *D* à *D'* pendant la période où le prix du café est plus bas. Un tel déplacement serait alors provoqué par des achats de stockage qui cesseraient dès que le prix remonte à son niveau initial. La demande se contracte aussitôt. Le passage de *A* à *B* n'est donc pas dû à un déplacement le long de la courbe de demande, mais à un mouvement de cette courbe (*D* à *D'*). Un tel mouvement peut également être provoqué par une hausse des revenus.

Connaissance de la concurrence

En disposant de plusieurs informations sur les ventes effectuées sur un marché, notre offreur peut reporter ces informations à nouveau dans un diagramme. Dans le graphique suivant, ces informations laissent supposer une relation croissante des quantités offertes en fonction du prix ; dans le graphique du bas on observe une relation décroissante.

En estimant une offre à partir des informations disponibles, il est possible que l'on ait retracé les déplacements de la demande.

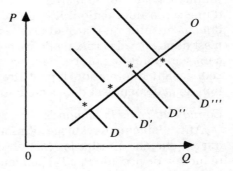

En interprétant les informations disponibles comme des déplacements successifs de l'offre, il se peut que l'on ait estimé la demande.

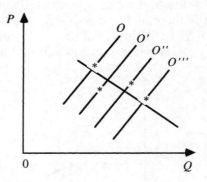

Compte tenu de ces difficultés d'interprétation des informations chiffrées sur un marché, il faut également introduire un raisonnement qualitatif à cette analyse de marché. Or, un tel raisonnement s'appuie sur la représentation abstraite du marché et englobe donc les points suivants :

Schéma d'analyse de marché
1) identifier le produit ou le service
2) définir la demande
    — son élasticité-prix
    — ses déplacements
3) définir l'offre
    — son élasticité-prix
    — ses déplacements

4) apprécier qualitativement la détermination et l'évolution du prix. Ce schéma reprend les différents éléments qui sont à l'origine de la formation du prix et offre un canevas pratique pour toute analyse qualitative d'un marché particulier.

2.1.5. La réglementation étatique des prix

Même si les conditions de concurrence sont réunies sur un marché, l'État peut y intervenir en manipulant les prix. Cette intervention se justifie souvent pour des raisons normatives, telles que des raisons d'équité ou des effets externes parmi lesquels se trouve notamment la dégradation de l'environnement. Cette intervention s'exerce à trois niveaux :
— fiscalité (pour simplifier, nous supposons qu'il s'agit d'un impôt fixe par unité vendue),
— subvention,
— fixation des prix (contrôle des prix, contingentement, etc.).

a) Les effets des taxations et des subventions

La taxation provoque un mouvement de l'offre vers la gauche tandis que l'octroi d'une subvention déplace l'offre vers la droite. Distinguons deux cas en nous référant à l'introduction d'une taxe fixe sur les ventes :

1) L'ep de l'offre > ep de la demande à l'équilibre (en valeur absolue)
En effet, la distance P_1P_2 indique le montant de la taxe T. Pour répartir ce montant, référons-nous à la définition de l'élasticité-prix :

$$ep_0 = \frac{\Delta Q}{Q_0} \Big/ \frac{P_2P_0}{P_0}$$

$$ep_d = \frac{\Delta Q}{Q_0} \Big/ \frac{P_1P_0}{P_0}$$

le rapport entre les élasticités-prix

$$\frac{ep_0}{ep_d} = \frac{P_1P_0}{P_2P_0}$$

indique donc également la répartition de la taxe.

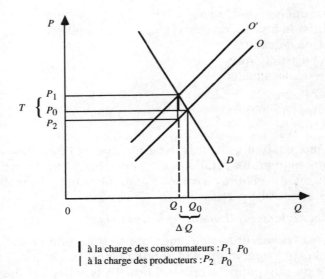

| à la charge des consommateurs : P_1 P_0
| à la charge des producteurs : P_2 P_0

2) L'ep de l'offre < ep de la demande à l'équilibre (en valeur absolue)

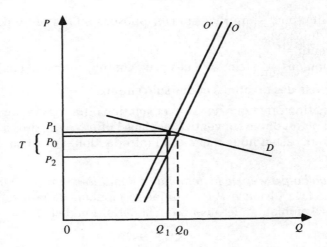

Cette fois-ci, la taxe est plus fortement supportée par l'offre. En effet, P_2P_0 est supérieur à P_1P_0. La répartition de la charge fiscale entre producteurs et consommateurs est donc régie par les valeurs respectives de l'élasticité-prix.

b) Les prix fixés

L'État fixe les prix sur un marché pour lequel il détient ou peut créer, un monopole par la vente de concessions. La difficulté de fixer le prix réside dans le fait qu'il y a fondamentalement une infinité de possibilités allant de la gratuité d'un service public à la taxe prohibitive d'un bien quelconque.

c) Instruments de la protection de l'environnement

La référence au mécanisme de marché permet donc de tirer une conclusion importante : il ne s'agit pas d'éliminer toute pollution, mais de trouver un optimum social qui améliore la qualité de l'environnement par rapport à un optimum individuel. L'élimination de toute pollution engendrerait un coût socialement inacceptable.

En posant le problème dans ces termes, l'économiste essaie de faire appliquer des techniques qui internalisent ces effets externes, en appliquant le principe du pollueur-payeur. Il en résulte une augmentation du prix sur le marché de P_0 à P_1 et une diminution de la quantité échangée de Q_0 à Q_1.

Comme la pollution ne peut être entièrement éliminée aussi longtemps que des activités économiques absorbent des ressources naturelles, il faut chercher des moyens qui la réduisent :
— recyclage des ressources productives ;
— durée de vie des produits prolongée ;
— progrès technologique qui utilise moins de ressources naturelles pour obtenir la même quantité de biens (exemple : miniaturisation de machines) ;
— procédé d'élimination de la pollution (filtre, épuration).

L'intervention de l'État dans l'économie de marché est à nouveau justifiée et peut s'exercer de la manière suivante :

— *par les contrôles directs*
Un certain taux d'émission d'agents polluants est fixé (phosphate dans l'eau, gaz d'échappement des voitures, etc.). Ce principe implique une recherche des fautifs et a un effet punitif.

— *par les mesures conformes au marché*
L'activité polluante des entreprises par exemple est soumise à une taxe. Cette taxation est plus efficace que les contrôles directs car elle préserve la liberté de choix des acteurs économiques tout en exerçant un effet coercitif (le prix de P_0 à P_1).

La taxation n'est pas le seul instrument conforme au marché, mais semble être favorisée en Europe tandis que les certificats d'émission sont préférés aux États-Unis. Nous discuterons ces différents instruments plus en détail à la quatrième partie.

2.2.   L'offre et la demande au niveau macro-économique

La représentation d'un marché spécifique s'adapte au niveau macro-économique. Dans ce cas, nous représentons l'offre et la demande globales pour l'ensemble des biens et services produits dans une économie et destinés à une consommation finale.

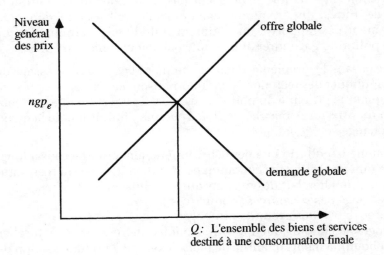

À l'intersection des deux courbes, l'économie se trouve en équilibre, et le niveau général des prix est stable. Dès que nous observons un changement de ce niveau, nous savons qu'initialement, il y a un déséquilibre entre l'offre globale et la demande globale.

2.2.1.   *Déséquilibres conjoncturels*

Dès que le niveau général des prix (ngp_1) se situe en dessous du niveau d'équilibre, la demande globale excède l'offre globale. Le niveau général des prix augmente. Ce phénomène est appelé inflation.

Si le niveau général des prix (ngp_2) se situe au-dessus de ngp_e, l'offre globale dépasse la demande globale (surproduction). Le niveau général des prix baisse. Ce phénomène est appelé déflation.

Cependant, pour des raisons institutionnelles telles que des accords de prix entre plusieurs producteurs et les contrats collectifs entre syndicats patronaux et ouvriers, les prix s'avèrent rigides à la baisse. Par conséquent, une surproduction ne se traduit pas forcément par une baisse du niveau général des prix, mais conduit à un sous-emploi puisque les entreprises réduisent leur production dans une telle situation.

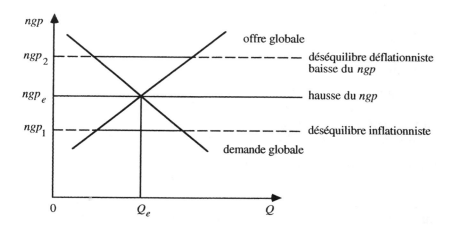

2.2.2. *Modifications structurelles*

À long terme, l'offre globale se modifie à la suite :

- *de variations des facteurs de production*
    - travail (population active) en fonction de la croissance démographique, de la politique d'immigration et des phénomènes culturels (abaissement de l'âge de la retraite, temps de formation prolongé) ;
    - capital (stock de capital physique fixe) en fonction de la formation et placements d'épargne ;

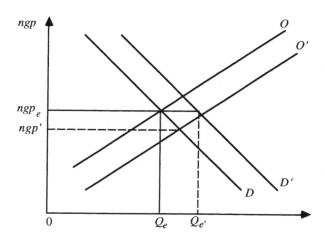

- *d'introduction du progrès technique dans les processus de fabrication*
  - abaissement des coûts de production de biens existants ;
  - introduction de biens nouveaux incorporant le progrès technique le plus récemment réalisé.

Ces facteurs expliquent le déplacement de l'offre globale qui, dans le cas de croissance à long terme, se déplace à droite vers O'.

Cette croissance de l'offre n'implique pas forcément une surproduction qui aboutirait à une baisse du niveau général des prix (ngp') ; au moment où la demande s'accroît également (déplacement de D à D'), une croissance équilibrée devient possible.

2.2.3. Options fondamentales
de la modélisation macro-économique

Nous venons de poser le principe de fonctionnement d'une économie de marché à court et à long terme en nous référant au modèle élémentaire qui réunit l'offre et la demande globales pour représenter l'équilibre général d'une économie. En cas de déséquilibre, l'ajustement s'opère par des variations à la fois du niveau général des prix et de la quantité des biens et services échangés. Cette représentation a cependant connu des interprétations fort diverses qui ont eu des conséquences importantes sur la place que l'État devait occuper dans une économie de marché. Cette place est avant tout déterminée par l'efficacité de la politique économique. Une telle politique se définit par toute action de l'État qui cherche à régulariser l'activité économique (mesurée par Q) à court terme (politique conjoncturelle) et à long terme (politique de croissance).

Dans le schéma au marché global ci-dessus, une telle régularisation de la quantité globale échangée implique en principe un effet sur le niveau général des prix. Par la suite, nous limiterons notre analyse essentiellement à cette définition restrictive de la politique économique, en laissant de côté ses extensions importantes qui visent à changer la composition de l'offre et de la demande globales, notamment dans le domaine de la distribution des revenus et des fortunes (par exemple : les assurances sociales).

Dans le graphique du marché global, l'action de l'État se traduit par un mouvement de l'offre ou de la demande globales selon qu'il s'agit d'instruments qui cherchent à influencer la production directement par la variation de l'offre globale (« économie de l'offre ») ou indirectement par une variation de la demande globale (« gestion de la demande »). Le tableau suivant fournit quelques exemples de ces deux types d'actions. Tout en fournissant les références aux sections de cet ouvrage dans lesquelles ces politiques sont approfondies, il illustre les cas où l'État cherche à stimuler l'activité économique. Il est complété par deux domaines de la politique économique qui ne se traduisent pas par un mouvement de l'offre et de la demande globales, mais qui concernent l'organisation du marché global sur les plans interne et externe d'un pays (politique de la concurrence et du libre-échange, ainsi que fixation, au début de chaque année, d'un objectif de croissance des moyens de paiement).

Exemples de la politique économique

	Économie de l'offre Déplacement de O à O'	Gestion de la demande Déplacement de D à D'
à court terme	baisse du coût de production par la fiscalité, par exemple par la réduction d'une taxe fixe sur les ventes (*4.5.2.* L'économie de l'offre et la fiscalité)	1) augmentation des dépenses de l'État (*4.4.5.* La variation de la demande globale provoquée par la politique budgétaire) 2) augmentation des moyens de paiement (*5.5.* La politique monétaire) (*14.8.* Leçons pour la conduite de la politique conjoncturelle en économie ouverte)
à long terme	1) accroissement des facteurs de production (*12.4.2.* L'accumulation des facteurs de production) 2) politique de promotion industrielle et de stimulation d'innovation technologique (*12.4.3.* Le progrès technique)	
	Amélioration des conditions cadre d'une économie de marché : 1) politique de la concurrence (*9.5.3.* La lutte contre les cartels et les organisations analogues) 2) politique de libre-échange (*12.7.2.* Les droits de douane) 3) objectif de croissance des moyens de paiement (*5.5.3.* Politique monétaire au sens strict)	

Par la suite, nous allons discuter l'efficacité de ces politiques dans le cadre de trois interprétations différentes de l'offre et de la demande globales. Il s'agit d'analyser schématiquement le marché global dans :
— l'optique classique,
— l'optique keynésienne,
— l'optique du marché efficient,

et de montrer finalement dans quelle mesure la rationalité des agents économiques parvient à déjouer l'intention d'une politique économique quelconque.

a) Le modèle classique

Certains économistes du XIXe siècle et du début du XXe siècle sont arrivés à la conclusion théorique que l'économie trouve automatiquement son équilibre au niveau de production qui assure le plein-emploi de facteurs de production. Si le chômage devait néanmoins apparaître, il ne pourrait être que de très courte durée et serait dû avant tout à des écarts temporels dans le processus d'ajustement. Le chômage était donc considéré comme frictionnel et ne nécessitait pas l'intervention de l'État puisqu'il devait être éliminé par les forces du marché. Nous appelons ces économistes « les classiques ». Ils mirent l'accent sur l'analyse micro-économique du fonctionnement du marché et l'approche conjoncturelle fut négligée.

Ces économistes tels que J.B. Say, D. Ricardo, St. Mill et A. Smith croyaient que les mécanismes globaux de l'économie étaient régis par « la main invisible », comme appelait A. Smith, l'hypothèse que l'économie se maintenait automatiquement en plein-emploi. C'est la raison pour laquelle cette interprétation classique est également connue sous l'étiquette d'économie du « laisser-faire ». Le rôle de l'État se limitait donc à veiller à ce que les conditions d'une économie de marché soient respectées.

Cette conception remonte à J.B. Say (1767-1832) qui formulait la « loi des débouchés » préconisant que l'offre crée sa propre demande :

> « Aussitôt un produit terminé, le producteur se dépêche de le vendre afin que la valeur de ce produit ne chôme pas entre ses mains. De même il s'empressera de se défaire de la recette de sa vente afin que cette valeur ne chôme pas non plus. En se défaisant de son argent, il demande forcément à acheter un autre produit. La production d'un bien crée donc automatiquement un débouché à d'autres produits » (*Traité d'économie politique*, 6e édition, 1841, Tome I, p. 141-142).

Par conséquent, la production globale est toujours égale à la demande globale ; il ne peut y avoir déséquilibre conjoncturel. En outre, la production est dictée par les facteurs de production disponibles dans un pays, la population active et l'appareil de production, sous forme d'usines et de machines pour le capital. Selon la connaissance technologique du moment, c'est la combinaison de ces deux facteurs, travail et capital, qui détermine la quantité produite en utilisant pleinement les ressources productives, et non pas le niveau général des prix. Le prix comme variable explicative de la quantité offerte est donc négligé. Autrement dit, l'élasticité-prix de l'offre est nulle.

Une telle interprétation se traduit graphiquement par une offre illustrée par une droite verticale au niveau de la production assumant le plein-emploi de facteurs disponibles (Q_{PE}). Faisons la distinction, dans les illustrations graphiques suivantes, entre le court et le long terme.

— L'équilibre macro-économique à court terme

Le graphique suivant illustre une offre totalement inélastique et une demande à élasticité négative. L'équilibre s'établit au niveau général du prix ngp_e.

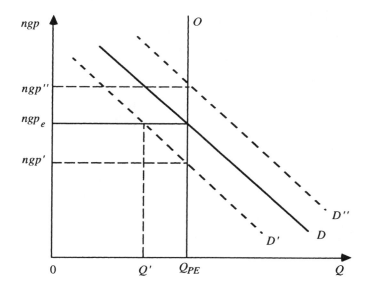

Supposons maintenant que la demande se déplace de D à D'. Par rapport au niveau général des prix d'équilibre, cette contraction de la demande entraînera un excédent de l'offre mesuré par la distance $Q'Q_{PE}$. Or, une telle situation n'est que potentiellement récessionniste puisqu'une baisse du niveau général des prix à ngp' élimine aussitôt ce déséquilibre. De même, un accroissement de la demande de D à D'' ne peut exercer qu'une pression sur le niveau général des prix qui s'accroît de ngp_e à ngp''. En effet, une demande supplémentaire ne pourrait être satisfaite par un appareil de production qui utilise déjà dans la situation initiale toutes les ressources productives. La gestion de la demande comme moyen de régularisation de l'activité économique s'avère inutile. Une politique expansive, par exemple, ne provoquerait qu'une inflation. L'équilibre macro-économique est donc entièrement assuré par la flexibilité des prix ; les variations des quantités produites et de l'emploi des facteurs de production n'interviennent pas dans le mécanisme d'ajustement.

— L'équilibre macro-économique à long terme

Il en est tout autrement pour une période plus longue, que nous avons associé aux aspects structurels de l'économie. En effet, à plus long terme, aussi bien le volume disponible des facteurs de production que la connaissance technologique de leur combinaison évoluent. Dans les économies industrialisées, ce sont surtout le progrès technique et l'accroissement du capital qui sont à l'origine du déplacement de l'offre de O à O'.

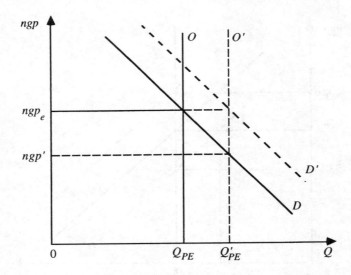

Remarquons que la « loi des débouchés » serait satisfaite avec la demande initiale – il suffirait que le niveau général des prix baisse. Cependant, comme l'accroissement de la production engendre également des revenus supplémentaires illustrés par un mouvement de la demande de D à D', nous retrouvons l'idée de la croissance équilibrée. (Pour mettre en évidence ce lien, il faudra considérer les principales définitions de la comptabilité nationale qui fera l'objet du chapitre III.)

Pour conclure sur l'optique classique, soulignons son caractère structurel en rendant le lecteur attentif au fait que, dans l'esprit des classiques, toute fluctuation à court terme de l'activité économique n'est que le reflet d'un ajustement frictionnel dû à des changements de facteurs réels tels que la connaissance technologique, le volume des ressources productives disponibles et des préférences des demandeurs. Ces ajustements se répètent sans cesse pour déboucher sur des mutations en profondeur sur lesquelles une politique économique est inefficace en ce qui concerne les mesures prises, soit du côté de la demande, soit du côté de l'offre.

b) Le modèle keynésien

Que la vision classique du fonctionnement de l'économie ne parvenait plus à expliquer les faits économiques observés de manière empirique devient une évidence au cours de la grande dépression des années 1930. La faille est liée à une interprétation de la « loi des débouchés ». En effet, l'hypothèse que les producteurs se débarrassent immédiatement de leurs recettes pour alimenter une demande d'autres biens peut être fausse. Ils peuvent fort bien chercher à conserver leurs recettes et attendre de meilleures occasions pour les utiliser, surtout lorsqu'il s'agit de sommes épargnées pour de futurs achats de biens d'équipement destinés à accroître la capacité de production. Si l'offre ne crée plus automatiquement la demande, l'équilibre économique peut s'établir à un niveau de production inférieur à celui qui garantit le plein-emploi des facteurs.

Le mérite d'avoir détecté cette faille, qui nous semble aujourd'hui évidente, revient à l'économiste anglais John Maynard Keynes. Dans son ouvrage célèbre de 1936, intitulé « La théorie générale de l'emploi, de l'intérêt et de la monnaie », Keynes donne une nouvelle orientation à l'économie en mettant l'accent sur l'analyse macro-économique, en particulier sur les facteurs susceptibles de faire varier la demande globale. Si, effectivement, l'équilibre macro-économique s'établit en sous-emploi, il appartient à l'État de stimuler la demande globale jusqu'à ce que l'économie se retrouve en plein-emploi.

Analytiquement, dans notre diagramme du marché global, une telle situation se traduit de la manière suivante : une offre caractérisée par une élasticité-prix infinie rencontre une demande à élasticité-prix négative. L'équilibre s'établit en sous-emploi (Q_{SE}) à un niveau général des prix constants (*ngp*). La justification d'une telle offre, illustrée par une droite horizontale, ne peut être fournie que dans le cadre d'une économie à sous-emploi élevé comme ce fut le cas dans l'Entre-deux-guerres. Dans ce cas, la variation de la production est fonction de l'emploi des facteurs de production sans qu'une pression sur le niveau général du prix ne soit exercée.

Lorsque, consécutivement à un mouvement de la demande de D à D', le volume des biens et services produits diminue, il entraîne un sous-emploi croissant (Q_{SE} passe à Q'_{SE}). En revanche, lorsque D se déplace à D'', l'accroissement du volume des biens et services produits est opéré par l'utilisation des facteurs de production encore disponibles tels que les chômeurs qui attendent devant les portes des usines ou les machines qui ne travaillent pas à leur pleine capacité. Un tel accroissement de la production peut se poursuivre jusqu'à ce que tout le chômage soit absorbé (Q_{SE} passe à Q_{PE}).

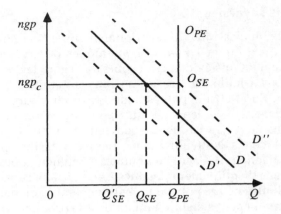

Aussi longtemps que l'économie se trouve en sous-emploi, une variation de la demande globale entraîne exclusivement une variation de la quantité produite qui supporte donc tout le poids du mécanisme d'ajustement macro-économique. C'est seulement une fois que l'activité économique assurant le plein-emploi des facteurs de production est atteinte (O_{PE} est à nouveau illustré par une droite verticale) que ce mécanisme est assuré par la flexibilité du niveau général des prix.

On peut donc affirmer que cette interprétation de l'équilibre général est surtout conjoncturelle dans le sens où elle s'applique à une période de récession profonde. Elle fournit une légitimation théorique à une intervention de l'État dans le fonctionnement d'une économie de marché, aussi longtemps que cette intervention ne s'applique qu'à des fins de stabilisation conjoncturelle de l'activité économique.

Cette théorie a inauguré l'idée de « la gestion de la demande globale », qui s'opère essentiellement par le biais de la politique budgétaire, étudiée dans le chapitre IV. Cependant, l'idée de base en est simple : supposons qu'initialement l'équilibre macro-économique s'établit en plein-emploi à l'intersection de O_{PE} et D''. Si, suite à une récession, un nouvel équilibre devait s'établir en sous-emploi, par exemple à l'intersection de Q_{SE} et D, il appartiendrait à l'État de stimuler la demande globale par une politique expansive, afin de ramener l'économie en plein-emploi.

c) Le modèle du marché efficient

Nous venons d'exposer les deux interprétations extrêmes de l'interaction macro-économique entre l'offre et la demande globale. Ces deux modèles se trouvent aujourd'hui encore à la base de nombreuses controverses sur le fonctionnement de l'économie. Cependant, ils ont connu des extensions et des raffinements dont nos illustrations schématiques ne peuvent évidemment rendre compte. En outre, ces modèles ont montré leurs limites lorsqu'il s'agissait, dans les années 1970, d'expliquer des situations caractérisées par un chômage élevé et une inflation persistante.

Malgré un sous-emploi important, un niveau général des prix constants ne se vérifie pas, comme le suggère le modèle keynésien simple. De même, l'inflation n'est pas observée ensemble avec un parfait plein-emploi, conclusion à laquelle aboutit le modèle classique.

Ce clivage entre théorie et observation empirique a stimulé un domaine de recherche dit du marché efficient, qui tient compte de l'horizon temporel dans la décision des agents économiques et rompt avec le raisonnement trop statique des deux modèles précédents. Nous entendons par marché efficient un marché dans lequel les participants ajustent leurs anticipations dès qu'ils disposent d'une nouvelle information.

En effet, le comportement des offrants et des demandeurs a un caractère prévisionnel. Les dispositions des agents économiques sont fortement dictées par leurs anticipations concernant l'évolution future du marché. Cette idée se traduit dans notre diagramme du marché global par une interprétation nouvelle de l'offre et de la demande globales que nous désignons maintenant par OA_i et DA_i, i indiquant la ième période. Si $i = 0$, OA_0 et DA_0 désignent le comportement à l'année de référence des offrants et des demandeurs qui basent leurs décisions sur des anticipations concernant l'évolution future du marché. Il s'agit d'une offre et d'une demande globales qui se manifestent effectivement dans cette année de base.

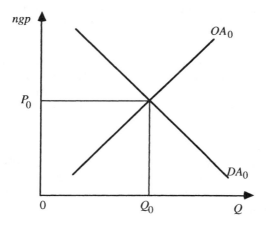

Si, par contre, il s'agit d'une offre et d'une demande globales telles qu'elles sont prévues, nous les désignerons à l'avenir par OA_i^a et DA_i^a ; « a » désigne le fait que ces comportements soient anticipés pour la ième période, mais pas encore réalisés. L'évolution du marché dans le futur est avant tout signalée par celle du niveau général des prix. Il faut également le redéfinir. Désignons par P_i le niveau général des prix effectivement observés dans la ième période. P_i^a, par contre, désigne le niveau général des prix anticipés pour la ième période. À partir de ces définitions, il est facile de déterminer le taux d'inflation effectif (P_i) et anticipé (P_i^a) :

$$P_i = \frac{P_i - P_{i-1}}{P_{i-1}} \cdot 100$$

$$P_i^a = \frac{P_i^a - P_{i-1}}{P_{i-1}} \cdot 100$$

Ces définitions mettent en évidence le lien étroit entre le niveau général des prix anticipé et le taux d'inflation anticipé. Si, par exemple, le niveau général des prix en 1984 est égal à 100 et que les agents prévoient qu'il se situera à 110 l'année suivante, le taux d'inflation anticipé s'élèvera à 10 % :

$$P_i^a = \left(\frac{110 - 100}{100} \right) 100 = 10 \%$$

Il reste à savoir comment les agents économiques anticipent le niveau général des prix futurs.

Différentes formes d'anticipations

Il y a plusieurs manières de percevoir le futur :

— *Les anticipations sont exogènes au modèle économique.* C'est cette hypothèse qui est sous-jacente à notre diagramme élémentaire sur le fonctionnement du marché global. Elle est basée sur l'idée qu'il n'y a pas de possibilité de modéliser le comportement des agents économiques.

— *Les anticipations sont statiques.* Cette hypothèse implique une croyance d'immuabilité : « Ce qui est aujourd'hui sera demain ». Nous avons rencontré cette forme d'anticipations lorsque nous avons discuté, sous le point 2.1.3.b), le marché stable et le marché instable.

— *Les anticipations sont adaptatives.* Cette hypothèse implique que les anticipations sont endogènes au modèle du fonctionnement du marché global et s'orientent sur la performance passée de ce marché. Elle n'est évidemment pas capable de tenir compte des phénomènes futurs pressentis.

— *Les anticipations sont rationnelles.* Cette hypothèse implique :
  — que les agents économiques utilisent toute l'information disponible ;
  — que cette information est utilisée efficacement dans le sens où elle se réfère à des théories du fonctionnement de l'économie qui, dans leur ensemble, sont en mesure de prévoir le comportement macro-économique futur ;
  — que toute déviation de la prévision par rapport à la réalisation future n'est qu'aléatoire. Autrement dit, les agents économiques peuvent faire des erreurs de prévisions mais, s'ils utilisent rationnellement toute l'information disponible, ils apprennent vite à éviter les erreurs systématiques.

Ces nouvelles courbes d'offre et de demande globales *OA* et *DA* sont donc basées sur des anticipations rationnelles reflétant le comportement moyen des agents économiques et non celui d'un seul agent, qui est forcément subjectif.

Cependant, il convient de distinguer deux situations. Dans la première, l'information disponible est utilisée symétriquement par les offrants et les demandeurs. Le niveau général des prix anticipés guide donc de la même façon le comportement de tous les participants au marché. Si, à la limite, les anticipations sont parfaites, P_i est égal à P_i^a.

La deuxième situation est liée au fait que, même si les agents économiques apprennent à baser leur comportement sur toute l'information disponible, ils peuvent en faire un usage sélectif. Un entrepreneur serait ainsi plus intéressé par l'évolution du prix de son bien ou service produit, tandis qu'un ménage privé prendrait plutôt comme guide de comportement l'évolution prévue des prix des biens et services qu'il demande effectivement. Le niveau général des prix comme dénominateur commun des comportements rationnels resterait ainsi fiction ou construction statistique théorique. L'information serait utilisée asymétriquement. À la limite, même en disposant de toute l'information, les participants au marché global pourraient ne pas en faire usage du tout pour modifier leurs anticipations.

Nous distinguerons donc par la suite le mouvement de la demande qui est parfaitement anticipé et celui qui n'est pas prévu par les agents économiques. Il peut notamment s'agir d'une mesure de relance économique dans le cadre de la gestion de la demande globale discutée ci-dessus dans le modèle keynésien.

d) Mouvement parfaitement anticipé de la demande globale

Dans le graphique suivant, l'équilibre initial s'établit à E_0 qui désigne l'intersection de OA_0 et DA_0. Il en résulte un niveau de production Q_0 pour lequel la démonstration n'exige pas de préciser s'il s'établit en plein-emploi ou non.

Le niveau général des prix assurant cet équilibre est P_0. Si les anticipations formulées antérieurement par les agents économiques pour cette période de référence ont été parfaites, il est par définition égal au niveau général des prix anticipés P_0^a. Il n'y a donc pas d'erreur d'anticipation.

Supposons que l'État décide de réaliser demain une politique économique expansive. Cette nouvelle est aussitôt utilisée par les agents économiques pour réajuster leur comportement sur le marché global. Ils prévoient, par exemple, que la demande globale, suite à cette mesure de relance, se déplace à DA_1^a dans la période suivante. Comme on suppose que le mouvement de la demande est parfaitement anticipé, la demande effective de demain sera égale à la demande anticipée d'aujourd'hui.

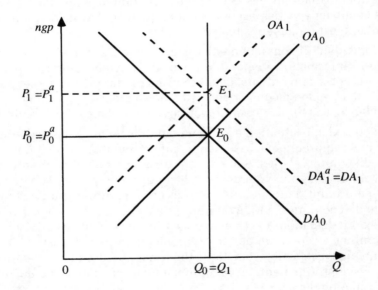

De ce fait, pour un niveau d'activité donné, un tel déplacement prévu de la demande globale est à l'origine d'une inflation anticipée signalée par un niveau général des prix P_1^a. En effet, pourvu que les acteurs économiques s'inspirent du même modèle de fonctionnement du marché global, il suffit qu'ils soient convaincus qu'une politique économique expansive a des effets inflationnistes pour que P_1^a soit supposé plus élevé que P_0. L'expérience de la plupart des pays occidentaux pendant les années septante les invite en tout cas à une telle interprétation. Les offrants savent qu'en période d'inflation les facteurs de production tels que les matières premières, les produits semi-fabriqués et le travail coûtent plus cher. Cet accroissement du coût des ressources productives dans la période 1 déplace l'offre de OA_0 à OA_1 de telle sorte que le nouvel équilibre macro-économique s'établit à E_1. Or, si les anticipations sont supposées parfaites, la demande effectivement observée DA_1 confirme les prévisions. À l'équilibre E_1, $DA_1 = DA_1{}^a$. Par conséquent, les agents économiques à l'époque 0 ont également anticipé correctement le niveau général des prix à l'époque 1. En effet, au point d'équilibre E_1, $P_1{}^a = P_1$.

Malgré une politique économique expansive, l'activité économique reste inchangée ($Q_0 = Q_1$). L'intervention de l'État dans une économie de marché reste donc sans effet réel. Il y a donc un parallèle avec les conclusions du modèle classique. Pour un niveau de production atteint, l'offre se caractérise par une inélasticité totale par rapport à la variation du niveau général des prix. Mais, cette fois-ci, l'équilibre macro-économique ne s'établit pas forcément en plein-emploi. En outre, c'est l'apprentissage des mécanismes économiques qui parvient à déjouer les effets de la politique économique.

Il est donc justifié d'analyser avant tout l'optique classique dans ce texte (notamment sous « Théorie de la production ».)

En outre, il n'est pas surprenant que les partisans de cette interprétation préconisent des mesures dans le domaine de l'économie de l'offre, qui sont censées stimuler l'activité économique à court terme. Cependant, cette recommandation en matière de politique économique peut être paradoxale. Si les agents économiques devaient se reconnaître unanimement dans un modèle du fonctionnement macro-économique selon lequel des mesures de stimulation de l'offre devaient être déflationnistes, la théorie des anticipations rationnelles devrait également conclure à l'inefficacité de telles mesures si elles sont parfaitement anticipées. Indépendamment de la vision déterministe de nos sociétés qui s'exprime derrière une telle conclusion, les mesures dans le domaine de l'économie de l'offre ne s'expliquent donc en définitive que par une tentative de justifier une intervention de l'État en faveur des entreprises. Il faut cependant insister sur le fait que, dans le cadre des anticipations rationnelles, la prévision parfaite ne représente qu'un cas particulier du comportement des agents économiques. Pour le démontrer, il suffit de discuter un autre cas : le mouvement de la demande globale non anticipé.

e) Mouvement non anticipé de la demande

Le graphique suivant illustre à nouveau un équilibre macro-économique initial au point E_0 à l'intersection de OA_0 et DA_0. Mais cette fois-ci, les agents économiques n'anticipent pas le mouvement de la demande globale déclenché par une politique conjoncturelle expansive de l'État, par exemple parce que ce dernier réussit à surprendre les agents économiques. Dans cette situation, le comportement des

demandeurs et des offrants, d'une période à l'autre, reste inchangé
($DA_0 = DA_1{}^a$ et $OA_0 = OA_1{}^a$). Par conséquent, le niveau général des
prix anticipés pour l'époque 1 est égal à $P_1{}^a$, niveau qui reste
inchangé par rapport à P_0. Si dans de telles circonstances le mouvement expansif de la demande devait se concrétiser (DA_0 passe à DA_1),
le niveau général des prix effectivement observés dans la période 1
(P_1) serait plus élevé que $P_1{}^a$. L'inflation n'a donc pas été anticipée et
l'activité économique se trouve stimulée de Q_0 à Q_1.

Une politique économique expansive qui réussit ainsi à déplacer
DA_0 à DA_1 est donc efficace et réussit à expliquer qu'une hausse de
prix (de P_0 à P_1) s'accompagne d'une diminution de sous-emploi
(signalée dans ce graphique par un accroissement de la production de
Q_0 à Q_1). Cette interprétation de l'équilibre macro-économique permet ainsi d'établir un parallèle avec la vision keynésienne. Il suffit
qu'une action gouvernementale ait des effets non anticipés pour que
la « gestion de la demande » puisse se réaliser. Cependant, il faut
émettre une réserve en ce sens que, dans les périodes ultérieures, les
agents économiques vont réviser leurs anticipations et petit à petit
annuler l'effet réel initial.

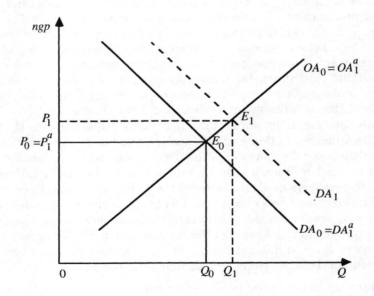

L'exploration de notre modèle macro-économique simple dans
l'optique du marché efficient renoue donc avec les conclusions classiques ou keynésiennes, selon que le mouvement de la demande globale est anticipé parfaitement ou non. Cependant, elle ajoute une
dimension temporelle à l'analyse du marché et ouvre ainsi un vaste

et nouveau champ d'investigation sur le comportement des agents économiques face à l'avenir. Elle favorise donc une recherche qui rend dynamiques les modèles économiques, en incluant le risque et l'incertitude, ainsi qu'en établissant un lien avec les sciences du comportement. Cependant, cette ouverture ne peut s'opérer qu'en s'appuyant sur l'apprentissage des modèles traditionnels dans les optiques classique et keynésienne.

S'il faut donc se référer à la fois aux modèles d'inspiration classique et keynésienne, c'est pour les trois raisons suivantes, qui constituent également la critique principale adressée à la théorie des anticipations parfaites :

— Si la théorie des anticipations parfaite était correcte, comment dès lors expliquer l'observation empirique des fluctuations conjoncturelles de l'activité économique ?

— Comme nous l'avons mis en évidence, une politique expansive du type de la gestion de la demande exerce un effet à court terme, dès que les anticipations ne sont pas parfaites.

— De nombreux marchés ne sont pas efficients, soit parce qu'il s'agit de prix négociés, soit parce que le fonctionnement du modèle à prix flexible implique en réalité un coût de recherche du prix d'équilibre trop élevé. Pour s'en convaincre, il suffit que chacun passe en revue ses dépenses personnelles et se pose la question de savoir combien d'achats s'effectuent à des prix d'équilibre. L'alimentation, le loyer et les dépenses d'assurances sociales ne laissent que peu de place aux dépenses qui peuvent encore être effectuées sur un marché efficient, telles que, peut-être, celles réservées aux vêtements et aux loisirs.

La recherche future s'orientera donc, à notre avis, vers des modèles à prix fixes ou vers des modèles de déséquilibre, modèles qui ont émergé de la vision keynésienne du fonctionnement macro-économique de notre société. Peu importe s'ils méritent encore cette référence, ils ne nous dispensent pas de comprendre le modèle élémentaire qui fera l'objet principal de la première partie de ce livre.

2.3. Les principales articulations macro-économiques

Le lien entre l'offre globale et la demande globale peut être représenté à l'aide des flux existant entre les entreprises et les ménages.

Flux réels – flux monétaires

Si les flux réels sont formés par des quantités exprimées en unités physiques, les flux monétaires le sont par des quantités d'unités de pouvoir d'achat par unités de temps.

En macro-économie, on observe surtout des flux monétaires qui ont chacun un flux réel en contrepartie.

Le salaire, flux monétaire versé par les entreprises aux ménages, a sa contrepartie réelle dans l'apport de travail que les ménages fournissent aux entreprises (mesuré en nombre d'heures de travail, par exemple).

Les dépenses des consommateurs, flux monétaire, ont leur contrepartie dans les biens de consommation acquis par les ménages.

Même si nous n'observons que des flux monétaires, nous devons être conscients qu'ils cachent des flux réels qui vont dans le sens inverse. Cependant, pour la suite, nous ne nous référerons qu'aux flux monétaires en décrivant, par des degrés de complexité croissants, le lien entre les producteurs et les consommateurs.

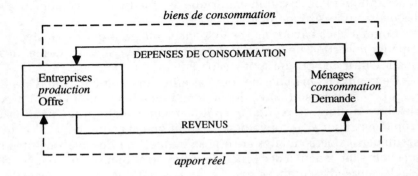

2.3.1. *Économie stationnaire*

Dans ce modèle, ce lien est le plus simple ; tout ce que l'économie produit est entièrement consommée. L'équilibre entre la production (*Y*) et la consommation (*C*) est alors assuré par le marché. Il n'y a pas d'épargne.

On rencontre parfois cette situation dans les pays du tiers monde où la production est entièrement consommée. Il s'agit essentiellement d'une production agricole qui parvient juste à subvenir aux besoins élémentaires.

La condition d'équilibre d'une économie stationnaire est formalisée par l'égalité suivante :

$$Y = C$$

Y désigne la valeur des biens produits et mis à la disposition des consommateurs, ainsi que les revenus versés par les producteurs aux consommateurs grâce auxquels ils peuvent acquérir ces biens.

C désigne donc les dépenses de consommation.

2.3.2. Économie dynamique

Dès que les revenus ne sont pas entièrement dépensés, il y a place pour la formation d'épargne :

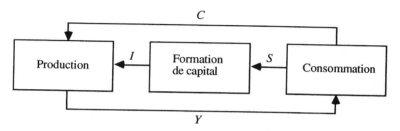

I : demande d'investissement
S : épargne (savings)

Grâce à la formation d'épargne, l'économie devient dynamique. Dans un premier temps, la non-consommation permet à l'économie de produire des biens d'équipement supplémentaires qui servent à l'extension de l'appareil de production. Nous introduisons dans le circuit économique un relais intermédiaire entre consommation et production, appelé « formation de capital ». Il est donc important de préciser la notion de capital, qui présente le double aspect financier et physique. Dans les deux cas, l'investissement signifie l'immobilisation des facteurs de production dans un processus productif. À cette fin, il faut soustraire une partie des revenus des facteurs de production pour en éviter la consommation : la formation d'épargne rend possible l'investissement au moment où cette épargne est placée.

• L'aspect financier de l'investissement est perceptible par deux canaux qui acheminent l'épargne vers l'investissement :
  — par l'intermédiaire des banques qui accordent des crédits à des investisseurs après avoir récolté l'épargne formée dans le public ;
  — par le mécanisme des émissions de titres, l'investisseur s'adresse directement aux épargnants.

Il existe deux formes de titres. L'un est l'obligation qui peut être considérée comme une reconnaissance de dette de l'investisseur qui rétribue les fonds prêtés à taux d'intérêt fixe. L'autre est l'action qui est un papier-valeur par lequel l'investisseur confère un droit à la copropriété de son entreprise à l'épargnant. Ce droit est assorti d'un revenu variable suivant la marche des affaires.

L'idée de rendre les titres négociables a permis de concilier les intérêts des épargnants et des investisseurs. Le marché de ces valeurs est la bourse.

Dès que l'entreprise s'autofinance, l'épargnant et l'investisseur se confondent. En outre, les banques ne sont pas toujours des intermédiaires, elles peuvent faire du crédit sans avoir des ressources monétaires. C'est le phénomène de création monétaire qui est étudié dans le chapitre consacré à la monnaie.

• L'aspect physique de l'investissement est perceptible à travers la distinction qui est faite dans la notion du capital :
— le capital technique fixe qui est associé à différentes productions successives (des machines et des usines par exemple) ;
— le capital technique circulant qui est absorbé par une seule production (des semences et des matières premières par exemple).

Le concept d'investissement peut être plus large que celui du capital technique ; il peut être immatériel comme, par exemple, lorsqu'il s'agit d'un investissement au sein d'une équipe de chercheurs. Cependant, au niveau statistique, seuls les investissements matériels sont recensés.

En outre, il est difficile de concevoir le capital technique circulant comme une immobilisation de facteurs de production ; or, tel est bien le cas lorsque ce capital est stocké.

La terre est un cas particulier de capital fixe. La terre intervient dans des opérations de production successives, mais elle ne doit pas être amortie puisque sa fertilité se reconstitue. Les éléments de production sont immobilisés, mais ils n'ont pas demandé d'investissement particulier, celui-ci étant fait par le propriétaire à l'achat de la terre en question.

En ce qui concerne les amortissements, ils sont destinés à maintenir l'apport du capital physique existant. En d'autres termes, le stock de biens d'équipement, tels que les usines et machines, qui forme l'appareil de production, doit être remplacé à cause de l'usure qu'il subit pendant une période de production.

Les conditions d'équilibre d'une économie dynamique, mais fermée, peuvent être formalisées comme suit :

$$Y = C + S = C + I$$

La valeur finale de la production	=	Affectation du revenu	=	Utilisation du revenu
SORTIE DE PRODUCTION	=	SORTIE DE CONSOMMATION	=	ENTRÉE DE PRODUCTION
OFFRE GLOBALE		=		**DEMANDE GLOBALE**

Puisque les dépenses de consommation (C) apparaissent du côté de l'affectation et du côté de l'utilisation du revenu, cette condition peut être simplifiée en biffant C de chaque côté. Nous obtenons ainsi :

$$S = I$$

Dans une économie fermée et dynamique, l'épargne est égale à la dépense d'investissement. Cette condition d'équilibre se vérifie toujours après que des forces déséquilibrantes se sont manifestées. Nous y reviendrons au chapitre consacré à la théorie de détermination du revenu d'équilibre.

Cette condition d'équilibre se réfère à l'économie globale. Au niveau individuel ou au niveau d'un groupe, cette condition d'équilibre n'est pas respectée car chaque agent économique peut contracter des dettes ou avoir des créances. Par conséquent, les moyens disponibles et leur utilisation donnent lieu à une condition d'équilibre élargie au niveau individuel :

$$Y_i + \Delta E_i = C_i + I_i + \Delta A_i$$

moyens disponibles = moyens utilisés

Y_i revenu individuel
ΔE_i variation des engagements individuels tels que des emprunts
C_i dépenses individuelles de consommation
I_i dépenses individuelles d'investissement
ΔA_i variation des avoirs individuels tels que des carnets d'épargne et des titres.

Comme tout engagement est nécessairement un avoir de quelqu'un d'autre (les dettes des uns sont les créances des autres), tous les ΔE_i et ΔA_i au niveau global se compensent et nous observons bien $Y = C + I$.

2.3.3. Introduction de l'État

En posant $Y = C + I$, la demande globale regroupe les ménages privés et publics. Les dépenses courantes de l'État se trouvent intégrées dans C et ses investissements dans I. Il est possible de faire apparaître explicitement le secteur public en élargissant le circuit économique.

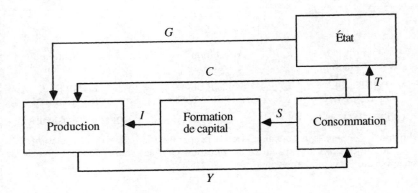

Dans ce schéma, les dépenses de l'État portent le sigle G (government expenditure). Ces dépenses englobent aussi bien les dépenses courantes (par exemple les crayons des fonctionnaires) que les investissements publics (par exemple les écoles et les hôpitaux). Les recettes fiscales portent le signe T (taxes) et ne concernent dans notre schéma que les impôts payés directement par le secteur des ménages privés.

La condition d'équilibre d'une économie fermée où l'État est pris en compte d'une manière explicite se formalise comme suit :

$$Y = C + I + G$$
offre globale = dépense globale

Comme les sorties du secteur de la consommation privée (affectation du revenu) sont par définition égales aux entrées du secteur de la production (utilisation du revenu) l'égalité suivante est observée :

$$C + I + G = C + S + T$$
utilisation du revenu = affectation du revenu

Cette égalité donne lieu à la condition d'équilibre suivante :

$$I - S = T - G$$

où $T - G$ représente le budget de l'État qui est en équilibre lorsque $T = G$. L'État compense un déséquilibre entre les investissements privés et l'épargne par un déséquilibre budgétaire :
$I > S \rightarrow T > G$ le budget de l'État est excédentaire[1].
$S > I \rightarrow G > T$ le budget de l'État est déficitaire[1].

Ces relations montrent l'importance des variations des dépenses et des recettes fiscales pour l'établissement d'un équilibre macro-économique.

---

1. À condition que les écarts soient de même montant.

2.3.4. *Économie ouverte*

Les relations avec l'étranger ne concernent, dans la représentation simplifiée suivante du circuit économique, que les importations (*M*) et les exportations (*X*) de biens et services.

En termes réels, les importations représentent une entrée dans la production et dans la consommation. Pour simplifier, nous supposons que les importations en tant que part de la production étrangère n'entrent que dans le secteur de la production indigène. L'exportation, par contre, représente une sortie de la production indigène vers l'étranger.

En termes nominaux, les importations sont une sortie pour le pays (achat à l'étranger) et les exportations représentent une entrée (vente à l'étranger).

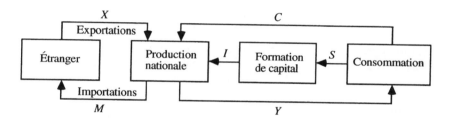

La prise en compte du commerce extérieur modifie la condition d'équilibre macro-économique comme suit :

$$Y + M = C + I + X$$

offre nationale + offre étrangère =
demande nationale + demande étrangère

$$C + I + X = C + S + M$$

Utilisation de revenu = Affectation du revenu

Cette égalité définit la condition d'équilibre d'une économie ouverte :

$$I + X = S + M$$

où l'on fait apparaître le solde de la balance commerciale (*X* – *M*)

$$S - I = X - M$$

Un déséquilibre entre l'épargne et l'investissement peut être compensé par un déséquilibre de la balance commerciale sans que l'équilibre global soit perturbé si :

$I > S : M > X$ la balance commerciale est déficitaire[1].
$S > I : X > M$ la balance commerciale est excédentaire[1].

Ce lien est parfois formalisé différemment en introduisant deux sigles supplémentaires (A et B).

A désigne la part de production nationale qui est absorbée à l'intérieur du pays sous forme de biens de consommation et d'investissement. Par conséquent, la définition de l'absorption intérieure est la suivante :

$$A = C + I$$

B désigne le solde de la balance commerciale :

$$B = X - M$$

La condition d'équilibre

$$Y = \underbrace{C + I}_{A} + \underbrace{X - M}_{B}$$

permet de définir le solde de la balance commerciale par la différence entre la valeur finale de la production nationale et l'absorption :

$$B = Y - A$$

Une balance commerciale excédentaire ($B > 0$) signale une insuffisance de la demande nationale par rapport à l'offre nationale ($Y > A$). Une balance commerciale déficitaire ($B < 0$) indique, par contre, un excédent de l'absorption par rapport à l'offre nationale ($A > Y$).

2.3.5. *Le circuit économique d'une économie ouverte et d'un secteur public*

Le schéma suivant regroupe les deux précédents et met en évidence les intersections globales de la manière suivante :

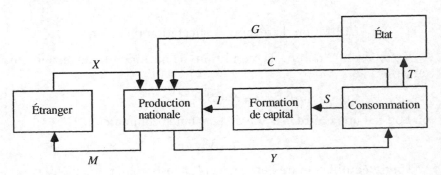

---

1. À condition que les écarts soient de même montant.

La condition d'équilibre d'une telle économie s'établit aisément en se référant à l'égalité entre l'utilisation et l'affectation du revenu :

$$C + I + X + G = C + S + M + T$$

d'où nous tirons :

$$(I - S) = (T - G) + (M - X)$$

ANNEXE

CONSTRUCTION D'UN TABLEAU INPUT-OUTPUT

Jusqu'à présent, nous avons établi l'équilibre macro-économique en termes de la valeur finale de la production. Nous avons ainsi négligé l'échange des biens et services que les entreprises se font entre elles. Afin de faire ressortir les échanges interindustriels, nous établissons d'abord le circuit économique sous forme matricielle. Nous distinguons ensuite, par désagrégation, les différents secteurs économiques pour finalement indiquer une technique de planification.

1) *Représentation matricielle du circuit économique sans référence particulière au secteur public*

Sortie Entrée		1	2	3	4	
1. Production			C	I	X	$-M$
2. Consommation		Y				
3. Formation de capital			S			
4. Étranger		(M)				

Afin de pouvoir déduire de la demande finale ($C + I + X$) les biens et services importés, M est porté de la première colonne à la première ligne en changeant de signe.

2) *Désagrégation en différents secteurs de production et en différentes catégories de revenus*

Nous distinguons trois secteurs productifs, l'agriculture, l'industrie et les services. Un tel découpage de la production correspond à une classification en trois secteurs : le primaire, le secondaire et le tertiaire. La première ligne et la première colonne sont donc subdivisées selon cette classification. Il est possible, bien sûr, de répartir plus finement les différentes activités économiques.

En ce qui concerne le revenu national, nous ne distinguerons, à titre d'exemple, que deux composantes, les salaires et les intérêts versés. Ces deux catégories de revenus correspondent aux rémunérations des facteurs de production simples, le travail et le capital. La deuxième ligne se trouve donc subdivisée en deux groupes.

En désagrégeant la représentation matérielle du circuit économique, nous ne nous référons qu'aux cases encadrées de noir.

Le but de cette désagrégation est de pouvoir estimer la production globale d'un pays à partir de la demande finale et intermédiaire. Dans les relations macro-économiques utilisées jusqu'à présent, ce n'est que la demande finale qui est explicitement recensée. La demande intermédiaire – la demande des biens semi-finis des entreprises – n'apparaît pas. Comme il s'agit des échanges à l'intérieur de la production, la case (1 – 1) dans le tableau ci-dessus reste vide. Ce n'est que la désagrégation en différents secteurs qui permet de faire apparaître ces échanges. Comme exemple, citons les produits que l'agriculture fournit à l'industrie de conserves, les machines à écrire que l'industrie fournit aux services, etc.

Pour chaque secteur, il est donc possible de calculer la part de sa production qui entre comme facteur de production composé dans la production d'un autre secteur. Cette part peut s'exprimer en pourcentage ou en coefficient. Elle est appelée : *coefficient technique*. Une estimation de la demande intermédiaire n'est fiable que si ces coefficients restent stables dans le temps. Or, la part d'une production utilisée comme ingrédient dans une autre production dépend essentiellement de la technologie utilisée. L'introduction du progrès technique dans les processus de production entraîne donc une modification des coefficients techniques. Sans entrer dans la problématique du calcul de tels coefficients techniques, référons-nous à l'exemple chiffré suivant afin de pouvoir illustrer la désagrégation en secteurs.

	Agriculture	Industrie	Services
Production totale en millions de francs	110	290	220
Ventes à			
— l'agriculture	–	60	20
— l'industrie	20	–	70
— aux services	10	40	–
Demande finale nette	80	190	130
Investissements nets	10	60	30
Exportations	40	160	70
Importations	60	150	50
Salaires versés	20	120	90
Intérêts versés	10	80	80

Le tableau suivant recense ces différentes entrées et sorties (inputs-outputs) en termes de flux nominaux.

À partir de ces chiffres, il est possible de calculer des coefficients techniques qui indiquent la part d'une production consommée par une autre. Par exemple, la production globale de l'industrie s'élève à 290. Elle achète pour 20 au secteur agricole. Le coefficient technique s'élève donc à 20/290 = 0,07. Ces coefficients sont regroupés dans la matrice A.

$$A = \begin{bmatrix} - & 0,07 & 0,04 \\ 0,55 & - & 0,18 \\ 0,18 & 0,24 & - \end{bmatrix}$$

Sortie / Entrée		Ag	In	Se	Total	C	I	X	− M	Demande finale	Emploi
Sortie		**1**				**2**	**3**	**4**			
Entrée		Ag	In	Se	Total	C	I	X	− M	Demande finale	Emploi
1	Ag	–	20	10	30	90	10	40	60	80	110
	In	60		40	100	120	60	160	150	190	290
	Se	20	70	–	90	80	30	70	50	130	220
	Total	80	90	50	220	290	100	270	260	400	620

2	Salaire	20	120	90	230
	Intérêt	10	80	80	170
	Total	30	200	170	400

Ressources	110	290	220	620

Par définition, la production globale (Q) est égale à la demande intermédiaire (AQ) et à la demande finale (Df). Dans notre exemple :

$$620 = 220 + 400$$
$$Q = [A]\,Q + Df$$

Afin de pouvoir estimer la production globale à partir de la demande finale, arrangeons les termes : $Q\,(I - A) = Df$ (à condition que $(I - A)$ soit inversible)

$$\boxed{Q = (I - A)^{-1} Df}$$

ou I représente une matrice unité.

Cette estimation de la production globale à partir de la demande finale peut être utilisée à titre prévisionnel et constitue donc une technique de planification économique.

En outre, le tableau imput-output permet de définir la valeur finale de la production selon trois optiques distinctes :
— dans la ligne 1, la somme des colonnes 2, 3 et 4 mesure le produit dans l'optique de la dépense ;
— dans la ligne 2, les sommes de la colonne 1 mesurent la production dans l'optique du produit ;
— les sommes de la ligne 2 la mesurent dans l'optique du revenu.

Nous reprendrons ces différentes définitions au début du chapitre 3.

2.4. Les agents économiques

Qui sont les différents acteurs qui animent le circuit économique ? L'offre globale est représentée par les entreprises et la demande globale par les ménages privés et les entreprises. En outre, nous trouvons des deux côtés les administrations publiques.

2.4.1. Les entreprises

Elles sont les agents de production qui combinent les facteurs de production. L'entreprise est l'unité économique qui réunit sous une seule direction ces facteurs en vue de produire et d'échanger des biens et services.

Deux caractéristiques se dégagent de cette définition de l'entreprise :

— *L'entreprise est une unité de décision*

La décision de produire ou de vendre s'appuie sur un appareil de production qui est formé par les bâtiments et les machines (le capital fixe) et des stocks (capital circulant). D'autres éléments tels que l'organisation de l'entreprise, les licences, le savoir-faire interviennent également.

— *L'objectif de l'entreprise est la vente*

Le but de l'entreprise est donc de contribuer à la satisfaction des besoins.

Sous un angle plus juridique qu'économique, trois types d'entreprises peuvent être distingués.

a) L'entreprise individuelle

Pour cette entreprise, le patrimoine se confond avec celui du ou des propriétaires. C'est la forme typique de la petite entreprise, très fréquente encore dans l'agriculture, dans l'artisanat et dans le commerce de détail, mais également dans les professions libérales telles que les médecins et les avocats. Juridiquement, il s'agit des entreprises individuelles. En 2004, selon les inscriptions et les radiations au Registre du Commerce, on en a recensé le nombre suivant en Suisse :
— sociétés simples   148 263
— sociétés en nom collectif   14 953
— société en commandite   2 665

L'importance quantitative de ces entreprises individuelles est donc très élevée.

b) L'entreprise à capitaux privés

Pour ce type d'entreprise, le patrimoine garantit les créances de la société. Les propriétaires ne sont responsables que du montant du

capital auquel ils ont souscrit. Contrairement à une société individuelle, la responsabilité n'est nullement étendue à la fortune person-
nelle du propriétaire. La responsabilité est donc limitée au capital
propre d'une entreprise. Ainsi, le risque moins étendu permet une
large diffusion du capital financier. Juridiquement, on définit dans
cette catégorie les sociétés suivantes :
— sociétés à responsabilité limitée   76 428
— coopératives   12 198
— sociétés anonymes   174 149

Comme le recensement du nombre d'entreprises en 2004 le montre, c'est ce dernier type de société qui est de loin le plus important.
Le capital propre est formé par des actions qui donnent un droit au
patrimoine, ainsi qu'un droit à la rémunération. Ses actions sont traitées en bourse dans la plupart des cas. La valeur des actions (leur
prix) est avant tout déterminée par l'évolution escomptée de la valeur
des actifs d'une entreprise. Si l'on fait abstraction des fluctuations
plus ou moins aléatoires à court terme, le prix de l'action reflète en
quelque sorte la valeur d'une entreprise.

c) Les entreprises publiques

Ce sont des entreprises gérées par les pouvoirs publics. L'entreprise publique poursuit un but différent de celui de l'entreprise privée. Elle ne cherche pas forcément le profit, mais cherche à sauvegarder les intérêts de la collectivité. Elle a comme but de produire des
biens collectifs qui sont des biens qui ne font pas l'objet d'un échange
sur le plan individuel. Il n'y a, de ce fait, pas de marché au sens économique du terme.

Parmi les motifs qui ont poussé l'État à s'occuper de la gestion
d'entreprises, nous pouvons citer :
— raisons stratégiques : politique militaire (fabrique d'armes),
— raisons financières (chemins de fer en Europe),
— raisons idéologiques (nationalisations en France),
— exploitation d'activités non rentables (fournitures d'eau),
— raisons de sécurité (centrales nucléaires).

Entre les entreprises publiques et les sociétés privées, signalons
l'existence des sociétés mixtes, telles que Swissair, la Banque Nationale et la Sécurité sociale.

2.4.2. *Les ménages privés et leur rôle économique*

Le ménage est l'unité comptable, servant à établir l'emploi des
rémunérations touchées par des particuliers à la suite d'opérations
économiques. Les ménages sont les centres de décision concernant :
— l'affectation du revenu,
— l'offre de l'emploi.

En ce qui concerne l'affectation du revenu, il ressort du circuit économique que les ménages, en choisissant la consommation, orientent les entreprises dans leurs décisions de production de tel bien ou de tel service et déterminent l'étendue de la production. En choisissant l'épargne, les ménages fournissent aux entreprises le facteur de production capital en permettant les investissements qui sont nécessaires :

— pour maintenir le stock du capital physique existant (renouvellement du matériel usé),

— pour accroître la production en mettant à la disposition des entreprises des fonds nécessaires.

En ce qui concerne l'offre de travail, les ménages sont à la base de toute activité économique en mettant à la disposition des entreprises le facteur de production travail.

Dans la comptabilité nationale suisse, on associe toute société simple, ainsi que les organismes privés à but non lucratif au secteur des ménages, où il n'est cependant pas tenu compte du travail des ménagères au foyer.

2.4.3. Les administrations publiques

Il s'agit des organismes publics qui exercent une activité économique non lucrative, productrice de biens collectifs. Ces organismes concernent tous les niveaux de l'État et englobent, pour la Suisse, l'administration fédérale, cantonale et communale.

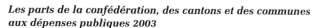

Les parts de la confédération, des cantons et des communes aux dépenses publiques 2003

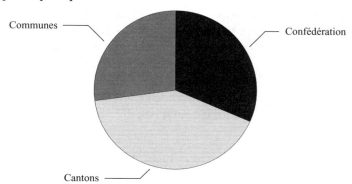

Le schéma précédent renseigne sur les principales tâches des collectivités publiques en Suisse.

Principales tâches des collectivités publiques 2003

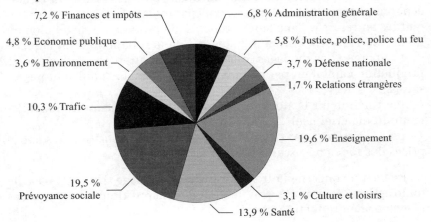

7,2 % Finances et impôts — — 6,8 % Administration générale

4,8 % Economie publique — — 5,8 % Justice, police, police du feu

3,6 % Environnement — — 3,7 % Défense nationale

— 1,7 % Relations étrangères

10,3 % Trafic —

— 19,6 % Enseignement

19,5 %
Prévoyance sociale

— 3,1 % Culture et loisirs

— 13,9 % Santé

Principales tâches des collectivités publiques 2003

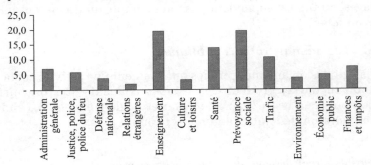

Remarquons que le rapport *G/Y* qui mesure l'importance du secteur public dans une économie s'est stabilisé ces dernières années et s'élève pour la Suisse à environ 30 % en moyenne pour les dernières années.

QUESTIONS

1) Laquelle parmi les affirmations suivantes est fausse si l'on analyse le marché d'un bien ?
   a) l'équilibre, le nombre de transactions est maximum
   b) une hausse des revenus provoque toujours une augmentation du prix et de la quantité échangée, toutes choses restant égales par ailleurs

c) si les revenus baissent et si le bien est « normal », la demande est moins élevée pour chaque niveau de prix, toutes choses restant égales par ailleurs

d) si on observe un excédent d'offre, les prix tendront à baisser.

2) Sachant qu'une courbe de demande pour un bien particulier peut être représentée par une droite de pente négative, on peut affirmer que :

a) l'élasticité-prix de la demande pour ce bien est positive

b) l'élasticité-prix est constante quel que soit le prix du bien

c) au milieu du segment de la droite de demande, l'élasticité-prix est unitaire en valeur absolue

d) la recette totale des producteurs de ce bien est constante quelle que soit la quantité demandée.

3) Parmi les variables suivantes, laquelle n'intervient pas directement dans les déplacements de la demande de pétrole ?

a) le prix du pétrole

b) le revenu des consommateurs

c) la rigueur des hivers

d) le prix du gaz naturel.

4) Un déficit budgétaire, en économie fermée :

a) est incompatible avec un équilibre macro-économique

b) implique, à l'équilibre, un excédent de l'épargne sur l'investissement privé d'un montant égal au déficit budgétaire.

c) s'exprime comme un excédent des recettes sur les dépenses publiques

d) provient d'une demande d'investissement trop élevée.

5) Les anticipations rationnelles désignent :

a) une technique de prévision conjoncturelle

b) un comportement basé sur toute l'information économique disponible

c) un comportement basé sur l'expérience économique du passé

d) une extrapolation des tendances économiques observées.

6) Un gouvernement demande à un économiste keynésien quelle mesure adopter pour accroître le produit-revenu. Laquelle des mesures ci-dessous émane-t-elle d'une réflexion basée sur le modèle keynésien simple ?

a) un accroissement de l'épargne

b) un accroissement des impôts indirects

c) la mise en route par l'État de grands travaux

d) un vaste programme de nationalisations.

7) L'équilibre macro-économique dans une économie ouverte (avec État) où l'on observe un excédent des exportations sur les importations implique :

a) que le multiplicateur des impôts soit inférieur à celui des dépenses publiques
b) que la balance commerciale soit déficitaire
c) que l'État finance un supplément de dépenses publiques par un accroissement des impôts de même montant
d) que l'absorption intérieure soit inférieure au produit, d'un montant égal au déséquilibre externe.

POUR EN SAVOIR PLUS

Parkin M. (2005), *Economics*, Pearson Education, Addison – Wesley, Boston etc., 7e édition.

Samuelson P.S. et W.D. Nordhaus (2005), *Economics*, New York, McGraw-Hill Book Compagny, 18e édition, (également en traduction française *Économie* chez Paris : Economica, 2005).

Tremblay R. (1992), *Macroéconomique moderne*, Montréal, les Éditions Études Vivantes, chap. 1 : « Les marchés microéconomiques et macroéconomiques », p. 3-40.

Vaté M. (1999), *Leçons d'économie politique*, Paris, Economica, 8e édition.

CHAPITRE III

OBSERVATION EMPIRIQUE
DE L'ACTIVITÉ ÉCONOMIQUE

Les conditions d'équilibre établies à partir d'un circuit économique ont égalisé l'offre et la demande globale à un niveau théorique. Dès que nous cherchons à chiffrer concrètement l'offre globale, trois possibilités nous sont données. Passons-les en revue et précisons ensuite les difficultés de mesure auxquelles se heurte tout recensement statistique de l'activité économique.

3.1. Les différentes optiques dans la définition
    du produit national

C'est la comptabilité nationale qui enregistre les opérations économiques entre les différents agents sous trois optiques qui, par définition, sont de la même grandeur. En effet,

$$\text{OPTIQUES : PRODUIT} = \text{REVENU} = \text{DÉPENSE}$$
$$Y = \sum \text{valeurs ajoutées} = C + I + X - M$$

— Dans l'optique de la production, nous nous intéressons non pas à l'activité productrice, mais au volume de biens et services produits en vue d'une utilisation finale.

Le produit national mesure donc la production annuelle finale des résidents en termes de flux. Il représente la somme des valeurs ajoutées des entreprises.

La valeur ajoutée est définie comme la rémunération des facteurs de production simples.

— Dans l'optique du revenu, nous établissons comment se répartit la somme des valeurs ajoutées parmi les principaux groupes d'agents.

— Dans l'optique de la dépense, nous examinons l'emploi de ce produit par les différents groupes d'agents.

3.1.1. La composition du revenu national

a) Rémunération des salariés

Salaires et traitements, contributions sociales des employeurs, revenu des militaires.

b) Revenu d'exploitation des personnes indépendantes

c) Revenu de la propriété échéant aux ménages

— intérêts
— loyers, fermages
— dividendes

d) L'épargne des sociétés (bénéfices non distribués des sociétés)

e) L'épargne des entreprises publiques

f) Impôts directs sur les sociétés

g) Revenus échéant à l'État au titre de la propriété ou de l'entreprise

h) Déduction de l'intérêt de la dette publique

Par convention, la dette de l'État a été contractée pour le financement d'opérations non productives. Puisque ces intérêts ont été versés soit à des ménages, soit à des sociétés, ils ont donc été inclus dans le revenu de ces agents économiques. Il faut procéder à une correction.

i) Revenu échéant aux associations sociales au titre de la propriété

j) Revenu des placements faits par l'AVS, etc.

Par définition, cette manière de mesurer la valeur finale de la production est identique à la suivante. Les différences entre les deux optiques ne sont donc dues qu'aux imperfections des recensements statistiques.

3.1.2. La composition de la dépense

Dans le jargon de la comptabilité nationale, la dépense désigne l'usage qui est fait des biens et services qui font partie du produit :
C : consommation privée – dépenses courantes des ménages
G : consommation publique – dépenses de biens et services par l'État (gouvernement central et collectivités locales).

Toutes les dépenses militaires – par définition – sont comptées comme consommation publique puisque ces investissements sont improductifs par leur nature.

I : formation brute de capital faite par les agents économiques privés (G) et par l'État. On distingue :

a) les amortissements
b) les constructions (au sens large)
c) les biens d'équipement
d) la variation de stock

DEMANDE NATIONALE
+ X : exportations de biens et services : DEMANDE ÉTRANGÈRE

DEMANDE GLOBALE recensée pendant une année.

3.2. Problèmes de mesure

Ces problèmes sont essentiellement liés au recensement des données statistiques. Il est donc utile de préciser leur nature.

3.2.1. *Valeur finale – valeur intermédiaire*

Dans les trois optiques utilisées pour définir le produit national, seule la valeur finale de la production est mesurée. La valeur des échanges interindustriels se trouve exclue. Pour connaître la valeur de l'activité économique d'un pays, il n'est donc pas possible d'additionner le chiffre d'affaires réalisé par toutes les entreprises, car on recenserait également les échanges interindustriels. L'exemple chiffré suivant illustre cette difficulté.

Étapes de production	Prix d'achat	Valeur ajoutée	Prix de vente
mine	–	20	20
raffinerie	20	5	25
laminoir	25	4	29
construction de carrosseries	29	25	54
		54	128 chiffre d'affaires total

Cet exemple se réfère à l'industrie automobile et indique pour chaque étape de production les coûts de production formés par le coût des inputs (coût des facteurs de production composés) achetés à d'autres entreprises et par les coûts salariaux et de capitaux (rémunération des facteurs de production simples). On suppose que le prix de vente de la production à un stade donné devient le prix d'achat au stade suivant. En d'autres termes, nous ne tenons pas compte des coûts de transaction et de transport.

Il en ressort que la valeur finale de la production de 54 est égale à la somme des valeurs ajoutées et qu'elle diffère du montant du chiffre d'affaires total.

Il faut remarquer que l'estimation de la valeur finale du produit national ne tient pas compte du travail fourni par les ménagères en raison des difficultés statistiques que représente le recensement de cette valeur.

3.2.2.   *Valeur réelle – valeur nominale*

Comme les différentes unités physiques, dans lesquelles la production finale de biens et service s'exprime, ne peuvent être additionnées (poudre de lessive + police d'assurance), nous devons passer par l'addition des valeurs pour chacune des catégories de biens et services qui forment le produit final. Une telle addition de valeurs ne reflète pas la valeur réelle du produit du moment que le niveau de prix varie. En cas d'inflation, lorsque nous cherchons le reflet réel de l'activité productrice, les hausses de prix doivent être supprimées. La valeur nominale est donc divisée par un indice de prix, ce qui nous donne une valeur du produit exprimée en prix constants équivalents à l'expression réelle de l'activité économique.

Exemple :

	1995	2000	2002
Produit national suisse aux prix courants (en milliards de francs)	372,3	415,5	430,5
Variation du produit national suisse aux prix courants : en %	1,33	4,4	1,9
Hausse générale des prix (taux d'inflation) en %	1,6	1,8	1,9
Variation du produit national suisse aux prix constants (année de base 1990) en %	− 0,3	2,6	1,3

Afin de passer de la valeur nominale du produit (évaluée à prix courants) à sa valeur réelle (évaluée à prix constants) il suffit donc d'effectuer les opérations suivantes :

Pour les taux d'accroissement :

taux d'accroissement = taux d'accroissement − taux d'inflation
réel du produit   nominal du produit

Pour la valeur réelle du produit :

$$\text{produit national aux prix constants (prix d'une année de référence)} = \frac{\text{Produit national aux prix courants}}{\text{Indice des prix}} \times 100$$

Le passage de la valeur nominale à la valeur réelle met en évidence un problème important en économie. Comment les quantités d'un agrégat hétérogène tel que le produit national sont-elles mesurées ? Le problème de mesure consiste à trouver un seul chiffre qui illustre le volume et le changement d'un agrégat donné à travers le temps. Statistiquement, on parle d'indice. Un indice relie une ou plusieurs variables dans une période donnée à la même ou aux mêmes variables dans une autre période appelée période de base. Prenons l'exemple d'un indice de prix et basons-nous sur les observations suivantes :

	Prix P_0	Prix P_1	Quantités Q_0	Quantité Q_1
bien A	7	6	3	6
bien B	8	12	2	3

À partir de cet exemple, trois indices différents peuvent être construits :

— *Indice-prix simple* :

$$\frac{\Sigma P_n}{\Sigma P_0}(100)$$

P prix de plusieurs biens
Σ somme

$$\frac{6+12}{7+8}(100) = 120$$

0 année de base
n années suivantes

Afin de tenir compte des poids différents que chaque variation de prix prend dans cet indice, il convient d'introduire une pondération selon les quantités. Deux formules sont fréquemment utilisées :

— *Indice Laspeyres* :

$$\frac{\Sigma P_n \cdot Q_0}{\Sigma P_0 \cdot Q_0}(100)$$

La pondération se réfère à l'année de base

$$\frac{6 \cdot 3 + 12 \cdot 2}{7 \cdot 3 + 8 \cdot 2}(100) = \frac{42}{37}(100) = 113,5$$

— *Indice Paasche* :

$$\frac{\Sigma P_n \cdot Q_n}{\Sigma P_0 \cdot Q_n}(100)$$

La pondération se réfère à une année donnée

$$\frac{6 \cdot 6 + 12 \cdot 3}{7 \cdot 6 + 8 \cdot 3}(100) = \frac{72}{66}(100) = 109,1$$

Ces trois indices représentent chacun un accroissement de prix différent. Par conséquent, le choix de l'indice influence l'évaluation de la valeur réelle du produit national. Pour s'en convaincre, il suffit de remplacer, dans les formules précédentes, le taux d'inflation par un de ces indices de prix.

3.2.3. Le rôle des amortissements économiques et des amortissements comptables

Pour savoir si l'accroissement du produit national n'est pas seulement dû au remplacement du stock de capital existant, il faut se référer au produit national net qui est défini par la différence suivante :

produit national brut – amortissements = produit national net

Le produit national net ne tient donc compte que des investissements nets appelés également investissements d'expansion. Par conséquent, sa variation fournit une meilleure mesure de la croissance réelle de l'économie que celle du produit national brut.

Dans la comptabilité nationale, les amortissements ont une fonction économique en ce sens qu'ils permettent à l'appareil de production existant de ne pas se déprécier.

Au niveau d'une entreprise, les amortissements remplissent le même rôle, mais d'une manière cachée. Cela est dû à la pratique comptable qui consiste à faire varier le montant des amortissements en fonction de la fiscalité. Pour le montrer, référons-nous à un schéma comptable simplifié :

	BILAN			COMPTE D'EXPLOITATION	
ACTIFS	PASSIFS		Coût de production		Chiffre d'affaires
			▲ AMORTISSEMENTS		
PERTE	▼ PROFIT		▼ PROFIT		PERTE
	ÉGALITÉ			ÉGALITÉ	

Un accroissement des amortissements réduit le profit et, par-là, la base fiscale pour l'impôt sur les bénéfices des sociétés. C'est pour cette raison que les amortissements comptables ne correspondent pas forcément aux amortissements économiques. Les amortissements qui figurent dans les comptes d'exploitation des entreprises ne permettent donc pas de déterminer la dépréciation du stock de capital installé. Ils ne permettent pas non plus de conclure sur l'importance de ce stock. Afin d'éviter les abus dans la manipulation des bénéfices, la loi fiscale règle d'une manière stricte les taux d'amortissements admissibles pour les différentes catégories d'actifs.

3.2.4. Le produit national évalué aux prix du marché et aux coûts des facteurs

Cette distinction est nécessaire parce que l'État intervient dans la formation du prix qui s'effectue sur le marché. Par conséquent, il y a une différence entre les prix et les coûts de production qui est due aux impôts indirects (impôt sur le chiffre d'affaires, ICHA, ou sur la valeur ajoutée, TVA) et aux subventions. Les impôts indirects augmentent les prix pratiqués sur le marché. Par conséquent, la valeur finale du produit national se trouve augmentée. Les subventions, par contre, font baisser les prix pratiqués sur le marché et réduisent ainsi la valeur finale de la production.

L'estimation de la valeur finale du produit national doit donc corriger cette intervention de l'État dans la formation des prix :

Produit national net évalué aux prix du marché
– impôts indirects
+ subventions

Produit national net évalué aux coûts des facteurs de production

Comme les coûts des uns sont les rémunérations des autres, le produit national net évalué aux coûts des facteurs de production est égal au revenu national défini par la somme des valeurs ajoutées (somme des rémunérations des facteurs de production simples).

Ce concept mesure donc la valeur qu'une économie a réellement ajoutée pendant une année et sert ainsi de base dans les comparaisons nationales et internationales.

3.2.5. Les critères de résidence et du territoire

En recensant le produit final à l'intérieur des frontières politiques d'un État, on se réfère au critère du territoire. Or, les activités des résidents débordant les frontières, il faut également tenir compte de la valeur ajoutée créée à l'extérieur.

Il y a donc deux critères de recensement :
— de territoire : produit intérieur,
— de résidence : produit national.

Le passage du produit intérieur au produit national s'effectue comme suit :

PIB	Produit intérieur

		+	Revenus de capitaux placés à l'étranger par les résidents
		–	Revenus de capitaux placés à l'intérieur par des non-résidents
+ Solde de la balance des revenus de facteurs de production			
		+	Revenus de travail effectué temporairement à l'étranger par les résidents (équipes de montage)
		–	Revenus de travail effectué temporairement à l'intérieur par des non-résidents (frontaliers)

PNB	Produit national

La distinction entre produit intérieur et produit national introduit donc dans les égalités macro-économiques le solde de la balance des revenus de facteur (*SBRF*), élargissant ainsi la condition d'équilibre de la manière suivante :

$$Y_{PNB} = C + I_{int} + X - M + SBRF$$

Cet élargissement permet également d'introduire la distinction entre investissement intérieur (I_{int}) et investissement étranger (I_{ext}). En effet, en utilisant l'identité macro-économique ci-dessus, nous pouvons définir les investissements étrangers de la manière suivante sachant que $S = I_{int} + I_{ext}$.

$$I_{ext} = X - M + SBRF$$

Si l'expression ($X - M + SBRF$) est positive, le pays investit à titre net à l'étranger. Par contre, si cette expression est négative, c'est l'étranger qui investit à titre net dans le pays en question.

3.2.6. *Récapitulation*

En nous référant aux chiffres de la comptabilité nationale suisse pour 1998, récapitulons les différents obstacles que le recensement statistique doit franchir pour mesurer la valeur finale de la production durant une année.

PNB en 1998 (en millions de francs)	
Produit national brut aux prix du marché	408 731
– amortissements (consommation de capital fixe)	– 59 925
	348 806

PNN
Produit national net aux prix du marché
+ subventions | 9 503
− impôts indirects | − 28 557

PNN aux coûts des facteurs
= REVENU NATIONAL | 329 752
− Solde de la balance des revenus des facteurs | − 25 511
dont solde de la balance des revenus de capitaux | − 31 954
solde de la balance des revenus de travail | + 6 443

Produit intérieur net au coût des facteurs | 304 241

Le produit national suisse est donc plus élevé que le produit intérieur. Cette différence provient essentiellement du revenu des placements effectués par les résidents suisses à l'étranger que les rémunérations du travail versées aux frontaliers ne parviennent pas à compenser.

3.3. Mesure quantitative vs mesure qualitative ?

Le concept de produit national propose donc de mesurer quantitativement la valeur finale de la production. Elle représente un concept statistique qui cherche à traduire en chiffres l'activité économique d'un pays. En tant qu'indicateur de bien-être économique, le produit national est cependant exposé à plusieurs critiques qui peuvent être résumées comme suit :

3.3.1. *Principales critiques du produit national*

— *Critiques d'ordre statistique*
Tout d'abord, la qualité des données recensées dépend de l'appareil statistique mis en place dans chaque pays. Or, même avec une organisation statistique parfaite, un certain nombre d'activités économiques ne peuvent être recensées. Il s'agit essentiellement d'activités effectuées au noir qui échappent à l'impôt direct sur les revenus. Ces transactions hors-marché peuvent prendre plus d'ampleur lorsque les entraves au fonctionnement du marché augmentent (le contrôle des prix par exemple provoque l'apparition du marché noir).

Ensuite, une variation quantitative du produit n'exprime par forcément des changements qualitatifs. Cependant, un bien de qualité supérieure s'échange en principe à un prix plus élevé, ce qui se répercute évidemment sur l'évaluation du produit.

Finalement, cela n'a pas beaucoup de sens d'utiliser le produit national dans les comparaisons internationales sans tenir compte de la taille du pays. Un moyen de relativiser la grandeur absolue qu'est le produit national, c'est de l'exprimer per capita, notion qui devient alors plus significative.

— *Critiques d'ordre conceptuel*

Le produit national ne recense que la valeur finale de l'activité économique qui a engendré un coût explicite au niveau de la production ; les coûts ou bénéfices externes ne sont pas pris en compte. Comme exemples du coût social, nous pouvons citer la pollution de l'air, le bruit, la pollution de l'eau, etc. Comme exemples de bénéfice social, mentionnons la réduction de la pollution par une activité économique telle que l'épuration de l'eau, la découverte d'un gisement de pétrole lors de la construction d'une autoroute.

— *Critiques du produit national en tant qu'indicateur de bien-être*

Le produit national n'est pas un indicateur qualitatif de la valeur finale de la production, il ne peut donc mesurer le bien-être. Mais l'évolution du produit national est souvent prise comme indicateur de bien-être économique ou matériel. Or, cette interprétation appelle les critiques suivantes :

— elle ne tient pas compte du temps de loisir. Or, sa prolongation est un motif important de l'activité économique. C'est seulement par l'accroissement des activités de tourisme et de loisir qu'un temps de loisir prolongé est pris en considération dans l'évaluation du produit national ;

— elle soulève le problème d'allocation des ressources. Bien qu'une diversification de l'activité économique puisse être souhaitable, une mono-production pourrait donner le même résultat chiffré. Or, il n'est pas indifférent – du point de vue du bien-être économique – de savoir si l'on ne produit que du blé ou tout un ensemble de biens et services ;

— elle soulève également le problème de la répartition des revenus. Or, la distribution des revenus entre différentes classes sociales peut être inégale, affectant ainsi le bien-être économique ;

— elle ne tient pas compte des variations dans les besoins des différents pays. Celles-ci peuvent avoir des origines physiques telles que le climat, ou culturelles telles que des besoins inégaux dans le domaine de la communication ;

— finalement, cette interprétation présuppose une équivalence monétaire entre pays. Autrement dit, le taux de change devrait refléter la parité du pouvoir d'achat des monnaies nationales.

3.3.2. *Réformes de la comptabilité nationale*

La critique suivante pèse lourdement en faveur d'une réforme. Les services procurés par les ressources environnementales ne sont pas comptabilisés.

Les réformes en cours sont poursuivies dans deux directions. L'une vise la modification des comptes existants et propose différentes formes d'ajustement du produit intérieur brut aux besoins d'une comptabilité environnementale. L'autre direction cherche à compléter le cadre existant en y adjoignant des comptes satellites notamment des comptes sur l'utilisation des ressources environnementales. Dans ce cas, la réforme se situe en dehors du cadre existant.

a) Indices du développement durable

Des indices de développement durable ont été calculés pour les États-Unis (Cobb, Cobb, 1994), qui montrent que l'accroissement du produit national brut par tête est moins spectaculaire si l'on déduit les dépenses effectuées pour endiguer les conséquences de la pollution. Si l'on tient compte de tous les coûts sociaux non encore déduits, on obtient un résultat qui illustre le sentiment que malgré la croissance, le bien-être économique a pratiquement stagné.

Indices de développement soutenable – Nouveaux calculs États-Unis

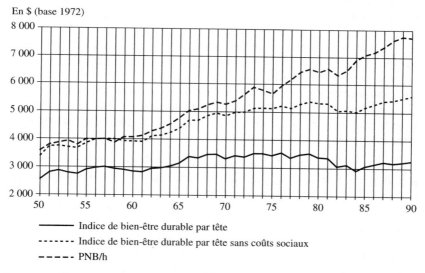

Source : Cobb C. & Cobb. J.B. Jr. (1994) : The Green National Product, Lanham, New York, London, S. 283.

Dans ce cas, la réforme est également portée à l'intérieur du cadre comptable. Actuellement, nous ne connaissons pas encore la direction qui sera prise finalement pour réviser la comptabilité nationale, mais il nous semble important d'insister sur le fait que l'évaluation non économique de l'environnement continue à être un problème fondamental. Aussi longtemps que nos sociétés se réfèrent à des lois économiques qui sont considérées comme des contraintes naturelles qui s'imposent à tout ordre social, l'économie jouira d'un statut supérieur à celui qui est accordé à l'environnement. Or, ce qui semble être naturel, n'est qu'une expression de jugements de valeurs collectifs. Les tentatives de créer des mesures statistiques de la performance économique qui tiennent compte de l'environnement peuvent donc comporter le risque de codifier une subjectivité sociale. Loin d'être objectives, elles représenteraient une attente de la société qui se trouve projetée sur des chiffres. Le fonctionnement de l'économie n'obéit pas à des règles scientifiques, mais est aménagé par l'homme. Si la perception de la société face à l'environnement change, la perception de l'économie change également, ce qui, tôt ou tard, conduira à un nouvel aménagement institutionnel de l'économie.

Cette prédiction peut s'appuyer sur l'observation que le marché n'a pas émergé de la sphère économique comme une construction obéissant à des lois naturelles qui durant l'histoire de nos sociétés se sont de plus en plus affinées pour déboucher sur la meilleure forme d'organisation possible. Karl Polanyi a démontré qu'une société entièrement soumise aux lois naturelles d'un marché autorégulé n'est pas issue d'une linéarité historique, mais ne s'observe qu'à partir du XIXe siècle suite aux conséquences sociales de la révolution industrielle. Toute tentative d'organiser l'observation empirique de la sphère économique selon le modèle de l'offre et de la demande globales reste donc soumise à une interprétation normative. La comptabilité nationale, même réformée de l'intérieur et de l'extérieur, ne garantit pas une plus grande objectivité pour saisir les interactions entre l'économie et l'environnement.

Il ne faut donc pas attendre d'une comptabilité environnementale qu'elle nous dispense de prendre des décisions qui réorientent l'organisation économique de nos sociétés. Ces décisions relèvent fondamentalement du domaine politique. Le débat sur la place et l'importance de l'économie peut, par contre, être influencée par un cadre comptable nouveau qui représente une aide à la décision collective dans la mesure où une description chiffrée de l'économie élargie à la sphère environnementale contribue à changer la perception sociale de la place que l'économie occupe au sein de nos sociétés. Mais comme toute description des faits qui se sont déjà produits, la comptabilité environnementale reste fondamentalement orientée vers le passé. Elle ne peut avoir une vertu prospective. Or, le concept de développement durable se dessine à l'avenir sans qu'il puisse compter sur une expérience et une observation empirique du passé. Il fait donc beaucoup plus appel à notre imagination, à nos craintes et nos espoirs face au futur. Il implique donc davantage des changements des normes et des croyances sociales qu'un changement de la description statistique des valeurs environnementales encore fortement ancrées dans leurs définitions marchandes. Plus la méthodologie est sophistiquée et la description complexe, plus notre réflexion risque de s'orienter à des valeurs du passé et d'influencer notre imagination du futur.

b) Comptes satellites

Les tendances récentes d'orienter le système de la comptabilité nationale des Nations Unies vers des comptes satellites ne présagent pas forcément une meilleure aide à la décision politique car elles ne contribuent pas à une meilleure transparence dans le débat public sur la définition des valeurs environnementales et cachent mal leur parti pris initial. Dans une description comptable en satellite d'un système statistique qui se veut objective et neutre, l'essentiel du message serait préservé. L'observation de l'économie continue à être faite selon le modèle de l'offre et la demande et l'environnement en tant qu'externalité à ce modèle continue à être évalué en termes marchands.

Si nous souhaitons, par contre, que la mesure statistique retenue pour exprimer la performance économique soit un facteur puissant dans un processus d'aide à la décision pour protéger l'environnement, il faut corriger le produit intérieur brut traditionnellement utilisé à cette fin.

c) Le produit intérieur brut ajusté

Ce concept corrige le produit intérieur brut par des dépenses publiques et privées engendrées par la lutte contre la pollution. Le produit intérieur durable tient en outre compte des coûts de dommages causés par la pollution Il s'agit essentiellement des coûts de réparation ou d'endiguement des dégâts déjà constatés. Signalons encore le concept japonais du bien-être national net, qui est une concrétisation statistique d'un indicateur de bien-être corrigé, que l'on a proposé au début des années soixante-dix et qui représentait probablement une réponse au mouvement de « croissance zéro ». Ce concept corrige le produit intérieur brut en tenant notamment compte de la pollution accrue considérée comme une fonction croissante du produit réel, de la réduction du temps de loisirs que l'organisation individuelle des transports implique dans des villes encombrées et du travail domestique hors marché qui se trouve habituellement exclu du produit intérieur brut traditionnel.

Les corrections de la perception purement quantitative des activités économiques existent donc depuis plus de vingt-cinq ans. Leur contribution aux changements d'attitude de la société face à l'économie reste minime. Face à des fluctuations conjoncturelles passagères réduisant temporairement la valeur produite, face au chômage ou encore face à la difficulté de financer des dépenses publiques, la société continue à voir son salut dans des taux de croissance positifs, peu importe finalement la manière avec laquelle cet objectif est atteint. Dans la perspective de la relance économique, les efforts de protection de l'environnement apparaissent moins prioritaires et sont souvent jugés comme des obstacles à la croissance. Ainsi les projets de réforme de la comptabilité nationale n'ont plus rang de priorité.

Comme son nom l'indique, la comptabilité nationale se réfère à la mesure d'activité économique qu'un État souverain. Même si le système a trouvé un schéma comptable commun suite à l'effort de normalisation des Nations Unies, il reste inopérationnel pour des problèmes transfrontaliers. Bien que la sphère économique proprement dite ait également connu une mondialisation croissante durant les transformations structurelles en cours, elle ne peut être comparée à la sphère environnementale dont le caractère englobant est d'une toute autre nature. Vouloir ramener l'une comme l'autre sphère à des délimitations territoriales selon le critère de l'État-Nation, relève plus d'une idéologie que de la rigueur analytique.

Nous sommes donc confrontés à un paradoxe : d'une part la référence à l'État-Nation devient de plus en plus insuffisante pour des raisons économiques et environnementales, et d'autre part il semble se renforcer en tant qu'unique symbole d'identité politique et culturelle pouvant répondre à un besoin de rassemblement. Vouloir promouvoir une vision plus intégrée mondialement en orientant notamment les réformes fondamentales de la comptabilité nationale vers des indicateurs de la dégradation de l'environnement à l'échelle planétaire, semble provoquer le contraire.

QUESTIONS

1) Le revenu d'un travailleur frontalier domicilié à Annemasse, France, et travaillant à Genève est :
   a) inclus dans le Produit National suisse
   b) inclus dans le Produit Intérieur français
   c) déduit du Produit Intérieur suisse pour obtenir le Produit National suisse
   d) soustrait du Produit Intérieur français pour obtenir le Produit National français.

2) Soit un bien x dont la fabrication suppose n étapes réalisées à la suite l'une de l'autre dans n usines différentes. Additionnons les chiffres d'affaires de chacune de ces entreprises. Le résultat obtenu ne nous donnera pas une évaluation correcte de la valeur finale de la production car :
   a) elle aura été sous-estimée en négligeant les achats d'une entreprise à l'autre
   b) elle aura été surestimée en incluant les ventes d'une entreprise à l'autre
   c) elle aura été surestimée par l'inclusion des salaires
   d) elle aura été surestimée par l'inclusion des profits.

3) Le concept de revenu national est défini comme :
   a) le produit national net aux coûts des facteurs
   b) le produit national net aux prix du marché
   c) le produit national brut aux prix du marché
   d) le produit intérieur net aux coûts des facteurs.

4) Pour obtenir le produit intérieur brut aux prix du marché à partir du produit intérieur net au coût des facteurs, il suffit de :
   a) soustraire les amortissements et le total des subventions, et additionner le montant des impôts indirects
   b) soustraire les amortissements et les impôts indirects, et additionner le total des subventions
   c) soustraire le total des subventions, et additionner les amortissements et les impôts indirects
   d) soustraire les impôts indirects, et additionner les amortissements et le total des subventions.

5) Laquelle des quatre affirmations suivantes est exacte ?
   a) dans le calcul de l'Indice de Paasche, on utilise les quantités de l'année de base pour pondérer
   b) l'indice des prix de Paasche ou de Laspeyres est un nombre dont l'unité s'exprime en unité monétaire
   c) l'indice des prix de Paasche est systématiquement supérieur à celui de Laspeyres pour la même période de calcul
   d) l'indice des prix de Laspeyres utilise, pour sa pondération, les quantités de l'année de base.

POUR EN SAVOIR PLUS

Cobb C. et J.B. Cobb (Jr.) (1994), *The Green National Product*, New York, Londres, Lanham.

Ministère de l'Environnement (1996), *Données économiques de l'Environnement*, Paris, Economica, 13e édition.

Office fédéral de la Statistique (2003), Monitoring du développement durable (MONET), rapport final, Neuchâtel.

Office fédéral de la Statistique (2004), *Comptes nationaux de la Suisse, Résultats et commentaires*, Neuchâtel.

Polanyi K. (1944), *La Grande Transformation*, Paris, Gallimard (traduction française, 1983).

PREMIÈRE PARTIE
L'équilibre économique

Cette partie expose la théorie macro-économique en mettant l'accent sur la politique conjoncturelle dans un modèle d'économie fermée aux relations internationales. Elle est divisée en quatre chapitres.

Le chapitre IV reprend les articulations macro-économiques définies dans la partie introductive pour montrer quelles relations causales sont à l'origine de la théorie de la détermination du revenu et de ses fluctuations, théorie essentiellement centrée sur le concept keynésien du multiplicateur.

Afin de montrer que ce concept peut se trouver contrarié, le chapitre V discute, selon le schéma du marché, la définition, le rôle et les implications politiques de la monnaie.

Le chapitre VI propose une synthèse des deux précédents. Il réunit en effet, dans le modèle *IS-LM*, les conditions d'équilibre du marché des biens et services (chapitre IV) et celles du marché de la monnaie (chapitre V), afin de montrer que le taux d'intérêt n'est pas seulement déterminé par des forces monétaires. Sa variation devient ainsi l'élément déterminant de l'efficacité et de la limite du multiplicateur keynésien. Ce modèle est ensuite utilisé pour analyser les politiques budgétaire et monétaire selon les hypothèses du niveau général des prix constant ou variable.

Cependant, de par son essence, ce modèle n'est apte qu'à déterminer le revenu réel d'une économie en sous-emploi. Le cadre d'analyse changera donc, dans le chapitre VII, afin de permettre l'analyse des déséquilibres inflationniste et déflationniste qui apparaissent, non plus successivement, mais simultanément.

CHAPITRE IV

THÉORIE DE LA DÉTERMINATION DU REVENU ET DE SES FLUCTUATIONS

Après avoir examiné les difficultés que nous rencontrons pour traduire en chiffres une définition théorique de la valeur finale de la production, retournons à la théorie et aux conditions d'équilibre d'une économie fermée et examinons les différentes composantes de la demande. Au lieu de définir par des chiffres la réalisation du marché global (*ex post*), nous cherchons maintenant à mettre en évidence les variables qui expliquent le niveau d'activité (*ex ante*).

4.1. La fonction de consommation

Comme le revenu peut être affecté soit à l'achat de biens et de services, soit à l'épargne, nous cherchons maintenant à savoir comment cette répartition s'opère entre la consommation et l'épargne.

Cette répartition dépend essentiellement de l'importance du revenu disponible. Le revenu disponible (Y_d) est défini de la manière suivante :

$$Y_d = Y - T$$

où T représente les impôts versés à l'État et le solde des transferts versés aux ménages (prestations sociales, subventions). Le revenu disponible permet de mieux saisir le niveau de vie d'un pays puisqu'il recense les moyens effectifs à la disposition des ménages privés.

Nous définissons donc la consommation et l'épargne comme des fonctions croissantes du revenu disponible. Cette évidence intuitive entre le revenu, l'épargne et la consommation nécessite une précision. Quelle est la nature de leur lien causal ? Pour la consommation, par exemple, croît-elle plus que proportionnellement, proportionnellement ou moins que proportionnellement avec le revenu ?

Pour répondre à ces questions, nous introduisons les notions de la propension à consommer et à épargner : ces propensions nous indiquent la part du revenu que les ménages consomment ou épargnent. Distinguons entre un concept statique et un concept dynamique.

a) Concept statique

— *Propension moyenne à consommer* : $\text{PMC} = \dfrac{C}{Y}$

Le rapport entre la consommation totale et le revenu total peut prendre des valeurs comprises entre 0 et l'infini. Si la valeur est égale à 1, tout le revenu est affecté à la consommation. Si la valeur est supérieure à 1, il y a endettement. Si la valeur est inférieure à 1, il y a formation d'épargne.

— *Propension moyenne à épargner* : $\text{PMS} = \dfrac{S}{Y}$

C'est le rapport entre l'épargne totale et le revenu total. Il forme un complément à 1 par rapport à la propension moyenne à consommer puisque $Y = C + S$ par définition, d'où

$$\frac{Y}{Y} = \frac{C}{Y} + \frac{S}{Y} = 1$$

Au lieu de nous intéresser uniquement à une répartition du revenu entre la consommation et l'épargne, nous cherchons également à déterminer la répercussion d'une variation de revenu sur son affectation.

b) Concept dynamique

— *Propension marginale à consommer* : $\text{pmc} = \dfrac{\Delta C}{\Delta Y}$

Le rapport entre la variation de la consommation consécutive à une modification du revenu a comme valeur à nouveau un nombre compris entre 0 et 1.

— *Propension marginale à épargner* : $\text{pms} = \dfrac{\Delta S}{\Delta Y}$

La valeur de ce rapport forme un complément à 1 par rapport à la propension marginale à consommer puisque

$$\text{pmc} + \text{pms} = 1$$

Si pms = 0, tout accroissement du revenu national est consommé (alors pmc = 1).
Si pmc = 0, tout accroissement du revenu national est affecté à l'épargne (alors pms = 1).

Lorsque la propension marginale est inférieure à la propension moyenne à consommer, cette dernière baisse.

Représentation graphique de la fonction de consommation

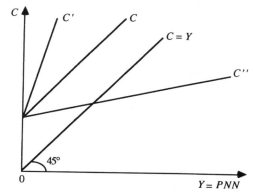

C' : l'accroissement de la consommation est plus que proportionnel à celui du revenu
C : proportionnel
C'' : moins que proportionnel

Lecture graphique de la propension moyenne à consommer (PMC)

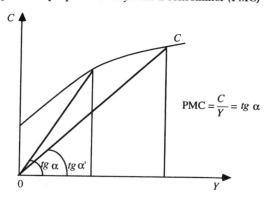

$$PMC = \frac{C}{Y} = tg\ \alpha$$

Lecture graphique de la propension marginale à consommer (pmc)

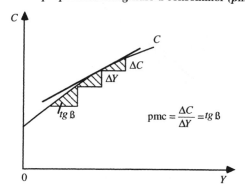

$$pmc = \frac{\Delta C}{\Delta Y} = tg\ \beta$$

Pour simplifier, nous prenons une fonction de consommation avec une pmc constante. Elle est donc représentée par une droite formulée de la manière suivante :

$$C = a + \text{pmc } Y$$

Concrètement, une telle droite a été estimée historiquement pour l'économie suisse en se basant sur le revenu national et la consommation privée par tête en termes réels pour la période de 1948 à 1969 :

Fonction de consommation de la Suisse (en millions de francs)

t	C	Y	t	C	Y
1948	26 000	25 500	1959	40 900	40 500
1949	25 300	24 800	1960	42 800	44 700
1950	26 000	25 300	1961	46 500	49 700
1951	28 300	28 800	1962	52 200	55 000
1952	29 800	30 200	1963	57 000	61 000
1953	30 000	31 000	1964	63 200	68 700
1954	31 600	32 400	1965	69 600	76 700
1955	33 500	34 600	1966	77 300	85 000
1956	36 000	36 300	1967	85 500	93 900
1957	38 000	39 500	1968	92 100	100 000
1958	39 800	40 700	1969	100 800	109 900

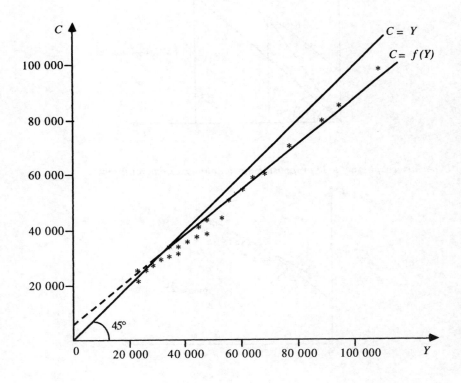

Il s'agit d'un diagramme de dispersion qui illustre des observations sur une période relativement longue. Insistons sur le fait que la consommation dépend du revenu et non pas du temps. La droite estimée à partir des observations chiffrées a été obtenue par une méthode d'approximation statistique («des moindres carrés»). L'estimation donne le résultat suivant :

$$C = 7\,909 + 0{,}776\,Y$$

Les deux paramètres qui apparaissent dans cette équation peuvent être interprétés comme suit :

— *Paramètre constant* : Il a une signification plus mathématique qu'économique car, lorsque $Y = 0$, la consommation ne peut s'élever à 7 909 millions de francs, en effet il serait absurde que l'on consomme des biens qui n'ont pas été produits. Économiquement, l'interprétation au niveau global de ce paramètre pourrait cependant se référer au cas où des biens auraient été stockés au préalable ou au fait que l'économie peut compter sur un apport extérieur.

— *La pente 0,776* correspond, pour les gens habiles en mathématiques, à la dérivée première de la fonction, ce que l'on peut exprimer par

$$pmc = \frac{dC}{dY} \; ; \; dY \to 0$$

C'est la propension marginale à consommer qui, définie moins rigoureusement, correspond au rapport $\Delta C/\Delta Y$.

c) Critiques de la fonction de consommation

— *Son aspect global :*
La valeur de la propension calculée cache en fait la disparité de comportement des ménages selon le niveau de leurs revenus. Si nous voulons en tenir compte, nous devons désagréger la fonction de consommation selon le niveau de revenu. Une autre forme de désagrégation consiste à distinguer différentes catégories de biens de consommation.

Nous pouvons exprimer ces divergences cachées derrière l'aspect de moyenne des observations en nous référant à nouveau au concept d'élasticité.

L'élasticité-revenu de la consommation :
L'élasticité-revenu (e_y) mesure la sensibilité de réaction de la dépense de consommation d'un bien i par rapport à une variation relative des revenus.

$$e_y = \frac{\Delta\% \text{ de } C_i}{\Delta\% \text{ de } Y}$$

Exemple : Le revenu d'un ménage augmente de 10 %. En raison de cet accroissement, le ménage diminue sa consommation de pommes de terre de 5 %, car il peut s'offrir une nourriture plus variée (viande), mais augmente ses dépenses de loisir (cinéma) de 20 %

e_y de pommes de terre $\quad -\dfrac{5}{10} = -0,5$

e_y de loisir $\qquad\qquad \dfrac{20}{10} = +2,0$

Plus généralement, nous pouvons distinguer quatre catégories de biens de consommation :

$\quad e_y < 0 \quad$ biens inférieurs
$0 < e_y < 1 \quad$ biens de première nécessité
$\quad e_y = 1 \quad$ biens courants
$\quad e_y > 1 \quad$ biens de luxe et de loisirs

Ces réactions différentes de la consommation à des variations de revenu ont une influence lorsque des marchés distincts sont analysés. Elles sont à l'origine de l'ampleur variable du mouvement de la demande sur un marché particulier.

La fonction de consommation ne tient pas compte de ces différences. Elle se base sur un comportement moyen des ménages d'un pays.

— *Son pouvoir prévisionnel :*

Il convient d'être particulièrement prudent lorsque cette droite estimée doit servir à des projections dans le temps, car on ne connaît pas l'importance relative des causes pouvant influencer le comportement des ménages, bien que certains facteurs soient connus (imposition, AVS, etc.). En outre, à court terme, des décrochements sont possibles, rendant toute extrapolation difficile.

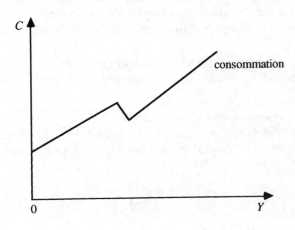

— Sa formalisation :

Notre présentation de la fonction de consommation exprime l'optique keynésienne. Cependant, si elle n'est pas seulement influencée par le revenu courant, mais également par le revenu qu'un ménage prévoit à long terme, soit durant sa vie (hypothèse du cycle de vie), soit à l'infini (hypothèse du revenu permanent), la détermination de la consommation actuelle se modifie. Une variation conjoncturelle du revenu courant affecte très faiblement le revenu prévu à long terme ; elle a donc également très peu d'impact sur la consommation actuelle.

4.2. Le rôle de l'investissement

Pour définir une fonction d'investissement, il convient de distinguer entre investissements autonomes et investissements induits d'une part, et entre investissements intérieurs et investissements extérieurs d'autre part.

a) Investissement autonome

La variation des investissements ne dépend pas des revenus. Elle est déterminée par d'autres variables explicatives qui sont exogènes au modèle basé sur la condition d'équilibre $Y = C + I$. Une telle variable peut être monétaire, comme par exemple le taux d'intérêt qui – comme nous le verrons – peut être interprété comme le prix fixé sur le marché des capitaux.

L'hypothèse que les investissements sont indépendants de la variation des revenus est formalisée comme suit :

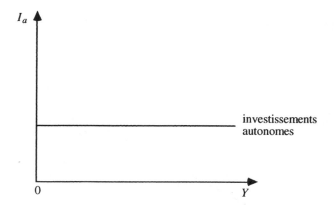

b) Investissement induit

Les investissements sont une fonction croissante du revenu national. Dans ce cas, l'extension de l'appareil de production par les investissements est motivée par un accroissement de la demande globale. Un accroissement du revenu augmente le pouvoir d'achat dans une économie et stimule par conséquent la demande globale. Pour satisfaire cette dernière, de nouveaux investissements sont nécessaires, augmentant ainsi le stock du capital physique fixe dans une économie.

Exemple : Supposons que la demande de montres s'élève à 500 000 pièces par an en Suisse. En raison de l'accroissement réel du revenu national d'un milliard, il est supposé – étant donnée une forte élasticité-revenu pour les biens de luxe – que la demande de montres augmente fortement. Pour faire face à cette demande supplémentaire, l'industrie horlogère doit investir environ 800 millions de francs. Ces investissements induits peuvent donc être mis en relation avec la variation du revenu national. Cette relation définit un coefficient de capital :

$$k = \frac{\Delta I_i}{\Delta Y} = \frac{800 \text{ millions}}{1 \text{ milliard}} = 0,8$$

Comme ce coefficient tient compte des variations, il est appelé coefficient marginal du capital. Si le processus de production d'un pays est très capitalisé (une chaîne de montage automatisée, par exemple), k sera probablement plus grand. Un accroissement du revenu national entraînera alors une augmentation plus importante des investissements induits que dans le cas où le processus de production est relativement riche en travail.

La valeur de k dépend donc de la technologie appliquée à un certain moment, ce qui détermine alors l'ampleur des investissements induits.

L'hypothèse que les investissements sont induits par la variation du revenu national peut être formalisée comme suit :

$$I_i = kY$$

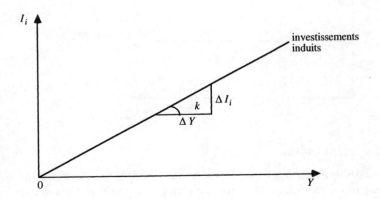

En réalité, les investissements globaux effectués dans une économie sont à la fois autonomes et induits.

Des catégories d'investissements, telles que la construction de logements, sont peut-être plus fortement dépendantes de la variation des taux d'intérêt qui s'appliquent à ce type d'investissements, à savoir le taux hypothécaire, tandis que les investissements dans l'industrie des biens de consommation sont probablement plus fortement tributaires des fluctuations de revenu.

Une fonction d'investissement en général, $I = I_a + I_i$, se définit donc de la manière suivante :

$$\underset{\substack{\text{investissements} \\ \text{totaux}}}{I} = \underset{I_{\text{autonomes}}}{b} + \underset{I_{\text{induits}}}{kY}$$

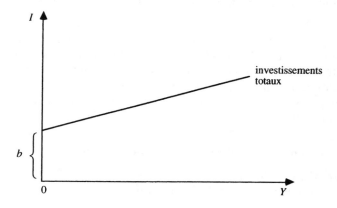

c) Investissements intérieurs et investissements extérieurs

En se référant à une économie fermée, le revenu d'équilibre est déterminé par :

$$Y = C + I$$

Dans ce cas, les investissements ne sont réalisés qu'à l'intérieur du pays. Le modèle suivant se réfère à une telle situation. Remarquons cependant que la prise en considération de l'étranger modifie cette condition de la manière suivante :

$$Y = C + I + X - M$$

Dans ce cas, I représente toujours les investissements à l'intérieur du pays, tandis que le solde positif de $X - M$ $(B > 0)$ peut être interprété comme des investissements à l'étranger. Un solde négatif, par contre, équivaut à des investissements effectués par des étrangers à l'intérieur du pays en question. Les étrangers placent une partie de leur épargne à l'intérieur de ce pays. En effet :

Si $X - M > 0$; $B > 0$

$$\underbrace{Y - C}_{S \text{ nationale}} = \underbrace{I}_{I \text{ intérieur}} + \underbrace{X - M}_{I \text{ à l'étranger}}$$

Si $X - M < 0$; $B < 0$

$$\underbrace{Y - C}_{S \text{ nationale}} + \underbrace{M - X}_{S \text{ étrangère}} = \underbrace{I}_{I \text{ intérieur}}$$

Remarquons qu'une telle formulation se réfère au produit intérieur. Si le concept du produit national est utilisé, nous devons également tenir compte du solde de la balance des revenus de facteurs de production ($SBRF$).

Les investissements à l'étranger peuvent également être du type autonome ou induit. Mais cette fois-ci, ils dépendent soit des facteurs monétaires à l'étranger, comme le taux d'intérêt régnant sur le marché international du capital, soit de la variation des revenus étrangers. Or, pour ne pas compliquer l'analyse, nous ne tiendrons pas compte, pour le moment, de ces variables supplémentaires.

4.3. Le revenu d'équilibre en économie fermée

La condition d'équilibre du revenu national se définit, dans l'optique de la dépense, par l'égalité suivante :

$$Y = C + I$$

Le revenu est donc déterminé pour une fonction de consommation donnée

$$C = a + \text{pmc } Y$$

et pour un niveau d'investissement donné et fixé indépendamment du revenu.

$$I = \bar{I}$$

En effet :

$$Y = a + \text{pmc} Y + \bar{I}$$
$$Y - \text{pmc} Y = a + \bar{I}$$
$$Y(1 - \text{pmc}) = a + \bar{I}$$
$$Y = \frac{1}{1 - \text{pmc}}(a + \bar{I})$$

Supposons un investissement autonome de 10 milliards, une propension marginale à consommer de 0,75 et le paramètre constant de la fonction de consommation de 5 milliards

$$Y = \frac{1}{0,25}(5+10) = 60 \text{ milliards}$$

Le revenu d'équilibre s'élève donc dans notre exemple à 60 milliards. Cette détermination du revenu peut être exprimée graphiquement de deux manières :

— *L'équilibre sur le marché des biens et services*

La valeur finale de la production étant égale à Y, la bissectrice dans le graphique ci-dessous exprime l'offre globale. Chaque point sur cette droite est un point d'équilibre entre l'offre globale et la demande globale qui est formée par l'addition des fonctions de consommation et d'investissements autonomes. Un point situé en dessus de la bissectrice, indique un excédent de la demande par rapport à l'offre, comme un point situé en dessous de cette droite indique une insuffisance de la demande par rapport à l'offre. Le revenu national d'équilibre se situe à l'intersection entre la fonction $C + I$ et la bissectrice. Dans notre exemple numérique, il s'élève à 60 milliards de francs.

— *L'équilibre entre l'investissement et l'épargne*

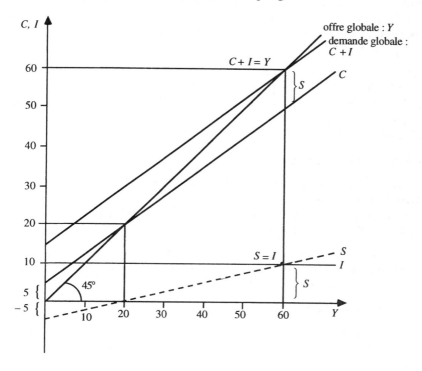

L'égalité entre l'épargne et l'investissement n'exprime que la constatation évidente que le revenu est le résultat de la vente des biens finals de consommation et d'investissement et ne peut être affecté qu'à la consommation ou à l'épargne. Comme l'épargne est la différence entre Y et C, la condition d'équilibre $Y = C + I$ implique forcément que $S = I$. Dans le graphique suivant, qui illustre ces deux manières de déterminer le revenu d'équilibre, l'épargne s'élève à moins 5 lorsque le revenu est nul. Cette désépargne est égale à la valeur du paramètre constant de la fonction de consommation.

4.4. Les fluctuations du revenu dues à la variation de la demande globale

Les variations de la demande globale se font surtout sentir à court terme. La demande d'investissement se caractérise en particulier par des changements parfois brusques, notamment à cause des changements dans la marche des affaires sur les marchés intérieur et international. La question que nous nous posons maintenant est la suivante : Quel sera le revenu d'équilibre après que des entreprises d'un pays auront augmenté leurs dépenses d'investissements ? Une hausse des investissements provoque évidemment une hausse du revenu national, vu que dans l'optique de la dépense, les investissements sont partie intégrante du produit. Cependant, la théorie concernant la détermination du revenu aboutit à un résultat moins évident : l'accroissement des investissements a un effet multiplicatif sur le revenu.

Exemple : Le niveau de revenu se situe à 60 milliards en équilibre. Soudainement les entreprises décident d'augmenter les dépenses en usines et les biens d'équipement de 5 milliards ce qui entraîne un accroissement multiple du revenu national. Au nouvel équilibre, il se situe à 80 milliards.

4.4.1. Le multiplicateur

Le multiplicateur est le nombre par lequel il faut multiplier une variation de l'investissement pour obtenir l'accroissement des revenus qui en résulte. Il est égal au rapport entre la variation du revenu et la variation de l'investissement.

Il y a trois façons de montrer que l'amplification du revenu ne provient pas seulement de l'accroissement de l'investissement mais également de celui de la consommation.

1) Progression géométrique

La dépense initiale d'investissement déclenche une série sans fin de dépenses secondaires de consommation. L'addition de toutes les dépenses nous donne un certain montant qui correspond à l'accroissement du revenu national.

$$
\begin{aligned}
1 \times 5 \text{ milliards} &= & 5 & \quad \text{milliards} \\
+ \, 3/4 \times 5 \text{ milliards} &= & 3{,}75 & \quad \text{milliards} \\
+ \, (3/4)^2 \times 5 \text{ milliards} &= & 2{,}81 & \quad \text{milliards} \\
+ \, (3/4)^3 \times 5 \text{ milliards} &= & 2{,}11 & \quad \text{milliards} \\
\text{etc.} & & & \quad \dots \\
& & \overline{20} & \quad \overline{\text{milliards}}
\end{aligned}
$$

Il s'agit donc d'une progression géométrique infinie qui peut être résolue par la formule générale suivante :

$$ 1 + q + q^2 + q^3 + \dots q^n = \frac{1}{1-q} $$

car la raison « q » est inférieure à $1 : 0 < q < 1$.

Appliquée à la fluctuation du revenu, cette généralisation se traduit par :

$$ \Delta I + \text{pmc } \Delta I + \text{pmc}^2 \, \Delta I + \dots \text{pmc}^n \, \Delta I $$

$$ \Delta I(1 + \text{pmc} + \text{pmc}^2 + \dots \text{pmc}^n) = \frac{1}{1-\text{pmc}} \Delta I = \frac{1}{1-0{,}75} \times 5 \text{ mia} = 20 \text{ mia} $$

2) Démonstration graphique

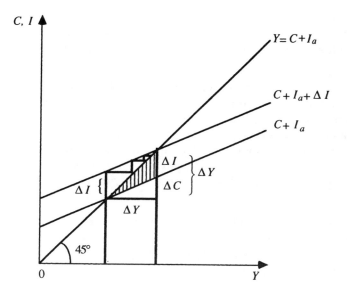

$$\frac{\Delta Y}{\underbrace{\Delta Y}_{I}} = \frac{\Delta I}{\Delta Y} + \underbrace{\frac{\Delta C}{\Delta Y}}_{\text{pmc}}$$

$$1 - \text{pmc} = \frac{\Delta I}{\Delta Y} \rightarrow \Delta Y = \frac{1}{1 - \text{pmc}}\,\Delta I$$

Le multiplicateur est défini par :

$$m = \frac{\Delta Y}{\Delta I} = \frac{\Delta Y}{\Delta Y - \Delta C} = \frac{\dfrac{\Delta Y}{\Delta Y}}{\dfrac{\Delta Y}{\Delta Y} - \dfrac{\Delta C}{\Delta Y}} = \frac{1}{1 - \text{pmc}} = \frac{1}{\text{pms}}$$

$$\frac{\Delta Y}{\Delta I} = \frac{1}{\text{pms}} \; ; \;\; \Delta Y = \frac{1}{\text{pms}}\,\Delta I; \;\; \frac{1}{0,25}\,5\,\text{mia} = 20\,\text{mia}$$

3) Développement du multiplicateur à partir de la condition d'équilibre

$Y \qquad\quad = C + I$

$Y \qquad\quad = a + \text{pmc}\,Y + \bar{I}$

$Y + \Delta Y \;\; = a + \text{pmc}\,(Y + \Delta Y) + \bar{I} + \Delta I = a + \text{pmc}\,Y$
$\qquad\qquad\quad + \text{pmc}\,\Delta Y + \bar{I} + \Delta I$

./. $Y \qquad\quad = a + \text{pmc}\,Y + \bar{I}$

$\quad \Delta Y \qquad = \text{pmc}\,\Delta Y + \Delta I$

$\Delta Y\,(1 - \text{pmc}) = \Delta I$
$$\boxed{\Delta Y = \frac{1}{1 - \text{pmc}}\,\Delta I}$$

Ces formulations de l'effet du multiplicateur sont simplistes. En effet, nous avons supposé, outre l'hypothèse d'une économie fermée.

1) que les prix ne se sont pas modifiés pendant cette période d'accroissement des revenus. Cette hypothèse peu réaliste ne peut être maintenue que si nous supposons le sous-emploi des facteurs de production qui est réduit par l'accroissement du revenu ;

2) que l'accroissement de l'investissement est durable. Si l'accroissement de l'investissement ne se fait qu'une fois, le processus d'ajustement conduit l'économie à nouveau au revenu d'équilibre du départ. Illustrons ce phénomène par l'exemple suivant :

$C = 0,75\,Y$

$C + \Delta C + I + \Delta I = Y + \Delta Y$	nouveau revenu d'équilibre
$80 + 0 \quad\;\; + 20 + 0 = 100$	
$80 + 0 \quad\;\; + 20 + 10 = 100 + 10$	110
$80 + 7,5 \;\; + 20 + 0 = 100 + 7,5$	107,5

80 + 5,625 + 20 + 0 = 100 + 5,625 | 105,625

etc.

... = 100 | 100

3) que des stocks n'existent pas dans l'économie. En réalité, le phénomène de stockage intervient dans le mécanisme d'ajustement :

$S > I$ cette situation, caractérisée par une insuffisance de la demande, conduit à un accroissement des stocks

$I > S$ cette situation caractérisée par un excédent de la demande conduit à une diminution des stocks.

L'équilibre n'est donc pas automatique car une hausse des stocks provoque une diminution de la production qui, à son tour, affecte l'emploi. C'est avec l'apparition du chômage seulement que le mouvement de contraction des revenus est amorcé. De même, lorsque les stocks diminuent, la production augmente et le niveau d'emploi se trouve stimulé conduisant ainsi à un mouvement d'expansion.

ANNEXE

LE MULTIPLICATEUR DU COMMERCE EXTÉRIEUR

L'effet multiplicateur n'est pas limité à la seule variation des investissements. Une variation autonome des exportations consécutive à l'accroissement de la demande extérieure provoque également une expansion du revenu national. Ce lien est particulièrement important pour un pays très tributaire du commerce extérieur. Comme nous nous référons à un modèle défini par

$$Y = C + I + X - M$$

il est évident que Y varie lorsque X varie. Cependant, il est moins évident que le revenu s'accroisse moins fortement qu'en économie fermée. La raison réside dans le fait que les importations s'accroissent au fur et à mesure que le revenu augmente. Ces dépenses d'importation ne créant pas d'emplois supplémentaires, elles constituent une fuite de revenus vers l'étranger. Plus formellement :

$$M = f(Y) \; ; \; M = \text{pmi } Y$$

où pmi représente la propension marginale à importer définie par le rapport entre la variation des importations et la variation des revenus. Supposons que les exportations seulement s'accroissent d'une manière autonome, c'est-à-dire indépendamment du revenu national du pays en question :

$$X = \overline{X}$$

Par conséquent, la variation du revenu national se définit comme suit :

$$\Delta Y = \text{pmc}\,\Delta Y + \Delta X - \text{pmi}\,\Delta Y$$
$$\Delta Y - \text{pmc}\,\Delta Y + \text{pmi}\,\Delta Y = \Delta X$$
$$\Delta Y \underbrace{(1 - \text{pmc}}_{\text{pms}} + \text{pmi}) = \Delta X$$

$$\Delta Y = \frac{1}{\text{pms} + \text{pmi}}\Delta X$$

L'accroissement des exportations correspond à un accroissement du revenu qui se trouve cependant réduit par une fuite de revenu vers l'étranger. Ce multiplicateur plus complexe est donc plus petit que celui qui s'applique en économie fermée.

4.4.2. L'accélérateur

Jusqu'à présent, nous avons raisonné avec des investissements autonomes. En tenant également compte des investissements induits, le revenu national accuse une expansion encore plus importante.

À la suite d'une expansion des investissements autonomes, le revenu d'équilibre s'accroît. Or, cet accroissement du revenu conduit à une demande globale plus soutenue qui provoque un élargissement des capacités de production moyennant des investissements induits. Mais, ces investissements supplémentaires conduisent à leur tour à une augmentation des revenus, dépassant ainsi l'expansion initiale due à l'effet du multiplicateur.

Cet accroissement des revenus dépend, comme nous l'avons vu, de la valeur du coefficient marginal du capital.

Illustration du phénomène d'accélération

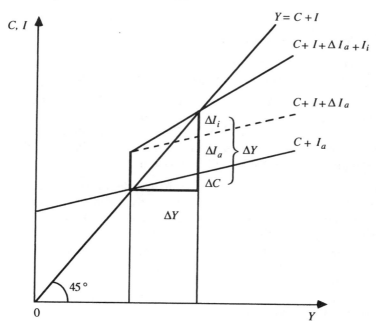

Supposons que k prenne la valeur 0,2. Notre exemple numérique précédent fournit maintenant le résultat suivant :

$$\Delta Y = \frac{1}{0,25 - 0,2} \; 5 \text{ milliards} = 100 \text{ milliards}$$

Dans cet exemple, l'expansion du revenu est de 20 fois l'augmentation initiale des investissements lorsque les investissements induits sont pris en considération. Si seul l'effet multiplicateur était intervenu, cette expansion ne se serait chiffrée qu'à 4 fois l'augmentation initiale des investissements autonomes.

L'introduction des investissements induits s'avère donc être un amplificateur puissant du revenu. Remarquons cependant que nous n'avons tenu compte que des investissements induits résultant de l'accroissement de l'investissement autonome. Cette variation du revenu ne s'observe pas seulement dans le sens de la hausse, mais également dans le cas d'une diminution des investissements. Par conséquent, des variations relativement faibles de l'investissement autonome se répercutent puissamment sur le revenu. La prise en considération des investissements induits ajoute un facteur d'instabilité plus redoutable que le multiplicateur. Cette conclusion permet de mieux saisir l'apparition des cycles conjoncturels étudiés dans le chapitre VII.

4.4.3. Déséquilibres conjoncturels

L'accroissement du revenu dû au multiplicateur, renforcé par le phénomène d'accélération, rompt l'équilibre conjoncturel.

L'augmentation du revenu entraîne une augmentation des dépenses de consommation qui ne peuvent s'effectuer que si l'économie parvient à accroître sa production. Or, cette augmentation de la production ne peut se concrétiser que si les entrepreneurs décident d'augmenter leurs dépenses d'investissements.

La décision d'investir dépend en grande partie du rendement escompté d'un investissement par les entrepreneurs. L'appréciation des rendements futurs dépend d'un élément très subjectif. Si l'ambiance est à l'optimisme, il y a une tendance expansionniste. Par contre, si le pessimisme règne, il y a de fortes chances qu'une contraction de l'économie se déclenche. Deux types de déséquilibres peuvent être distingués.

1)   L'écart inflationniste

Les entrepreneurs sont supposés optimistes. Ils anticipent une augmentation de la demande de biens de consommation. Par conséquent, ils cherchent dans l'immédiat à augmenter la capacité de production en investissant plus. Or, cet accroissement des investissements dépasse l'épargne qui s'est formée en plein-emploi. Ce déséquilibre s'exprime par l'inégalité :

$$I > S$$

Dans ce cas, la demande de biens et services dépasse forcément la capacité de production de l'économie. Dans le graphique suivant, l'économie se trouve au point *A*.

L'écart inflationniste exprime le déséquilibre conjoncturel par le surplus de dépenses par rapport aux capacités de l'économie en plein-emploi. Cependant, le flux réel de l'économie n'est pas affecté, ce n'est que le niveau général des prix qui s'accroît.

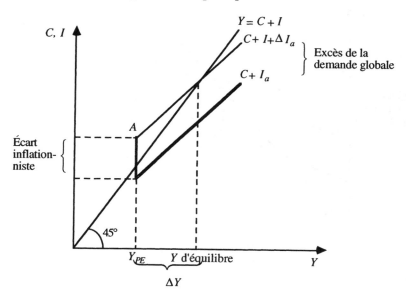

La variation du revenu (ΔY) ne s'effectue qu'en termes nominaux.

Définissons le revenu nominal *Y* comme le produit de la production en termes réels *Q* et du niveau général des prix *P* :

$$Y = PQ$$

Si les facteurs de production sont pleinement utilisés, la production ne peut être accrue à court terme. *Q* reste constant. Par conséquent, la variation du revenu ne peut provenir que d'un accroissement des prix.

$$\Delta Y = Q \cdot \Delta P$$

Le revenu d'équilibre est plus grand que le revenu du plein-emploi seulement en termes nominaux.

2) L'écart déflationniste

Les entrepreneurs sont pessimistes et prévoient une diminution de la dépense de consommation. Leur politique d'investissement sera très prudente, avec pour résultat une baisse immédiate des dépenses d'investissement. L'économie se trouve en déséquilibre au point *B* dans le graphique suivant. Seule une contraction du revenu déclenchée par le multiplicateur et renforcée par l'accélérateur la ramène à un nouvel équilibre (Y_e). L'écart déflationniste mesure cette insuffisance de la demande globale.

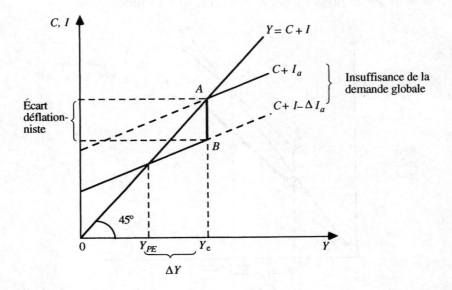

Cette fois-ci, la diminution du revenu de Y_{PE} à Y_e peut se faire en termes réels.

$$\Delta Y = P \cdot \Delta Q$$

Dans ce cas, le revenu d'équilibre se trouve en sous-emploi et le niveau général des prix est considéré constant.

4.4.4.   *Élément de la théorie keynésienne*

Si Y_e correspond à un équilibre macro-économique qui s'établit en sous-emploi des facteurs de production, nous pouvons nous référer à l'optique keynésienne du fonctionnement économique. Nous avons illustré une telle optique par une offre globale parfaitement élastique par rapport à la variation du niveau général des prix aussi longtemps que l'économie se trouve en sous-emploi. Nous avons montré que dans une telle situation, le mouvement expansif de la demande globale, provoqué par une politique économique de la part de l'État, exerce un effet de stimulation sur l'activité économique. Avec l'hypothèse que le niveau général reste constant, ce n'est d'ailleurs que l'accroissement des quantités produites qui ramène l'économie à l'équilibre du plein-emploi.

Il s'agit maintenant de préciser cette gestion de la demande globale dans le modèle qui exprime l'équilibre macro-économique par l'égalité entre l'épargne et l'investissement.

La mise en échec de « la loi des débouchés » provient de la distinction que fait la théorie keynésienne entre la formation et le placement d'épargne. Si l'épargne formée ne finance pas totalement l'investissement parce que les épargnants attendent un moment plus propice pour leurs placements, l'investissement financé par la partie de l'épargne placée reste inférieur à l'épargne qui s'est formée. Nous reprendrons cet aspect en discutant la théorie keynésienne de la demande de monnaie dans le chapitre suivant. Toujours est-il que, dans un tel cas, la demande globale devient insuffisante par rapport à l'offre globale. Un tel déséquilibre définit une déflation formalisée par $S > I$. Il appartient alors à l'État de stimuler la demande globale jusqu'à ce que l'économie retrouve son équilibre qui assure le plein-emploi des facteurs de production.

La théorie keynésienne justifie donc une intervention de l'État dans le fonctionnement de l'économie de marché. Cependant, cette intervention ne se justifie qu'à court terme dans des buts de stabilisation conjoncturelle et non pas à long terme d'une manière structurelle. L'intervention croissante de l'État à long terme est plutôt du domaine normatif.

4.4.5. *La variation de la demande globale provoquée par la politique budgétaire*

L'État peut stimuler la demande globale par une variation de ses dépenses et de ses recettes puisqu'un lien étroit existe entre le revenu national et les composantes de la demande globale :

$$C + S + T = Y = C + I + G$$

d'où nous trouvons la condition d'équilibre

$$I - S = T - G$$

Cette condition nous indique qu'
une insuffisance de la demande privée implique $G > T$
un excédent de la demande privée implique $G < T$
pour que l'économie soit équilibrée.

Ces conditions sont à la base de la politique budgétaire. La politique budgétaire cherche à atteindre le revenu d'équilibre de plein-emploi par des variations des dépenses (G) et des recettes publiques

(*T*). L'État cherche donc à adapter soit ses dépenses, soit ses recettes à l'évolution économique[1].

Pour démontrer le lien formel entre *G*, *T* et *Y*, référons-nous au modèle suivant :

La consommation est fonction du revenu disponible ($Y_d = Y - T$) :

$$C = a + \text{pmc} \, (Y - T)$$

Les investissements sont supposés constants et du type autonome afin de maintenir le modèle aussi simple que possible :

$$I = \bar{I}$$

Les dépenses publiques décidées directement par l'État sont donc indépendantes de la variation du revenu :

$$G = \overline{G}$$

Les impôts dépendent également d'une décision gouvernementale. Parmi de nombreuses possibilités quant aux différents types d'impôts (impôts directs proportionnels ou progressifs par rapport au revenu, impôts fixes, etc.) nous ne retiendrons, pour simplifier, que des impôts indépendants de la variation du revenu.

$$T = \overline{T}$$

Afin de pouvoir dégager le principe du fonctionnement de la politique budgétaire, référons-nous à trois cas :

1)   Variation autonome de *G* avec *T* constant

Afin de pallier une demande globale insuffisante, l'État n'augmente que ses dépenses.

$$Y = C + I + G$$
$$Y = a + \text{pmc} \, (Y - T) + I + G$$
$$\Delta Y = \text{pmc} \, \Delta Y + \Delta G$$
$$\Delta Y - \text{pmc} \, \Delta Y = \Delta G$$
$$\Delta Y \, (1 - \text{pmc}) = \Delta G$$
$$\Delta Y = \frac{1}{1 - \text{pmc}} \, \Delta G$$

Ainsi le multiplicateur des dépenses publiques est identique à celui développé pour une variation des investissements autonomes. L'accroissement des dépenses publiques se substitue donc à une variation des investissements autonomes privés.

---

1. Rappelons que le budget de l'État est équilibré si $G = T$, excédentaire si $T > G$ et déficitaire si $G > T$.

Il en résulte que l'augmentation des dépenses publiques a un effet expansionniste sur l'économie au même titre que les investissements privés. (Par définition, le contraire est également vrai : une diminution des dépenses publiques entraîne une contraction du revenu national).

Exemple numérique :

$$C = 200 + 0,75\ Y_d$$
$$I = 50$$
$$G = 100$$
$$T = 100$$
$$\Delta G = 10$$

Détermination du revenu d'équilibre :

$$Y = 200 + 0,75\ (Y - 100) + 50 + 100$$
$$Y - 0,75\ Y = 200 - 75 + 50 + 100$$
$$Y\ (1 - 0,75) = 275$$

$$Y = \frac{1}{0,25} \cdot 275 = 1\ 100$$

$$+ \Delta Y = \frac{1}{0,25} \cdot 10 = 40$$

nouveau revenu d'équilibre = 1 140

L'effet expansionniste de l'accroissement des dépenses publiques sur le revenu est illustré dans le graphique suivant. Suite à cet accroissement (ΔG), le revenu d'équilibre se déplace de Y_1 à Y_2.

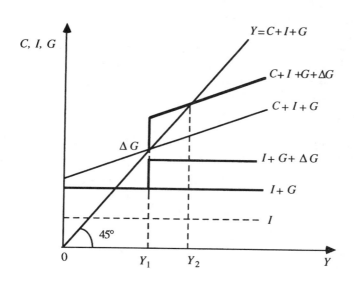

En raison de l'accroissement des dépenses publiques, le budget de l'État devient déficitaire ($G > T$; 110 > 100).

Pour que l'économie se trouve à nouveau en équilibre au niveau de revenu Y_2, ce déficit doit être exactement compensé par un excédent de l'épargne sur les investissements privés. Le financement du déficit est donc assuré par un transfert d'épargne privée à l'État. Concrètement, cela signifie que les ménages privés ont acheté des obligations publiques pour le montant du déficit de l'État.

2) Variation autonome de G et de T

Supposons que l'État finance l'accroissement de ses dépenses par un accroissement identique de ses recettes fiscales :

$$\Delta G = \Delta T$$

En d'autres termes, le budget de l'État subit une expansion désignée par ΔBu. Par conséquent,

$$\Delta Bu = \Delta G = \Delta T$$

En nous référant au modèle utilisé pour le premier cas, cet accroissement du budget a la conséquence suivante sur le revenu :

$$Y = a + \text{pmc}\,(Y - T) + I + G$$
$$\Delta Y = \text{pmc}\,\Delta Y - \text{pmc}\,\Delta T + \Delta G$$
$$\Delta Y - \text{pmc}\,\Delta Y = -\text{pmc}\,\Delta T + \Delta G$$
$$\Delta Y\,(1 - \text{pmc}) = \Delta Bu\,(1 - \text{pmc})$$
$$\Delta Y = \Delta Bu$$

L'accroissement du revenu correspond donc exactement à l'expansion du budget. Le multiplicateur est égal à un. L'effet expansionniste est plus petit que celui constaté dans le premier cas. Contrairement à ce que l'on aurait pu croire, une augmentation du budget équilibré de l'État n'est pas neutre par rapport à l'activité économique, elle provoque également un accroissement du revenu. (Une diminution du budget équilibré entraîne par voie de conséquence une contraction de l'activité économique).

3) Variation autonome de T avec G constant

Une insuffisance de la demande globale peut également être comblée par une réduction des impôts.

$$Y = a + \text{pmc}\,(Y - T) + I + G$$
$$\Delta Y = \text{pmc}\,\Delta Y - \text{pmc}\,\Delta T$$
$$\Delta Y - \text{pmc}\,\Delta Y = -\text{pmc}\,\Delta T$$
$$\Delta Y\,(1 - \text{pmc}) = -\text{pmc}\,\Delta T$$

$$\Delta Y = -\frac{\text{pmc}}{(1 - \text{pmc})}\Delta T$$

Le multiplicateur des recettes fiscales autonomes est donc plus petit que celui des dépenses publiques (comparé en valeurs absolues) :

$$\frac{1}{\text{pms}} > \left|\frac{\text{pmc}}{\text{pms}}\right|$$

En effet, l'accroissement initial des dépenses publiques provoque immédiatement un accroissement du revenu initial du même montant tandis que la diminution des recettes fiscales n'augmente le revenu initial que d'un montant égal à pmc ΔT. Or, pmc est d'une grandeur inférieure à 1[1].

La situation de l'activité économique est devenue, par une diminution des impôts, un postulat de l'administration Reagan aux États-Unis. Une telle politique a reçu l'étiquette d'économie de l'offre.

4.4.6. Les limites de la politique budgétaire

La politique budgétaire n'est efficace que dans la mesure où elle peut être mise en place à temps. Or, l'expérience récente de la Suisse montre que par le processus lent de la décision politique, cet instrument a tendance à exercer ses effets d'une manière pro-cyclique, renforçant même les déséquilibres qu'il cherche à corriger. Comme une modification des impôts est soumise à un vote, les recettes fiscales ne se prêtent pas à la politique budgétaire. Du côté des dépenses, il s'avère également difficile de les changer puisque la structure des différents postes de dépenses a été préalablement négociée au parlement selon les forces politiques en présence et non pas selon la situation économique du moment.

4.5. Les fluctuations du revenu dues aux variations de l'offre globale

Le but de cette section est une mise en garde contre une vision trop mécanique des fluctuations économiques. Il ne constitue cependant qu'un aperçu de l'économie de l'offre. Nous y reviendrons dans la partie consacrée aux facteurs de production et aux fonctions de production.

4.5.1. Variations des quantités et des combinaisons de facteurs de production

Nous avons distingué deux facteurs qui sont à l'origine des déplacements de l'offre globale. Il s'agit d'une part de la variation des quan-

---

1. En outre $\left|\dfrac{\text{pmc}}{1-\text{pmc}}\right| > 1$, lorsque pmc > 0,5.

tités disponibles des facteurs de production travail et capital et, d'autre part, de l'introduction du progrès technique. Ces deux facteurs affectent la structure productive de l'économie ; nous supposons donc que leurs effets sur le revenu ne se font sentir qu'à long terme. Rappelons cependant que la distinction entre le court et le long terme est assez floue en économie. Il se peut que ces facteurs aient une répercussion sur les variations conjoncturelles du revenu qui nous intéresse ici. En ce qui concerne le travail, une diminution temporaire de l'offre de ce facteur de production, telle que les grèves par exemple, réduit la valeur finale de la production, contribuant ainsi à un déséquilibre inflationniste entre l'offre et la demande globales.

En ce qui concerne le capital, une surcapacité temporaire de l'équipement productif peut conduire à un excédent de l'offre globale contribuant ainsi à un déséquilibre déflationniste. Cette éventualité est d'autant plus plausible qu'il s'agit ici des contraintes technologiques qui empêchent une adaptation rapide de la production à l'évolution de la demande globale.

Les deux cas cités, l'un pour le travail, l'autre pour le capital, doivent être compris comme une illustration, à titre d'exemple, des effets à court terme de la variation des facteurs de production et ne couvrent pas l'ensemble des possibilités qui peuvent se présenter.

En ce qui concerne le progrès technique, son introduction plus ou moins simultanée et généralisée dans un processus productif peut être également à l'origine des fluctuations conjoncturelles.

Cependant, il convient de mettre en évidence un autre aspect de la variation de l'offre, celui qui est dû à l'action que l'État exerce sur l'activité économique des entreprises à travers la fiscalité.

4.5.2. *L'économie de l'offre et la fiscalité*

Ce lien peut être illustré par une courbe qui porte le nom d'un économiste américain, Arthur B. Laffer. En fait, il s'agit d'un simple diagramme qui met en évidence la relation entre deux variables quelconques qui satisfont certains critères mathématiques.

L'axe vertical mesure les recettes fiscales (T), l'axe horizontal le taux d'imposition (t). Il est supposé qu'il existe un taux d'imposition optimal (t_{op}). C'est le taux qui assure les recettes fiscales les plus élevées possibles. Si ce taux est dépassé, le poids de la fiscalité devenant trop lourd, l'activité économique se trouve freinée et, par conséquent, les rentrées fiscales diminuent. À la limite, lorsque le taux d'imposition atteint 100 %, l'activité économique est complètement étouffée, les recettes fiscales tombent à zéro.

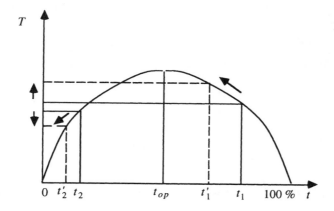

À quel niveau le taux d'imposition actuel se situe-t-il ? Selon Laffer, le taux d'imposition se trouve à t_1. Une réduction de ce taux à t'_1 par exemple entraînerait une stimulation de l'activité économique, l'esprit d'entreprise serait libéré de toute paralysie fiscale. Par conséquent, l'offre globale s'accroîtrait, entraînant à son tour un accroissement des recettes fiscales de l'État.

Contrairement au modèle du multiplicateur fiscal développé dans la section précédente, l'accroissement de Y provoque un accroissement de T. Pour expliquer ce résultat apparemment contradictoire, remarquons que dans l'optique de l'économie de l'offre, la causalité entre T et Y se trouve renversée. Dans le modèle du multiplicateur, la variation des recettes fiscales implique une variation multiple du revenu. Cette fois-ci, c'est l'accroissement du revenu qui permet à l'État d'accroître ses rentrées fiscales.

La critique de la courbe de Laffer sur le terrain positif de l'économie politique peut être formulée ainsi : qu'en est-il si le taux d'imposition se situe à un niveau tel que t_2 ? Dans une telle situation, une réduction de ce taux entraîne également une diminution des recettes fiscales. L'activité économique ne se trouve que faiblement affectée par ce changement de la politique fiscale. La réduction du taux d'imposition entraîne un déficit du budget de l'État. Comme il n'est pas possible de déterminer ni théoriquement, ni empiriquement de quel côté du taux optimal le taux d'imposition effectif se trouve, la courbe de Laffer doit être interprétée sur le terrain normatif de l'économie politique. Elle ne cherche qu'à illustrer le fait que l'importance de l'État soit devenue trop grande dans un système d'économie de marché et qu'il convient de repenser son rôle.

Dans la partie introductive, nous avons déjà attiré l'attention sur le fait qu'une telle question ne peut être tranchée par la théorie économique puisqu'il s'agit en définitive d'un affrontement d'opinions subjectives.

Avant de pouvoir reprendre les problèmes liés aux fluctuations du revenu, nous consacrerons le prochain chapitre au rôle de la monnaie.

QUESTIONS

1) Si l'on sait que la fonction de consommation d'un bien est caractérisée par une propension moyenne à consommer constante, on peut affirmer que :
   a) il s'agit d'un bien de première nécessité
   b) la propension marginale à consommer est nulle
   c) la propension marginale à consommer est égale à la propension moyenne
   d) la consommation est constante.

2) Supposons qu'un individu dépense tout son revenu dans la consommation d'un seul bien X. Quelles sont les valeurs respectives de l'élasticité-revenu et de l'élasticité-prix de la demande du bien X ?
   a) 0 et 1
   b) 2 et 1
   c) 1 et -1
   d) 0 et 0
   e) -1 et 0.

3) Lorsque dans une économie fermée sans État (modèle keynésien), et pour un revenu donné, on suppose que la demande globale est supérieure à l'offre globale, alors :
   a) le multiplicateur keynésien a une valeur inférieure à 1
   b) les prix sont trop bas
   c) l'épargne est supérieure à l'investissement
   d) ce niveau de revenu est plus faible que le niveau d'équilibre
   e) le coût des facteurs de production est trop élevé par rapport aux prix de biens et services produits.

4) Dans le cas du modèle keynésien simple à l'équilibre, une balance commerciale excédentaire implique nécessairement :
   a) un déficit budgétaire égal à un excédent d'épargne sur les investissements
   b) que $I = S$ si le budget est équilibré

c) que si $I = S$, l'État doit réaliser un excédent budgétaire du montant du solde de la balance commerciale

d) de prendre des mesures pour encourager les investissements privés.

5) Dans le cadre du modèle keynésien, la pente de la fonction de consommation

a) doit être égale à celle de la fonction d'épargne pour que l'économie soit en équilibre pour une production donnée

b) se traduit par la part du revenu global affectée à la consommation $\left(\dfrac{C}{Y}\right)$

c) est forcément supérieure à celle de la demande globale

d) indique la part d'un franc de revenu supplémentaire qui est affectée à la consommation.

6) Le multiplicateur des dépenses publiques, dans un modèle keynésien simple, est, par rapport au multiplicateur de l'impôt forfaitaire :

a) supérieur, car $\dfrac{1}{\text{pms}} > \left|\dfrac{\text{pmc}}{\text{pms}}\right|$

b) supérieur, car $dG > dT$

c) supérieur, car la variation des impôts a un impact négatif sur le revenu

d) inférieur, car $\text{pms} > |\text{pms} \cdot \text{pmc}|$.

POUR EN SAVOIR PLUS

Baumol W.J., Blinder A.S. et N.M. Scarth (1990), *L'Économique : Principes et politiques*, St-Laurent, Éditions Études Vivantes, 2e édition.

Greset J.F. (2000), *Les interdépendances économiques*, Genève, Éditions Slatkins.

Mankiw N.G. (2001), *Principes de l'Économie*, Paris, Economica (original en anglais, 3e édition 2004).

Samuelson P.A., Nordhaus, W.P. (2005), Paris, Economica, traduction française de la 18e édition originale en anglais.

CHAPITRE V

MONNAIE ET CRÉDIT

Pendant longtemps, on attribua à la monnaie une fonction tout à fait neutre, ne servant que de moyen de paiement qui facilite les transactions. Or, la monnaie influence également des données réelles de l'économie. Nous allons le démontrer dans ce chapitre.

5.1. Définition de la monnaie

La théorie économique attribue trois fonctions à la monnaie :

1) Moyen de paiement

La monnaie est généralement acceptée comme moyen de paiement en vertu d'une coutume qui a force de loi. La monnaie a alors cours légal. Les pièces et billets doivent être obligatoirement acceptés comme moyen de paiement dans le cadre d'une nation qui les a émis.

2) Réserve de pouvoir d'achat

Si la monnaie est conservée par un agent économique, elle perd son pouvoir d'achat transféré d'une période à une autre. Puisque la monnaie est liquide, c'est-à-dire qu'elle possède un pouvoir d'achat immédiat et général, sa thésaurisation implique un coût. Le coût de détention est formé par la perte de pouvoir d'achat d'une période à une autre à laquelle s'ajoute le coût de transformation dans un autre avoir (file d'attente, frais bancaires, transformation de la monnaie en dépôt d'épargne).

3) Unité de compte ou étalon des valeurs

Ce rôle n'est pas forcément lié à sa fonction d'intermédiaire des échanges ou de réserve de valeur. Même si aucune monnaie n'est utilisée, une monnaie de compte est nécessaire pour évaluer les biens et services à échanger.

Aujourd'hui, la monnaie de compte est identique à la monnaie de paiement, à l'exception de l'ECU qui reste essentiellement une monnaie de compte.

Signalons cependant qu'en France certains évaluent encore la valeur d'un bien à l'aide des anciens francs, bien qu'ils le paient en nouveaux francs. Dans ce cas, la monnaie de compte diffère de la monnaie en circulation.

Définition de la monnaie

La monnaie est l'ensemble des disponibilités du public qui peuvent être transformées en biens et services sur le marché à tout moment.

Par la suite, nous examinerons la monnaie en suivant le schéma d'analyse d'un marché, en traitant d'abord son offre et ensuite les principales composantes de sa demande.

5.2. L'offre de monnaie

L'offre de monnaie dépend de la Banque centrale. En rappelant les différentes étapes qui ont conduit l'État à exercer un contrôle sur les Banques centrales, nous retraçons d'abord l'histoire de la création de billets de banque et précisons ensuite les principaux rôles des Banques centrales.

5.2.1. *L'apparition des billets de banque*

La monnaie a été tout d'abord introduite dans les échanges sous forme de pièces et de lingots d'or. Pour s'assurer contre le risque de vol, les propriétaires de lingots d'or avaient pris l'habitude de les déposer chez un orfèvre qui délivrait un reçu en contrepartie.

L'idée d'utiliser le récépissé du vendeur comme moyen de paiement apparut alors. Le récépissé remplissait ainsi la première fonction de la monnaie, celle d'instrument d'échange.

On payait une marchandise en remettant ce récépissé au vendeur en l'endossant, c'est-à-dire en écrivant au dos du reçu : à l'ordre de Monsieur X, vendeur du bien en question. Le vendeur pouvait alors obtenir un lingot équivalent à celui que l'on avait déposé.

Tout le progrès résidait dans le fait que le lingot avait été remplacé par un récépissé qui était un instrument de paiement plus pratique. Cependant, un tel instrument de paiement accusait deux défauts : d'une part les récépissés n'avaient pas de cours légal, ce moyen de paiement n'étant assorti d'aucune garantie, d'autre part, ils représentaient une valeur très élevée.

L'intervention de l'État, qui réglait l'émission de récépissés, remédiait au premier défaut. L'établissement d'une série de récépissés d'une valeur inférieure, mais représentant la valeur totale du lingot déposé, remédiait au deuxième défaut.

Les orfèvres, devenus banquiers, se sont rendus compte que les déposants ne demandaient pas tous en même temps le remboursement des récépissés contre les lingots. Ils eurent alors l'idée d'émettre plus de billets qu'ils n'avaient de lingots en réserve (c'était l'idée de Palmstruck, banquier suédois, en 1656).

Dans une telle émission à découvert, le banquier s'engage à rembourser tous les reçus. Cependant, avec les reçus supplémentaires créés, il alimente le crédit. Par une telle création de titres monétaires, le banquier se donne un instrument supplémentaire pour financer des investissements, un autre consistant à récolter l'épargne.

La seule difficulté consistait à faire accepter ces titres monétaires supplémentaires par le public puisque tous les détenteurs de reçus avaient virtuellement le droit de se les faire rembourser en or. Afin de convaincre le public, les banques étaient amenées à :
— maintenir un rapport minimum entre leurs engagements et leur réserve en or ;
— prêter seulement pour des crédits à court terme et échelonnés dans le temps.

Mais comme elles étaient tentées d'émettre trop de titres monétaires par rapport à leurs réserves en or, le contrôle de l'État devenait nécessaire.

5.2.2. Contrôle par l'État de l'émission monétaire

Dans une première phase, l'État contrôlait les banques émettrices pour que les déposants aient une garantie de remboursement. Par la suite, compte tenu de l'ampleur et de l'importance croissante des billets comme moyen de paiement, le contrôle se justifiait dans l'intérêt général du pays tout entier.

L'État était donc amené à centraliser l'émission des billets de banque. Par des règles d'émission imposées par l'État, ces billets ont ainsi obtenu un cours légal.

Pour l'émission, deux principes furent adoptés :

1) Couverture intégrale de l'émission en or (currency principle)

Afin d'éviter une inflation par une émission excessive de billets de banque, ce principe fut adopté en Angleterre dont la Banque centrale fut organisée en 1844 sous l'impulsion de D. Ricardo.

2) Couverture partielle de l'émission en or (*banking principle*)

Ce principe s'est développé surtout en Europe continentale où les Banques centrales étaient libres d'émettre des billets de banque. Elles ne pouvaient ainsi les gager que partiellement en or. Cette pratique était motivée par l'idée qu'un excès éventuel d'émission se corrigerait par lui-même. En effet, si la Banque centrale émettait trop de billets, ceux-ci se dépréciaient et le public demandait leur remboursement.

Ce principe fut adopté, entre autres, par la Banque de France en 1802 et par la Reichsbank allemande en 1871.

Le système américain

Celui-ci est un peu particulier dans le sens où il s'agit d'un système fédéral. Selon la « Loi sur le système de réserve fédérale » de 1913, un monopole de 12 banques d'État ayant une compétence régionale fut créé. Ces douze banques dépendent d'un conseil de gouverneurs formé de sept membres nommés par le président des États-Unis.

Le système suisse

La Banque nationale a sa source juridique dans l'article 99 de la Constitution fédérale dont la loi fédérale est en procédure de consultation en 2000. Elle est une société anonyme qui dépend du droit privé. Cependant, la majorité du capital-actions se trouve dans les mains des cantons, et ses directeurs sont nommés par le Conseil fédéral.

Son schéma d'organisation est composé des organes suivants :

1) Assemblée générale des actionnaires

2) Les autorités de surveillance et de contrôle :
— conseil de banque (surveillance générale de la marche des affaires de la banque),
— comité de banque (contrôle de la gestion, avis sur le niveau du taux d'intérêt),
— commission de contrôle (organe vérificateur de l'assemblée générale),
— comités locaux (consultation en matière de crédit et d'opérations d'escompte).

3) La direction, en tant qu'exécutif de la banque, est responsable de toutes les mesures et dispositions que comportent les tâches et les objectifs de la Banque nationale.

À la fin du XIXe siècle, le contrôle de l'État se justifiait par le fait que les billets étaient émis par des banques privées recherchant le profit le plus élevé possible. Après l'intervention de l'État, le motif de profit ayant disparu, les instituts d'émission publics agissaient dans l'intérêt général. Par conséquent, les règles strictes concernant la couverture en or ont pu être successivement abandonnées. Les billets de banque comme moyen de paiement circulaient grâce à la confiance qu'ils inspiraient au preneur et non en raison de leur degré de couverture en or.

5.2.3. *Rôles principaux des Banques centrales*

Les instituts d'émission étaient ainsi amenés à remplir deux tâches principales, l'une consistant à harmoniser l'émission monétaire dans l'économie, l'autre se référant au lien de l'économie nationale avec l'étranger.

**1)   Harmonisation de l'émission monétaire
dans l'économie nationale**

Il s'agit de faire correspondre l'émission monétaire au flux de production. Rappelons qu'à un flux réel doit forcément correspondre un flux monétaire. Mais, comme tout signe monétaire incorpore un pouvoir d'achat, une émission trop élevée amène une augmentation de celui-ci. Si le flux de production n'y correspond pas, une pression excessive du pouvoir d'achat sur la production se fait sentir. La demande excède alors l'offre globale créant ainsi un déséquilibre inflationniste. Si, par contre, le pouvoir d'achat du public ne parvient pas à absorber le flux réel de production, un déséquilibre déflationniste se forme. L'émission monétaire doit donc se faire en relation étroite avec les crédits qui financent des opérations productives afin de permettre au flux de production de correspondre au pouvoir d'achat accru. Cependant, ce principe simple d'harmonisation connaît des complications dans l'application pratique :
— L'institut d'émission ne contrôle que le volume d'émission des titres monétaires qui – une fois mis en circulation – ne dépendent plus de cet institut. Son influence ne s'exerce que sur la masse monétaire prise comme un stock. Il ne connaît pas le nombre de fois que le titre monétaire a été utilisé pour effectuer un paiement. Autrement dit, la vitesse de circulation de la monnaie échappe au pouvoir de la Banque centrale.
— L'institut d'émission doit créer ou détruire de la monnaie en fonction des relations économiques extérieures. Dans certaines circonstances, la variation de la masse monétaire échappe donc également au contrôle de la Banque centrale.

**2)   Garantie de la continuité et de l'équilibre
de l'économie nationale par rapport au monde extérieur**

À la suite des échanges de biens et services, par exemple, les différents pays se font des paiements entre eux. Or, comme l'émission de leur monnaie respective se fait sur le plan national, il y a des difficultés de transferts de ces paiements sur le plan international. Illustrons ces difficultés à l'aide de deux exemples :

— un importateur français doit payer une facture libellée en dollars américains. Par conséquent, la demande de dollars se trouve accrue, entraînant ainsi une hausse du prix du dollar exprimé en francs français. Le prix du dollar n'est d'ailleurs rien d'autre que le taux de change. Si ce taux doit être maintenu constant parce qu'une convention internationale y oblige la Banque centrale (régime de changes fixes), on utilise la technique de la compensation selon laquelle seul le solde entre les créances exigibles et les dettes extérieures est à régler entre Banques centrales. Pour financer ce solde, les Banques centrales doivent disposer d'un stock de monnaie acceptée comme moyen de paiement international ;

— l'étranger effectue un paiement à la Suisse. En supposant que les créances et les dettes étaient équilibrées au départ, ce paiement diminue la demande de dollars par rapport au franc suisse. Afin de maintenir constant le taux de change, la Banque nationale suisse doit acheter des dollars contre des francs suisses. Les dollars américains ainsi achetés augmentent les réserves de la Banque centrale et entraînent par-là un accroissement de francs suisses en circulation.

5.2.4. *Les différents concepts de monnaie et les agrégats monétaires*

a) **Les concepts de monnaie**

1) La monnaie fiduciaire légale (MFL)

Les billets de banque et les pièces sont émis par la Banque centrale, et composent ce que l'on appelle aussi la « monnaie fiduciaire légale » (en Suisse cependant, les pièces sont frappées par une institution indépendante : la Monnaie fédérale) :

— fiduciaire ; car ce n'est pas le métal des pièces et le papier des billets qui en définit leur valeur, mais une convention établie sur la confiance entre l'émetteur et les utilisateurs de la monnaie ;

— légale ; car l'usage de ces billets et pièces est imposé par la loi (cours légal).

2) La monnaie scripturale

Elle se compose de comptes de dépôts à vue :

— les comptes de virement qui sont des dépôts à vue des banques, du commerce et de l'industrie auprès de la Banque centrale (D_v),

— les avoirs en comptes de chèques postaux (CCP),

— les dépôts à vue du public, du commerce et de l'industrie auprès des banques (C_v). Les mouvements sur ces comptes proviennent de l'établissement de chèques, des ordres adressés aux banques, et des dépôts ou retraits en monnaie fiduciaire légale. Notons que le chèque n'est pas de la monnaie, mais donne simplement accès à un dépôt.

3) La quasi-monnaie

La quasi-monnaie est formée par les dépôts à terme qui, contrairement aux dépôts à vue, ne sont pas exigibles immédiatement.

b) Les agrégats monétaires

Les définitions des agrégats monétaires suivants découlent de deux fonctions de la monnaie : celle de moyen de paiement et celle de réserve de valeur.

1) La masse monétaire au sens étroit (M_1)

M_1 « englobe les actifs financiers qui peuvent être utilisés, avec un coût de transformation minimal, comme moyens de paiement universellement reconnus ». D'après le concept de moyen de paiement, M_1 comprend en Suisse :
— les billets et pièces détenus par le secteur privé non bancaire (appelé aussi numéraire détenu par le secteur privé non-bancaire que nous noterons NP pour « numéraire détenu par le public ») ;
— les dépôts à vue en francs suisses, que les résidents appartenant au secteur non bancaire détiennent auprès des banques et auprès du service des chèques postaux (C_v).

Par contre, les avoirs à vue de la Confédération auprès de la Banque nationale, ainsi que ceux détenus en Suisse par les non-résidents, n'entrent pas dans la composition de la masse monétaire, étant donné que l'affectation de ces fonds est imprécise. En outre, ces avoirs sont en grande partie (60 %) libellés en monnaie étrangère.

$$M_1 = N_P + C_v$$

2) La masse monétaire au sens large (M_2)

Elle comprend, outre M_1, les comptes d'épargne (C_s), également appelés quasi-monnaie, parce qu'ils sont facilement substituables à la monnaie. Leur existence est due au fait que les agents économiques n'ont pas toujours besoin de moyens de paiement immédiatement disponibles. Ils placent alors une partie de ceux-ci auprès des banques sous la forme de dépôts à court terme mieux rémunérés que les dépôts à vue.

Ce concept utilise donc plutôt la fonction de réserve de pouvoir d'achat comme critère.

$$M_2 = M_1 + C_s$$

3) La masse monétaire (M_3)

M_3 englobe des liquidités tant effectives que potentielles. C'est pour cette raison que les dépôts à terme (C_t) sont ajoutés à M_2. La différence entre les dépôts à terme et les dépôts d'épargne ne se fonde pas forcément sur le concept de degré de liquidité mais, dans l'esprit de l'agent économique, correspond plutôt au choix entre un placement temporaire des moyens de paiement et un placement de fortune.

Pour les dépôts à terme, il s'agit de ceux détenus par les résidents, dont la durée s'étend d'un mois à plusieurs années. M_3 englobe également les dépôts à vue en monnaie étrangère de résidents. Ces derniers sont moins « liquides » que les dépôts à vue en francs suisses, puisqu'ils doivent être convertis en monnaie nationale avant de pouvoir être utilisés en Suisse.

$$M_3 = M_2 + C_t$$

4) La base monétaire

La base monétaire ou dans la terminologie suisse « la monnaie de Banque centrale » est l'ensemble des moyens de paiement créés par la Banque centrale et détenus par le public, les banques, le commerce et l'industrie. La base monétaire peut être calculée de deux manières à l'aide du bilan de la Banque nationale :

— *Au moyen de l'actif*

À l'actif figurent tous les avoirs de la Banque nationale qui sont à l'origine de la formation de la base. Par exemple, lors d'une opération d'achat de devises sur le marché des changes, la Banque nationale va voir son actif s'accroître du montant acheté (au poste « Réserves monétaires ») et son passif s'accroître des francs suisses mis en circulation pour financer cet achat. Ainsi, en additionnant tous les montants ayant permis la constitution de l'actif (excepté les avoirs de la Confédération et des CCP) nous obtenons une mesure de la base monétaire.

— *Au moyen du passif*

Au passif de la Banque nationale figurent ce que l'on pourrait qualifier de « créances de l'économie sur la Banque nationale ». Soit :
- les avoirs des banques, du commerce et de l'industrie en comptes de virement (D),
- le total des billets et monnaies divisionnaires en circulation (N),

$$N = N_p + N_b$$

où N_p mesure le numéraire détenu par le public et N_b celui détenu par les banques commerciales.
(En Suisse, comme les monnaies divisionnaires sont émises par la Monnaie Fédérale, lors du calcul de la base monétaire au moyen du passif de la Banque nationale, les bilans de la BNS et de la Monnaie Fédérale sont consolidés. Par simplicité, nous appellerons désormais ce bilan consolidé : bilan de la Banque nationale).

Bilan de la Banque nationale

Formation   **Utilisation**

ACTIFS	PASSIFS
Stocks d'or (O)	Avoirs des banques, du commerce et de l'industrie en comptes de virements (D)
Réserves en devises (M_e)	Billets et monnaie divisionnaire en circulation (N)
Effets de commerce (E)	
Titres (T)	
Crédits	
Autres	
Base monétaire (B)	Base monétaire (B)

d'où :
$$B = N + D$$

5.2.5. *Émission et résorption de monnaie de Banque centrale*

Contrôlant en partie son bilan, la Banque centrale peut, par conséquent, faire varier la base monétaire. À cette fin, elle dispose de plusieurs moyens appelés « instruments de politique monétaire » :

a) Le taux de réescompte

L'escompte a lieu dans l'économie lors d'une vente à crédit. Une entreprise accepte de céder un bien à un acheteur tout de suite et d'être payée plus tard. Le vendeur matérialise cette opération dans un effet de commerce. Si l'entreprise désire malgré tout réaliser sa créance avant l'échéance de l'effet, elle s'adressera à une banque.

L'entreprise vend l'effet de commerce à la banque qui l'encaissera à l'échéance auprès du débiteur ultime. Les banques déduisent immédiatement l'intérêt qu'elles perçoivent lors de l'opération d'escompte.

Exemple :
Achat d'un bien d'une valeur de 100 euros contre remise d'un effet de commerce du même montant venant à échéance trois mois plus tard. Le vendeur matérialise cet effet en le vendant immédiatement à une banque commerciale. Cette banque demande un intérêt de 4 %. Le vendeur encaisse donc 99 euros. En effet, 4 % sur une année permet un escompte de 1 euro pendant 3 mois (un quart de l'année).

Une banque qui a escompté des effets de commerce peut avoir elle-même le désir de les échanger contre de la monnaie. Dans ce cas, elle s'adresse à la Banque centrale qui a la possibilité de fixer le taux auquel elle avance de la monnaie fiduciaire légale contre des effets de commerce. Cette opération appelée, « réescompte » se pratique donc entre la Banque centrale et la banque commerciale.

Comme les banques commerciales prennent une commission, le taux d'escompte est en général supérieur au taux de réescompte.

Dans la pratique, on distingue trois catégories d'effets de commerce :
— *papiers bancables* susceptibles d'être réescomptés (en Suisse il faut que ces papiers portent deux signatures solvables et n'aient pas une échéance supérieure à trois mois),
— *papiers non bancables* qui ne sont pas acceptés par la BNS et dont le taux d'escompte est plus élevé,
— *papiers hors banques* d'une qualité indiscutable, émis par de grandes sociétés. Pour ce genre de papiers, il existe une concurrence entre les banques ; elles pratiquent donc un taux plus bas.

Les effets de commerce sont des papiers-valeurs définis comme des titres, qui incorporent un droit d'une manière telle qu'il est impossible de le faire valoir ou de le transmettre indépendamment du titre. On distingue notamment :

— *La traite (ou lettre de change)*
définie comme un écrit adressé par une personne appelée le tireur à une autre personne appelée le tiré, l'invitant à payer à une troisième personne, appelée le bénéficiaire, une certaine somme à une certaine date dite échéance. Le tireur est généralement le vendeur qui invite son acheteur (le tiré) à payer une certaine somme au bénéficiaire (la banque du vendeur),

— *Le billet à ordre (ou billet de change)*
défini comme une promesse écrite aux termes de laquelle une personne appelée souscripteur s'engage à payer à une certaine date une certaine somme à une autre personne appelée bénéficiaire.

Pour comprendre l'effet de l'opération de réescompte sur la base monétaire, référons-nous au bilan de la Banque centrale. Un accroissement des effets réescomptés se traduit par une hausse du poste « effets de commerce » (E) à l'actif du bilan et des postes N et D au passif avec comme condition que $\Delta E = \Delta N + \Delta D$. En effet, lorsque la Banque centrale accepte de réescompter des titres, elle libère dans l'économie un montant égal de monnaie de Banque centrale (sous forme de numéraire ou de comptes de virement). Son bilan reste par conséquent équilibré.

Nous aurons donc : $\Delta B = \Delta E = \Delta N + \Delta D$. Notons que la variation de la base est temporaire puisqu'à l'échéance de la traite l'opération inverse se produira.

Bilan de la Banque centrale

Réserves : $(O + M_e)$	Monnaie en circulation : $(N + \Delta N)$
Effets de commerce : $(E + \Delta E)$	Dépôts des banques commerciales : $(D + \Delta D)$
Titres : T	
Autres actifs	
Base monétaire : $(B + \Delta B)$	Base monétaire : $(B + \Delta B)$

b) La politique de prêt sur nantissement (crédit Lombard)

La Banque centrale peut accorder des avances en acceptant des titres en gage. En général, un crédit jusqu'à concurrence de 50 % du cours du titre est accordé.

La politique de prêt sur nantissement fonctionne donc comme la politique de réescompte.

Ces deux politiques s'appliquent chaque fois que les banques commerciales cherchent à faire varier la monnaie fiduciaire légale qu'elles détiennent. Une des raisons de cette variation se trouve sur le marché du crédit. Si le taux d'intérêt baisse, par exemple, la demande de crédit est stimulée. Pour faire face à cette demande accrue, les banques commerciales ont besoin de liquidités qu'elles se procurent en ayant recours au crédit Lombard (nantissement) et au réescompte. Le mécanisme ainsi décrit formait, autrefois, l'instrument de politique monétaire principal pour la Banque centrale, mais aujourd'hui il n'est plus le seul moyen d'action. Les Banques centrales, ayant constaté que l'élasticité de la demande de crédit par rapport à la variation du taux d'intérêt est assez faible, ont cherché à mettre en place d'autres instruments pour faire varier la monnaie fiduciaire légale.

c) La politique d'open-market

Il s'agit d'achat ou de vente de titres (T) tels que des obligations, des bons du trésor et des actions. La politique d'open-market agit plus directement sur l'offre monétaire que la politique de réescompte.

À titre d'exemple, supposons que la Banque centrale veuille augmenter la liquidité en circulation dans l'économie. Elle achètera des titres en utilisant comme moyen de paiement la monnaie de la Banque centrale qu'elle seule peut émettre. La base monétaire augmentera donc. Si, par contre, elle vend des titres, la base monétaire diminuera.

La première action ne pose pas de problèmes. Cependant, la deuxième ne peut être réalisée que si la Banque centrale a pu constituer au préalable un stock de titres suffisant.

Le bilan de la Banque centrale est affecté comme le montre le schéma suivant :

Bilan de la Banque centrale

Réserves : $(O + M_e)$	Monnaie en circulation : $(N + \Delta N)$
Effets de commerce : E	Dépôts des banques commerciales : $(D + \Delta D)$
Titres : $(T + \Delta T)$	
Autres actifs	
Base monétaire : $(B + \Delta B)$	Base monétaire : $(B + \Delta B)$

De même que précédemment $\Delta B = \Delta T = \Delta N + \Delta D$.

La politique d'open-market n'est pas seulement de nature à créer ou à résorber de la monnaie de la Banque centrale, mais exerce, comme toute politique monétaire, un effet sur le niveau des taux d'intérêt et du cours des titres.

On comprend intuitivement qu'une hausse de l'offre de monnaie augmente la liquidité dans l'économie. Par conséquent, le crédit devient meilleur marché. Une hausse de la base monétaire provoque donc une baisse du taux d'intérêt et inversement.

Ce lien général et intuitif entre la variation de la base monétaire et celle du taux d'intérêt peut s'expliquer dans le cas de la politique d'open-market à l'aide de l'exemple suivant :

Une vente de titres en bourse accroît leur offre. Si leur demande reste inchangée, le prix de ces titres aura tendance à baisser. Étant donné que le prix des titres n'est rien d'autre que leur cours coté en bourse, les cours vont donc diminuer.

Supposons que la Banque centrale ait un stock de titres à très long terme qu'elle a acquis au cours de 1 000 euros. par titre et dont le taux d'intérêt facial est de 5 %. (Rappelons que les obligations sont émises sur le « marché primaire » par les emprunteurs à un « prix d'émission » et à un taux d'intérêt fixe donné, fonction des conditions du marché). Lors d'une politique d'open-market restrictive, la Banque centrale se sépare de ces titres en les vendant sur le « marché secondaire » (marché où s'échangent les titres anciens émis) ce qui va accroître l'offre sur le marché et tendra à faire baisser le cours des titres. Le cours s'établira par exemple à 900 euros, ce qui affectera la « rentabilité » ou le « rendement » du titre. Rappelons que, le taux de rentabilité (*tr*) d'un titre à long terme peut être défini par le rapport formé entre le revenu d'un placement et le capital.

$$\text{taux de rentabilité} = \frac{\text{revenu}}{\text{capital placé}}$$

Comme le montre notre exemple, pour une obligation (à revenu fixe) une baisse du cours conduit à une hausse du taux de rentabilité (*tr*) : Initialement, nous avions :

$$tr = \frac{50}{1\ 000} \cdot 100 = 5\ \%$$

après la vente des titres par la Banque centrale, le taux de rendement est tel que :

$$tr = \frac{50}{900} \cdot 100 = 5,5\ \%$$

Quel est alors l'effet sur le taux d'intérêt ? Pour le saisir, il est nécessaire de se reporter à nouveau sur le « marché primaire ». En effet, en raison du phénomène « d'arbitrage » qui se produit entre les marchés primaire et secondaire, la hausse du taux de rendement des obligations anciennement émises va conditionner les décisions des entreprises qui désirent lancer un nouvel emprunt obligataire. En effet, si elles proposent (à risque constant) une rémunération de 5 %, personne ne voudra se porter acquéreur. Elles devront donc proposer au moins 5,5 %. Le taux d'intérêt a donc bien augmenté dans l'économie.

La politique d'open-market restrictive a donc deux effets : d'une part elle contracte la base monétaire et d'autre part, elle entraîne une hausse du taux d'intérêt, c'est-à-dire un renchérissement du crédit.

d) L'intervention sur le marché des changes

Le principe du fonctionnement de la politique d'open-market s'applique également à ce type d'intervention. Au lieu de titres, la Banque centrale achète ou vend des devises (M_e : monnaies étrangères) afin d'influencer l'évolution du taux de change. L'achat de dollars, par exemple, tend à accroître la demande de dollars et l'offre de francs suisses (émis par la Banque centrale). Une pression à la hausse est donc exercée sur le taux de change.

Bilan de la Banque centrale

Stock d'or : O	Monnaie en circulation : $(N + \Delta N)$
Réserves en monnaies étrangères : $(M_e + \Delta M_e)$	Dépôts des banques commerciales : $(D + \Delta D)$
Autres actifs	
Base monétaire : $(B + \Delta B)$	Base monétaire : $(B + \Delta B)$

d'où : $= \Delta B = \Delta M_e = \Delta N + \Delta D$.

e) Les « swaps »

Le terme anglo-saxon de « swap » désigne une opération de mise en pension de devises auprès de la Banque centrale. Par cette opération, la Banque centrale acquiert les devises contre de la monnaie nationale pour une durée limitée habituellement à une semaine ou un mois. À l'échéance, l'opération inverse est effectuée à un cours fixé initialement. Par conséquent, l'effet sur la liquidité de l'opération est temporaire. Les swaps peuvent être conclus avec les banques commerciales ou avec d'autres Banques centrales. Actuellement, les swaps sont l'instrument principal de la politique monétaire suisse et servent aussi bien à financer les besoins temporaires de l'économie en liquidité qu'à la conduite à long terme de la politique monétaire.

5.2.6. *Création et résorption de monnaie scripturale par les banques commerciales et effets sur la masse monétaire*

Nous venons de voir que la monnaie fiduciaire légale est créée par la Banque centrale. À l'exception des comptes de virement, la monnaie scripturale, est par contre créée par les banques commerciales. Les agents économiques, en entretenant des comptes à vue auprès des banques commerciales agissent sur les mouvements de monnaie scripturale de plusieurs manières différentes. Par exemple :
— en retirant tout ou partie de leur avoir sous forme de billets, ils entraînent une diminution de leurs dépôts à vue et de la liquidité des banques, soit de la monnaie fiduciaire légale (MFL) détenue par les banques commerciales,
— en donnant un ordre de virement de leur compte vers une autre banque, ils entraînent un mouvement d'écriture entre banques.

Cependant, comment peut-on parler de « création » monétaire ?

a) La création de la monnaie scripturale

Décrivons cette création à l'aide d'un exemple en supposant que 1 000 euros sont déposés dans une banque A sous forme de « billets ». Initialement, cette opération affectera le bilan de la banque comme suit :

△ Bilan de la banque A

Avoirs	1 000	Comptes à vue (C_v)	1 000

La création de monnaie scripturale repose sur le principe suivant : vu leur multitude, les détenteurs de D_v ne retirent pas tous en même temps la monnaie déposée auprès de leur banque (sauf en cas de panique). Supposons que le volume des demandes de retrait soit en moyenne de l'ordre de 10 % seulement, mais que la loi exige une couverture de 20 % déposés auprès de la Banque centrale en comptes de virement (C_v). Dans ce cas, la banque peut réduire ses liquidités et ainsi utiliser la MFL excédentaire pour obtenir des actifs rémunérés. Dans notre cas, elle peut faire du crédit (C_r), acheter des obligations ou contracter une hypothèque de 800 euros. Son bilan se modifie alors comme suit :

△ Bilan de la banque A

Couverture (D)	200	Comptes à vue (C_v)	1 000
Prêts (P_r)	800		
	1 000		1 000

Dans ce cas, la couverture correspond à 20 % du dépôt initial. Pour garantir la sécurité du remboursement, la loi prévoit qu'une réserve légale de 20 % soit déposée auprès de la Banque centrale. La banque A dépose donc auprès de l'institut d'émission 200 euros, sous forme d'un compte de virements. À ce stade, la banque A a déjà créé de la monnaie puisque les disponibilités du public ont augmenté de 800 euros.

Cependant, à condition que les bénéficiaires ou les investisseurs ne demandent pas la conversion de leur crédit en MFL, la création de monnaie ne s'arrête pas là. Si les agents économiques qui ont vendu des titres ou emprunté des fonds déposent le produit de ces opérations sous forme d'un dépôt à vue dans la même banque ou dans une autre, une cascade de crédits est déclenchée.

Les 800 euros prêtés par la banque A entrent à nouveau dans le système bancaire. Ils peuvent rester dans notre première banque ou aller dans une nouvelle banque. Pour bien identifier les différentes étapes, supposons qu'ils soient déposés dans une banque B.

△ Bilan de la banque B

Avoirs	800	Comptes à vue (C_v)	800
	800		800

La banque B détient maintenant trop de liquidités qui ne lui procurent pas de revenu. Elle va donc à nouveau faire crédit jusqu'à la limite de la réserve légale.

△ *Bilan de la banque B*

Couverture (D)	160	Comptes à vue (C_v)	800
Prêts (P_r)	640		
	800		800

De même pour la banque C à la troisième étape :

△ *Bilan de la banque C*

Couverture (D)	128	Comptes à vue (C_v)	640
Prêts (P_r)	512		
	640		640

Ce processus se poursuit théoriquement à l'infini. Pratiquement, les montants devenant de plus en plus petits, ils sont noyés dans la masse des opérations bancaires. Le tableau suivant illustre les différents maillons de cette création en chaîne.

Création de monnaie scripturale

	Nouveaux dépôts 100 % en euros	Crédits taux d'engagement (t) 80 % en euros	Réserves ratio de trésorerie (r) 20 % en euros
Banque A	1 000	800	200
Banque B	800	640	160
Banque C	640	512	128
Banque D	512	409,60	102,40
Banque E	409,60	–	–
etc.	–	–	–
	5 000	4 000	1 000

Il s'agit d'une progression géométrique infinie

$$\left(1 + q + q^2 + \ldots + q^n = \frac{1}{1-q} \right)$$

de raison inférieure à 1, qui, appliquée à la création monétaire, se formalise comme suit (car $t < 1$) :

$$\Delta \text{ dépôts} + t\,\Delta \text{ dépôts} + t^2\,\Delta \text{ dépôts} + \ldots t^n\,\Delta \text{ dépôts}$$

$$\Delta \text{ dépôts} \left(1 + t + t^2 + \ldots t^n \right) = \frac{1}{1-t} \Delta \text{ dépôts}$$

L'exemple numérique fournit le résultat suivant :

$$1\ 000 + 0,8\ 1\ 000 + 0,8^2\ 1\ 000 + \dots 0,8^n\ 1\ 000 = \frac{1}{0,2}\ 1\ 000 = 5\ 000$$

La situation finale de l'ensemble des banques se présente donc ainsi :

△ *Bilan de tout le système bancaire*

Couverture (D)	1 000	Comptes à vue (C_v)	5 000
Prêts (P_r)	4 000		
	5 000		5 000

La création de la monnaie scripturale a donc été le résultat de l'activité de l'ensemble des banques.

L'expansion multiple des dépôts à vue n'est cependant pas seulement due à l'action des banques commerciales, mais également à l'action :
— du public qui conserve constamment une partie de ses liquidités sous forme de dépôts bancaires
— des emprunteurs qui mettent à la disposition des banques des actifs productifs qu'ils ont pu acquérir avec les disponibilités excédentaires.

b) Le multiplicateur de la création monétaire

La description du processus de la création de monnaie scripturale débouche sur la définition d'un multiplicateur de la création monétaire (m) mettant en relation la base détenue par les banques et les dépôts à vue :

$$m = \frac{1}{1-t} = \frac{1}{r}$$

où

$$r = \frac{\text{réserves des banques}}{\text{comptes à vue}} = \frac{D}{C_v}$$

Si nous distinguons la détention du Numérique entre le public (N_p) et la Banque centrale (N_b), il faut définir les réserves des banques par $D + N_b$.

Appliqué à l'exemple numérique précédent, le multiplicateur de la création monétaire est le suivant :

$$m = \frac{1}{1-0,8} = \frac{1}{0,2} = 5$$

c) Le multiplicateur de crédit

Nous venons de calculer le multiplicateur de la création monétaire en mettant en relation les réserves des banques et les comptes à vue. Étudions maintenant la capacité de crédit des banques illustrée par le multiplicateur de crédit (m_c) mettant en relation la base monétaire et le montant des prêts des banques.

Auparavant, nous pouvons introduire le comportement du secteur privé non-bancaire dans le modèle. En général, une fraction des prêts accordés est convertie par le public en numéraire ce qui diminue la monnaie scripturale et donc le volume de la création monétaire des banques. Nous noterons f (taux de fuite du public vers le numéraire), le rapport entre le numéraire détenu par le public (N_p) et les comptes à vue :

$$f = \frac{N_p}{C_v}$$

La relation entre la base et les prêts étant la suivante :

$$P_r = m_c \cdot B$$

le multiplicateur de prêts est donc défini par :

$$m_c = \frac{P_r}{B}$$

D'après le bilan de l'ensemble du système bancaire, les prêts (P_r) sont égaux à la différence entre les comptes à vue (C_v) et les réserves des banques ($D + N_b$). Par conséquent, $P_r = C_v - N_b - D$.

La base monétaire est égale à $D + N_p + N_b$. Soit : $B = D + N$. Après transformation, l'équation de m_c devient donc :

$$m_c = \frac{C_v - D - N_b}{D + N_p + N_b}$$

divisons le numérateur et le dénominateur par C_v

$$m_c = \frac{\dfrac{C_r}{C_v} - \dfrac{D + N_b}{C_r}}{\dfrac{D}{C_v} + \dfrac{N_p + N_b}{C_v}}$$

d'où

$$m_c = \frac{1 - r}{f + r}$$

5.2.7. Le lien entre la masse et la base monétaire

Une relation relativement stable existe entre la masse monétaire et la base au travers du multiplicateur monétaire m_m :

$$M_1 = m_m \cdot B$$

Pratiquement, ce lien dépend du mécanisme de crédit des banques commerciales qui lie les comptes de virements, les prêts et les comptes à vue. Par le fait que la création de monnaie de Banque centrale permet une création multiple de crédits de la part des banques commerciales, M_1 est systématiquement supérieure à B.

Ce lien peut être aussi perçu par la relation qui existe entre les bilans des banques commerciales et celui de la Banque nationale.

Bilan consolidé des banques commerciales

Dépôts auprès de la Banque nationale : D	Comptes à vue : C_v
Prêts (crédits accordés) : P_r	Comptes à terme : C_t
Autres actifs	Comptes d'épargne : C_s
	Autres passifs, Fonds propres

Le lien entre la base monétaire et la masse monétaire fournit un repère pour la conduite de la politique monétaire. Il peut être mis en évidence de deux manières. La première distingue la détention du numéraire entre le public (N_p) et la Banque centrale (N_b). La deuxième en fait abstraction.

Base et masse monétaire M_1 en Suisse

B et M_1 de janvier 1985 à janvier 2005

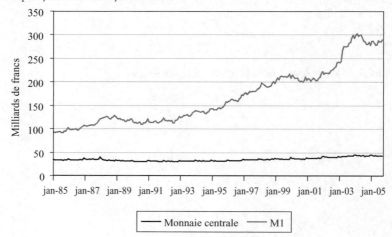

Multiplicateur de M_1 de janvier 1985 à janvier 2005

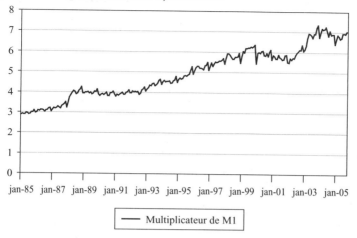

— Multiplicateur de M1

a) Le numéraire détenu par le public et par la Banque centrale

Partons des définitions suivantes :

$$M_1 = N_p + C_v$$
$$B = N + D$$

En combinant ces deux expressions, nous obtenons :

$$M_1 = \left(\frac{N_p + C_v}{B}\right) B = \left(\frac{N_p + C_r}{N + D}\right) B$$

Afin de pouvoir mettre en évidence le comportement des banques et du public, nous cherchons à exprimer le lien entre M_1 et B en termes de ratio de trésorerie (r) et du taux de fuite (f). Pour cela, il suffit de diviser le numérateur et le dénominateur de cette expression par C_v :

$$M_1 = \left[\frac{\dfrac{N_p}{C_v} + \dfrac{C_v}{C_v}}{\dfrac{N}{C_v} + \dfrac{D}{C_v}}\right] \cdot B$$

or, comme $N = N_p + N_b$, nous pouvons réarranger le dénominateur d'où :

$$M_1 = \left[\frac{\dfrac{N_p}{C_v} + \dfrac{C_r}{C_v}}{\dfrac{N_p}{C_v} + \dfrac{N_b + D}{C_v}}\right] \cdot B$$

Cette opération conduit à l'expression suivante :

$$M_1 = \left(\frac{1+f}{f+r}\right) \cdot B$$

En définissant le terme $\left(\dfrac{1+f}{f+r}\right)$ comme un multiplicateur monétaire (m_m), nous obtenons la relation suivante :

$$M_1 = m_m B$$

qui montre que l'offre de monnaie M_1 est influencée par trois
facteurs : une hausse de M_1 peut être provoquée par une hausse de B
ou une baisse de r et de f.

Des études empiriques ont montré que le multiplicateur monétaire
est relativement stable. Au travers de r et f, il exprime des décisions
des banques et du public de modifier la composition de leurs actifs
financiers.

Si effectivement m_m devait être stable, seule la variation de B, sous
contrôle direct de la Banque nationale, influencerait l'offre de monnaie. La politique monétaire passerait donc forcément par un contrôle
de la variation de la base monétaire.

Cependant, bien que relativement stable, le multiplicateur puisse
subir des variations :
— à long terme, la généralisation des moyens de paiements électro-
niques réduits f, ce qui augmente la capacité des banques commerciales de faire crédit,
— à court terme, le ratio de trésorerie contient une composante légale
(ratio de réserves obligatoires) et une composante discrétionnaire
(ratio de réserves excédentaires).

Cette dernière est sensible au taux d'intérêt. En effet, une hausse
de taux d'intérêt augmente, sous forme de perte de gain le coût de
détention des réserves excédentaires pour la banque. En d'autres termes, les réserves excédentaires ne rapportant pas d'intérêt, le manque
à gagner augmente. Par conséquent, la banque aura, en période de
hausse de i, tendance à comprimer ses réserves excédentaires. r diminuera donc et m_c augmentera.

Il existe une relation entre m_m et m_c. Soustrayons m_c à m_m :

$$\frac{1+f}{f+r} - \frac{1-r}{f+r} = \frac{1+f-1+r}{f+r} = 1$$

d'où :

$$\frac{1+f}{f+r} - 1 = \frac{1-r}{f+r} \quad \text{soit} : m_m - 1 = m_c$$

Nous pouvons tirer deux conclusions de ce résultat :

$$C_r = (m_m - 1) \cdot B$$
$$m_m > m_c$$

b) Formalisation simplifiée

En nous référant aux définitions suivantes, un lien simplifié entre l'offre et la base monétaire peut être établi :

B base monétaire
M offre monétaire
N numéraire
C comptes en banques
D compte de virement des banques commerciales auprès de la Banque centrale.

L'offre monétaire se compose comme suit :

$$M = N + C$$

La base monétaire est définie par :

$$B = N + D$$

En formant des rapports entre les différents composants ayant servi à définir l'offre et la base monétaires, nous établirons des coefficients de comportements c et d :

$$\frac{C}{N} = c$$

Le coefficient signale le comportement du public qui détient de la liquidité. Une hausse de c par exemple exprime une utilisation accrue des formes scripturales de la monnaie.

$$\frac{D}{N} = d$$

Le coefficient d signale le comportement de la Banque centrale. Une hausse de d par exemple indique un durcissement de sa politique monétaire. Le lien entre la base et l'offre monétaires se définit par combinaison de ces relations :

$$M = \frac{N+C}{B} B$$

Cette expression nous permet d'établir ce lien en termes des coefficients de comportements c et d :

$$M = \frac{1+c}{1+d} B \quad \text{où} \quad m = \frac{1+c}{1+d} \quad \text{définit le multiplicateur monétaire.}$$

La relation fondamentale, à l'origine du monétarisme, se trouve ainsi réduit à l'expression suivante :

$$M = mB$$

Le lien entre l'offre de monnaie et la base monétaire est donc formalisé par le multiplicateur monétaire qui reflète des variations de c et d. Ces coefficients captent le changement de comportement du public et de la Banque centrale. Elles sont donc sensibles à la généralisation de nouveaux moyens de paiement et de la variation du taux d'intérêt. Par conséquent, le multiplicateur monétaire risque d'être instable et de contrecarrer la politique monétaire.

Il n'est dès lors pas étonnant de retrouver dans le monétarisme la théorie quantitative de monnaie.

5.2.8   *Représentation graphique de l'offre de monnaie*

Sur le plan théorique, quelle est la fonction qui relie l'offre monétaire à une ou plusieurs variables explicatives ? Comme la masse monétaire M_1 peut être influencée par une politique de la Banque centrale, nous admettons par simplification qu'elle peut être comprise comme une variable autonome :

$$M = \overline{M}$$

Dans nos modèles ultérieurs, l'offre de monnaie sera donc indépendante du taux d'intérêt, d'où le graphique suivant :

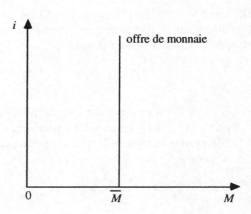

Insistons sur le fait que cette représentation graphique de l'offre monétaire se réfère à un modèle économique simplifié. Une modélisation plus complète nous rapprocherait davantage du comportement d'une Banque centrale, mais ne dégagerait pas aussi clairement les principes essentiels du fonctionnement du marché monétaire.

5.3. La demande de monnaie

Sur le plan micro-économique, nous avons déterminé une relation entre la quantité demandée d'un bien et son prix. Par analogie, la demande de monnaie doit s'exprimer en fonction du prix. Or, quel est le prix de la monnaie ? Comme le coût explicite de la conservation de monnaie est nul, il ne peut s'agir que d'un coût implicite qui équivaut à l'intérêt qu'une certaine quantité de monnaie rapporte si elle est placée au lieu d'être conservée. Le coût d'opportunité correspond à la renonciation d'un revenu qui pourrait être obtenu par un emploi différent de la monnaie. Lorsque nous détenons de la liquidité, nous savons intuitivement que ce coût d'opportunité est contrebalancé par les avantages et les facilités que représente cette détention de la monnaie.

Distinguons entre la demande nécessaire à des transactions (la fonction du moyen de paiement est mise en évidence) et la demande nécessaire à des placements (la fonction de réserve de valeur est alors soulignée).

5.3.1. *Le motif d'encaisse-transaction*

Au niveau individuel, des encaisses-transactions sont détenues pour régler les paiements courants. Comme ces paiements (ou sorties de caisse) ne correspondent pas forcément aux revenus (ou entrées de caisse), un certain montant est donc toujours maintenu à des fins de transaction. L'importance de ce montant dépend avant tout de l'habitude du public.

Pour une entreprise, les liquidités sont constituées par les actifs suivants, figurant au bilan : caisse, compte de chèques postaux, compte courant bancaire. À nouveau, ces postes servent aux paiements courants. Ils jouent le rôle de tampon qui permet de faire concorder les échéances entre les engagements et les avoirs d'une firme. Supposons que les conditions de règlement des factures à payer prévoient un délai de 30 jours et que la périodicité des recettes est également mensuelle. Dans ce cas, la demande d'encaisse-transaction de l'entreprise est très faible car ses engagements à court terme peuvent être réglés avec ses avoirs. Autrement, la détention d'encaisses doit être plus importante, entraînant un coût d'opportunité. En effet, la détention d'encaisses implique une perte d'intérêt. Cependant,

comme elle est essentiellement motivée par des facteurs indépendants du niveau des taux d'intérêt du moment, il est justifié d'établir :

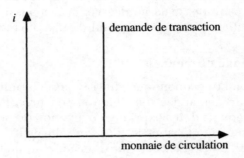

5.3.2. Le motif de spéculation

Des agents économiques détiennent de la monnaie également à
des fins spéculatives. Cette demande de monnaie, ou préférence pour
la liquidité, dépend donc des prévisions qu'un individu fait quant à
l'évolution des taux d'intérêt et des prix des actifs financiers et réels.
Il faut donc choisir le moment de placement le plus propice.

Un épargnant, ayant placé ses fonds dans des titres, prévoit une
baisse des cours. Il les vend à temps et maintient la recette de cette
vente sous forme de monnaie aussi longtemps que l'effondrement des
cours se poursuit, signe que les taux d'intérêt vont augmenter. En
attendant la hausse prochaine des taux d'intérêt, l'individu préfère
donc garder de la liquidité : les encaisses dormantes s'accroissent
dans l'économie.

Cette attitude de spéculateur à la baisse porte l'étiquette bear,
l'ours pessimiste qui convertit ses actifs financiers en monnaie. Par
contre, un spéculateur optimiste qui achète des titres en prévoyant
une hausse de leur prix et une diminution du taux d'intérêt est appelée bull. Son attitude réduit les encaisses dormantes dans l'économie.

La quantité de monnaie détenue pour le motif de spéculation est
donc sensible à la variation du taux d'intérêt. Insistons cependant sur
le fait que l'aspect prévisionnel de l'évolution des taux d'intérêt joue
le rôle prédominant. Par conséquent, les anticipations de la marche
des affaires par des individus peuvent amplifier l'évolution de cette
demande de monnaie qui est en outre très instable en raison de sa
nature spéculative.

Graphiquement, nous reprenons le fait déjà démontré que la variation du taux d'intérêt est inversement proportionnelle au prix des
titres :

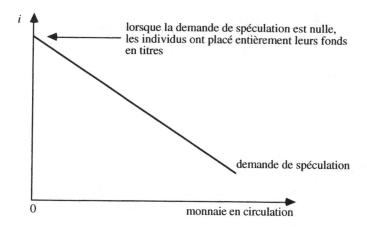

5.3.3. Le motif de précaution

L'avenir est incertain. Afin d'être préparés à l'imprévu, nous détenons une partie de nos liquidités par mesure de précaution.

De nombreux exemples justifient une certaine prudence en matière de placement nous incitant à maintenir un compte en banque ou à détenir de la monnaie fiduciaire légale : départ en voyage, réserves pour la formation des enfants, etc. Cependant, la généralisation des assurances contre les risques collectifs est de nature à réduire l'importance de ce motif de détention de la monnaie.

Les motifs de spéculation et de précaution sont donc à l'origine des encaisses dormantes qui alimentent une demande qui est appelée préférence pour la liquidité.

5.4. Le lien entre la monnaie et l'économie nationale

En juxtaposant l'offre et la demande de monnaie illustrées dans les deux sections précédentes, le marché monétaire peut être illustré graphiquement de la manière suivante :

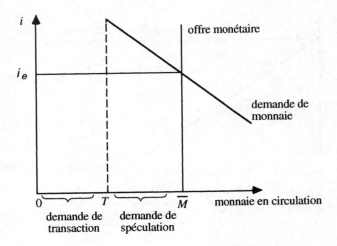

Le marché monétaire se trouve en équilibre au taux d'intérêt i_e. L'offre monétaire satisfait une demande de transaction OT et une demande de spéculation et de précaution $T\overline{M}$. Par la suite, nous négligerons cependant la demande de précaution.

Les théories monétaires qui ont cherché à établir un lien entre la monnaie et la partie réelle de l'économie accordent un poids différent aux différentes composantes de la monnaie. Distinguons entre la théorie monétaire classique qui ne tient compte que de la demande de transaction et la théorie keynésienne qui introduit également la demande de spéculation de la monnaie.

5.4.1. La théorie monétaire classique

Il ressort de la présentation du circuit économique et des égalités macro-économiques que tout flux monétaire est contrebalancé par un flux réel de telle sorte que l'identité suivante se vérifie toujours :

$$\text{flux monétaires} \equiv \text{flux réels}$$

La partie gauche est formée par l'offre monétaire. Cependant, comme il s'agit d'un stock (la quantité de monnaie détenue par le public à un moment donné), il faut également tenir compte du nombre de fois qu'une unité de pouvoir d'achat a été utilisée pour une transaction pendant une certaine période. En d'autres termes, l'offre monétaire (M) doit être multipliée par la vitesse de circulation de la monnaie (V).

La partie droite de l'identité correspond à la quantité de biens finals produite pendant une année. Cette production finale étant mesurée en unités physiques hétérogènes (Q), elle doit être multipliée par un indice de prix (*P*) afin d'obtenir sa valeur exprimée en francs :

$$M \cdot V \equiv P \cdot Q$$
$$Fr./_t \equiv Fr./_t$$

Cette identité est illustrée dans le graphique suivant. L'axe vertical mesure l'offre de monnaie, l'axe horizontal le revenu national.

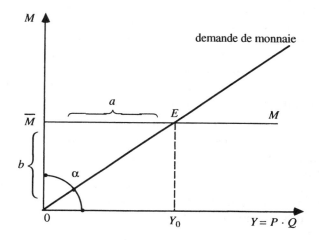

La vitesse de circulation est lue graphiquement par la tangente de l'angle formé par le rapport *a/b*. En effet,

$$tg\alpha = V = \frac{P \cdot Q}{M} = \frac{a}{b}$$

La masse monétaire $\overline{M}$ fixée d'une manière autonome permet de satisfaire les paiements résultant d'un revenu national de Y_0. Par conséquent, l'identité en question se vérifie au point *E* où l'offre de monnaie (*M*) coupe la demande de monnaie. Cette dernière reste entièrement motivée par l'aspect transaction (D_T) de la monnaie. Cette identité forme le point de départ de la théorie quantitative de la monnaie. (Cette identité a été également appelée l'équation quantitative des échanges ; voir l'économiste Irving Fisher (1867-1947).)

a) La théorie quantitative de la monnaie

Cette théorie s'appuie sur un certain nombre d'hypothèses :

— L'économie se trouve en plein-emploi. Dans ce cas, la production ne s'accroît que par l'introduction d'innovations technologiques et non par un engagement plus étendu des facteurs de production non utilisés. Or, l'évolution technologique ne se fait sentir qu'à long terme. Il est alors plausible d'admettre que Q est constant à court terme. L'excédent de la demande globale, nourri par un accroissement de la masse monétaire, doit forcément provoquer une hausse du niveau général des prix. Si l'économie se trouve en sous-emploi, l'augmentation de la masse monétaire implique que les agents économiques qui disposaient d'encaisses plus grandes essaient de se débarrasser de la monnaie excédentaire soit en demandant des biens et services, soit en achetant des titres. La demande accrue de biens et services entraîne une augmentation du revenu national. La demande accrue de titres a la même conséquence, mais indirectement. En effet, l'achat de titres fait augmenter leurs cours, provoquant ainsi une baisse du taux d'intérêt. Par conséquent, les investissements sont stimulés, entraînant, par les effets de multiplicateur et d'accélérateur, une augmentation du revenu national.

— Toute la demande de monnaie n'est motivée que par les besoins de transactions et la vitesse de circulation est supposée constante à court terme. En effet, la vitesse de circulation varie en principe pour les raisons suivantes :
   — modification des habitudes de paiement du public,
   — variation des taux d'intérêt provoquant un changement de la quantité de monnaie demandée.

Il est donc supposé qu'à court terme ces deux facteurs n'exercent pas d'influence sur la vitesse de circulation.

En supposant que V et Q ne sont pas affectés par une variation de M, on établit un lien direct entre la variation relative de l'offre de monnaie et celle du niveau général des prix :

$$\frac{\Delta M}{M} = \frac{\Delta P}{P}$$

Cette théorie souligne l'importance de l'offre et de la demande de monnaie dans la détermination de la production et des prix.

b) La théorie quantitative de la monnaie et le revenu national

Le lien entre la théorie monétaire et le modèle simple de la détermination du revenu national est illustré dans le graphique suivant.

Au revenu d'équilibre Y_0, la demande globale est égale à l'offre globale. De même, la demande de monnaie coupe l'offre de monnaie au point E_1. Un accroissement de l'offre de monnaie (ΔM) entraîne une baisse du taux d'intérêt qui stimule à son tour les investissements autonomes (ΔI). L'équilibre sur le marché de la monnaie passe à E_2 qui correspond au nouveau revenu d'équilibre Y_1.

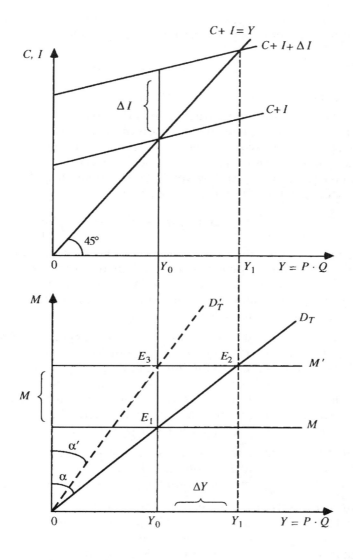

L'accroissement de la masse monétaire conduit donc à un revenu national plus élevé. Cependant, il faut préciser si cette variation s'exprime en termes réels ou en termes nominaux.

— *La variation réelle du revenu national*

L'accroissement de Y_0 à Y_1 ne peut se concrétiser que si l'économie se trouve en sous-emploi. L'accroissement réel du revenu est donc rendu possible par l'utilisation des facteurs de production auparavant inemployés. Pour que l'économie puisse se trouver en équilibre au niveau du revenu Y_1, il faut que la demande globale se déplace à $C + I + \Delta I$. La théorie quantitative ne s'oppose donc pas à l'approche du revenu d'équilibre par la variation de la demande globale.

$$\frac{\Delta Y}{Y} = \frac{\Delta Q}{Q} \quad P \text{ étant constant en sous-emploi}$$

— *La variation nominale du revenu national*

Si l'économie devait se trouver en plein-emploi au niveau du revenu Y_0, l'accroissement de la masse monétaire se répercuterait entièrement sur le niveau général des prix. Le passage de Y_0 à Y_1 exprime cette hausse de prix. En termes nominaux, l'économie se trouve en équilibre à Y_1 car l'évaluation de la demande globale se fait maintenant également à un niveau de prix plus élevé.

$$\frac{\Delta Y}{Y} = \frac{\Delta P}{P} \quad Q \text{ étant constant en plein-emploi}$$

Cependant, cette précision n'éclaire pas une question fondamentale : est-ce la variation de la masse monétaire qui provoque un changement du revenu national ou l'inverse ? La théorie quantitative de la monnaie renseigne-t-elle sur la causalité entre les variations de la masse monétaire et le niveau général des prix ?

Ces questions n'ont pas encore trouvé une réponse définitive. Cependant, il est important de savoir si la vitesse de circulation de la monnaie est vraiment constante. En effet, il se peut que la variation de la masse monétaire soit compensée par un changement de la vitesse de circulation. Dans ce cas, le revenu national n'est pas affecté par la variation de l'offre monétaire. Une telle situation est illustrée dans le graphique précédent par le passage de α à α'.

L'équilibre sur le marché de la monnaie se situe au point E_3 compatible avec le revenu d'équilibre initial Y_0. Quelles sont les raisons qui peuvent expliquer une variation de la vitesse de circulation ?

Une des raisons est donnée par l'anticipation de déséquilibres conjoncturels. En période de forte inflation, par exemple, les agents économiques se débarrassent très rapidement de la monnaie pour l'échanger contre des biens et services. Remarquons qu'il est suffisant qu'ils anticipent une inflation telle, que la vitesse de circulation s'accroît.

En période de récession par contre, la vitesse de circulation a tendance à baisser. En effet, à cause des perspectives déflationnistes, les agents économiques sont enclins à garder une plus grande partie de leur fortune sous forme de monnaie. En outre, le bas niveau des taux d'intérêt représente un coût d'opportunité faible pour la détention de la monnaie. Il en résulte que la tendance au ralentissement de la vitesse de circulation est renforcée.

Des études empiriques ont cependant montré que la relation entre le niveau des prix et celui de la monnaie à long terme est très étroite et que l'on peut supposer que pour de longues périodes la vitesse de circulation est relativement stable.

5.4.2. *Théorie monétaire keynésienne*

La variation de la vitesse de circulation à court terme est prise en compte par l'approche keynésienne du marché de la monnaie. En faisant clairement la distinction entre la demande de monnaie pour un motif de spéculation et la demande de monnaie pour un motif de transaction, le taux d'intérêt devient une variable endogène dans la détermination de l'équilibre monétaire. Une variation du taux d'intérêt provoque un changement dans les composantes de la demande de monnaie qui affecte également la vitesse de circulation. Une baisse du taux d'intérêt conduit à l'accroissement de la demande de spéculation et une diminution de la demande de transaction. La vitesse de circulation doit donc s'accroître pour que le même volume de transactions puisse être satisfait. Une hausse du taux d'intérêt, par contre, diminue la demande de spéculation, libérant ainsi de la monnaie à des fins de transaction : la vitesse de circulation diminue.

L'équilibre sur le marché de la monnaie est défini comme suit :

$$M = D_T (P \cdot Q) + D_S (i)$$

Offre de monnaie = Demande de monnaie

où

D_T demande de transaction
D_S demande de spéculation.

a) La préférence pour la liquidité

La demande de spéculation varie de façon inverse à celle du taux d'intérêt. Cette fonction est appelée préférence pour la liquidité. Moins le taux d'intérêt est élevé, plus cette préférence est marquée. En outre, à partir d'un certain seuil, la demande de spéculation devient infiniment élastique par rapport au taux d'intérêt. Ce seuil est déterminé d'une manière subjective. Il suffit que les agents économiques aient l'impression que le taux d'intérêt se trouve au plus bas, par exemple au niveau i_p dans le graphique suivant. Dans une telle situation, ils escomptent une hausse future de celui-ci. En attendant, ils thésaurisent toute augmentation de la masse monétaire. Les encaisses dormantes dans l'économie s'accroissent sans que l'augmentation de l'offre monétaire puisse exercer un effet stimulant sur la demande globale.

L'économie se trouve alors dans la trappe de liquidité.

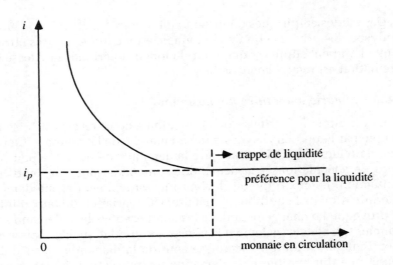

La conséquence de cette trappe de liquidité est que le revenu national n'est pas affecté par une variation de la masse monétaire.

b) La théorie keynésienne de la monnaie et le revenu national

Puisque la demande de monnaie peut devenir parfaitement élastique par rapport au taux d'intérêt, la variation de l'offre monétaire ne parvient pas à influencer le revenu national L'accroissement de la masse monétaire étant thésaurisé, aucun effet de stimulation n'est donc exercé sur l'activité économique. Or, le phénomène de trappe de liquidité s'observe en période de récession ; seul un accroissement de la demande globale par la variation des dépenses publiques est de nature à stimuler l'économie.

Cependant, la discussion concernant le rôle de la monnaie dans l'économie n'est pas close. D'autres théories ont été élaborées. La question de l'importance du lien entre la monnaie et la variation du taux d'intérêt ne pouvant être tranchée sur le plan théorique, des études empiriques ont été entreprises. C'est pour cette raison que des concepts statistiques de plus en plus nombreux ont été créés pour définir l'offre de monnaie.

Référons-nous à la distinction entre M_1 et M_2 pour illustrer cette évolution. Supposons que le taux d'intérêt augmente à cause d'une demande d'investissement accrue, elle-même nourrie par des perspectives d'affaires optimistes. Si l'offre de monnaie est supposée constante, cette hausse du taux d'intérêt entraîne un changement de la composition de la demande de monnaie. En effet, elle peut inciter les détenteurs de dépôts à vue à réduire cette forme de placement et à placer la monnaie sur des dépôts à terme. Cette substitution s'exprime statistiquement par une baisse de M_1, mais n'affecte pas le concept M_2 qui se montre alors insensible à la variation du taux d'intérêt. Ce dernier concept peut plus facilement être mis en relation avec la seule demande de transaction et permet de mieux illustrer la théorie quantitative de la monnaie. Par contre, la référence au concept de M_1, plus sensible à la variation du taux d'intérêt, sous-tend plutôt un raisonnement keynésien.

5.5. La politique monétaire

L'objectif de la politique monétaire est de maintenir ou, le cas échéant, de ramener l'économie à l'équilibre par une variation de la masse monétaire :
— en cas d'inflation : contraction de la masse monétaire,
— en cas de déflation : dilatation de la masse monétaire.

Une économie équilibrée n'est pas une finalité en soi. Par conséquent, les tâches de la politique monétaire consistent à :
— stabiliser les prix ;
— maintenir le plein-emploi (adapter l'émission monétaire au revenu national de plein-emploi) ;
— soutenir la croissance économique (augmenter la masse monétaire en fonction de l'accroissement de la valeur réelle de la production).

5.5.1. Les instruments de la politique monétaire

En analysant l'offre de monnaie, nous avons passé en revue les instruments qui sont à l'origine de la variation de la monnaie en circulation. Regroupons-les selon leurs actions sur le crédit et le taux d'intérêt.

a) L'action directe sur le crédit

La variation du crédit accordé par les banques commerciales est obtenue par la manipulation du ratio de trésorerie r qui influence le multiplicateur de crédit :
— la hausse du ratio de trésorerie réduit la création de la monnaie scripturale,
— la baisse du ratio de trésorerie augmente la création de la monnaie scripturale.

En cas d'inflation, par exemple, la limitation du crédit est une politique qui vise à réduire la demande globale par une raréfaction des liquidités disponibles. Elle se traduit également par une hausse du taux d'intérêt.

b) L'action indirecte par le biais du taux d'intérêt

Le niveau global du taux d'intérêt peut être changé par la politique du réescompte ou par la politique d'open-market.

Dans les deux cas, l'action se fait sur des taux d'intérêt à court terme. Mais par l'intermédiaire de la demande de crédit, la variation du taux d'intérêt à court terme se répercute également sur les taux pratiqués à long terme.

Supposons que le taux d'intérêt à court terme ait tendance à monter. Dans ce cas, les spéculateurs escomptent une baisse des cours à terme. Ils n'achètent plus de titres et essaient plutôt de vendre à terme. Les cours baissent effectivement et améliorent ainsi la rentabilité des titres. Cette amélioration de la rentabilité affecte le taux d'intérêt à long terme qui, dans notre cas, augmente également. Il s'agit donc des opérations d'arbitrage entre les taux d'intérêt à court et à long termes. Cette variation du taux d'intérêt se répercute :
• sur la demande globale : la demande de biens de consommation est affectée par le changement des conditions de vente à tempérament. La demande de biens d'équipement se trouve modifiée par le changement des coûts d'investissement qui est comparé aux rendements escomptés ;
• sur la liquidité monétaire : la hausse du taux d'intérêt réduit les encaisses dormantes et augmente ainsi la liquidité monétaire dans l'économie. Mais cet effet est plus que compensé par des pertes en capital qui s'amorcent à long terme (baisse des cours boursiers par exemple). De ce fait, la hausse du taux d'intérêt provoque une diminution de la liquidité, ce qui a un effet favorable sur l'évolution des prix.

5.5.2. *Les limites de la politique monétaire*

Deux conditions doivent être remplies pour que la politique monétaire puisse être efficace :

— La Banque nationale doit être libre de pouvoir modifier la masse monétaire en fonction du déséquilibre conjoncturel. Or, à nouveau, l'expérience récente a montré qu'une petite économie, très ouverte aux relations économiques internationales, n'est pas en mesure d'adapter la masse monétaire aux besoins conjoncturels. En effet, cette limitation provient du lien qui existe entre la masse monétaire et le taux de change.

Supposons qu'il existe une offre excédentaire de monnaie étrangère sur le marché des changes. Si la Banque centrale n'intervient pas, la masse monétaire reste constante, mais la monnaie nationale acquiert de la valeur. Si la Banque nationale achète ces devises excédentaires, elle crée de la monnaie, mais maintient le taux de change constant. Or, en situation de plein-emploi, cet accroissement de la monnaie peut bel et bien alimenter une inflation à l'intérieur de l'économie nationale.

— La demande de monnaie doit accuser une certaine élasticité par rapport à la variation du taux d'intérêt. Autrement dit, le phénomène de la trappe de liquidité ne doit pas se produire.

Finalement, un doute est permis quant à la capacité des Banques centrales à pouvoir contrôler efficacement l'offre monétaire. Des définitions de plus en plus nombreuses de la masse monétaire ne font que témoigner de cette difficulté.

5.5.3. *La réglementation en vigueur en Suisse*

La politique monétaire de la Suisse s'appuie sur la Constitution fédérale (article conjoncturel) qui sert de base à la loi fédérale sur la Banque nationale suisse. Elle peut être précisée par des arrêtés fédéraux.

En adoptant une classification par objectif, les instruments de la Banque nationale peuvent être regroupés en quatre catégories :
a) mesures visant la régulation de la masse monétaire intérieure (politique monétaire au sens strict)
b) mesures visant la régulation des taux de change (politique des taux de change)
c) mesures visant la régulation des marchés de capitaux (politique des taux d'intérêt)
d) conventions conclues avec les banques commerciales.

a) Politique monétaire au sens strict

La Banque nationale suisse a aligné, au début de 2000 sa politique monétaire sur celle pratiquée par la Banque centrale européenne. Auparavant, elle a fixé un objectif annuel de l'offre monétaire qu'elle a influencé à travers les composantes suivantes de sa base (« monnaie de Banque centrale ») :

LA POLITIQUE MONÉTAIRE DE LA BANQUE NATIONALE SUISSE

Depuis le passage aux taux de change flexibles en janvier 1973, la Banque nationale suisse (BNS) a déjà modifié à plusieurs reprises son concept de politique monétaire. La modification au début de 2000 était nécessaire, notamment parce que le rapport entre la monnaie de banque centrale[a] et le niveau des prix, fondé sur les nouvelles réserves de liquidités de l'économie, s'était révélé toujours plus instable. Depuis 1997, la BNS n'a plus fixé d'objectif annuel pour la monnaie de banque centrale, mais en a placé d'autres au premier plan, notamment l'agrégat M_3[b], comme indicateur supplémentaire.

Elle a en outre élargi son ensemble de mesures de politique monétaire en introduisant le taux Repo[c]. Le Repo convient pour la création et l'utilisation des liquidités. Le nouveau concept s'écarte de l'ancien, qui se contentait d'indiquer la masse monétaire et laissait au marché le soin de fixer les taux d'intérêt. Le nouveau concept de politique monétaire est fondé en particulier sur les éléments suivants :

• L'objectif prioritaire reste la stabilité des prix à long terme ; il y a stabilité des prix lorsque l'inflation, mesuré à l'indice suisse des prix à la consommation, est inférieure à 2 % par an.

• Renoncer à fixer des objectifs pour la croissance de la masse monétaire.

• Fonder les décisions de politique monétaire sur une prévision d'inflation.

• La BNS publie toujours à la fin de l'année une prévision d'inflation pour les trois années suivantes.

• Si l'objectif de stabilité risque de ne pas être atteint ou d'être dépassé au cours des trois prochaines années, la politique monétaire doit être ajustée en conséquence.

• L'objectif d'inflation doit être atteint moyennant une orientation d'un taux du marché monétaire :
    – le Libor[d] est utilisé comme taux de référence ;
    – une fourchette pour le Libor est communiquée ;
    – la fourchette est révisée périodiquement ;
    – la position du Libor dans la fourchette est communiquée ;
    – l'approvisionnement en liquidités du système bancaire, et donc le Libor, est influencé directement par les opérations Repo.

• Le taux d'escompte est supprimé.

La politique monétaire peut influencer, à moyen terme, l'évolution de l'inflation. L'orientation à moyen terme crée la marge nécessaire pour tenir compte, lors de la prise de décision, d'autres indicateurs, tels que la situation économique générale, la situation sur le marché du travail, les taux de change ou autres. En tant qu'agrégat monétaire, M_3 joue un rôle important. La BNS n'a pas l'intention d'amortir chaque choc inflationniste ; les coûts économiques réels, souvent élevés, de la lutte à court terme contre l'inflation et la déflation, doivent faire partie du processus de décision.

Dans les grandes lignes, le concept de politique monétaire de la BNS ne diverge guère de celui de la Banque centrale européenne (BCE). Celui-ci est aussi fondé sur une prévision d'inflation et un objectif d'inflation inférieure à 2 % et une tolérance par rapport aux écarts à court terme. Comme objectif intermédiaire, la BCE s'oriente vers l'agrégat monétaire M_3, tandis que la BNS utilise la fourchette du taux d'intérêt.

Source : BNS.

a. Monnaie de banque centrale = billets en circulation + comptes de virement des banques indigènes auprès de la BNS.

b. M_3 = numéraire en circulation + dépôts à vue auprès des banques + comptes de transaction + dépôts d'épargne + placements à terme jusqu'à 4 ans.

c. Repurchase Agreement = Vente d'effets, lié au rachat simultané à l'échéance. L'emprunteur verse un intérêt au prêteur pour la durée de l'opération.

d. LIBOR = London Interbank Offered Rate pour les placements à trois mois en francs suisses.

Les titres suivants peuvent être utilisés pour une politique d'open-market :
— bons du trésor et reconnaissances de dettes de la Confédération,
— obligations des cantons et des communes,
— lettres de gages des centrales hypothécaires suisses,
— obligations facilement réalisables des banques suisses,
— émission et rachat de bons de la Banque nationale productifs d'intérêts avec une durée maximale de deux ans.

En outre, la Banque nationale peut placer des reconnaissances de dettes de la Confédération dans le système bancaire afin de réduire la liquidité.

— *Action sur le crédit de refinancement*
Le crédit de réescompte et le crédit Lombard peuvent être utilisés par le secteur bancaire pour se procurer de la liquidité supplémentaire pour la clôture trimestrielle et annuelle (windowdressing). En outre, des swaps de liquidité à court terme entre les dollars et les francs suisses peuvent être conclus et des prescriptions de stérilisation peuvent être suspendues temporairement.

Cependant, ces formes de crédit ne représentent de la monnaie en circulation qu'à court terme et n'influencent par conséquent que très faiblement la capacité de création de monnaie scripturale des banques commerciales.

Définie par le passif du bilan de la Banque nationale, la base monétaire a comme composantes principales :
— la monnaie en circulation,
— les comptes de virements détenus par les banques commerciales auprès de la Banque nationale.

Ces deux postes sont formés par de la monnaie fiduciaire légale qui, par sa variation, influence la création de la monnaie scripturale, ajoutant ainsi une action supplémentaire.

— *Action sur la monnaie scripturale*
a) La banque nationale peut exercer une influence sur la création de la monnaie scripturale par deux voies :

La première passe par la variation de la base monétaire en faisant varier la monnaie fiduciaire légale. La deuxième consiste à prélever des avoirs minimaux.

Ces avoirs minimaux sont des dépôts sans intérêt des banques commerciales auprès de la Banque nationale. Leurs montants représentent un certain pourcentage sur l'État et sur l'accroissement de quelques postes du passif du bilan des banques commerciales. Ces postes sont essentiellement des dépôts bancaires du public. L'avantage de ce principe de calcul est le lien direct obtenu entre les taux de réserves minimales et l'évolution souhaitée de la monnaie scripturale qui est elle-même formée de dépôts bancaires en monnaie suisse. Pour les comptes étrangers, des pourcentages plus élevés peuvent être appliqués.

PRINCIPALES MESURES DE LA POLITIQUE MONÉTAIRE

— Orientation de la politique monétaire à un taux d'intérêt de référence
— Contrôle du taux d'accroissement de la masse monétaire
— Réescompte et crédit Lombard
— Open-market
— Avoirs minimaux*
— Limitation des crédits* (y compris le petit crédit et la vente à tempérament, ainsi que sa publicité)
    * pas en vigueur actuellement

---

b) Politique des taux de change

L'instrument essentiel est formé par des interventions sur le marché des changes. La Banque nationale peut émettre des conditions pour l'exportation de capitaux subordonnée à une autorisation et obliger les créanciers étrangers à convertir les capitaux exportés en dollars auprès d'elle (mesure qui n'est pas appliquée à l'heure actuelle).

Depuis que la Suisse a renoncé au système des changes fixes (23.1.73), la Banque nationale n'est plus obligée d'acheter des devises offertes à un cours fixe contre le franc suisse. Cette action fournissait la principale source d'extension de la base monétaire jusqu'en 1973. Cependant, malgré le passage à un régime de changes flottants, l'achat de devises joue toujours un rôle dans la création de monnaie fiduciaire légale, puisque le taux de change n'est flottant que d'une manière impure ; la Banque nationale continue à intervenir sur le marché des changes.

PRINCIPALES MESURES
DE LA POLITIQUE DES TAUX DE CHANGE

— Interdiction de rémunérer les fonds étrangers placés en francs suisses auprès des banques suisses
— Intérêt négatif sur ces fonds étrangers
— Placement des fonds étrangers en papiers valeurs suisses (interdiction de placement)
— Limitation de l'importation de billets de banque étrangers

— Limitation des ventes à terme de francs suisses à des étrangers
— Pouvoir de la Banque nationale de conclure des achats et des ventes à terme sur le marché des changes
— Stérilisation du produit en francs suisses des interventions sur le marché des changes sur un compte bloqué non rémunéré
— La Banque nationale peut exiger des banques que le total de leurs avoirs en monnaies étrangères couvre chaque jour, à la clôture, le total de leurs engagements en monnaies étrangères
— Autorisation des emprunts à l'étranger, sollicitée par des personnes ou sociétés domiciliées en Suisse.

c) Politique des taux d'intérêt

Le contrôle des émissions comme moyen d'influencer le niveau des taux d'intérêt vise à échelonner la demande d'investissements dans le temps.

Afin de maintenir le fonctionnement du marché des capitaux, le Conseil fédéral peut soumettre l'émission publique d'obligations suisses à une autorisation. En outre, la Banque nationale exerce une surveillance du taux d'intérêt des obligations de caisse, elle peut notamment suspendre des hausses de ce taux.

Finalement, le niveau des taux d'intérêt peut être influencé par un régime d'autorisation pour les emprunts étrangers et les crédits à l'étranger d'un montant minimal de 10 millions de francs.

d) Conventions entre la Banque nationale et les banques commerciales

Ces conventions ont comme objectifs :
— d'assurer le financement des exportations suisses ainsi qu'une garantie de change pour les recettes d'exportations ;
— de ne pas entreprendre les transactions spéculatives contre le franc suisse à travers les filiales étrangères des banques suisses ;
— d'appliquer le secret bancaire avec discernement, c'est-à-dire refuser des capitaux de sources douteuses.

ANNEXE

CONTRÔLE DES PRIX

En raison des difficultés rencontrées dans l'application des politiques budgétaire et monétaire, quelques pays, dont l'Angleterre et les États-Unis, ont eu recours à une politique des revenus qui consiste à instaurer un contrôle des prix en même temps qu'un blocage des salaires. L'idée en est très simple : puisque l'inflation – il s'agissait essentiellement de ce déséquilibre-là – se manifeste par une hausse des prix, il suffit d'interdire cette dernière si elle n'est pas motivée par un changement dans la production. Comme le salaire représente souvent le coût de production le plus important, il faut donc également empêcher sa hausse. Inutile de préciser qu'une telle politique n'a pas eu beaucoup de succès, car elle n'agit pas sur les causes d'un excédent de la demande sur l'offre globale, mais cherche seulement à en éliminer les symptômes. Elle peut cependant servir à calmer temporairement des pressions inflationnistes. En Suisse, une telle politique a été tentée sous une forme très modérée, celle d'une surveillance des prix. Malgré sa popularité manifeste, son efficacité réelle était insignifiante sur le plan économique : tout au plus peut-on lui reconnaître un certain effet psychologique de lutte contre l'inflation.

Par la suite, la surveillance des prix a changé d'objectif. Une initiative populaire a abouti pour la remettre en place en 1986 afin de lutter, cette fois-ci contre la hausse des prix qui résulterait de pratiques commerciales restrictives. Incontestablement, la politique des revenus s'est muée en instrument anticartellaire (cf. 9.5.3. « La lutte contre les cartels et organisations analogues »).

QUESTIONS

1) Supposons que le public dépose 5 000 francs de billets supplémentaires à la banque. Sachant que le multiplicateur de crédit fonctionne pleinement et que le ratio de trésorerie est égal à 0,1, de combien va varier la masse monétaire M_1 ?
   a) 5 000
   b) 10 000
   c) 45 000
   d) 50 000.

2) Comment le fait de contrôler la base monétaire (B) permet-il à la Banque centrale d'agir sur la masse monétaire (M_1) ?
   a) parce que $M_1 = B$
   b) parce qu'il existe la relation suivante :
      $M_1 = (1/r) \cdot B$ où $(1/r)$ = le multiplicateur de la création monétaire
   c) parce qu'il existe la relation suivante :
      $M_1 = m_m \cdot B$ où m_m = le multiplicateur monétaire
   d) parce que M_1 étant incluse dans la base, en contrôlant la base, la Banque centrale contrôle automatiquement M_1.

3) Le rapport entre la base et la masse monétaire (M_1/B) :
   a) est égal au ratio de trésorerie
   b) est fixé unilatéralement par les autorités monétaires
   c) s'accroît automatiquement lorsque les autorités monétaires accroissent le ratio de réserves obligatoires
   d) dépend du rapport dans lequel le public non bancaire détient du numéraire et des dépôts à vue.

4) Lequel des postes suivants n'est pas inclus dans la base monétaire ?
   a) les réserves en or
   b) les actions détenues par la Banque centrale
   c) les titres détenus par le public
   d) les effets de commerce détenus par la Banque centrale.

5) Dans le cadre de la théorie monétaire classique, si la masse monétaire double :
   a) les prix doublent
   b) le déficit de l'État augmente
   c) la production en termes réels double
   d) la vitesse de circulation de la monnaie augmente.

6) Toutes autres choses égales par ailleurs, une hausse du taux d'intérêt entraîne :

a) une hausse de la demande de monnaie de spéculation
b) une chute du cours des titres déjà émis
c) une réduction du volume de l'épargne
d) un excès de demande de monnaie sur le marché des capitaux.

7) Quand les spéculateurs prévoient une hausse future du taux d'intérêt :
a) le cours des titres va augmenter
b) les spéculateurs vont acheter des titres
c) les spéculateurs vont vouloir convertir leurs actifs financiers en liquidité
d) la demande de monnaie de spéculation dans l'économie diminue.

POUR EN SAVOIR PLUS

Kohli U. (1999), *Analyse macroéconomique*, Paris, Bruxelles, De Boeck Université, notamment Chapitre 2.

Laidler D.E.W. (1993), *La demande de monnaie : théories et vérifications empiriques*, trad. M. Fitau, Paris, Dunod, 4e édition.

Miskin F. (2004), *The Economics of Money, Banking, and Financial Markets*, New York, Harper Collins, 7e édition.

Publications de la Banque Nationale Suisse, notamment son bulletin mensuel et, pour des Séries statistiques historiques, son ouvrage paru à l'occasion de son 75e anniversaire, Zurich.

Walsh C. (2003), *Monetary Theory and Policy*, Cambridge (Mass.), M.I.T. Press, 2e édition.

CHAPITRE VI

L'ÉQUILIBRE GLOBAL EN ÉCONOMIE FERMÉE

Ce chapitre propose une synthèse des deux précédents en réunissant dans un seul modèle les conditions d'équilibre sur le marché des biens et services et sur le marché de la monnaie afin de pouvoir discuter de l'efficacité des politiques budgétaire et monétaire.

Afin de présenter un tel modèle, appelé *IS-LM*, de façon aussi simple que possible, nous supposons que l'économie est fermée et que le secteur public n'est pas expressément pris en compte.

6.1. La représentation du marché des biens et services

En nous référant au chapitre IV, l'égalité suivante entre l'offre et la demande globales sert de point de départ :

$$Y = C + I = C + S$$

d'où nous tirons la condition d'équilibre bien connue :

$$I = S$$

plus formellement

$$S = Y - C(Y)$$
$$I = I(i)$$

Remarquons qu'il s'agit des investissements que nous avons appelés, dans le chapitre V, autonomes par rapport à la variation du revenu. Cette fois-ci, ces investissements dépendent du taux d'intérêt. Une baisse du taux d'intérêt, par exemple, entraîne une hausse des investissements puisque leur financement devient meilleur marché.

$$I(i) = Y - C(Y)$$

Cette condition d'équilibre signifie que pour n'importe quel taux d'intérêt il y a un niveau de revenu qui égalise le niveau d'investissement et l'épargne. Cette égalité se vérifie toujours *ex post*.

Cette condition d'équilibre est exprimée par la courbe *IS* que définit la relation entre le taux d'intérêt et le niveau du revenu. Il s'agit
du revenu réel.

6.1.1. La courbe IS

La courbe *IS* est donc définie comme l'ensemble des points formés
par des combinaisons entre (*i*) et (*Y*) qui assurent l'équilibre sur le
marché des biens et services.

Cette condition peut être représentée dans un système à quatre
quadrants :
— le premier quadrant indique la fonction d'investissement ;
— le deuxième quadrant est réservé à l'égalité *I* = *S* représentée par
une bissectrice ;
— le troisième quadrant représente la fonction d'épargne ;
— le quatrième quadrant est réservé à la représentation de la condition d'équilibre sous la forme de la droite *IS*.

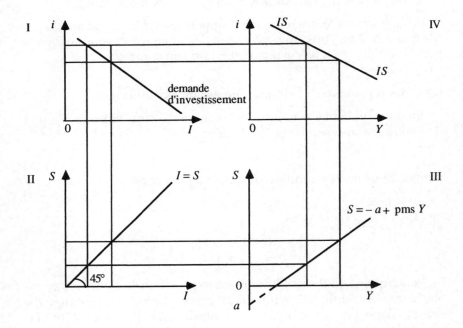

La pente de la courbe *IS* est négative : lorsque le taux d'intérêt
baisse, le revenu doit s'accroître pour assurer l'équilibre sur le marché des biens et services. Plus formellement, nous pouvons déterminer cette pente négative de la manière suivante :

$$Y = C(Y) + I(i)$$

$$dY = \text{pmc}\ dY + I'di$$

$$\frac{di}{dY} = \frac{1 - \text{pmc}}{I'}$$

Comme $I' < 0$ et $1 - \text{pmc} > 0$, di/dY est forcément négatif. La pente de *IS* est donc influencée par la valeur de la propension marginale à épargner et par la pente de la fonction d'investissement (I').

6.1.2. Les déplacements de IS

À nouveau, les fonctions d'épargne et de demande d'investissement sont à l'origine du déplacement de *IS*.

a) Modification de la fonction d'épargne

Une modification de la propension moyenne à épargner déplace *IS* pour un revenu donné.

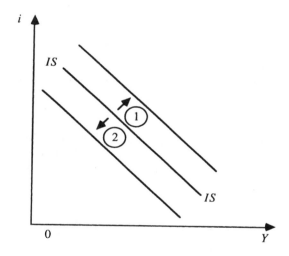

— *Modification de la fonction d'investissement*

Nous retrouvons les mêmes raisons qui sont à l'origine du mouvement de la demande de capital.

Cette demande se déplace, avant tout, à cause du changement technologique ou d'un changement dans la structure de demande pour des biens finals.

1) — L'innovation technologique nécessite plus de capitaux dans le processus de production.
— La demande pour des biens finals se porte sur des biens relativement intensifs en capital.

2) — L'innovation technologique permet d'économiser du capital.
— La demande pour des biens finals se porte sur des biens relativement riches en travail.

En outre, et du point de vue de la politique budgétaire, le déplacement le plus important provient de la variation des dépenses publiques associées aux investissements.

b) Modifications des dépenses publiques

L'intégration des dépenses publiques peut être envisagée comme suit :

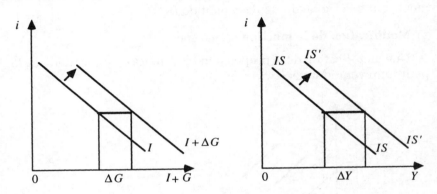

Les dépenses publiques influencent la fonction d'investissement. Un accroissement des dépenses entraîne un déplacement à droite, une diminution, un déplacement à gauche. Remarquez que $\Delta G < \Delta Y$ puisqu'il faut tenir compte de l'effet multiplicateur.

6.2. La représentation du marché de la monnaie

Selon une optique keynésienne, et comme nous l'avons vu dans le chapitre V, la condition d'équilibre sur le marché de la monnaie se définit de la manière suivante :

$$\frac{M_0}{P} = D_T(Y) + D_S(i)$$

La détention de la monnaie à des fins de transaction est une fonction croissante du revenu. La détention de la monnaie à des fins spéculatives, par contre, est influencée par la variation du taux d'intérêt. L'accroissement de celui-ci augmente les placements dans l'économie et réduit donc en même temps les encaisses dormantes (celles qui sont détenues en attente du meilleur placement). Si le taux d'intérêt devait baisser, ces encaisses spéculatives augmenteraient :

la demande spéculative de la monnaie est donc une fonction inversement proportionnelle au taux d'intérêt.

L'offre de monnaie est déterminée par la Banque centrale d'une manière exogène de telle sorte que

$$M_0 = \overline{M}_0$$

6.2.1. La courbe LM

Ces différents éléments peuvent être à nouveau regroupés dans le système suivant :

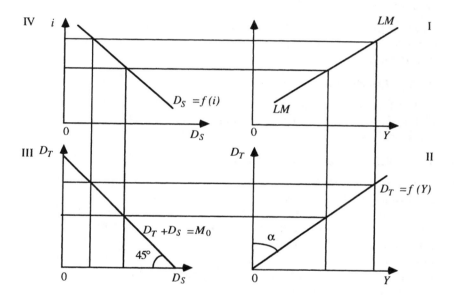

— le premier quadrant est réservé à la représentation de l'équilibre sur le marché monétaire sous forme de la droite *LM* ;
— le deuxième quadrant représente la demande d'encaisses-transaction ;
— le troisième quadrant illustre l'égalité entre l'offre et la demande de monnaie ;
— le quatrième quadrant représente la fonction de la demande d'encaisses-spéculation.

La pente de la courbe *LM* est positive : lorsque le taux d'intérêt augmente, le revenu national doit également s'accroître pour assurer l'équilibre sur le marché de la monnaie. Formellement, une telle pente se définit comme suit (avec M_0 constant) :

$$D_T{}' \, dY + D_S{}' \, di = 0$$

d'où nous tirons la pente de la droite *LM* :

$$\frac{di}{dY} = \frac{D_T{'}}{D_S{'}}$$

$D_T{'}$ étant positif et $D_S{'}$ négatif, la pente de *LM* est donc clairement positive. $D_T{'}$ peut être interprété économiquement comme étant l'inverse de la vitesse marginale de circulation (la pente de la fonction $D_T = f(Y)$).

Comme nous raisonnons avec une droite partant de l'origine, cette vitesse marginale se confond avec la vitesse moyenne de circulation de la monnaie.

D_S représente la préférence pour la liquidité et $D_S{'}$ indique la pente de la fonction $D_S = f(i)$ qui illustre cette préférence pour la liquidité.

6.2.2. Les déplacements de LM

Les fonctions représentant chacune une des deux composantes de la demande de monnaie sont également à l'origine du déplacement de *LM* si la masse monétaire est tenue constante.

a) Modification de la fonction de la demande de transaction

Dès que la fonction $D_T = f(Y)$ se déplace, cela correspond à une modification de la vitesse moyenne de circulation de la monnaie. Dans une telle situation, la vitesse moyenne diffère de la vitesse marginale puisque la droite qui représente cette fonction ne part plus de l'origine. Les déplacements peuvent se faire parallèlement : la vitesse marginale ne se modifiant pas, la pente de *LM* reste également la même. La fonction tout entière se déplace donc uniquement par un changement de la vitesse moyenne.

En effet, dans l'optique keynésienne et contrairement à l'hypothèse faite par la théorie quantitative de la monnaie, cette vitesse n'est pas constante. Nous venons d'établir qu'une variation du taux d'intérêt provoque un changement dans les composantes de la demande de monnaie. Ce changement a comme conséquence que la vitesse de circulation est affectée. Une baisse du taux d'intérêt, par exemple, conduit à l'accroissement de la demande de spéculation au détriment de la demande de transaction. La vitesse de circulation doit donc s'accroître pour que le même volume de transactions puisse être satisfait. Cependant, le même volume de transactions peut être maintenu avec un changement de la vitesse marginale seulement.

La vitesse moyenne étant plus étroitement liée à l'habitude du public et à la fréquence des paiements, cette dernière se modifie plus difficilement.

Le changement de l'attitude du public affecte *LM* de la manière suivante :

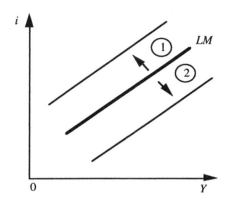

1) La vitesse moyenne de circulation se ralentit par exemple lors de l'introduction généralisée du paiement mensuel des salaires.

2) La vitesse moyenne de circulation s'accroît par exemple lors de l'usage plus fréquent de la monnaie dans les transactions à la place des chèques.

b) Modifications de la fonction de la demande de spéculation

À nouveau, il ne s'agit pas non plus d'un changement de la pente mais de la préférence pour la liquidité. Cette préférence est marquée par l'attitude prévisionnelle du public.

1) Si, pour un taux d'intérêt donné, les détenteurs d'encaisses prévoient de meilleurs placements dans le futur, une quantité plus importante de monnaie-spéculation va être détenue. En d'autres termes, les encaisses dormantes vont s'accroître dans l'économie.

2) Lorsque les placements futurs sont supposés être moins intéressants, la préférence pour la liquidité, pour un taux d'intérêt donné, diminuera dans l'économie.

c) Variation de la masse monétaire

Le déplacement de *LM* le plus important au point de vue de la politique monétaire provient de la variation de l'offre de monnaie. Graphiquement, nous en tenons compte de la manière suivante :

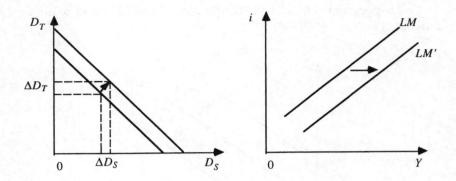

La contrainte monétaire dans le quadrant III se déplace parallèlement vers l'extérieur, entraînant dans le quadrant I un déplacement vers la droite de *LM*.

6.3. L'équilibre simultané sur le marché des biens et services et sur le marché de la monnaie

Il suffit de superposer les courbes *IS-LM* pour obtenir une représentation conjointe de l'équilibre sur les deux marchés. À l'intersection des deux courbes, nous trouvons le couple, unique, (Y_0, i_0) qui assure l'équilibre simultané sur les deux marchés.

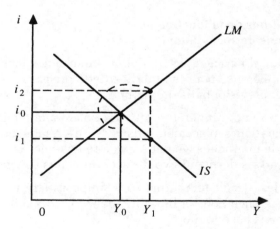

Au niveau du taux d'intérêt i_0, l'économie se trouve en équilibre à un revenu réel de Y_0.

Pour mettre en évidence que i et Y indiquent des valeurs d'équilibre, nous indiquons dans les graphiques ci-dessous les zones suivantes :

Zone 1 : Nous nous trouvons en dessus et à droite de *IS*. Pour un niveau du taux d'intérêt donné, le revenu est trop élevé. Pour se trouver en équilibre, il faut qu'il diminue. En d'autres termes, l'épargne formée se réduit également jusqu'à ce que l'égalité $I = S$ soit retrouvée à un point se situant sur la droite *IS*. Nous pouvons donc associer la zone 1 à un déséquilibre du type

$$S > I$$

Zone 2 : Elle se trouve en dessous et à gauche de *IS*. Par un raisonnement analogue, il peut être déterminé qu'il s'agit d'un déséquilibre de

$$I > S$$

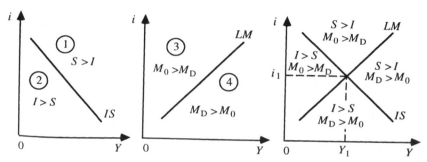

Dans les deux cas, nous pouvons nous trouver en équilibre sur le marché monétaire puisque la droite *LM* traverse ces deux zones. Il est donc tout à fait plausible que le seul marché des biens et services se trouve en déséquilibre tandis que le marché monétaire est équilibré.

Cependant, le contraire peut également se produire. Pour le montrer, nous introduisons deux zones supplémentaires :

Zone 3 : Elle se trouve au-dessus et à gauche de *LM*. Pour un niveau d'intérêt donné, supérieur au taux d'intérêt d'équilibre, le revenu y relatif donne lieu à une demande de monnaie insuffisante par rapport à l'offre de monnaie. Pour que ce marché se trouve en équilibre, il faut que la demande monétaire augmente.

Cette zone désigne donc un déséquilibre du type :

$$M_0 > M_D$$

Zone 4 : Elle se trouve en dessous et à droite de *LM*. Par un raisonnement analogue, il peut être établi qu'elle correspond à un déséquilibre du type :

$$M_D > M_0$$

À partir de cette description des déséquilibres, il est possible d'établir le scénario suivant d'ajustement de l'économie globale :

Supposons que l'économie se trouve en Y_1 avec un taux d'intérêt i_1. Le marché des biens et services se trouve en équilibre, mais en même temps, la demande de monnaie est excédentaire par rapport à l'offre de monnaie. Au taux i_1, les agents économiques vont donc vendre des titres, par exemple, augmentant par-là le taux d'intérêt. Cette hausse du taux d'intérêt se répercute sur les investissements qui diminuent. Par le jeu du multiplicateur le revenu diminue de Y_1 vers Y_0, revenu qui assure l'équilibre global.

Cette description du mécanisme d'équilibre nous laisse cependant dans l'obscurité concernant le chemin exact suivi par l'ajustement. Ce sentier d'ajustement, indiqué en pointillés à titre indicatif seulement, dépend également du temps, de telle sorte que nous ne pouvons pas affirmer avec précision quand cet équilibre global sera atteint.

Ce qui nous importe, c'est de saisir la logique du mécanisme. Pour la faire ressortir clairement, raisonnons avec un couple d'observation (i_2, Y_1). Cette fois-ci, le marché monétaire se trouve en équilibre tandis que le marché des biens et services est caractérisé par une insuffisance de la demande globale $(S > I)$. De ce fait, le taux d'intérêt diminue (la demande d'investissement est inférieure à l'offre de fonds). Cette diminution du taux d'intérêt peut provoquer un déséquilibre sur le marché monétaire, mais il se peut que nous arrivions à l'équilibre tout en restant sur LM. Ce qui, par contre, est important, c'est de comprendre que le revenu doit baisser de Y_1 à Y_0 pour réduire l'épargne. Cette réduction du revenu fait baisser la demande d'encaisses-transaction (nous restons sur LM si cette baisse de la demande de transaction est exactement compensée par une hausse de la demande de spéculation provoquée par la baisse du taux d'intérêt).

Nous pouvons donc conclure que le taux d'intérêt n'est pas un phénomène purement monétaire. Il est déterminé simultanément sur les marchés des biens et sur celui de la monnaie. De même, le revenu national n'est pas seulement déterminé par le marché des biens, mais est également la résultante de l'interaction de IS et de LM.

6.3.1. Les déplacements de l'équilibre total

Pour démontrer les déplacements de cet équilibre, il suffit de combiner les déplacements mentionnés des courbes IS, LM. Cependant, il faut être conscient du fait que nous avons raisonné jusqu'à présent avec des prix constants. Nous discuterons donc, par la suite, de l'efficacité des politiques budgétaire et monétaire en supposant qu'à court terme les prix sont constants et que la variation du revenu provient essentiellement d'une variation de la demande. Nous retrouvons ainsi le point de départ de la théorie keynésienne qui est, nous le rappelons, une théorie à court terme visant la variation de la demande globale en agissant sur une des composantes : les dépenses publiques. En outre, cette théorie part du principe que l'économie se trouve en sous-emploi. La stimulation de la demande globale est donc censée augmenter la production en absorbant ce sous-emploi sans que le niveau des prix soit affecté.

Dans un deuxième temps, nous assouplirons cette hypothèse en tenant compte de la flexibilité des prix, ce qui nous donnera l'occasion d'établir également le lien avec le marché du travail.

6.3.2. *L'efficacité des politiques monétaire et budgétaire*

Cette section nous donne l'occasion de discuter de cette question tant controversée : la politique monétaire est-elle plus efficace que la politique budgétaire ? (L'efficacité se réfère à la capacité d'accroître le revenu national d'équilibre.)

a) Les limites de la politique budgétaire

La variation des dépenses publiques ou des recettes fiscales exerce un effet multiplicateur sur le revenu. C'est cependant l'effet multiplicateur de la variation des dépenses qui est le plus important. Par la suite, nous nous référerons à celui-ci.

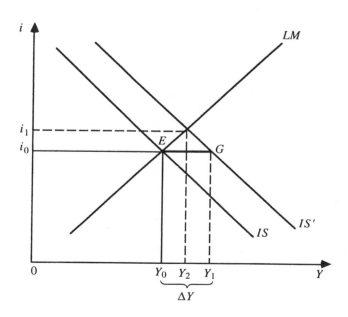

Si le gouvernement augmente d'une manière durable ses dépenses, cette politique se répercute sur *IS*, laissant *LM* inchangé. *IS* se déplace selon le multiplicateur :

$$\overline{EG} = \frac{1}{\text{pms}} \Delta G$$

où *EG* mesure la distance de ce déplacement associé à l'accroissement de revenu. Le nouveau point d'équilibre *E'* indique cependant une hausse du taux d'intérêt de i_0 vers i_1 et un accroissement du revenu national moins important que la simple formule de multiplicateur ne l'avait suggéré.

En effet, l'accroissement du revenu n'est que Y_0Y_2 au lieu de Y_0Y_1. La limite de la politique budgétaire est donc donnée par la prise en considération du marché monétaire, notamment du marché financier sur lequel s'établit le taux d'intérêt (la partie de la demande de monnaie qui se réfère à l'aspect spéculatif de la détention de monnaie).

Ce résultat de notre analyse est important, car il montre que la contrainte exercée sur l'efficacité de la politique budgétaire dépend de la sensibilité de réaction de *LM* par rapport à la variation du taux d'intérêt. En effet, l'accroissement du revenu déclenché par un effet multiplicateur de la dépense publique provoque un accroissement de la demande de transaction de la monnaie. Avec l'offre de monnaie constante, cette hausse de la demande de transaction entraîne une diminution de la demande de spéculation. Il faut donc une hausse du taux d'intérêt qui, à son tour, exercerait son effet sur le marché des biens et services : les investissements se trouveraient freinés, contrecarrant ainsi l'effet de multiplicateur. Ce phénomène est appelé « crowding out ».

Dans quelle mesure l'effet du multiplicateur des dépenses publiques se trouve-t-il renforcé par la prise en considération du marché financier ? La réponse dépend de la pente de *LM*.

Distinguons deux cas extrêmes :

1) La demande de monnaie est inélastique par rapport à la variation du taux d'intérêt
C'est le cas classique où la demande de monnaie n'est formée que par la demande de transaction. La traduction de la théorie quantitative de la monnaie, qui est sous-jacente à cette hypothèse dans le modèle *IS-LM*, se fait de la manière suivante :

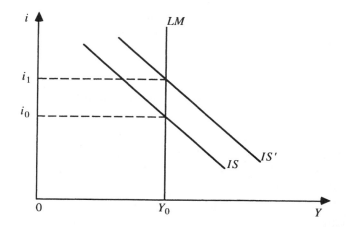

Dans une telle situation, la politique budgétaire se trouve totalement inefficace. L'accroissement de la demande globale par ΔG n'entraîne qu'une hausse du taux d'intérêt sans affecter le revenu. Ce résultat n'a rien de surprenant puisqu'il ne fait que confirmer la théorie quantitative de la monnaie. Y_0 étant déterminé par des facteurs réels, un déplacement de la demande globale ne saurait modifier les données fondamentales de l'offre.

2) La demande de monnaie est parfaitement élastique par rapport à la variation du taux d'intérêt

Une telle situation se réfère à « la trappe de liquidité ». Ce phénomène se produit chaque fois que la rémunération du capital ne parvient pas à compenser la baisse attendue du cours des titres. Par conséquent, aucun agent économique ne place sa monnaie. LM est horizontale.

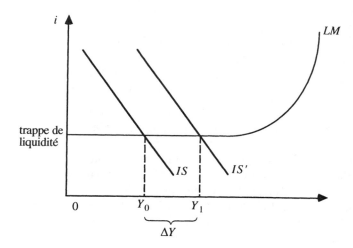

Dans une telle situation, la politique budgétaire est pleinement efficace car l'accroissement du revenu est obtenu par

$$\Delta Y = \frac{1}{\text{pms}} \Delta G$$

sans que l'effet multiplicateur soit réduit par une hausse du taux d'intérêt.

Si l'économie se trouve en récession caractérisée par une très forte élasticité de la demande de monnaie par rapport à la variation du taux d'intérêt, seule une politique budgétaire est susceptible de sortir l'économie du sous-emploi.

Schématiquement, ces deux cas extrêmes illustrent l'opposition qui existe entre les classiques et Keynes. Pour trancher le débat, des recherches concernant la demande de monnaie deviennent donc primordiales. Nous pouvons cependant admettre qu'il existe des cas intermédiaires. Ces cas peuvent être résumés comme suit :

La politique budgétaire est d'autant plus efficace que :
— la demande de spéculation est très sensible à la variation du taux d'intérêt ;
— la demande de transaction réagit très peu à la variation du revenu (ce qui n'est possible que si la vitesse de circulation est élevée) ;
— la demande d'investissement est relativement insensible à la variation du taux d'intérêt (les investissements sont alors surtout du type induit).

b) Efficacité de la politique monétaire

Stimuler l'activité économique par la politique monétaire signifie augmenter la masse monétaire par les quatre canaux que nous avons énumérés :
— politique de réescompte et de crédit Lombard ;
— politique d'open-market ;
— politique d'intervention sur le marché des devises ;
— politique visant une modification du ratio de trésorerie.

Par suite de l'accroissement de la masse monétaire, le taux d'intérêt baisse vers le marché financier (de i_0 à i_1). LM se déplace vers LM' dans le graphique suivant. En principe, cette baisse du taux d'intérêt provoque une hausse du revenu national indiquée par la distance $Y_0 Y_1$. Or, cette augmentation potentielle du revenu est freinée par un accroissement parallèle de la demande de transaction qui fait remonter le taux d'intérêt au nouveau point d'équilibre qui se situe à $i_2 Y_2$. La politique monétaire expansionniste a donc réussi à augmenter le revenu en abaissant le taux d'intérêt :

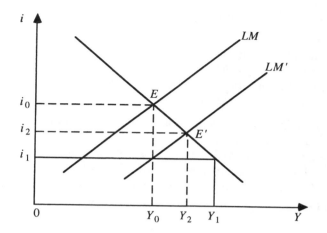

À nouveau, la limite à l'efficacité de la politique monétaire est exprimée par l'interaction plus ou moins puissante des deux marchés ou – en termes plus techniques – par la valeur des pentes de *IS-LM*.

Distinguons à nouveau deux cas extrêmes :

1) *La demande d'investissement est inélastique par rapport à la variation du taux d'intérêt*

Dans ce cas, l'épargne nationale formée pour un revenu national donné nourrit uniquement des investissements induits ; les investissements autonomes, fonction du taux d'intérêt, n'entrent pas en considération. Il en résulte que *IS* est verticale.

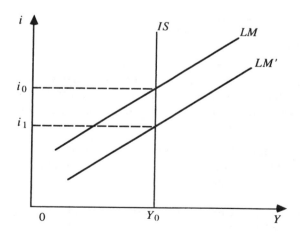

Un accroissement de la masse monétaire ne parvient qu'à abaisser le taux d'intérêt, le revenu initial d'équilibre restant inchangé. Dans une telle situation, la politique monétaire s'avère donc totalement inefficace.

Comparons cette situation à la politique budgétaire. Lorsque *IS* est verticale, celle-ci se montre la plus efficace. La discussion de l'efficacité des politiques économiques ne peut donc être menée dans l'absolu : elle s'exprime en termes relatifs.

2) La demande d'investissement est parfaitement élastique
par rapport au taux d'intérêt

Dans ce cas purement hypothétique, *IS* est horizontale, indiquant qu'une variation même infime du taux d'intérêt provoque une très forte amplification des investissements. Une telle situation rendrait la politique monétaire très efficace comme le prouve le graphique suivant :

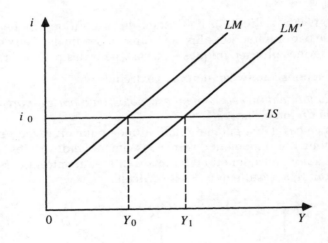

Si l'économie devait se trouver en récession et que ses investissements réagissent fortement à la variation du taux d'intérêt, la politique monétaire serait la mieux à même de sortir l'économie du sous-emploi.

À nouveau nous devons admettre que des cas intermédiaires existent. L'efficacité de la politique monétaire est d'autant plus forte que :
— la demande d'investissement est sensible à la variation du taux d'intérêt ;
— la demande de monnaie spéculation ne réagit que peu à la variation du taux d'intérêt (à la limite, seule la demande de transaction entre en ligne de compte) ;
— la demande de transaction réagit très faiblement à la variation du revenu.

Cette étude a permis d'éveiller notre compréhension sur le désaccord qui peut exister entre économistes, les uns se référant à une pensée classique et les autres à une pensée keynésienne.

Les mécanismes macro-économiques dans l'optique classique s'appuient sur les forces réelles de l'économie qui se manifestent à long terme. Les deux écoles se rejoignent sur ce point. La dispute porte sur l'efficacité à court terme des deux politiques. Afin de préciser ce débat, référons-nous à un élargissement du modèle en tenant compte d'une variation du niveau général des prix.

6.4. L'équilibre simultané à niveau de prix variable

Nous supposons que n'importe quelle politique d'expansion provoque une hausse du niveau général des prix (*P*). Cette hausse se répercute également sur le marché monétaire car la masse monétaire nominale se distingue maintenant de la masse monétaire en termes réels :

$$\text{Masse monétaire réelle : } \frac{M}{P} = D_T + D_S$$

Cette variation de prix se traduit dans le modèle *IS-LM* de la manière suivante :

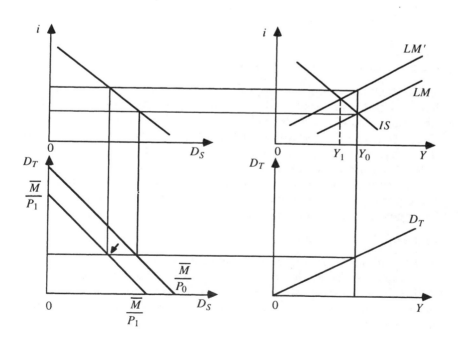

Une hausse de prix aura donc comme conséquence que l'offre monétaire en termes réels diminue, conduisant à une contraction de *LM*.

6.4.1. La demande globale en fonction des prix

Il suffit d'introduire, dans le graphique précédent, la courbe *IS* pour se rendre compte que la hausse de prix conduit à une diminution du revenu (Y_0 passe à Y_1). Nous sommes donc en droit de tracer la demande globale comme une fonction décroissante du prix, ce qui n'a rien de surprenant puisque cela ne fait que confirmer notre analyse menée dans la deuxième partie.

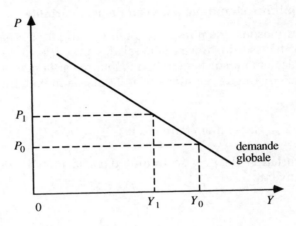

6.4.2. L'offre globale en fonction des prix

Le stock de capital est supposé constant à court terme. L'offre globale dépend donc essentiellement du marché du travail. On est en droit de se demander dans quelle mesure ce dernier réagit à des variations de prix. Si le volume du travail devait s'accroître, par suite d'une hausse de prix sur le marché des biens et services, l'offre globale s'accroîtrait également. Si, par contre, ce volume de travail devait rester inchangé, l'offre globale serait alors parfaitement inélastique par rapport à la variation de prix. Distinguons deux situations, l'une se réfère au modèle classique, l'autre au modèle keynésien.

a) Le modèle classique

1) Le marché du travail en fonction du taux de salaire réel

Admettons, selon les classiques, que le taux de salaire réel w, défini comme le rapport entre le taux de salaire nominal W (le salaire qui est versé aux travailleurs) et le niveau général des prix (P), régit le marché du travail :

$$w = \frac{W}{P}$$

Le niveau de ce taux de salaire réel est donc influencé par la variation des prix sur le marché des biens et services. Dans le graphique suivant, le marché du travail se trouve en équilibre au niveau du salaire réel w_0 et de l'emploi L_0.

Dans une telle situation, une hausse des prix incite les entrepreneurs à engager plus de travailleurs pour pouvoir augmenter l'offre de biens et services. Mais en le faisant, les salaires nominaux montent ($\Delta\% W$). Or, cette hausse des salaires nominaux s'arrête au moment où elle devient égale à la hausse des prix ($\Delta\% P$). Elle est donc proportionnelle à la hausse des prix de telle sorte que le salaire réel reste inchangé.

$$\frac{\Delta\% W}{\Delta\% P} = 1$$

Par conséquent, le volume de travail engagé par l'ensemble des entrepreneurs n'a pas augmenté : l'offre globale reste inchangée lorsque les prix augmentent.

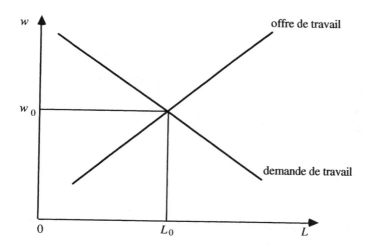

2) *Le marché global des biens et services dans l'optique des classiques*

L'offre de biens et services est parfaitement inélastique par rapport à la variation des prix, ce qui se traduit graphiquement de la manière suivante :

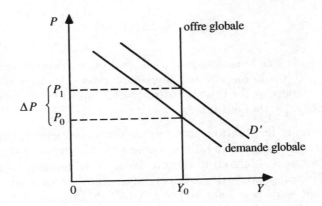

Dans une telle situation, la hausse des prix (ΔP) ne provient que d'un déplacement de la demande globale de D à D'.

b) Le modèle keynésien

1) Le marché du travail en fonction du taux de salaire nominal

Dans cette hypothèse, le marché du travail s'équilibre au taux de salaire qui est versé aux travailleurs. L'offre de travail (O_L) est supposée être une fonction du taux de salaire nominal (W) :

$$O_L = O_L\,(W)$$
$$W = h\,(L)$$

La demande de travail (D_L) est également déterminée par le taux de salaire nominal (W) mais en plus nous supposons que le niveau général des prix exerce une influence sur le nombre des travailleurs qu'une entreprise peut engager :

$$D_L = D_L\,(W)$$
$$W = P \cdot g\,(L)$$

En effet, si les prix augmentent (de P_0 à P_1) l'entreprise est tentée d'augmenter sa production. Afin de réaliser cette augmentation, elle engage plus de travailleurs (L_0 à L_1). La demande de travail se déplace donc à droite sur ce marché.

Comme l'offre de travail n'est pas affectée par cette hausse des prix, le déplacement de la demande de travail provoque donc une hausse du salaire nominal de W_0 à W_1.

Par suite de l'accroissement du nombre de travailleurs engagés par les entreprises, la production des biens et services s'accroît donc effectivement lorsque le niveau général des prix augmente.

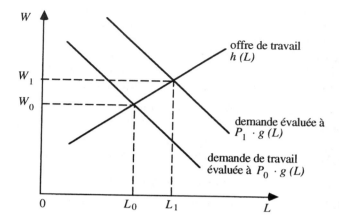

2) Le marché global des biens et services dans l'optique keynésienne

L'offre globale est une fonction croissante du niveau général des prix tandis que la demande globale en est une fonction décroissante.

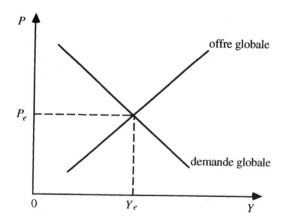

Nous nous référons donc à la représentation habituelle du marché global. Pour obtenir ce résultat, nous avons cependant fait une hypothèse quant au comportement des travailleurs. Pour qu'ils augmentent leur offre de travail consécutivement à l'accroissement du salaire nominal, il faut qu'ils soient victimes d'illusion monétaire : les conditions de chômage les forcent à accepter un salaire réel qui baisse (l'accroissement du salaire nominal est moins que proportionnel à celui des prix).

Cette optique met en lumière l'importance de la flexibilité des prix et des salaires nominaux dans le processus d'ajustement du marché du travail. Celui-ci peut se trouver par exemple en déséquilibre de sous-emploi lorsque la faiblesse de la demande conduit à une diminution des prix sans que les salaires nominaux diminuent. Il en résulte une hausse du salaire réel diminuant ainsi les possibilités d'emploi. Une telle situation peut se présenter lorsque les salaires nominaux fixés par des contrats collectifs, par exemple, sont rigides à la baisse.

Nous avons réuni suffisamment d'éléments pour pouvoir analyser à ce stade les mécanismes d'ajustement classique et keynésien. (Pour un traitement plus systématique du marché du travail et son lien avec le marché des biens et services, il faut se référer au chapitre X).

6.4.3. Le mécanisme classique d'ajustement

Établissons le lien entre le marché du travail et le marché des biens et services. Dans le cadre du modèle *IS-LM*, quels sont les effets des deux politiques économiques ?

a) Politique budgétaire

Un accroissement des dépenses publiques provoque une rupture de l'équilibre sur le marché des biens en rendant la demande excédentaire. *IS* se déplace vers *IS'* dans les graphiques suivants.

Les prix sur le marché des biens augmentent, conduisant à une diminution de l'offre monétaire en termes réels. *LM* se déplace vers *LM'*. Comme la diminution de l'offre crée un déséquilibre sur le marché monétaire du type excédent de la demande, le taux d'intérêt s'accroît de i_0 à i_1.

Parallèlement, l'accroissement des prix réduit d'abord le taux de salaire réel ce qui est aussitôt compensé par une hausse des salaires nominaux puisque le marché du travail connaît également un excédent de la demande.

La conséquence de cette politique est une hausse de prix de P_0 à P_1, du taux du salaire nominal dans la même proportion, du taux d'intérêt de i_0 à i_1, le revenu réel restant inchangé. En effet, la hausse du taux d'intérêt réduit les investissements dans la même proportion que l'augmentation des dépenses publiques. La demande globale reste la même, seule sa composition s'est modifiée.

b) Politique monétaire

Un accroissement de la masse monétaire provoque une offre excédentaire sur ce marché réduisant aussi le taux d'intérêt. *LM* se déplace vers *LM'*. La baisse du taux d'intérêt stimule les investissements créant ainsi un excédent sur le marché des biens et services. Les prix sur ce marché montent, faisant ainsi diminuer la masse monétaire en termes réels, *LM'* retourne donc à sa position initiale au moment où la hausse des prix compense exactement l'accroissement de la masse monétaire.

$$\frac{\Delta \% M}{\Delta \% P} = 1$$

Cette politique n'a donc pour conséquence que d'augmenter le niveau de prix de P_0 à P_1, toutes les autres variables restant constantes.

Politique budgétaire expansive : mécanismes d'ajustement

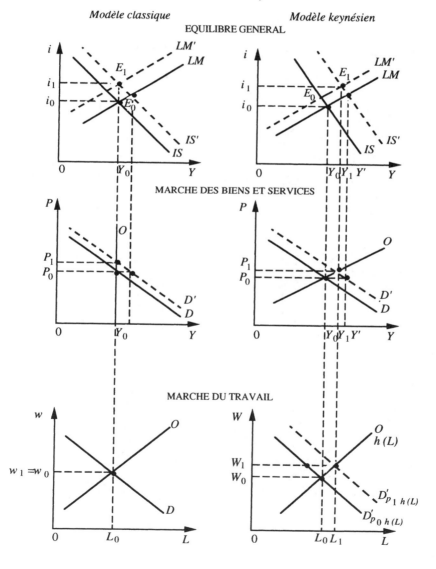

Modèle classique   *Modèle keynésien*
EQUILIBRE GENERAL

MARCHE DES BIENS ET SERVICES

MARCHE DU TRAVAIL

6.4.4.   Le mécanisme keynésien d'ajustement

Nous adoptons les mêmes instruments graphiques pour illustrer le
mécanisme keynésien.

a) Politique budgétaire

L'accroissement des dépenses publiques crée une demande excédentaire sur le marché des biens et services. IS se déplace vers IS',
accroissant le revenu réel de Y_0 à Y' selon l'effet multiplicateur
déclenché par ΔG.

Politique monétaire expansive : mécanismes d'ajustement

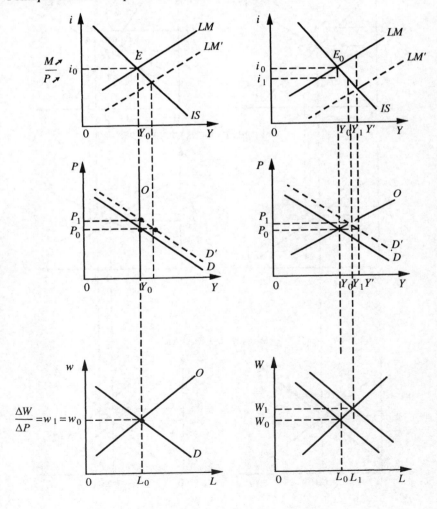

En même temps, sur le marché des biens et services, l'accroissement des dépenses publiques déplace D vers D' créant un excédent de la demande mesuré par la distance $Y_0 - Y'$. Le prix sur ce marché augmente de P_0 à P_1, ce qui a comme conséquences :

— une diminution de l'offre monétaire en termes réels : LM se déplace vers LM' produisant ainsi une réduction du revenu réel de Y' à Y_1 ;

— une augmentation du taux de salaire nominal par un déplacement de la demande de travail vers la droite : le volume de travail se trouve accru (L_0 à L_1) et, en même temps, la production globale se trouve stimulée. L'accroissement de la production se mesure sur la distance $Y_0 Y_1$ qui correspond exactement à celle qui mesure l'accroissement de la demande dans le graphique réservé à l'équilibre général.

Le nouvel équilibre s'établit donc à un volume de travail et de production plus élevé. Les prix, le taux d'intérêt et le taux de salaire nominal se sont accrus. La politique budgétaire s'avère donc efficace.

b) Politique monétaire

Un accroissement de la masse monétaire déplace LM vers LM', réduisant ainsi le taux d'intérêt de i_0 à i'. Les investissements se trouvent stimulés, créant également un excédent de demande sur le marché des biens. Les prix augmentent, déplaçant LM vers la gauche en LM'' par une diminution de la masse monétaire en termes réels. Cependant, LM ne se retrouve pas dans sa position initiale, mais coupe IS à un point correspondant à Y_1. En effet, la hausse des prix de P_0 à P_1 a également accru le niveau de l'emploi et le niveau de production de la même manière que dans le cas précédent (L_0 à L_1 et Y_0 à Y_1). La politique monétaire est donc également efficace. Pour qu'elle devienne efficace, il faudrait, dans le cas de ce modèle, à nouveau introduire l'hypothèse de la trappe de liquidité.

6.5. Critique du modèle IS-LM

L'instrument d'analyse formé par *IS-LM* est devenu tellement courant qu'il figure dans la trousse d'outils de tous les économistes contemporains. Ce modèle est à la base de presque toutes les explorations macro-économiques et a connu une adaptation à une économie ouverte que nous allons traiter dans le chapitre XIII. Son utilisation populaire ne doit cependant pas cacher ses lacunes.

— Dans sa forme simple, que nous venons de présenter, ce modèle est forcément très restrictif ne montrant les interdépendances des marchés qu'à travers le taux d'intérêt. Or, d'autres interdépendances existent telles que celles qu'on obtient en prenant en considération de manière explicite le marché des titres.

— Le modèle *IS-LM* est un modèle essentiellement statique excluant l'analyse des effets dynamiques. En effet, nous supposons, mais nous ne le démontrons pas, que par suite d'un choc, le système se trouve à nouveau en équilibre. Quel est le chemin parcouru par l'économie entre l'équilibre initial et le nouvel équilibre ? Le nouvel équilibre est-il stable ? L'écart temporel dans le processus d'ajustement est négligé. En outre, les paramètres de comportement sont supposés constants durant ces phases d'ajustement.

— Le modèle *IS-LM* s'applique essentiellement à une situation de sous-emploi. L'extension à une économie en plein-emploi explique-rait la hausse purement nominale du revenu national par un effet multiplicatif du côté de *IS* et non par un phénomène monétaire comme nous avons caractérisé l'inflation. Les déséquilibres inflation-nistes se prêtent donc mal à une analyse dans ce modèle.

— Il est également difficile de tenir compte des anticipations des agents économiques et pour cela des modèles macro-économiques alternatifs – à partir de la courbe de Phillips traitée dans le chapitre suivant par exemple – ont été développés.

QUESTIONS

1) Parmi les hypothèses suivantes laquelle n'est pas sous-jacente au modèle *IS-LM* ?
   a) le marché des titres est implicitement pris en compte
   b) la fonction d'investissement et la demande d'encaisses spécu-lation sont toutes les deux fonctions du taux d'intérêt
   c) la flexibilité des prix des biens et services est parfaite
   d) l'offre de monnaie est une variable exogène.

2) Une diminution des dépenses publiques provoque :
   a) un changement de la pente de *IS*
   b) un déplacement à gauche de *LM*
   c) un déplacement à droite de *IS*
   d) aucune des trois.

3) Si la demande d'investissement est inélastique au taux d'intérêt :
   a) alors *IS* est horizontale
   b) la politique budgétaire n'agit que sur le taux d'intérêt
   c) la politique monétaire ne parvient pas à modifier le revenu d'équilibre
   d) l'épargne est égale à l'investissement quel que soit le niveau de revenu.

4) Lorsque l'économie se trouve dans la trappe de liquidité, une augmentation de la masse monétaire :
   a) implique une baisse du taux d'intérêt
   b) implique une augmentation du revenu d'équilibre
   c) est entièrement thésaurisée
   d) permet de sortir l'économie de l'État de récession où elle est plongée.

5) Si une économie se trouve dans la trappe de liquidité, une augmentation des dépenses publiques implique :
   a) une augmentation du taux d'intérêt
   b) une variation du revenu d'équilibre équivalente à $\dfrac{1}{\text{pms}} \cdot dG$
   c) une diminution de la demande de transaction
   d) une variation du revenu d'équilibre équivalente à $\dfrac{1}{1 - \text{pms}} \cdot dG$.

6) Dans le cadre du modèle *IS-LM*, quelle est, parmi les politiques suivantes de l'État, celle qui encourage le plus l'investissement ?
   a) une politique budgétaire expansive
   b) une politique des revenus
   c) une politique monétaire expansive
   d) une politique fiscale équitable

7) Sachant que la pente de la courbe *IS* correspond à di/dY, quel sera l'effet d'une augmentation de la propension moyenne à épargner, la propension marginale à consommer restant inchangée ?
   a) cette modification va entraîner un déplacement le long de la courbe *IS*
   b) cette modification va provoquer un déplacement à droite de la courbe *IS*, la pente restant inchangée
   c) cette modification implique un déplacement à gauche de IS et une augmentation de la pente de IS puisque la propension moyenne à épargner augmente
   d) cette modification entraîne un déplacement à gauche de IS, la pente restant inchangée car la propension marginale à consommer est constante.

POUR EN SAVOIR PLUS

Barro R.J. (1997), *Macroeconomics*, 5e édition, Cambridge (Mass.), The MIT Press.

Heertje A., Pieretti P. et P. Barthélémy (2003), *Principes d'économie politique*, Paris, Bruxelles, De Boeck Université, chap. 6, « Le modèle IS-LM », 4e édition.

Heijdra B.J., F. Van Der Ploeg (2002), *The Foundations of Modern Macroeconomics*, Oxford, Oxford University Press.

La Grandville O. de (1995), *Principes de l'Économie*, dans « Macroéconomie », chap. 6, 7 et 8, Paris, Economica, tome 2.

Warren Y. et B.-Z. Zilberfarb (éds) (2001), *IS-LM and Modern Macroeconomics*, Berlin, Springer.

CHAPITRE VII

LE CYCLE CONJONCTUREL

Ce chapitre traite de différentes théories du cycle conjoncturel, allant des raisons économiques à leurs critiques, trace les limites de toute politique conjoncturelle et discute des difficultés liées aux objectifs parfois incompatibles d'une telle politique. Cette démarche ne permet pas de nous prononcer sur l'opportunité et l'ampleur de la politique conjoncturelle. L'importance de l'intervention de l'État dans l'économie, même si elle n'est que temporaire, continue à être du domaine normatif et a davantage trait à la formation de la volonté politique qu'à l'explication théorique du cycle conjoncturel.

7.1. Définition et description du cycle conjoncturel

La conjoncture désigne les fluctuations de l'activité économique à court terme et s'exprime par des déviations à la hausse comme à la baisse du revenu national par rapport à l'évolution du produit national potentiel. La conjoncture se distingue donc de la croissance, phénomène à long terme et conditionné par la structure de l'appareil productif d'un pays. Dans une économie de marché, ces fluctuations expriment des déséquilibres entre l'offre globale et la demande globale, déséquilibres qui, en principe, sont marqués par une variation du niveau général des prix. Un déséquilibre inflationniste se caractérise par une hausse, un déséquilibre déflationniste par une baisse des prix. Cependant, pour des raisons institutionnelles, les prix s'avérant plus rigides à la baisse qu'à la hausse, le déséquilibre déflationniste se manifeste surtout par un chômage croissant. Le cycle conjoncturel décrit ces fluctuations dans le temps. Elles sont découpées en quatre phases qui sont illustrées par le graphique suivant :

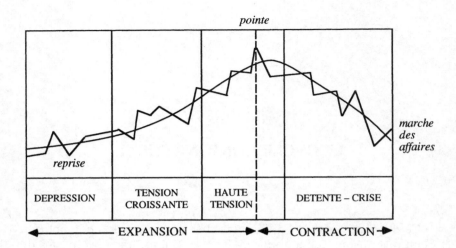

La littérature économique distingue plusieurs types de cycles conjoncturels. Les deux principaux sont :
- Le cycle court (cycles Juglar) d'une durée moyenne de 8 ans.
- Le cycle long (cycles Kondratieff). Il se réfère à des vagues séculaires.

Si l'on utilise les mouvements de prix de gros comme indicateurs de cycle de quelques principaux pays (Allemagne, France, Angleterre, États-Unis, de 1792 à 1940) on est frappé de voir apparaître des périodes distinctes dont les toutes dernières sont :
— une période de hausse de 1896 à 1920
— une période de baisse de 1920 à 1940
— une période de hausse de 1945 à 1975
— une période de baisse de 1975 à 1998
— une période de hausse du 1998 à ?

En moyenne, un cycle a donc une durée d'environ 50 ans. C'est une approximation toute relative qui inclut évidemment passablement d'erreurs.

7.2.   Théories expliquant le cycle conjoncturel

Dans le chapitre IV consacré aux fluctuations du revenu, nous avons montré l'importance jouée par la variation des investissements amplifiée par les mécanismes de multiplicateur et d'accélérateur dans les cycles conjoncturels. Selon cette théorie, une baisse des investissements est responsable d'une phase descendante dans le cycle conjoncturel. Or, force est de reconnaître que cette interprétation n'est pas unique. En fait, il y a une multitude de théories cherchant à expliquer les déséquilibres conjoncturels. Nous passerons d'abord en revue les explications qui sont basées sur les données de notre environnement physique et social. Ces théories n'incitent guère à une intervention de l'État. Ensuite, nous distinguerons la théorie qui a servi à justifier une intervention complète de l'État dans l'économie de celle qui attribue à l'État un rôle de surveillance et de régulateur du cycle conjoncturel.

7.2.1. *Théories exogènes*

Le cycle conjoncturel est provoqué par des éléments qui ne sont pas dominés par l'homme. Il est donc impossible d'y remédier. Les facteurs qui sont à l'origine d'une telle vue fataliste sont attribués entre autres :

— à la périodicité des taches solaires (Stanley Jevons : « The Solar Period and the Price of Corn », 1875) ;

— au climat et aux variations du temps influençant les récoltes ;

— aux variations psychologiques autonomes du comportement humain : « Les manifestations de l'activité humaine ne présentent guère une marche continue ; ... L'homme s'arrête rarement au juste milieu ; il exagère toujours un peu d'un côté ou de l'autre. Il passe de l'espoir à la crainte, d'un excès de confiance à un excès de méfiance. La réussite l'exalte, l'insuccès le décourage ». (Vilfredo Pareto, « Traité de Sociologie II », p. 279) ;

— aux événements politiques, bien qu'un problème de causalité entre cycle économique et cycle politique se pose ;

— aux apparitions autonomes des innovations technologiques telles que l'automobile qui a introduit des phases ascendantes.

7.2.2. *Théories endogènes*

L'explication se base sur des disparités causées par des faits économiques. Ces disparités peuvent être observées entre l'offre et la demande globale et entre flux réels et flux monétaires.

a) La disparité entre l'offre et la demande

Une crise conjoncturelle se manifeste principalement par une surproduction ou par une sous-consommation. La première explication remonte à Karl Marx tandis que la deuxième, plus récente, est due à John M. Keynes.

— *Le déséquilibre conjoncturel et la surproduction*

La théorie de surproduction a ses origines dans la définition même de la valeur. D'une part, Marx distingue la valeur travail – le salaire qui garantit le minimum vital du travailleur – et, d'autre part, la valeur d'échange d'un bien. La différence définit la plus-value qui échoit au producteur. La seule source de plus-value est donc le travail : le profit s'exprime comme une fonction croissante du nombre de travailleurs engagés. Cependant, parallèlement à l'accroissement de la plus-value, les entreprises connaissent une augmentation plus forte de leur stock de capital. Le taux de profit (défini comme le rapport entre la plus-value et le capital total) diminue. Expliquer cette baisse tendancielle du profit revient donc à répondre aux questions suivantes : – pourquoi l'accumulation du capital total est-elle plus forte que l'accroissement de la plus-value, – pourquoi cette évolution conduit-elle à la surproduction ?

Prenons comme exemple un entrepreneur isolé qui cherche à maximiser son taux de profit en augmentant la productivité du travail. Pour cela, il introduit les méthodes de production plus capitalistiques. L'accroissement du capital peut donc fournir un taux de profit individuel plus grand. Or, comme les autres entrepreneurs cherchent à obtenir le même résultat, il en résulte pour l'ensemble de l'économie un accroissement plus rapide du capital que du travail. Par conséquent, le taux de profit moyen baisse. Pour échapper à cette baisse du taux de profit, les entrepreneurs sont tentés de vendre davantage pour maintenir le profit global. Cette stratégie conduit inévitablement à la surproduction, sauf si des marchés non saturés peuvent être trouvés. Dans cette optique, le colonialisme, par exemple, avait comme conséquence de retarder temporairement cette crise de surproduction. Parallèlement à l'accumulation croissante de capital, le chômage augmente. La paupérisation de la masse ouvrière qui en résulte fait apparaître la contradiction innée au système capitaliste. La théorie du cycle de K. Marx décrit donc un long déclin dû à la baisse tendancielle du taux de profit. Des redressements de situation ne peuvent être que temporaires lorsque les entrepreneurs se dressent contre le cours de l'histoire en réussissant à exploiter de nouveaux marchés.

— *Le déséquilibre conjoncturel et la sous-consommation*

Sous ce titre, nous retrouvons la théorie keynésienne que nous avons exposée précédemment. Selon cette théorie, un déséquilibre déflationniste est, avant tout, dû à une insuffisance de la demande globale en particulier des investissements privés.

b) La disparité entre flux réels et flux monétaires

Il y a un ensemble de théories qui cherchent à démontrer qu'il n'y aurait pas de fluctuations économiques si la monnaie n'existait pas. L'inadaptation de la monnaie aux besoins réels de l'économie provoque des crises. Elle est attribuée d'abord à l'arrivée des métaux précieux en Europe, à l'émission excessive de monnaie fiduciaire légale par les Banques centrales ensuite, et enfin à la création de la monnaie scripturale par les banques commerciales. Une émission excessive de monnaie provoque des déséquilibres inflationnistes, tandis qu'une création insuffisante de monnaie est à l'origine des déséquilibres déflationnistes.

Dans cette explication du cycle conjoncturel, le taux d'intérêt joue un rôle décisif. Un déséquilibre conjoncturel se manifeste, par exemple, chaque fois que le taux naturel diffère du taux monétaire. Le taux naturel est celui qui assure en termes réels l'égalité entre la demande d'investissements et l'offre de fonds, mais qui n'est pas connu par les agents économiques. Le taux monétaire est un taux approximatif pratiqué par les banques. Si le taux monétaire est en dessous du taux naturel, le crédit est trop bon marché par rapport à la véritable situation du marché des capitaux ; il y a donc une phase expansive de l'économie qui sera suivie d'une phase descendante au moment où les banques corrigeront trop le taux d'intérêt monétaire vers le haut, le situant tout à coup au-dessus du taux naturel.

7.3. La prévision du cycle conjoncturel

Dans la pratique, aucune décision économique ne peut être prise sans que l'on fasse appel d'une manière plus ou moins consciente à la prévision économique.

Certains vont jusqu'à affirmer que la seule utilité de la théorie économique réside dans son pouvoir prévisionnel. Or, la théorie économique a cherché avant tout à expliquer les interactions observées dans le passé sans trop se soucier des prévisions qui furent pendant longtemps très contestées. Les échecs nombreux et l'incertitude nouvelle qu'elles introduisaient dans le comportement des agents économiques étaient plutôt de nature à discréditer l'économiste qui a été comparé au météorologue qui se trompe souvent sur le temps qu'il fera demain, de telle sorte que ses prévisions correctes apparaissent comme le simple fruit du hasard. L'économiste a ainsi préféré analyser les faits du passé, laissant le soin aux autres de prévoir. Cette situation s'est profondément modifiée depuis que l'État a été doté d'instruments de politique économique visant à maintenir le plein-emploi et la stabilité des prix à l'intérieur du pays. Pour que ces objectifs puissent être atteints, il faut pouvoir appliquer ces instruments à temps, car en pratique leurs effets se font sentir avec un certain écart temporel. dès lors, on a affiné les techniques prévisionnelles susceptibles de prévoir une prochaine crise (se manifestant par l'apparition du chômage) ou une surchauffe (indiquée par une hausse générale des prix).

7.3.1 *Quelques méthodes de prévision*

La technique la plus simple de la prévision est la prolongation de mouvements antérieurs. Cependant, pour que la prévision soit fiable, il faut que les paramètres de comportement des agents économiques restent stables. Or, nous savons que tel n'est pas le cas. Pour faire face à cette difficulté, trois méthodes sont utilisées.

a) La méthode des indicateurs (approche « baromètre »)

Comme on dispose de séries statistiques qui expriment un mouvement conjoncturel, le problème consiste à détecter des indicateurs qui précèdent le cycle général.

À cette fin, les séries statistiques disponibles sont groupées en :

— indicateurs avancés :   cours des actions
nombre d'heures de travail dans l'industrie manufacturière
— indicateurs coïncidents : sous-emploi
production industrielle
— indicateurs retardés :   revenu disponible
ventes au détail
crédit à la consommation

Cependant, cette méthode soulève le problème suivant. Chaque série temporelle contenant un facteur saisonnier (achats de Noël, récoltes, etc.) et un facteur irrégulier (mouvements spéculatifs, anticipations, etc.), il est parfois très difficile d'isoler la composante qui représente la tendance du cycle conjoncturel. Des méthodes statistiques et mathématiques sont utilisées pour décomposer une série temporelle et pour déterminer dans quelle catégorie cette série peut être classée.

Cependant, notamment pour des indicateurs suisses, le facteur irrégulier en raison de l'influence étrangère s'avérait parfois trop grand pour qu'une série puisse être utilisée comme indicateur conjoncturel. Les indicateurs les plus puissants, précédant le cycle en Suisse, sont :
— indice des cours des actions,
— indice sur le nombre de transactions sur les comptes de chèques postaux qui montre une étroite corrélation avec la variation du revenu national. Les prévisions se situent à ± 1 %.

D'autres indicateurs sont calculés et publiés par le Laboratoire d'économie appliquée de l'Université de Genève (LEA), l'Institut de recherche économique de l'École polytechnique à Zurich (publication « Konjunktur ») et par le Secrétariat d'État à l'économie (publication « La Vie économique »).

Un exemple d'indicateurs conjoncturels

Indicateur synthétique de la marche des affaires dans l'industrie
Moyennes trimestrielles
Solde (entre les réponses positives et négatives)

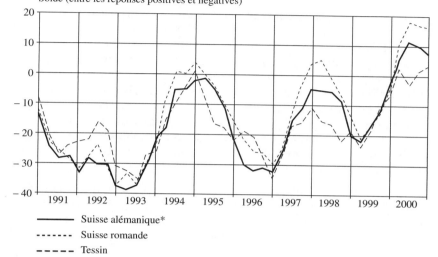

——— Suisse alémanique*

- - - - - - Suisse romande

– – – – Tessin

* 1991-février 1992 : Zurich, Berne, Soleure, Région St. Gall, Argovie, Thurgovie ;
dès mars 1992 : + Lucerne ; dès juin 1993 : + St. Gall, Région Appenzell, – Région St. Gall ;
dès juin 1994 : + les Grisons ; dès janvier 1999 : – Région Appenzell.

Source : LEA.

b) La méthode de Delphi

Lorsque les bases d'une prévision ne peuvent être suffisamment quantifiées, cette méthode peut trouver son application. Elle est très simple et consiste à systématiser et rendre anonyme des avis d'experts. Si nous devons prévoir l'évolution du nombre d'étudiants, par exemple, nous pouvons le faire à l'aide de la méthode des indicateurs en nous appuyant sur l'évolution démographique qui formera le principal indicateur avancé.

Or, comme le nombre futur d'étudiants dépend également des facteurs non quantifiables tels que l'introduction éventuelle du numerus clausus, les changements dans la préparation professionnelle, le niveau culturel futur, etc., une estimation peut être obtenue en demandant à un groupe de personnes « généralement bien informées » de se prononcer sur l'évolution future du nombre d'étudiants. Les résultats obtenus sont ensuite distribués dans une deuxième étape à tous les participants en leur demandant s'ils révisent leur premier avis. C'est un peu dans cette optique que des entrepreneurs sont interrogés sur la marche de leurs affaires. Le résultat de cette enquête pour la Suisse est représenté dans le graphique précédent.

c) La méthode d'estimation macro-économique

Nous avons précédemment cherché à expliquer les interactions macro-économiques à l'aide du circuit économique. Ces relations peuvent être exprimées en fonctions mathématiques et regroupées dans des systèmes d'équations simultanées. Après avoir estimé statistiquement et testé empiriquement un tel modèle, il est possible de l'utiliser pour la prévision économique en formulant des hypothèses quant à l'évolution des variables exogènes au modèle (par exemple l'évolution de la politique économique américaine) et quant aux changements prévisibles du comportement des agents économiques (par exemple le comportement de la demande de pétrole en Suisse pour la période à prévoir).

Pour la Suisse, plusieurs modèles existent, par exemple, le modèle du Centre de recherches économiques appliquées (CREA) de l'Université de Lausanne qui établit également un lien avec d'autres modèles existant sur le plan international.

Il faut être conscient que les prévisions conjoncturelles ne tiennent pas compte des changements brutaux qui interviennent pendant la période à prévoir. Bien que la prévision de ces modèles soit continuellement adaptée aux dernières observations disponibles, ils ne constituent qu'un outil de la gestion économique conjoncturelle. Il faut être conscient que la description de l'évolution future ne nous dispense pas d'analyser les facteurs explicatifs d'un changement de l'activité économique.

7.4.   L'expression statistique des déséquilibres conjoncturels

Indiquons d'abord comment les déséquilibres conjoncturels sont mesurés en termes statistiques et illustrons ensuite leur lien tel qu'il ressort d'une étude empirique qui a donné lieu à la courbe de Phillips.

7.4.1. Les différents concepts de mesure

a) Le choix du taux d'inflation

La hausse du niveau général des prix intérieurs peut être exprimée de deux manières :
— indice des prix à la consommation,
— indice dérivé du PNB.

L'indice des prix dérivés du produit national se calcule à partir du compte production de la comptabilité nationale. Nous nous plaçons donc dans l'optique produit.

Pour l'année de base, les prix courants du marché pour chaque catégorie de biens et services sont utilisés. Pour les années suivantes, on emploie d'une part les prix constants (ceux de l'année de base) et, d'autre part, les prix courants de l'année en cause.

En divisant le PNB évalué aux prix courants par le PNB évalué aux prix constants, on obtient la variation qui est due uniquement au changement des prix.

$$\text{indice des prix} = \frac{\text{produit national aux prix courants}}{\text{produit national aux prix constants}} \quad (100)$$

Par cette comparaison avec l'indice des prix à la consommation, l'indice dérivé du produit national présente deux différences :
— en un sens, il couvre plus de biens et services puisqu'il concerne tous les biens et services produits par l'appareil de production national ;
— en revanche, il est plus étroit en ce sens que les prix des biens et services importés ne sont pas pris en considération.

Le choix du taux d'inflation a son importance lors de l'indexation des salaires. En Suisse, les salaires sont indexés par l'indice des prix à la consommation qui est révisé périodiquement afin de mieux tenir compte de l'évolution du comportement des ménages.

b) Statistique de l'emploi

Bien que des statistiques recensant le nombre de chômeurs complets par groupes de professions existent, un meilleur indicateur du sous-emploi est fourni par la statistique intitulée « Marché du travail ». En effet, cette statistique relativise le recensement du nombre de chômeurs. En outre, ces informations peuvent être complétées par l'évolution de l'indice d'occupation dans différentes industries et dans le bâtiment qui est représenté sous forme regroupée dans le graphique précédent. Il est à noter que des fluctuations saisonnières très marquées ne font apparaître une tendance que si l'on se réfère aux variations en % par rapport au trimestre correspondant de l'année précédente.

7.4.2. *La courbe de Phillips*

Dans un article publié en 1958 et devenu par la suite célèbre, le Professeur Phillips a illustré des variations du chômage et des salaires au Royaume-Uni de 1861 à 1931. Il a obtenu le lien suivant :

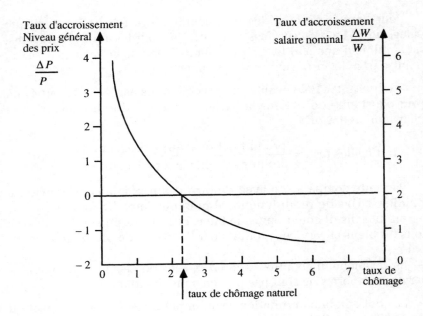

Comme la courbe de Phillips semble fournir aux responsables de la politique économique un instrument leur permettant de quantifier les différentes possibilités entre les deux principaux objectifs qui sont le plein-emploi et la stabilité des prix, elle a suscité un intérêt considérable. Étant donné que les niveaux élevés d'emploi donnent certainement plus facilement lieu à des hausses de salaires que les niveaux peu élevés, la courbe de Phillips doit avoir une pente inclinée de la gauche vers la droite, ce qui indique que dans certaines limites de sous-emploi, plus le nombre de chômeurs est élevé, plus modérée sera la hausse des salaires.

a) Le lien entre le chômage et l'inflation

Cependant, l'observation portait sur les salaires nominaux et n'indiquait donc pas directement le lien entre le taux de chômage et le taux d'inflation.

Afin de faire apparaître ce lien, il suffit de décomposer la hausse des salaires nominaux ($\Delta W/W$) en deux éléments (voir pour les détails 10.1. « Le marché du travail ») :

$$\frac{\Delta W}{W} = \frac{\Delta P}{P} + \frac{\Delta PmL}{PmL}$$

$\Delta P/P$ représente le taux d'inflation qui est responsable de la hausse purement nominale des salaires au moment où les salaires nominaux sont entièrement ajustés à la hausse du niveau général des prix.

Δ*PmL*/*PmL* représente l'accroissement relatif de la productivité marginale du travail (*PmL*). Cette notion sera approfondie dans le chapitre X concernant les marchés des facteurs de production.

Afin de pouvoir mesurer sur l'axe vertical le taux d'inflation, nous supposons que le terme Δ*PmL*/*PmL* reste constant à court terme. Cette hypothèse se justifie dans la mesure où la productivité marginale du travail se modifie surtout à long terme, en raison de l'action conjuguée des progrès techniques et de la variation du volume des facteurs de production disponibles. Par conséquent, le taux d'inflation se définit comme suit :

$$\frac{\Delta P}{P} = \frac{\Delta W}{W} - \underbrace{\frac{\Delta PmL}{PmL}}_{\text{constant}}$$

Dans notre exemple, le terme constant prend une valeur numérique de 2. De ce fait, un taux d'accroissement du salaire nominal de 2 (axe vertical de droite) a pour corollaire un taux d'inflation de 0 (axe vertical de gauche).

L'illustration graphique du lien entre le taux d'inflation et le taux de chômage s'exprime par la courbe en trait fin qui est déplacée d'un terme constant de 2 par rapport à celle qui indiquerait le lien entre le taux de chômage et le taux d'accroissement des salaires nominaux.

En se basant sur une telle relation, l'État dispose donc d'un instrument, établi empiriquement sur les données du passé, pour connaître l'incidence sur le taux d'inflation d'une politique économique d'expansion visant la réduction du taux de chômage. Ce lien ne dépend donc que de l'allure de cette courbe. Une politique monétaire expansionniste par exemple, mise en place pour combattre le chômage, se traduit donc par un taux d'inflation plus ou moins élevé. Cependant, l'expérience l'a très vite démontré : cet instrument de la politique conjoncturelle a une portée restreinte. À court terme, il peut montrer des effets, à long terme, par contre, son application est fortement compromise.

b) La courbe de Phillips à long terme

Une des explications du lien entre le taux d'inflation et le taux de chômage se réfère aux anticipations des agents économiques. Sur le marché du travail, il se peut que les anticipations des offreurs (employés) et des demandeurs (employeurs) de travail ne coïncident pas en ce qui concerne l'évolution future des prix et des salaires. De ce fait, les salaires nominaux peuvent accuser une avance ou un retard par rapport à l'évolution du taux d'inflation du futur.

Dans le graphique suivant, le marché du travail se trouve en équilibre en sous-emploi au point L_0. Ce point correspond au taux de chômage de 2,5 % qui correspond à un taux d'inflation de 0 dans le graphique précédent.

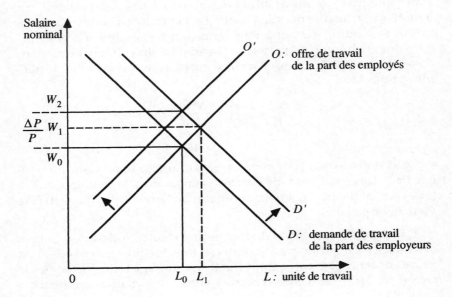

Plusieurs situations peuvent dès lors être envisagées. Référons-nous à titre d'exemple au scénario suivant :

— *Déplacement de la demande de travail de* D *vers* D'

Les entrepreneurs anticipent une hausse des prix. Afin de satisfaire une demande de biens et services supplémentaires, ils augmentent à leur tour leur demande de travail. Le taux de salaire nominal augmente jusqu'à W_1 et un volume supplémentaire de travail est utilisé sur ce marché : effectivement, à court terme, le taux de chômage diminue lorsque L_0 passe à L_1.

— *Déplacement de l'offre de travail de* O *vers* O'

Le taux d'inflation anticipé se concrétise et les travailleurs se rendent compte qu'au niveau W_1 leur salaire réel a baissé. Ils réclameront une hausse des salaires nominaux qui est de nature à compenser la perte effective du pouvoir d'achat dû à l'inflation. Supposons qu'ils réussissent à obtenir un taux de salaire nominal W_2, la différence entre W_0 et W_2 étant formée par le taux d'inflation. Cependant, à ce salaire nominal plus élevé correspond le même volume de travail que dans la situation initiale. Le taux de chômage à plus long terme ne s'est pas modifié. Le seul changement intervenu est l'accroissement des prix.

Données récentes de la « courbe » de Phillips

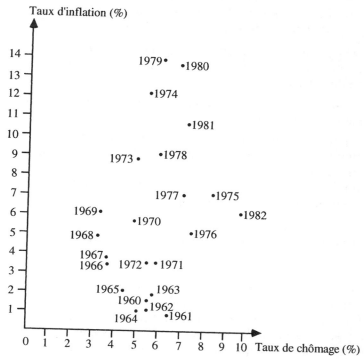

Source : OCDE.

Ce scénario démontre qu'à long terme la courbe de Phillips peut être une droite verticale au niveau du taux de chômage initial et que la relation entre le taux de chômage et le taux d'inflation n'existe pas. Le taux de chômage qui se maintient ainsi est appelé taux de chômage naturel qu'un gouvernement ne parvienne pas à réduire en augmentant tout simplement l'offre de monnaie.

Ce scénario met en évidence l'importance des anticipations dans le processus inflationniste. Le niveau de l'emploi dans une économie diffère donc selon que les agents économiques « employeurs et employés » ont des anticipations identiques, disjointes ou décalées dans le temps.

Lorsque les anticipations sont identiques, le taux de chômage reste le même. Lorsque les anticipations sont disjointes par contre, deux cas peuvent être distingués :
— les employeurs anticipent une hausse des prix plus forte que les employés. Dans cette situation, le niveau de l'emploi s'améliore avec la hausse des prix. En effet, le déplacement de la demande de travail est plus fort que celui de l'offre ;

— les employeurs anticipent une hausse des prix plus faible que les employés. Le chômage s'accroît : (Le déplacement de la demande de travail est donc plus faible que celui de l'offre).

L'éventualité la plus plausible dépend donc en dernière analyse des rapports de force entre employés et employeurs concernant la fixation du salaire réel.

Cette analyse à long terme de la courbe de Phillips aboutit à une conclusion importante :

Une politique monétaire expansionniste ayant comme objectif une réduction du chômage peut déboucher sur une situation appelée stagflation. Les déséquilibres inflationniste et déflationniste se manifestent simultanément dans l'économie. Dans le graphique précédent, nous avons illustré ce phénomène pour les États-Unis.

7.5.   Les coûts sociaux des déséquilibres conjoncturels

7.5.1   *Le coût social de l'inflation*

Comme l'inflation se manifeste par une hausse générale des prix des biens et services, le pouvoir d'achat d'une unité monétaire ne fait que diminuer au fur et à mesure que l'inflation s'installe dans une économie. Cette perte de pouvoir d'achat a des conséquences sur la distribution du revenu qui affectent les agents économiques différemment selon le rôle qu'ils détiennent dans la société. Distinguons entre les effets de l'inflation sur :
a) le débiteur et le créancier,
b) le salarié,
c) le consommateur et l'épargnant,
d) le contribuable.

a) Le débiteur et le créancier

En principe, le débiteur et le créancier sont liés par un contrat qui stipule les conditions de l'emprunt du point de vue du débiteur ou du prêt du point de vue du créancier.

Afin de connaître les effets redistributifs sur le revenu, il est important avant tout de connaître l'objet de ce contrat et le taux d'intérêt auquel il est conclu.

1) *L'objet du contrat*

Une dette peut être contractée pour plusieurs raisons, notamment pour financer une dépense de consommation ou pour constituer un actif financier ou immobilier. Cette différence est importante puisque, dans le premier cas, la constitution d'une plus-value est exclue, tandis que dans le deuxième, un accroissement de la valeur réelle d'actif acquis est possible.

— *Achat d'un bien de consommation*

Dans ce cas, tout dépend de l'inflation qui a été anticipée lors de la conclusion du contrat de crédit. Ce n'est que dans le cas où l'inflation n'était pas prévue par le créancier que le débiteur sera gagnant en remboursant sa dette avec un pouvoir d'achat amoindri. En effet, si l'inflation est parfaitement anticipée, le taux d'intérêt que le débiteur doit accepter tient alors compte de l'inflation.

— *Achat d'un bien immobilier*

Outre le problème de l'anticipation de l'inflation, il y a, pour certains actifs, une possibilité de constituer une plus-value. D'une manière très simplifiée, la plus-value se définit comme suit :

$$\text{Plus-value} = \frac{\text{Valeur à la vente}}{\substack{\text{indice des prix au} \\ \text{moment de la vente}}} - \frac{\text{Valeur d'achat}}{\substack{\text{indice des prix au} \\ \text{moment de l'achat}}}$$

Exemple : Achat d'un appartement en 1995 : 400 000 euros.
Prix de vente à fin 2000 : 550 000 euros.

Supposons que l'inflation pendant cette période a été de 10 %.

$$\text{Plus-value} = \frac{550\,000}{1,10} - \frac{400\,000}{1} = 100\,000$$

Comme il ne s'agit que d'illustrer ici ce phénomène, nous ne tenions pas compte de l'actualisation des revenus nets qui échoient au propriétaire pendant cette période. La plus-value a son origine dans l'accroissement de la demande qui se manifeste pour ce type d'actif. Pourquoi cette demande augmente-t-elle ? Il faut chercher la raison dans la volonté des placeurs de fonds de mettre leurs actifs financiers à l'abri de l'érosion du pouvoir d'achat provoqué par l'inflation. La recherche d'un moyen de placement gardant au moins sa valeur réelle initiale alimente souvent à son tour l'inflation. En effet, l'accroissement de la demande immobilière, par exemple, renforce le déséquilibre entre la demande globale et l'offre globale si cette dernière ne parvient plus – à cause du plein-emploi des facteurs de production – à faire face à cette demande supplémentaire.

2) Les conditions du contrat

Sous ce titre, il s'agit surtout de préciser le prix auquel un emprunt est conclu. Ce prix est le taux d'intérêt régnant sur le marché des fonds prêtables. C'est un taux nominal qui est défini comme suit :

taux d'intérêt nominal = taux d'intérêt réel + taux d'inflation

Cependant, une telle définition nous fait constater des taux d'intérêt réels négatifs dans le passé le plus récent. Or, il est peu probable que la rémunération réelle du capital soit effectivement devenue négative. Afin de pouvoir expliquer ce phénomène, il faut distinguer entre :

le taux d'inflation anticipé dans la i-ième période : P_i^a

et   le taux d'inflation effectivement réalisé
dans la ième période : P_i

Cette distinction permet de faire ressortir l'importance de l'anticipation dans le processus de l'inflation. *La définition du taux d'intérêt nominal se trouve donc modifiée dans le sens où c'est P_i^a qui s'ajoute au taux d'intérêt réel.*

Le tableau suivant résume les différentes possibilités de la concordance entre le taux d'inflation anticipé et le taux d'inflation effectif :

	Gagnant	**Perdant**
$P_i^a = P_i$	personne	personne
$P_i^a < P_i$	débiteur entreprises	créanciers ménages
$P_i^a > P_i$	créancier ménages	débiteur entreprises

— si le taux d'intérêt inclut un taux d'inflation anticipé qui se vérifie exactement dans le futur, ni le débiteur, ni le créancier ne sont gagnants lors de la conclusion d'un contrat de prêt ou d'emprunt ;
— si le taux d'intérêt nominal inclut un taux d'inflation anticipé qui sous-estime le taux d'inflation qui sera réalisé effectivement dans le futur, le débiteur est gagnant ;
— si le taux d'intérêt nominal inclut un taux d'inflation anticipé trop élevé par rapport à celui qui sera réalisé effectivement, le créancier est gagnant.

Il n'est donc pas toujours juste d'affirmer que le débiteur est favorisé par l'inflation. Selon l'évolution des anticipations par rapport au taux d'inflation observé *ex post*, il peut être perdant.

En outre, si nous associons aux débiteurs les entreprises et aux créanciers les ménages, il devient aisé de déterminer la volonté politique de lutter contre l'inflation ou bien au contraire de la tolérer. Cette association se justifie par le fait que ce sont généralement les entreprises qui ont un besoin et les ménages une capacité de financement.

Référons-nous au scénario suivant :

Au début d'une reprise de l'inflation, le taux d'intérêt nominal sous-estime souvent le taux d'inflation qui sera effectivement réalisé dans le futur. Par conséquent, ce sont les créanciers — que nous avons désignés comme perdants dans une telle situation — qui réclament une politique anti-inflationniste. Or, souvent, le poids politique des créanciers (lorsqu'il s'agit des ménages) ne saurait être surestimé. En outre, une fois que les anticipations inflationnistes sont intégrées dans les taux d'intérêt nominaux, l'opposition des ménages contre l'inflation s'estompe puisqu'une anticipation parfaite ne désigne ni gagnant ni perdant.

Dès lors, il devient important pour une politique anti-inflationniste de briser ces anticipations par des moyens psychologiques qui dépassent les simples techniques des instruments de la politique économique classique.

Un de ces moyens est l'annonce d'un objectif de la croissance monétaire fixé selon les besoins réels de l'économie en liquidité à long terme.

Si nous supposons qu'une politique anti-inflationniste se tenant rigoureusement à l'objectif fixé provoque effectivement une baisse du taux d'accroissement du niveau général des prix, le taux d'inflation anticipé surestime probablement le taux d'inflation qui sera effectivement réalisé plus tard, désignant ainsi les débiteurs comme perdants. Or, nous avons associé aux débiteurs les entreprises qui ont un poids plus substantiel sur le plan politique lorsqu'il s'agit de ne pas subir de grosses pertes si ce n'est que pour des raisons touchant à l'emploi. Du même coup, une politique anti-inflationniste trop rigoureuse ne trouverait plus d'appui.

Afin de réussir une politique anti-inflationniste, la Banque centrale doit donc veiller à limiter les pertes des débiteurs, ce qui, dans ce cadre, revient à empêcher les faillites. Une telle condition est remplie lorsqu'elle parvient à empêcher la hausse des taux d'intérêt qui s'applique à des emprunts à long terme. C'était le cas en 1978 en Suisse. Il faut se rappeler que le niveau du taux d'intérêt en Suisse est calqué sur celui du taux d'intérêt international. Or, dès que l'on assiste à une hausse du taux d'intérêt sur le plan international, comme au début de 1981, le succès de la politique anti-inflationniste de la Suisse est fortement compromis.

En outre, la redistribution du créancier vers le débiteur ou inversement, provoquée par l'inflation, ne peut pas — en général — forcément être associée à des classes de revenus distinctes puisqu'on trouve des débiteurs et des créanciers à tous les niveaux de revenus.

b) Le salarié

En tant que salarié, un agent économique retrouve la même problématique qu'un créancier en général. En effet, il prête sa force de travail à crédit puisqu'il est généralement payé après avoir fourni son travail. La rémunération obtenue s'exprime en termes nominaux :

$$\text{salaire nominal}_i = \text{salaire réel}_i \cdot P_i^{\,a}$$

Une telle définition ne fait pas apparaître le lien entre le taux de salaire réel et le marché du travail (cf. chap. X), mais elle permet de mettre en évidence le fait que l'évolution du salaire nominal cache le cycle conjoncturel.

En effet, pendant les années de récession, le taux d'accroissement du salaire réel a diminué sans qu'il soit possible d'attribuer cette baisse relative à un autre facteur qu'à celui d'une progression de l'inflation.

Lorsque le taux de salaire nominal s'accroît simultanément avec le taux d'inflation, le salarié ne perd pas de pouvoir d'achat. Or, il est fréquent que l'ajustement du salaire nominal intervienne seulement après une certaine période pendant laquelle le taux d'inflation a augmenté, ce qui provoque une baisse temporaire du salaire réel. Afin d'éviter une telle baisse, certaines entreprises accordent des paiements rétroactifs.

Certains estiment qu'une telle pratique ainsi que l'adaptation automatique des salaires nominaux à l'inflation provoquent, à leur tour, une hausse de prix. On parle alors de l'inflation par les coûts mais cette interprétation est fausse. Elle provient de l'optique comptable de l'entreprise.

Pour elle, l'inflation se manifeste par une hausse des coûts dont les salaires forment souvent la composante la plus importante. Afin d'éviter une diminution des marges bénéficiaires, l'entreprise cherche à répercuter cette hausse des coûts sur les prix : l'inflation persiste.

Cependant, il ne faut pas perdre de vue que les entreprises ne réussissent à répercuter la hausse de leurs coûts sur les prix que dans la mesure où une demande y répond. Or, pour que la demande globale reste supérieure à l'offre, il faut que cette hausse de prix soit préalablement financée par exemple par une émission exagérée de monnaie par rapport aux besoins réels de l'économie.

L'inflation se caractérise donc toujours par un excédent de la demande globale par rapport à l'offre globale.

c) Le consommateur et l'épargnant

Le débat sur l'indexation des salaires masque le véritable enjeu de l'inflation qui porte sur la redistribution des fortunes, laquelle se trouve fortement affectée par les différentes formes de placement de l'épargne. Si la seule forme accessible est le carnet d'épargne, la fortune, en termes réels, de ces épargnants, peut même décroître. Or, cette forme de placement s'adresse essentiellement à des catégories d'agents économiques à faibles revenus.

Si, par contre, les formes de placement offrant des taux d'intérêt réels positifs (placement sur des marchés internationaux de capitaux, marchés de biens immobiliers) s'adressent plutôt à des personnes à hauts revenus, cette redistribution des fortunes – ou si l'on préfère, l'accès inégal à la propriété – est d'autant plus redoutable que l'inflation s'installe durablement et que l'on se console avec une indexation – certes imparfaite, mais automatique – des salaires, mettant les flux et non pas les stocks à l'abri de l'érosion du pouvoir d'achat.

Par conséquent, une telle situation affecte la formation de l'épargne. En effet, il se peut que l'inflation réduise la propension moyenne à épargner et augmente celle à consommer. Dans ce cas, l'agent économique, craignant une hausse future du prix, augmente immédiatement sa consommation de biens et services. Ce changement de comportement du consommateur affecte le dynamisme à long terme d'une économie puisqu'une épargne réduite ne pourrait alimenter des investissements que pour un volume également restreint. Bien que cela semble aller dans le sens souhaité d'une réduction de la demande globale à court terme, il ne reste pas moins que l'extension et la modernisation de l'appareil productif et, par-là, la capacité productive d'un pays dans le futur sont perturbées par une diminution durable de l'épargne.

En ce qui concerne la modification éventuelle de la propension marginale à épargner consécutive à l'accroissement du revenu nominal, il faut préciser d'abord la notion d'illusion monétaire.

Si les agents économiques ont l'impression que l'accroissement nominal de leurs revenus, dû à l'indexation, leur donne un pouvoir d'achat supplémentaire, ils sont victimes d'une illusion monétaire car, en termes réels, leur pouvoir d'achat ne s'est pas modifié. Par conséquent, il se peut qu'ils attribuent différemment le supplément de revenu à l'épargne en favorisant par exemple l'achat de biens et services. Si, par contre, leur attitude se réfère au revenu réel, il n'y a pas de raison que la propension marginale se modifie, le revenu réel restant constant.

d) Le contribuable

L'inflation affecte le contribuable de trois manières. La première est appelée « progression à froid », la deuxième est liée aux déductions des intérêts débiteurs pour la déclaration du revenu imposable et la troisième provient du fait que l'inflation peut être elle-même considérée comme un impôt.

1) *La progression à froid*

Elle désigne le fait que la charge fiscale s'alourdisse plus fortement au fur et à mesure que le revenu nominal s'accroît. Pour que ce phénomène puisse se produire, il faut que le barème des impôts soit progressif et non pas linéaire par rapport au niveau du revenu. Si, en raison de l'indexation des salaires, le revenu nominal est taxé à un taux d'imposition plus élevé, le revenu réel disponible du salarié a diminué malgré le fait que l'indexation du salaire ait entièrement compensé la perte du pouvoir d'achat dû à l'inflation. Nous constatons donc un transfert de pouvoir d'achat du secteur privé au secteur public dû à l'inflation et aux barèmes d'impôts généralement progressifs. L'inflation permet donc de financer une partie des dépenses supplémentaires de l'État, ce qui pose un dilemme pour la politique économique. Comme c'est l'État qui peut se procurer des recettes supplémentaires grâce à l'inflation, sa volonté de forger une politique anti-inflationniste peut se trouver considérablement réduite !

Cependant, on peut avancer l'argument suivant : si l'État ne dépensait pas ces recettes fiscales supplémentaires, la diminution du revenu réel disponible freinerait effectivement l'inflation puisque la demande globale se trouverait amputée du même montant. Dans les faits, l'État a souvent utilisé les recettes fiscales supplémentaires dues à la progression à froid pour financer son déficit, alimentant ainsi la demande globale. Il existe une exception au niveau communal où l'État a parfois corrigé l'effet de la progression à froid en acceptant comme assiette fiscale non pas le revenu nominal, mais réel.

2) *Déduction des intérêts débiteurs*

Les déclarations du revenu imposable permettent de déduire les intérêts de la dette. Comme il s'agit des intérêts nominaux qui s'accroissent en période d'inflation, la déduction fiscale augmente également, réduisant ainsi le revenu imposable. Cet effet conduit à une diminution des impôts, corrigeant ainsi partiellement l'effet de la progression à froid.

Le même mécanisme peut éventuellement s'observer pour d'autres déductions telles que des contributions à des fonds de pension.

3) L'inflation en tant qu'impôt

L'idée que l'État profite de l'inflation se trouve même renforcée lorsque nous nous rappelons que c'est lui seul – par l'intermédiaire de la Banque centrale – qui peut créer de la MFL. Cette monnaie créée peut être utilisée pour financer à nouveau ses dépenses (ou pour financer le déficit budgétaire). Nous avons illustré l'impact de cette création monétaire sur les prix d'une manière simplifiée par la théorie quantitative de la monnaie. L'inflation qui résulte de la création monétaire peut donc être considérée comme un impôt. (Pour une explication plus formelle, voir l'annexe « L'inflation : un impôt déguisé »).

7.5.2. *Le coût social du chômage*

Il est évident que si le chômage est la conséquence d'une récession accompagnée d'une baisse des prix, de nombreux arguments de l'inflation s'appliquent alors en sens inverse. Pour les débiteurs et les créanciers, les conséquences d'une baisse de prix sont analogues à celles décrites en cas d'inflation. Cependant, en réalité, des récessions s'observent souvent avec une certaine rigidité des prix à la baisse qui peut être attribuée entre autres à un manque de flexibilité des marchés des facteurs de production. Il est donc plus fréquent qu'une récession s'exprime plutôt par un sous-emploi croissant que par une baisse des prix. Les principaux aspects du chômage peuvent être regroupés de la manière suivante :

— L'aspect individuel du chômage attire l'attention sur le problème psychologique important de l'intégration sociale qui se fait essentiellement par le travail. Être sans travail équivaut donc souvent à un rejet social.

— L'aspect global du chômage met surtout la mauvaise allocation des ressources en évidence, ce qui représente un coût social en ce sens que les ressources productives d'un pays ne sont pas utilisées de façon optimale. En d'autres termes, la production et le revenu national se trouvent diminués. En outre, l'introduction d'une caisse obligatoire de chômage implique d'abord un transfert du secteur privé vers l'État sous forme de primes (actuellement de 0,5 % du revenu salarial) et c'est ensuite l'État qui transfère une allocation au chômage pendant environ 150 jours, allocation qui ne doit pas dépasser 85 % du dernier salaire. Ces transferts peuvent être considérés comme des impôts d'une part et des subventions d'autre part. L'existence de tels flux entraîne forcément une distorsion de l'ajustement sectoriel de l'appareil productif. Cependant, un tel système est économiquement préférable à celui qui prévoit un soutien à l'entreprise en difficulté afin qu'elle maintienne les places de travail, car il existe un danger non négligeable que l'État contribue à maintenir en vie des entreprises qui ont perdu leur capacité de concurrence.

Cependant, le coût véritable du chômage pour une économie réside dans le fait que le produit national potentiel ne peut être atteint. Le produit national potentiel se définit comme le produit national réel qu'une économie pourrait atteindre si elle utilisait pleinement le travail disponible. Cependant, il est difficile de déterminer concrètement le niveau de plein-emploi car il y a, dans n'importe quelle économie, un chômage frictionnel dû au fonctionnement normal du marché du travail. Cependant, plus la mobilité professionnelle et géographique de la main-d'œuvre est élevée, moins ce type de chômage est important. Mais en pratique, le chômage frictionnel est difficile à distinguer du chômage structurel dû aux changements technologiques exigeant d'autres qualifications du travail que celles demandées traditionnellement. Il est donc essentiel de souligner l'importance du recyclage, de la formation continue et de l'éducation en général pour éviter les coûts sociaux du chômage.

ANNEXE

L'INFLATION : UN IMPÔT DÉGUISÉ

Dans un article célèbre (Bailey M. « The Welfare Cost of Inflationnary Finance », in *Journal of Political Economy*, avril 1956) il a été démontré que l'inflation peut constituer une recette pour l'État. Pour qu'une telle interprétation de l'inflation soit valable, il faut que l'État finance un déficit budgétaire par une augmentation de la masse monétaire et que l'inflation qui en résulte soit anticipée par les agents économiques.

Raisonnons sur le graphique suivant :

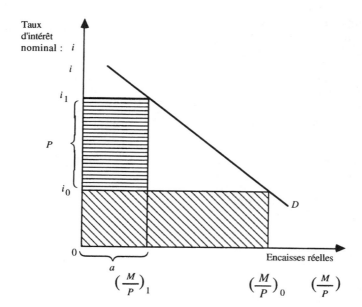

Ce graphique indique la demande d'encaisses réelles en fonction du taux d'intérêt. Au niveau du taux d'intérêt i_0, $O(M/P)_0$ d'encaisses réelles sont détenues par le public.

Cette détention implique un coût qui peut être défini par la surface hachurée. L'inflation a comme conséquence que le coût de détention se modifie selon le comportement des agents économiques face à l'inflation :

Si l'inflation n'est pas anticipée, les agents économiques reconstituent les encaisses réelles de telle sorte que l'économie se maintienne au niveau $(M/P)_0$. L'incidence sur les marchés de la monnaie et des biens serait la suivante :

Temps	Masse monétaire	Prix	Niveau des encaisses réelles	Marché monétaire	Marché des biens
0	M_0	P_0	$\left(\dfrac{M}{P}\right)_0$	$O = D$	$O = D$
1	$M_0 + \Delta M$	P_0		$O > D$	$O < D$
2		$P_0 + \Delta P$	$\left(\dfrac{M}{P}\right)_1 = \left(\dfrac{M}{P}\right)_0$	$O = D$	$O = D$

Si l'on suppose que les encaisses réelles sont reconstituées, le rapport entre M et P ne se modifie pas, dans le deuxième temps $\Delta \%M$ étant égale à $\Delta \%P$. Si l'inflation est par contre anticipée, parce que l'État, par exemple, continue à augmenter la masse monétaire dans les périodes suivantes à un taux constant, les agents économiques modifient leur comportement. Afin de réduire le coût de détention, ils diminuent leurs encaisses réelles à un niveau désiré $(M/P)_1$ en augmentant la demande pour des biens et services.

Temps	Masse monétaire	Prix	Niveau des encaisses réelles	Marché monétaire	Marché des biens
0	M_0	P_0	$\left(\dfrac{M}{P}\right)_0$	$O = D$	$O = D$
1	$M_0 + \Delta M$	P_0	$\left(\dfrac{M}{P}\right)_1$	$O > D$	$O < D$
2	ΔM	$P_0 + \Delta P$	$\left(\dfrac{M}{P}\right)_1$	$O > D$	$O < D$
n		$P_0 + \Delta P$	$\left(\dfrac{M}{P}\right)_1$	$O = D$	$O = D$

O = offre
D = demande
ΔM = accroissement de la masse monétaire provoqué par l'État.

Cette fois-ci, le déséquilibre sur le marché monétaire dans le premier temps ($O > D$) ne provient pas seulement de l'accroissement de la masse monétaire par l'État, mais également de la baisse des encaisses réelles pour réduire le coût de détention.

Si dans un deuxième temps l'État continue à augmenter la masse monétaire de 5 % par exemple, les prix augmentent également de 5 %. Le niveau des encaisses réelles $(M/P)_1$ ne se modifie pas. Nous parlons alors d'un équilibre inflationniste qui se traduit par le fait que le taux d'intérêt nominal augmente également du même taux d'inflation de 5 % (P) :

$$P = i_1 - i_0$$

Le coût de détention qui est perdu pour le consommateur à cause de l'inflation se chiffre à

$$P \cdot a$$

illustré dans le graphique précédent par la surface hachurée à traits horizontaux. Or, cette perte pour le consommateur représente un gain pour l'État, émetteur de billets de banque. L'inflation s'analyse donc comme un impôt direct infligé aux consommateurs pour financer les dépenses de l'État.

QUESTIONS

1) La courbe de Phillips :
   a) illustre le dilemme auquel les responsables de la politique économique font face, à savoir le choix entre la lutte contre la hausse des prix et la lutte contre le chômage
   b) met en relation directement le niveau général des prix et le sous-emploi
   c) indique que l'élimination totale de l'inflation ne pourrait se faire qu'au prix d'un chômage tendant vers l'infini
   d) est le lieu des couples « prix-taux de salaire » qui définissent l'équilibre simultané sur le marché des biens et services et le marché du travail.

2) Lequel des coûts sociaux suivants ne peut être attribué à l'inflation ?
   a) déductions fiscales accrues dues aux intérêts de la dette
   b) déséquilibre croissant entre l'épargne nationale et la demande d'investissement
   c) augmentation du chômage
   d) redistribution de revenus entre débiteurs et créanciers.

3) La progression à froid :
   a) réduit les recettes réelles de l'État
   b) est due à la baisse du revenu nominal en période d'inflation
   c) est due à la hausse du revenu nominal en période d'inflation
   d) ne dépend pas du taux d'imposition.

4) Lequel des phénomènes suivants n'est pas un effet de l'inflation ?
   a) la redistribution des revenus
   b) un accroissement de la disponibilité des ressources naturelles
   c) la redistribution des fortunes
   d) la progression à froid.

5) Si l'inflation a baissé, cela signifie forcément qu'il y a eu :
   a) hausse du revenu nominal par tête

b) baisse du niveau général des prix
c) hausse du salaire nominal
d) hausse du niveau général des prix moins forte que pendant la
   période précédente.

POUR EN SAVOIR PLUS

Banque de règlements internationaux (2000), Rapports annuels.

Blanchard O. (2000), *Macroeconomics*, Upper Saddle River N.J.,
Londres, Prentice Hall, 2ᵉ édition.

Deiss J. (1998), *Politique économique et sociale de la Suisse*, Fribourg, Éditions Fragnière, chap. 13 « Les cycles économiques ».

OCDE (1977), *Pour le plein-emploi et la stabilité des prix*, Paris.

Solow M.R. (1976), *Down the Phillips Curve with Gun and Camera*, in « Inflation, Trade and Taxes », Essays in Honor of A. Bourneuf, édité par D.A. Belsley, E.J. Kane, P.A. Samuelson, R.M. Solow, Columbus, Ohio State University Press.

DEUXIÈME PARTIE
Le marché

Cette partie développe l'introduction en expliquant en profondeur les mécanismes d'une économie de marché. Sont analysés successivement, les marchés particuliers de biens et services ainsi que leurs imperfections, les marchés des facteurs de production et, dans le cadre d'un modèle d'équilibre général, le marché global qui se réfère à deux biens et deux facteurs de production. Ce domaine est traité en quatre chapitres.

Le chapitre VIII expose les calculs économiques du consommateur et du producteur qui illustrent un problème de maximisation sous contrainte. Pour le consommateur, la satisfaction est maximisée sous contrainte de son revenu disponible ; pour le producteur, le profit est maximisé sous contrainte de ses coûts.

Le chapitre IX applique ces calculs économiques aux situations de concurrence imparfaite, ce qui permet de compléter l'examen du fonctionnement des marchés des biens.

Les mêmes outils d'analyse sont ensuite appliqués dans le chapitre X aux marchés des facteurs de production travail et capital, ce qui jette les bases d'une synthèse présentée dans le chapitre XI, des déterminants de la production et de la consommation, synthèse qui réunit les principaux éléments de l'analyse néo-classique de l'allocation optimale des ressources, pièce maîtresse de l'examen des forces économiques qui se manifestent à long terme.

CHAPITRE VIII

MOTIVATIONS DES ACTEURS ÉCONOMIQUES

Ce chapitre est un approfondissement du deuxième (consacré au principe de fonctionnement d'une économie de marché) et a pour but principal d'éclaircir le comportement des consommateurs et des producteurs qui se cachent derrière les courbes de demande et d'offre. Nous entrons ainsi dans le domaine micro-économique proprement dit.

8.1. Les consommateurs

Le consommateur cherche à maximiser sa satisfaction (utilité) globale. Cependant, afin de mieux saisir le calcul économique du consommateur, nous distinguerons entre des notions de « grandeurs » totales et de « grandeurs » marginales :

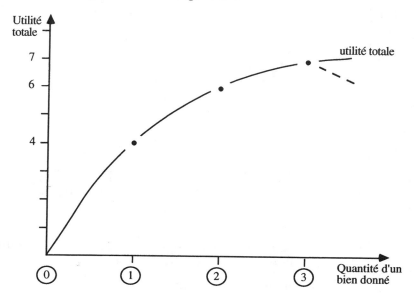

Référons-nous à la consommation de chocolat pendant une soirée pour montrer que l'utilité totale s'accroît, mais que la satisfaction inhérente à chaque tablette de chocolat ne fait que diminuer au fur et à mesure que l'on augmente la consommation de chocolat. Dans le graphique ci-dessus, le fait que l'utilité totale s'accroisse est représenté par l'allure croissante de la courbe. Quant à la décroissance de la satisfaction, elle est représentée par la concavité tournée vers le bas de la courbe d'utilité totale.

1) La première tablette de chocolat indiquée sur l'axe horizontal procure une satisfaction mesurée par l'utilité totale sur l'axe vertical qui, à titre d'exemple, est supposée égale à 4.
2) La deuxième tablette de chocolat augmente l'utilité totale (6), mais le supplément de satisfaction diminue. Au lieu d'avoir 4 unités de satisfaction, comme c'est le cas pour la première tablette, il n'y en a que 2 pour la deuxième tablette (différence entre l'utilité totale de 4 et de 6).
3) À partir de ce point, la satisfaction totale diminue. Économiquement parlant, cela représenterait une attitude irrationnelle car la consommation d'une tablette de chocolat supplémentaire réduirait la satisfaction globale.

La construction de la courbe d'utilité totale est donc basée sur un raisonnement à la marge puisque c'est la satisfaction additionnelle, procurée par une tablette de chocolat supplémentaire, qui nous importe (d'où l'intérêt de l'étude de l'utilité marginale).

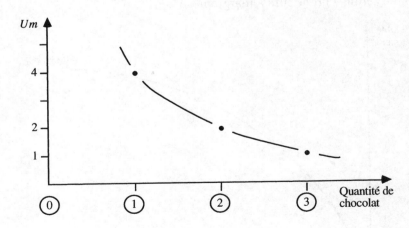

La forme de la courbe d'utilité marginale importe peu, il suffit qu'elle indique que l'utilité marginale est décroissante.

À ce stade, deux points sont à retenir :

1) l'utilité totale s'accroît en fonction des quantités consommées ;
2) l'utilité marginale décroît en fonction des quantités consommées.

Mais l'importance de ces deux points réside dans le fait qu'ils permettent d'établir la position d'équilibre du consommateur sur le marché du chocolat. Comme le consommateur ne consomme pas seulement du chocolat, il doit répartir son budget entre plusieurs biens. Comment le consommateur décide-t-il quelle quantité de chocolat est achetée ? Autrement dit, la question fondamentale est de savoir comment il répartit son revenu entre des produits à prix différents.

Si le prix de tous les biens était identique, il serait facile de répondre à cette question. Le consommateur achèterait des quantités de chaque bien jusqu'à ce qu'il retire la même utilité marginale de chaque bien qu'il achète. En adoptant une telle stratégie, le consommateur pourrait obtenir le maximum de satisfaction pour chaque franc dépensé additionnellement. L'utilité marginale d'un bien 1, par exemple, doit donc être égale à celle d'un bien 2 :

$$Um_1 = Um_2$$

Or, en réalité, les prix de tous les biens ne sont pas identiques. Il faudrait donc s'attendre à ce qu'un bien ayant un prix double de celui d'un autre bien procure au consommateur une utilité marginale deux fois plus grande.

En d'autres termes, nous devons également tenir compte des prix de chaque bien en pondérant les utilités marginales par les prix :

$$\frac{Um_1}{P_1} = \frac{Um_2}{P_2} = -\cdots = \frac{Um_n}{P_n}$$

Pour que le consommateur maximise sa satisfaction totale pour un budget donné, il ne faut pas seulement qu'il égalise les utilités marginales, mais il faut que l'utilité marginale de chaque produit soit proportionnelle à son prix.

La position d'équilibre du consommateur sur un marché est atteinte lorsque le dernier franc dépensé pour un bien lui procure la même satisfaction que le dernier franc dépensé sur n'importe quel autre bien.

Chaque produit est donc consommé jusqu'à ce que l'utilité marginale par franc dépensé pour son achat soit la même que l'utilité marginale par franc dépensé pour l'achat de n'importe quel autre bien.

Supposons par exemple que le prix du chocolat (bien 1) augmente. Par conséquent, le premier rapport (Um_1/P_1) n'est plus identique aux autres :

Le consommateur doit donc orienter son budget pour maintenir sa satisfaction globale. L'utilité marginale Um_1 n'augmente cependant que s'il diminue sa consommation de chocolat.

Remarquons que le consommateur est bien incapable de chiffrer la satisfaction que lui procure un bien ; tout au plus peut-il indiquer un ordre de préférence. L'utilité ne peut donc être appréciée qu'en termes relatifs.

En outre, il est fort probable que l'utilité d'un bien ne soit pas indépendante de celle des autres biens. C'est pour ces deux raisons que le concept de courbe d'indifférence à la consommation est utilisé afin de pouvoir mieux illustrer le choix du consommateur.

8.1.1. *La courbe d'indifférence*

Cette courbe représente les diverses combinaisons de deux biens qu'un consommateur peut choisir pour un niveau d'utilité totale donné. À titre d'exemple, supposons qu'il ait le choix entre la consommation de chocolat et de bière et qu'il peut nous dire quelles combinaisons de chocolat et de bière lui procurent le même niveau de satisfaction.

Pour que la satisfaction totale reste inchangée, le consommateur est indifférent quant à la composition de ses achats pourvu qu'il atteigne toujours la même utilité totale.

Il est indifférent pour les combinaisons de consommation suivantes :

	Chocolat	**Bière**	
	1 tablette	+ 8 bouteilles	
1			4
	2 tablettes	+ 4 bouteilles	
1			2
	3 tablettes	+ 2 bouteilles	
1			1
	4 tablettes	+ 1 bouteille	

Ces données sont traduites dans le graphique ci-dessous qui illustre une courbe d'indifférence. (Pour une construction à partir des courbes d'utilité totale des deux biens en question, voir annexe.)

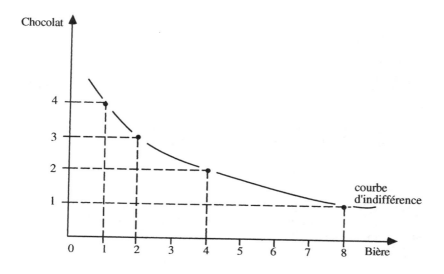

a) Définition

La courbe d'indifférence se définit comme étant le lieu géométrique des points représentant des couples de biens procurant la même satisfaction totale.

b) Propriétés de la courbe d'indifférence

1) La courbe d'indifférence est décroissante

Cette propriété est due au fait que deux biens interviennent pour déterminer le même niveau d'utilité.

2) La courbe d'indifférence est convexe à l'origine

Cette propriété se comprend plus facilement en mettant en parallèle la courbe d'indifférence avec les deux fonctions d'utilité totale tout en raisonnant sur le déplacement le long de cette courbe d'indifférence d'un point 1 à un point 2 :

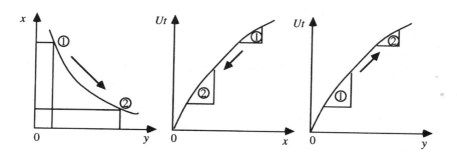

Au point 1, une grande quantité de x et une petite quantité de y sont consommées.

Pour arriver au point 2, il faut que la consommation de x diminue, ce qui entraîne une hausse de l'utilité marginale de x. Une quantité de y plus grande compense alors la diminution de x pour que la satisfaction totale ne se modifie pas.

Les utilités perdues en renonçant à x doivent être compensées exactement par des utilités acquises d'une consommation supplémentaire de y :

$$- \Delta Q_x \cdot Um_x = + \Delta Q_y \cdot Um_y$$

Cette égalité nous permet de définir le taux marginal de substitution (*TMS*) (les traits verticaux indiquent que le *TMS* s'exprime en valeurs absolues) :

$$|\text{TMS}| = \frac{\Delta Q_x}{\Delta Q_y} = \frac{Um_y}{Um_x}$$

D'une manière plus formelle, et en raisonnant à la limite, il s'agit de la différentielle de la fonction d'utilité totale qui permet de définir la pente de la tangente à un point donné de la courbe d'indifférence :

$$dQ_x \frac{\delta Ut}{\delta Qx} + dQ_y \frac{\delta Ut}{\delta Uy} = 0$$

La pente de la courbe d'indifférence aux points 1 et 2 nous renseigne donc sur le taux auquel un bien se substitue à l'autre.

Le rapport des variations de quantités est donc l'inverse du rapport des utilités marginales. En effet, au point 1, l'utilité de x est plus grande que celle de y, il faut donc beaucoup de y pour compenser la diminution de x pour que le consommateur reste sur le même niveau de satisfaction.

3) La courbe d'indifférence exprime un seul niveau d'utilité totale

Deux courbes ne peuvent se couper car chaque courbe représente un niveau de satisfaction différent.

4) La courbe d'indifférence s'insère dans une famille de mêmes courbes

Plus une courbe d'indifférence est éloignée de l'origine, plus elle représente un niveau de satisfaction élevé. Afin de le montrer, supposons qu'une quantité donnée de x est consommée et que celle de y augmente. Cette hypothèse nous permet de passer d'une première courbe d'indifférence CI_1 à une deuxième CI_2 qui représente un niveau de satisfaction globale plus élevé. En effet, la quantité supplé-

mentaire de y augmente la satisfaction globale : une courbe d'indifférence plus éloignée de l'origine représente bel et bien un degré de
satisfaction supérieur.

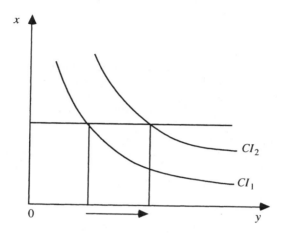

CI_2 représente un niveau supérieur de satisfaction par rapport à
CI_1, mais nous ne pouvons chiffrer en valeurs absolues cette différence. Tout ce que nous savons est que CI_2 est préférable à CI_1.

c) Intérêt des courbes d'indifférence

Chaque fois qu'un consommateur ramène la satisfaction marginale
obtenue par l'achat d'un bien à l'échelon de l'unité de revenu (franc),
il tient compte nécessairement du prix du bien, et comme il fait son
calcul en comparant les satisfactions reçues marginalement pour les
différents biens, il tient évidemment compte de plusieurs biens, donc
des rapports de prix plutôt que des prix absolus. Les courbes d'indifférence permettent donc de tenir compte des prix relatifs et de mesurer la satisfaction d'une façon ordinale.

d) Inconvénients des courbes d'indifférence

Comme elles mettent en relation deux biens, il est impossible de
faire apparaître l'épargne, car un point sur la courbe d'indifférence
détermine la consommation totale du consommateur.

Si nous supposons que x représente la monnaie et y tous les autres
biens de consommation, nous pouvons considérer comme épargne
tout ce qui n'est pas utilisé pour la consommation de y. Cependant,
une telle interprétation signifie que le consommateur n'a le choix
qu'entre la conservation de son revenu monétaire (épargne) et l'achat
d'un bien de consommation homogène.

ANNEXE

LA REPRÉSENTATION GRAPHIQUE DE LA COURBE
D'INDIFFÉRENCE À PARTIR DES UTILITÉS TOTALES

Le graphique suivant est construit à trois dimensions. L'axe vertical mesure l'utilité totale des biens x et y. Les axes horizontaux mesurent les quantités respectives des deux biens. Les deux fonctions d'utilité totale $\{Ut(x), Ut(y)\}$ forment une « colline de plaisir » qui par projection de coupes horizontales sur sa base permet de faire apparaître des courbes d'indifférence. Par analogie à une carte géographique, où les courbes de niveau indiquent les hauteurs différentes des montagnes, chaque courbe d'indifférence indique un niveau de satisfaction différent. Ainsi la courbe CI_1 correspond à un niveau d'utilité totale inférieur à toute autre courbe obtenue par une coupe située au-dessus de Ut_1.

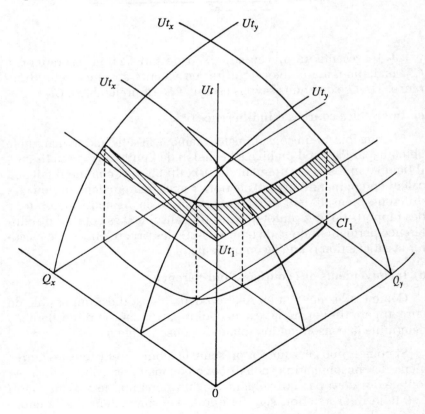

8.1.2. La contrainte budgétaire

L'objectif de la satisfaction maximale des besoins est soumis à la contrainte du revenu disponible (Yd).

a) La droite de budget

Supposons que Yd s'élève à 2 000 euros et que le prix de x s'élève à 10 euros et celui de y à 20 euros. Si le consommateur affecte tout son revenu à l'achat de x, il peut donc se procurer 200 unités de x. S'il n'achète que des y, il en obtient 100 :

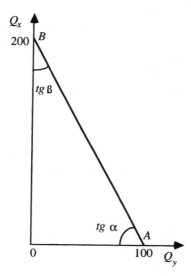

Pour des combinaisons de x et de y intermédiaires, le consommateur peut échanger des x contre des y en fournissant le double de x pour une unité de y. La droite *AB* est appelée la droite de budget qui exprime la contrainte due au revenu disponible. La pente de cette droite s'exprime par les rapports suivants :

Le taux d'échange est de $\dfrac{200}{100} = \dfrac{Q_x \text{ max}}{Q_y \text{ max}}$

ce qui est l'inverse du rapport de prix

$$\frac{10}{20} = \frac{P_x}{P_y}$$

Appliquée à l'exemple numérique, la fonction du revenu disponible :

$$Yd = P_x Q_x + P_y Q_y$$

prend les valeurs suivantes :

$$2\ 000 = 10 \cdot Q_x + 20 \cdot Q_y$$

$$Q_x = 200 - \frac{20}{10} \cdot Q_y$$

$$Q_y = 100 - \frac{10}{20} \cdot Q_x$$

Le rapport P_y/P_x nous indique la pente de la droite AB et se lit graphiquement par $tg\alpha$. Puisque l'inverse de ce rapport est le rapport des prix, celui-ci se lit donc par $tg\beta$.

taux d'échange : $tg\alpha$ = pente de la droite de budget

rapport des prix : $tg\beta = \dfrac{1}{tg\alpha}$

b) Variation de la contrainte budgétaire

Distinguons deux variations selon que le rapport des prix reste constant ou se modifie.

1) *Variation du revenu disponible à prix constants*

Supposons que Yd augmente de 1 000 euros. Il devient possible d'acheter soit 300 x, soit 150 y.

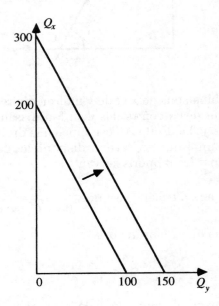

Selon cette hypothèse, la contrainte budgétaire se déplace parallèlement à l'ancienne.

2) Variation du rapport des prix avec revenu disponible constant

Supposons que le prix de x augmente. Il passe à 20 euros. En affectant tout le revenu dispo nible à l'achat de x, nous n'obtenons que 100 unités :

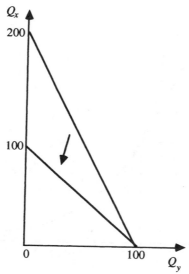

Voyons maintenant ce qui se passe lorsque le prix de y varie. En effet, si nous supposons une baisse du prix de y de 20 euros à 10 euros, cette baisse se traduit graphiquement de la manière suivante :

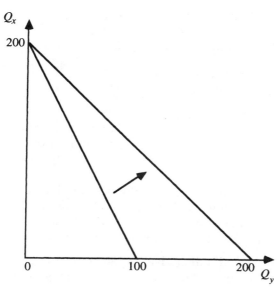

8.1.3. *Le calcul optimal du consommateur*

La combinaison des deux concepts (courbe d'indifférence et droite de budget) permet d'illustrer le calcul optimal du consommateur :

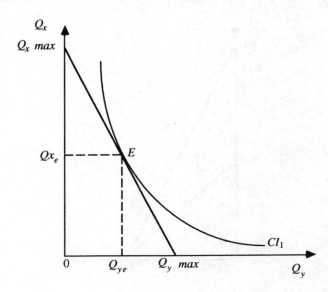

$$\frac{Q_x \max}{Q_y \max} = \frac{P_y}{P_x} = \frac{Um_y}{Um_x} = -\frac{\Delta Q_x}{\Delta Q_y}$$

| taux d'échange | = | l'inverse du rapport des prix | = | l'inverse du rapport des *Um* | = | taux marginal de substitution |

condition de maximisation de la satisfaction : du consommateur

$$\frac{Um_y}{P_y} = \frac{Um_x}{P_x}$$

contrainte budgétaire

adaptation du consommateur au rapport des prix par des substitutions

Pour une contrainte budgétaire donnée, le niveau de satisfaction le plus élevé est atteint en *E*. *E* représente donc un point optimum pour le consommateur. En ce point, la combinaison (Qx_e, Qy_e) lui procure le niveau de satisfaction le plus élevé possible.

Au point *E*, la droite de budget est tangente à la courbe d'indiffé-rence et exprime ainsi le fait que le taux d'échange soit égal au taux marginal de substitution. Le consommateur s'est donc adapté à la contrainte budgétaire par des substitutions à la marge entre le bien x et le bien y jusqu'à ce que cette égalité soit atteinte.

L'inverse de ces deux taux permet de retrouver la condition de maximisation de la satisfaction du consommateur. En effet, l'égalisation du rapport des prix, avec celui des utilités marginales des deux biens exprime également l'égalisation des utilités marginales pondérées par leurs prix respectifs.

Afin de démontrer que cette égalité est la condition d'optimisation du choix du consommateur, raisonnons à un point de la courbe d'indifférence où cette égalité n'est pas respectée (au point 1 dans le graphique suivant).

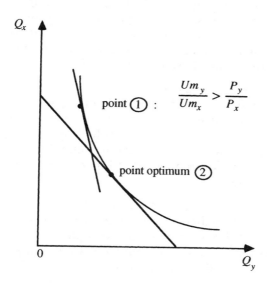

Au point 1 le rapport des utilités marginales (ou l'inverse du taux marginal de substitution) est supérieur au rapport des prix (la pente de la tangente au point 1 est supérieure à celle de la droite de budget).

En passant à 2 le consommateur substitue des y à des x, ce qui entraîne une augmentation de Um_x et une baisse de Um_y et, par conséquent, une baisse du rapport Um_y/Um_x. Le consommateur poursuit cette substitution jusqu'à ce que le rapport des Um soit égal au rapport des prix ou que les Um pondérées par les prix soient égales :

$$\frac{Um_x}{P_x} = \frac{Um_y}{P_y}$$

le revenu disponible est donc alloué à l'achat de x et de y d'une manière telle que l'utilité marginale par unité de franc de x soit égale à l'utilité marginale par unité de franc ressentie par le consommateur pour l'achat de y. C'est le cas au point 2.

8.1.4. Le passage de la courbe des consommations en fonction des prix à la demande

Supposons des baisses successives de prix de y afin de pouvoir montrer que la courbe de demande est formée par des points optimums de consommation. Le graphique suivant illustre ce lien. Le prix du bien y baisse successivement de 2 unités (*200 Q_x/100 Q_y*) à 1 unité (200 Q_x/200 Q_y), puis à 0,8 unité (200 Q_x/250 Q_y). En reliant les points de tangence de ces différentes droites de budget aux courbes d'indifférence du consommateur, nous observons la courbe des consommations en fonction des prix qui indique la disposition d'achat du consommateur pour les deux biens. Cette disposition est désignée uniquement pour l'achat du bien y par les points A, B et C, selon les baisses successives du prix de ce bien.

Cette courbe n'est pas à confondre avec la fonction de la demande telle qu'elle apparaît sur le marché du bien y. Cette dernière fonction est représentée dans le graphique inférieur et illustre le lien entre les quantités demandées de y et le prix absolu de ce bien (P_y). Or, ce prix absolu s'exprime dans ce genre de modèle en unités de x. Le prix du bien y est formé par un rapport dont l'inverse est le taux d'échange entre ces deux biens.

La demande d'un bien se compose donc de points optimaux du point de vue du choix du consommateur. Notre raisonnement intuitif du deuxième chapitre se trouve donc complété : la quantité demandée d'un bien qui est une fonction décroissante du prix exprime la satisfaction optimale des consommateurs.

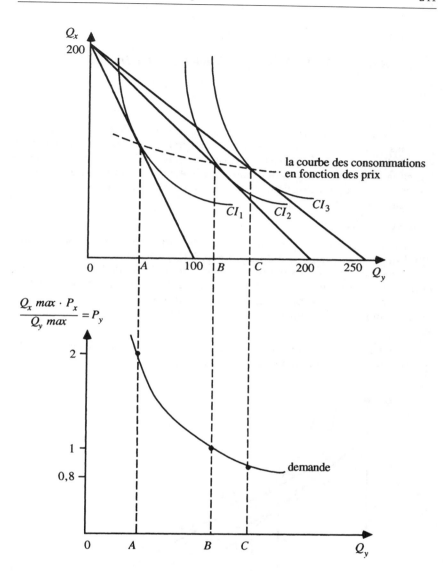

la courbe des consommations en fonction des prix

ANNEXE

L'EFFET DE SUBSTITUTION ET L'EFFET DE REVENU

Une variation de prix affecte la disposition d'achat du consommateur pour les deux biens. Nous venons de démontrer qu'une baisse du prix de *y* de 2 à 1 entraîne un accroissement de la quantité demandée de ce bien. Cependant, cette réaction « normale » est liée à une condition que nous ne pouvons faire apparaître qu'en faisant la distinction entre deux effets déclenchés par une variation de prix.

1) Effet de substitution

Cet effet se mesure pour un niveau de satisfaction inchangé (courbe d'indifférence CI_0 dans le graphique suivant). La baisse du prix du bien *y* s'exprime par un aplatissement de la pente de la droite de budget. Le point optimal de consommation se déplace de 1 à 2. Le même niveau de satisfaction est atteint par un panier de consommation différent. Au point 2, une quantité moindre du bien *x* et une quantité plus élevée du bien *y* sont consommées.

L'effet de substitution entraîne donc toujours un accroissement de la quantité demandée du bien dont le prix a baissé.

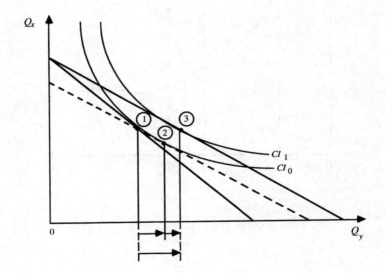

2) Effet de revenu

La baisse du prix du bien *y* peut être associée à une augmentation du revenu allégeant ainsi la contrainte budgétaire. En effet, la nouvelle droite de budget permet d'atteindre un niveau de satisfaction plus élevé exprimé par la courbe d'indifférence CI_1.

L'effet de revenu se mesure donc dans le graphique ci-dessus par le passage du point 2 au point 3. Ce supplément de revenu n'est pas forcément alloué à l'achat du bien y. Il se peut que la préférence du consommateur soit orientée vers le bien x. Dans notre exemple graphique, l'effet de revenu entraîne un accroissement du bien y. Cependant, contrairement à l'effet de substitution, l'effet de revenu n'est pas forcément déterminé. C'est la raison pour laquelle une demande d'un bien inférieur est liée à la condition suivante :

L'effet de revenu (en valeur absolue) doit être inférieur à l'effet de substitution pour que la demande sur le marché d'un bien accuse une pente négative.

8.2.   Les producteurs

Les entreprises déterminent leur niveau de production en fonction des coûts. La courbe d'offre, sur le marché d'un bien, exprime donc la structure et l'évolution des coûts de production.

8.2.1.   La structure des coûts

a) Définitions

Une entreprise doit faire face aux coûts suivants :

1) Les coûts fixes *CF*	sont formés par le capital technique et englobent : — les amortissements, — le service de la dette financière de l'entreprise, — les loyers. Ils sont constants pour n'importe quel niveau de production (même pour une production nulle, ils existent).
2) Les coûts variables *CV*	sont formés par le coût du capital circulant, tel que les matières premières et l'énergie, ainsi que par le coût de la main-d'œuvre (salaires).
3) Le coût total *CT*	se compose des coûts fixes et des coûts variables : $CT = CF + CV$. Signalons qu'en pratique, il n'est pas toujours facile de distinguer entre coûts fixes et coûts variables. La facture d'électricité, par exemple, ne peut pas toujours être décomposée en des montants correspondant d'une part au chauffage et à l'éclairage des bâtiments (coûts fixes) et, d'autre part, à des montants correspondant à la production, tels que le coût de la force motrice d'une chaîne de production (coûts variables). Le coût total donne lieu aux définitions suivantes selon que l'on se réfère à sa moyenne ou à sa variation
4) Le coût unitaire moyen *CM*	est défini par le coût par unité produite. $CM = CT/Q$ où Q représente la quantité globale produite d'un bien pendant un certain temps.

5) *Le coût marginal*
Cm

est défini par le coût supplémentaire engendré par chaque unité additionnelle produite

$$Cm = \frac{\Delta CT}{\Delta Q}$$

(Remarquons que sur le plan formel, il suffit de supposer qu'à la limite ΔQ tend vers zéro pour définir le coût marginal comme la dérivée du coût total).

Ces deux derniers rapports peuvent être inversés pour exprimer le résultat obtenu par suite des coûts engagés dans un processus productif. Nous définissons ainsi la notion de rendement ou de productivité.

6) *Le rendement moyen*
(productivité moyenne)
PM

est défini par le rapport entre la production globale et le coût total

$$Pm = \frac{Q}{CT}$$

7) *Le rendement marginal*
(productivité marginale)
Pm

est défini par la variation d'une unité produite par rapport au coût supplémentaire engendré par cette unité

$$Pm = \frac{\Delta Q}{\Delta CT}$$

L'évolution des coûts dépend de ces deux notions de rendement. Distinguons entre rendements constants et variables.

b) L'évolution des coûts avec des rendements constants

Dans ce cas, les coûts, total, moyen et marginal, évoluent de la manière suivante :

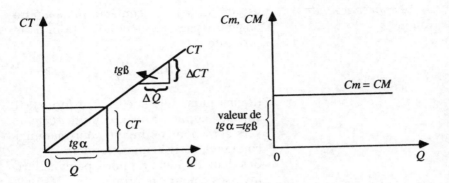

Le coût total est une fonction linéaire de la quantité produite. Le coût moyen est constant et mesuré par

$$tg\alpha = \frac{CT}{Q} = CM$$

Le coût marginal est également constant et mesuré par

$$tg\beta = \frac{\Delta CT}{\Delta Q} = Cm$$

Dans le cas théorique des rendements constants, nous observons l'égalité entre les coûts moyen et marginal ($tg\alpha = tg\beta$) provenant du fait que nous avons fait abstraction des coûts fixes.

c) L'évolution des coûts à rendement marginal constant et à rendement moyen croissant

En réalité, il est impensable d'imaginer une activité économique qui n'occasionne pas de coûts fixes. Même les activités les plus simples, telles que la cueillette de champignons, nécessitent un panier dont l'acquisition occasionne un coût qui est indépendant de la quantité de champignons récoltés. Par conséquent, la prise en considération des coûts fixes entraîne une différence dans l'évolution des coûts marginal et moyen. Le premier reste constant, tandis que le deuxième ne fait que diminuer du fait que les coûts fixes par unité s'allègent au fur et à mesure que le volume de production augmente.

Dans le graphique de gauche, le coût moyen se mesure au point *A* par *tgα*. Clairement, la prise en compte des coûts fixes fait diminuer le coût moyen au fur et à mesure que la production augmente. Au point *A'* par exemple, *tgα'* est inférieur à *tgα*.

Dans le graphique de gauche, cette relation est illustrée par un coût moyen décroissant en fonction des quantités produites, tandis que le coût marginal reste constant, comme l'illustration par les triangles d'accroissement le suggère.

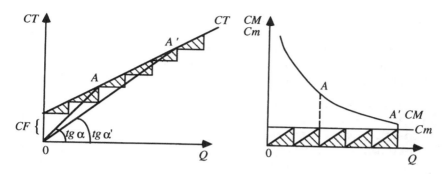

d) L'évolution des coûts et les rendements variables

À part le fait que toute activité économique engendre des coûts fixes et des coûts variables, il est plus plausible de raisonner avec l'hypothèse que le rendement marginal ne reste pas constant lors de l'accroissement de la production.

En effet, les coûts variables n'évoluent pas proportionnellement en fonction de la production. À ce propos, on parle, un peu abusivement même, d'une loi.

La « loi » des rendements non proportionnels

Si pour une production donnée on affecte une quantité croissante d'un facteur de production *A* tout en maintenant constante la quantité d'un facteur *B*, la quantité produite va, dans un premier temps, augmenter plus que proportionnellement à l'accroissement du facteur de production. Dans un deuxième temps, elle augmentera moins que proportionnellement (la séparation entre ces deux rendements se fait au point d'inflexion sur la courbe de *CT*).

Cette diminution des rendements supplémentaires est due au fait que les nouvelles unités de facteurs de production *A* doivent coexister avec une fraction toujours plus réduite des ressources constantes.

Une augmentation de la main-d'œuvre sur un terrain agricole donné, par exemple, ne fera pas augmenter dans une même proportion le rendement de cette terre. La production agricole supplémentaire due à l'accroissement du facteur de production travail tend donc à diminuer. Cette évolution non proportionnelle des rendements qui se vérifie pour un nombre élevé d'activités économiques, a des conséquences sur le coût marginal et le coût moyen.

1) Évolution du coût marginal

Les rendements non proportionnels trouvent une illustration dans le graphique de gauche qui retrace l'évolution du coût total. Du point *O* jusqu'au niveau de production *Qm* qui correspond au point d'inflexion, le coût total s'accroît moins que proportionnellement à la production. Pour cette zone, les rendements marginaux sont donc croissants. À partir du niveau de production *Qm*, le coût total s'accroît plus que proportionnellement à la production : les rendements marginaux sont donc décroissants. Cette évolution du coût total est à l'origine de celle du coût marginal qui suit une courbe en *U*.

Dans le graphique de droite, le coût marginal est décroissant (le rendement marginal croît) jusqu'au niveau *Qm*. À partir du point de production *Qm*, il est croissant (le rendement marginal décroît). Au point d'inflexion *I*, le coût marginal se trouve donc à son minimum. (*I* est le point où la pente de la courbe de coût total est la plus faible).

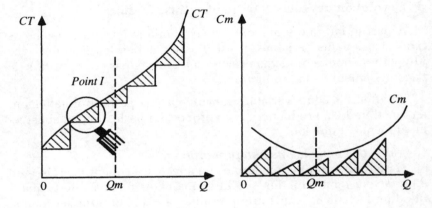

En représentant l'évolution du coût marginal par des triangles d'accroissement, nous simplifions trop sa définition. La loupe nous montre pourquoi :

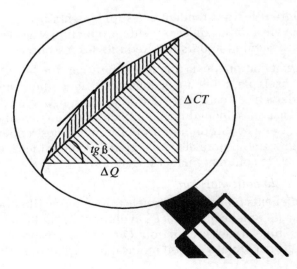

Le rapport $\Delta CT/\Delta Q$ exprimé par $tg\beta$ n'est qu'une approximation du coût marginal puisque nous ne tenons pas compte de la surface qui se trouve entre la courbe et l'hypoténuse du triangle d'accroissement. Lorsque la variation de la quantité produite est supposée infiniment petite, l'hypoténuse de ce triangle devient tangente à la courbe du coût total : le coût marginal est égal à la dérivée du coût total.

2) Évolution du coût moyen

L'évolution non linéaire du coût total entraîne également une évolution non proportionnelle du coût moyen. Le graphique suivant en fournit une illustration :

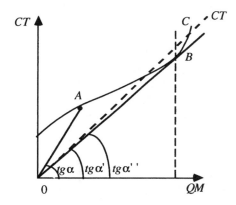

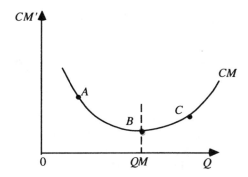

Puisque le coût moyen est égal au rapport entre le coût total CT et l'output Q, le coût moyen est mesuré respectivement pour A, B et C par $tg\alpha$, $tg\alpha'$ et $tg\alpha''$. Au fur et à mesure que la production s'accroît, cet angle ne fait que diminuer jusqu'au point B. La droite partant de l'origine est tangente à la courbe du coût total. Le coût moyen est à son minimum (*tgα'*) lorsque le niveau de production se situe à *QM*. L'accroissement suivant de la production relève le coût moyen comme l'illustre *tgα''* qui le mesure au point *C*. En effet, *tgα''* > *tgα'*.

3) *Évolution conjointe des coûts*

Le graphique suivant est une superposition des graphiques précédents et illustre donc la structure des coûts d'une entreprise :

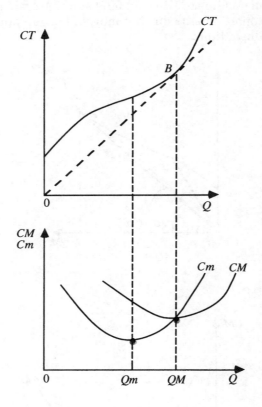

La représentation simultanée de l'évolution du coût moyen et du coût marginal montre que le coût moyen baisse aussi longtemps que le coût marginal lui est inférieur. Le point d'intersection entre le coût moyen et le coût marginal correspond au point *B*. À ce point, la droite partant de l'origine est tangente au coût total : le coût marginal est donc égal au minimum du coût moyen. À l'accroissement de la production au-delà du niveau *QM* correspond une évolution du coût marginal au-dessus du coût moyen. Le coût additionnel entraîne un accroissement du coût moyen : le rendement marginal et le rendement moyen sont tous deux décroissants.

8.2.2. L'évolution des recettes sur un marché en concurrence parfaite

Afin de déterminer le calcul économique d'un entrepreneur, il faut également tenir compte de ses ventes qui lui procurent des recettes.

Nous supposons que cette entreprise ne parvient pas à influencer le prix par une variation de son offre. Le prix lui est imposé par les conditions du marché. Si elle cherche seule à augmenter le prix en réduisant la quantité offerte, toute la demande se détourne d'elle et se porte acheteur auprès de ses concurrents. En d'autres termes, l'élasticité-prix de la demande pour une entreprise seule est infinie. Le prix reste donc constant quel que soit son volume de ventes.

a) Définitions

Recette totale (RT)   Elle est formée par le produit entre la quantité vendue et le prix

$$RT = Q \cdot P$$

Recette moyenne (RM)   En divisant la recette totale par la quantité vendue, la recette moyenne est égale au prix :

$$RM = \frac{Q \cdot P}{Q} = P$$

Recette marginale (Rm)   Elle est définie par la recette supplémentaire par unité additionnelle vendue. Comme chaque unité se vend à un prix qui reste constant, la recette marginale est égale au prix du marché :

$$Rm = \frac{\Delta RT}{\Delta Q} = P$$

b) Illustration graphique

La recette totale est donc une fonction linéaire croissante de la quantité vendue. Lorsque les ventes sont inexistantes, la recette totale est égale à zéro. Elle s'accroît proportionnellement aux ventes.

NB : La dimension n'est pas la même pour RT et RM, P, Rm. La recette moyenne et la recette marginale sont identiques. La recette moyenne (le prix reste le même pour chaque unité supplémentaire vendue). Graphiquement, la valeur de la pente ($tg\gamma$) de la recette totale reste constante quel que soit le volume de production vendu.

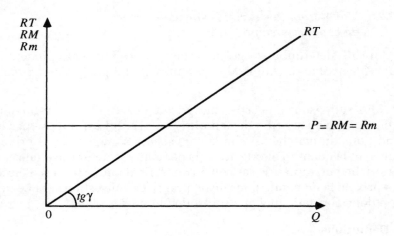

8.2.3.   *Le calcul économique du producteur*

En réunissant la structure des coûts et l'évolution des recettes, il devient possible de déterminer le profit d'une entreprise qui cherche à produire et à vendre une quantité lui permettant de maximiser son profit global. Ce profit peut être déterminé de deux manières :

a) Détermination du profit des grandeurs totales

Le profit total est défini par les différences positives entre la recette et le coût total

Profit total : $RT - CT$

Le problème pour l'entreprise est de déterminer la quantité produite et vendue qui maximise cette différence. Dans le graphique suivant, les différents niveaux de production donnent lieu à des zones de pertes et de profits.

Dans la zone de profit 2, la différence entre la recette totale et le coût total (distance CC') est la plus grande au niveau de $Q\ max$: le profit global est le plus élevé possible. Au point C, la pente de la tangente à la courbe de coût total est la même que celle de la recette totale. Par conséquent, la condition de maximisation du profit global est donnée par l'égalité suivante :

$Cm = Rm$

Le coût d'une unité supplémentaire produite doit être égal à la recette procurée par cette unité additionnelle. Cette condition est également mise en évidence par la deuxième définition du profit global.

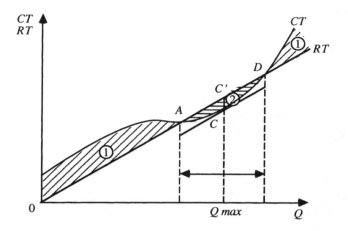

b) Détermination du profit par des grandeurs moyennes

La première définition du profit peut être transformée comme suit :

$$\text{Profit global} = RT - CT = Q \cdot P - Q \cdot CM$$

$$\text{Profit total} : (P - CM)\, Q$$

Cette fois-ci, le profit global est défini par un produit entre la quantité vendue Q et la différence entre la recette moyenne (P) et le coût moyen (CM). Cette deuxième définition du profit est illustrée dans le graphique suivant qui réunit le coût moyen et le coût marginal, ainsi que la recette moyenne et la recette marginale.

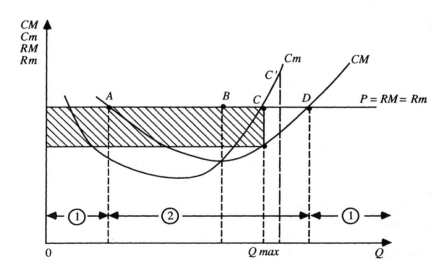

Zones 1 :   Le coût moyen est supérieur à la recette moyenne. Il s'agit donc de deux zones de perte.

Points A et D : Le coût moyen de l'entreprise est égal à sa recette moyenne. Elle ne réalise ni perte, ni profit.

Zone 2 :   Dans cette zone, l'entreprise réalise un profit pour chaque unité produite puisque le coût moyen est inférieur à la recette moyenne.

Point B :   Le profit unitaire est au maximum.

Point C :   Le profit total est au maximum.

À partir du point *A*, l'entreprise entre dans la zone où elle réalise un profit. En augmentant successivement la production et la vente, elle constate que son profit total ne fait que s'accroître, et cela aussi longtemps que chaque unité additionnelle rapporte plus qu'elle ne coûte. Au point *B*, malgré le fait que la différence entre le coût moyen et la recette moyenne soit la plus grande, le coût marginal est encore inférieur à la recette marginale. L'entreprise, en augmentant la production et la vente, peut donc encore accroître son profit total jusqu'à ce que la dernière unité produite et vendue rapporte exactement ce qu'elle a coûté. Le niveau de production et de vente *Q max*, qui maximise le profit total correspond donc à nouveau à l'égalisation du coût marginal avec la recette marginale (point *C*). L'accroissement de la production vendue au-delà de *Q max* implique que l'unité supplémentaire coûte plus qu'elle ne rapporte. En effet, au point *C'* par exemple, *Cm > Rm*. Le profit global maximum est représenté par la surface hachurée. La différence entre la recette moyenne et le coût moyen est multipliée par la quantité produite et vendue correspondante, mesurée par la distance *OQ max*.

8.2.4. *Passage de l'offre des firmes individuelles à l'offre sur un marché*

Dans le graphique suivant sont représentées trois entreprises *A*, *B* et *C* ayant des structures de coût différentes, mais produisant le même bien.

Toutes ces entreprises sont soumises au même prix que nous faisons varier à la hausse.

Pour un niveau de prix désigné par *a*, aucune entreprise n'est en mesure de produire parce que les coûts moyens minimaux se situent au-dessus de ce prix. À partir du prix *b*, l'entreprise *A* ayant la structure de coût la plus basse commence à approvisionner le marché par une quantité Q_1. À ce point, la condition de maximisation du profit total est satisfaite, la recette marginale *b* étant égale au coût marginal. Cette égalité se situe au minimum du coût moyen. Si l'entreprise ne fait plus de perte à ce point, elle ne réalise cependant pas non plus un profit. Par conséquent, ce point est appelé seuil de rentabilité à partir duquel l'entreprise commence à réaliser un profit. Si le prix augmente à c par exemple, l'entreprise A, tout en égalisant son coût marginal avec ce nouveau prix augmente son offre jusqu'à la quantité Qa_2.

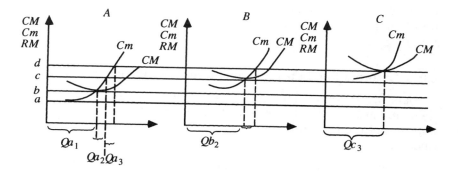

L'offre d'une entreprise seule suit donc la branche ascendante de la courbe du coût marginal à partir du seuil de rentabilité.

Au prix c, l'entreprise B entre également sur le marché, accroissant ainsi, la quantité globale offerte. Elle doit cependant attendre une hausse de prix vers d par exemple pour réaliser un profit.

Enfin, au prix d, l'entreprise C entre sur le marché et entraîne la quantité offerte à un niveau plus élevé.

En regroupant les différentes offres de ces entreprises individuelles en fonction de cette hausse de prix dans le graphique suivant, la courbe d'offre sur le marché est déterminée.

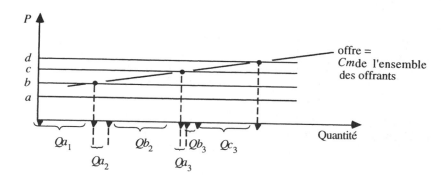

Au niveau du marché, l'offre est constituée par des segments de la courbe du coût marginal des entreprises ; elle représente donc le coût marginal de la branche tout entière.

Comme chaque quantité offerte sur le marché répond au critère de maximisation du profit total des entreprises individuelles, la courbe d'offre est donc formée par des points optimaux sur le plan de la production. À nouveau, notre raisonnement intuitif du chapitre II se trouve complété : la quantité offerte d'un bien sur un marché qui est une fonction croissante du prix exprime le calcul économique des producteurs.

8.3. La formation du prix sur un marché de concurrence parfaite

Dans les deux sections précédentes, nous avons montré que la demande et l'offre d'un bien sont formées par des points optimaux, tant du point de vue du consommateur que du point de vue du producteur.

La réunion de ces deux courbes dans un seul graphique permet d'illustrer le marché et de déterminer le prix d'équilibre qui concilie les calculs économiques des consommateurs et des producteurs. Jusqu'à présent, nous avons implicitement admis que ce marché était exposé à la concurrence, il nous appartient, dans cette section, de préciser les conditions nécessaires à un marché de concurrence parfaite et de montrer comment un tel marché se trouve en équilibre à court et à long terme.

8.3.1. *Les conditions d'un marché de concurrence parfaite*

En faisant abstraction du mouvement de l'offre et de la demande, quatre conditions doivent être réunies pour que le marché soit en concurrence parfaite :

1) *Atomicité* :   Pour un bien donné, les offreurs et les demandeurs sont très nombreux. Aucun des participants au marché, pris isolément, n'a une influence sur la formation du prix d'équilibre.

2) *Libre entrée* : Le marché est accessible à tous. Du côté de l'offre, il n'y a pas d'obstacles financiers légaux ou techniques engendrant des coûts fixes élevés qui empêchent la venue de nouvelles entreprises sur le marché. Du côté de la demande, l'accès au marché est également libre.

3) *Transparence* : Chacun des offreurs et des demandeurs est en état de connaître toutes les dispositions des autres participants du marché.

4) Homogénéité : Le bien échangé est parfaitement défini dans sa nature. Les objets sont rigoureusement identiques. En outre, le bien négocié sur le marché est difficilement substituable par un autre bien échangé sur un deuxième marché.

En pratique, seules les bourses de titres ou de marchandises de nature homogène, telles que le cacao, le café, le coton, etc. s'approchent de ces critères.

8.3.2. L'équilibre à court terme

La superposition de la demande et de l'offre fait apparaître le profit que les offrants ont maximisé au niveau de leur entreprise. Ce profit est appelé surprofit puisque les rémunérations du travail et du capital de l'entrepreneur se trouvent incluses dans la fonction du coût total. Dans le graphique suivant, ce surprofit est illustré par la zone 1.

La zone 2 si situant en dessous de la courbe d'offre représente le coût total engendré par la quantité produite et vendue Q_e. Cette zone peut être décomposée en deux parties. La partie inférieure illustre les coûts fixes, la partie supérieure à la ligne traitillée représente les coûts variables.

Le rectangle formé par les zones 1 et 2 est égal à la recette totale réalisée par l'ensemble des offrants. Cette recette correspond forcément à la dépense de l'ensemble des acheteurs.

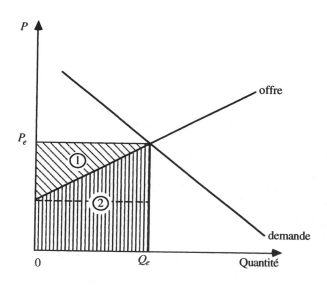

Sur le marché, le surprofit apparaît donc également comme la différence entre la recette totale et le coût total. Remarquons que ce surprofit est différent pour chaque entreprise individuelle qui offre sur ce marché. Plus la structure de coût d'une entreprise est basse, plus son surprofit est élevé. Son offre se classe donc parmi la quantité globale offerte sur le marché (Distance OQ_e) plus proche de l'origine qu'une entreprise qui a une structure de coûts plus élevée.

8.3.3. L'équilibre à long terme

L'existence de surprofit attire de nouvelles entreprises. Leur offre supplémentaire à long terme fait disparaître le surprofit. Cette longue période se caractérise par la création de nouveaux facteurs de production (*FP*) due par exemple à la croissance démographique et à la formation d'un stock de capital physique accru. La courbe d'offre se déplace donc à droite.

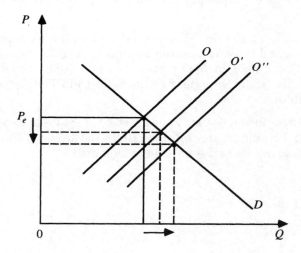

Une augmentation des *FP* provoque un déplacement de l'offre et diminue le prix de l'équilibre. C'est ici qu'intervient le mécanisme régulateur exercé par les prix. En effet, la baisse de prix oblige les nouveaux producteurs à être plus efficaces que les anciens. Les nouveaux venus sur le marché doivent donc avoir une structure de coûts plus basse que les entreprises établies. L'arrivée de nouveaux offreurs plus efficaces fait baisser les prix, ce qui met en péril l'existence d'entreprises qui fonctionnent au minimum de leur coût moyen. Ces entreprises se trouvent donc éliminées à long terme.

À la limite, seules les entreprises dont le coût moyen de production se trouve à son minimum subsistent. Si ces entreprises ont les coûts les plus bas, c'est qu'elles ont trouvé la technologie la plus avantageuse. (Cette technologie sera la même pour toutes ces entreprises étant donné la structure de coûts similaires.)

Du fait qu'à long terme de nouvelles entreprises se constituent, l'élasticité prix de l'offre s'accroît en longue période (à long terme, l'offre est plus élastique). Le graphique suivant illustre ce phénomène. Cette fois-ci, nous raisonnons, pour le besoin de la démonstration, avec une hausse de prix.

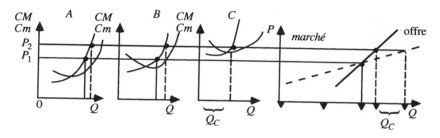

L'offre à court terme est constituée par les entreprises existantes A et B qui mettent sur le marché une quantité accrue lorsque le prix passe de P_1 à P_2. L'offre à long terme est cependant plus importante puisque de nouvelles entreprises (telles que l'entreprise C) ajoutent des quantités supplémentaires : l'offre à long terme accuse donc une plus grande élasticité. À la limite, elle est parfaitement élastique au moment où l'avènement de nouveaux producteurs sur le marché a complètement effacé la possibilité de surprofit. Toutes les entreprises produisent à ce moment au même minimum du coût moyen.

Dans la réalité, l'aplatissement de l'offre ne se réalise pas complètement. Il y aura toujours des différences de coûts, d'efficacité ; les courbes d'offre conserveront donc une certaine inclinaison, donnant lieu à un surprofit qui devient ainsi le moteur de l'activité économique.

QUESTIONS

1) Sachant que les fonctions d'utilité totale pour les biens X et Y sont linéaires et croissantes (pentes non nulles), lequel des graphiques ci-dessous illustre l'allure des courbes d'indifférence entre X et Y ?

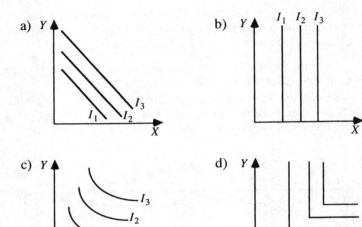

2) Lorsque le revenu du consommateur double et que les prix des biens restent inchangés, laquelle des propositions suivantes n'est pas certaine ?
   a) le consommateur achètera une plus grande quantité de chacun des deux biens s'il s'agit de biens normaux
   b) le consommateur achètera deux fois plus de chacun des biens
   c) la contrainte budgétaire se déplacera parallèlement à elle-même
   d) la contrainte budgétaire sera deux fois plus éloignée de l'origine et la satisfaction totale du consommateur sera, à l'optimum, plus grande.

3) Sachant que le consommateur dépense tout son revenu pour la consommation de deux biens X et Y dont l'utilité marginale est décroissante. Si le taux marginal de substitution entre les deux biens ($TMS_{XY} = -(dY/dX) > 0$) est plus grand que le rapport des prix des deux biens (P_x/P_y), le consommateur va :
   a) augmenter la consommation du bien Y et diminuer celle de X
   b) diminuer la consommation des deux biens
   c) diminuer la consommation du bien Y et augmenter celle de X
   d) dépenser tout son revenu pour le bien Y, abandonnant la consommation de X.

4) L'hypothèse que les coûts marginaux sont constants implique que :
   a) le coût total n'est formé que des coûts fixes

   b) le profit total maximum est atteint en concurrence parfaite à l'intersection du coût marginal et du prix

   c) l'entreprise a intérêt à maximiser son chiffre d'affaires

   d) le prix du bien est égal au maximum du coût marginal.

5) Le profit total est défini par la différence entre :
   a) le prix et le coût moyen
   b) le prix et le coût marginal
   c) la recette totale et le coût total
   d) la recette marginale et le coût marginal.

6) Le seuil de rentabilité indique que :
   a) l'entreprise couvre tout juste les frais variables
   b) le prix est égal au minimum du coût moyen
   c) le prix du bien est inférieur au coût marginal mais supérieur au coût moyen
   d) le prix du bien est égal au minimum du coût marginal.

7) Quelle est l'incidence d'une augmentation des coûts fixes pour un producteur opérant sur un marché de concurrence parfaite ?
   a) la quantité produite diminue, le profit diminue
   b) la quantité produite reste inchangée, le profit reste constant
   c) la quantité produite reste inchangée, le profit diminue.
   d) la quantité produit augmente, le profit diminue.

POUR EN SAVOIR PLUS

Baumol W.J.et A.S. Blinder (1997), *Economics : Principles and Policy*, Forth Worth, Dryden Press, 7e édition, 2e partie.

Henderson J.M. et R.E. Quandt (1993), *Microéconomie – Formulation mathématique élémentaire*, Paris, Dunod, 2e édition, chap. 2, 3 et 4.

Hirshleifer J. et D. Hirshleifer (1998), *Price Theory and Applications*, Londres, Prentice-Hall International, Inc., 6e édition, notamment chapitre 6.

Jullien B. et P. Picard (1994), *Éléments de microéconomie*, Éditions Montchrestien E.J.A., Domat économie, Paris, 2e édition, 2. *Exercices et corrigés*.

La Grandville O. de (1994), *Principes d'Économie*, Tome 1, Microéconomie, Paris, Economica.

Picard P. (1994), *Éléments de microéconomie*, Éditions Montchrestien E.J.A., Domat économie, Paris, 4e édition, 1. *Théories et
   Applications*, notamment chapitre 6.

Varian H.R. (1999), *Intermediate Microeconomics : a Modern
   Approach*, New York, Londres, Norton, 5e édition.

Seuil de rentabilité :

Le Prix le plus bas qu'accepterait une firme concurrentielle à long terme, lequel correspond au minimum du CM.

CHAPITRE IX

LES MARCHÉS À CONCURRENCE IMPARFAITE

Le modèle de la concurrence parfaite développé dans le chapitre précédent a permis de mettre en évidence le rôle joué par le marché dans la recherche de l'allocation optimale des ressources. Le surprofit qui stimule cette recherche n'est qu'éphémère. À long terme, tous les producteurs sont amenés à produire au minimum du coût moyen fixé au niveau du prix de vente. Cette tendance à la disparition du surprofit à long terme a suscité une réaction des producteurs et des centrales d'achat qui ont cherché à se soustraire à la pression de la concurrence. Cette réaction se reflète au niveau théorique par des modèles de marché à concurrence imparfaite. Par rapport au modèle de la concurrence parfaite, trois conditions sont supprimées :
— l'atomicité, soit du côté de l'offre, soit du côté de la demande,
— la libre entrée dans le marché,
— l'homogénéité du produit.

En n'utilisant que la condition de l'atomicité, on peut distinguer schématiquement les cas suivants de concurrence imparfaite :

Offre / Demande	Infinité	Quelques-uns	Un seul
Infinité	Concurrence parfaite	Oligopole	Monopole
Quelques-uns	Oligopsone	Oligopole bilatéral	Monopole contrarié
Un seul	Monopsone	Monopsone contrarié	Monopole bilatéral

par la suite, nous discuterons de quelques-unes de ces situations.

9.1. Le monopole

Dans une telle situation, la condition d'atomicité du côté de l'offre est supprimée. Un seul producteur fait donc face à toute la demande d'un bien donné, sur le marché.

Le monopoleur fixe le prix de vente en fonction de la quantité qui maximise son profit. Contrairement au modèle de la concurrence parfaite, le prix n'est pas fixe mais varie d'une manière inversement proportionnelle à la quantité écoulée. De ce fait, l'évolution de la recette totale du monopoleur se trouve également affectée par la variable prix. Nous supposons par la suite une demande linéaire.

9.1.1. Évolution de la recette du monopoleur

L'exemple numérique suivant nous permet de montrer les conséquences du fait que la recette totale du monopoleur dépend à la fois de la quantité et du prix qui est lui-même influencé par la quantité mise sur le marché :

$$RT = Q \cdot P(Q)$$

Les chiffres suivants se réfèrent à la vente d'un produit de 3 à 6 unités. Conformément au comportement usuel des consommateurs, le prix diminue au fur et à mesure que la quantité émise sur le marché augmente :

Q en kg	P en francs par kg	RT en francs
3	140	420
4	120	480
5	100	500
6	80	480

À partir de ces chiffres, calculons la recette marginale : en augmentant la vente d'une unité (passage de 3 à 4), la recette additionnelle peut être déterminée de deux manières :

1) $Rm = \dfrac{\Delta RT}{\Delta Q} = RT_4 - RT_3 = 480 - 420 = 60$

2) $Rm = P_4 + 3\dfrac{\Delta P}{\Delta Q}$

comme $\dfrac{\Delta P}{\Delta Q} = P_4 - P_3 = 120 - 140 = -20$ F.

La recette marginale est déterminée comme suit :

$$Rm = 120 + 3 \cdot (-20) = 60$$

En général, nous pouvons déterminer la recette marginale en dérivant la recette totale $(RT = Q \cdot P(Q))$:

$$Rm = P(Q) + Q \cdot \frac{dP}{dQ}$$

Ceci montre que la recette marginale est plus petite que la recette moyenne $(P(Q))$ puisque $dP/dQ < 0$.

Ce résultat n'est pas surprenant. En effet, la recette marginale indique la variation de la recette totale consécutive à la variation d'une unité supplémentaire vendue.

En concurrence parfaite, celle-ci est égale au prix du marché, tandis que pour le monopole elle doit être inférieure au prix puisque ce dernier doit baisser afin qu'une plus grande quantité puisse être écoulée. Dans ce cas la recette marginale est composée :
1) de la recette entraînée par la vente d'une unité supplémentaire
2) de la variation de la recette sur les unités précédentes due à la variation de prix nécessaire pour vendre une unité supplémentaire.

Illustrons l'évolution de la recette marginale à l'aide de chiffres :

Augmentation des ventes de 4 à 5 unités :

$$Rm = 100 + 4 \cdot (-20) = 20$$

Augmentation des ventes de 5 à 6 unités :

$$Rm = 80 + 5 \cdot (-20) = -20$$

Reportons ces différentes valeurs dans le graphique suivant :

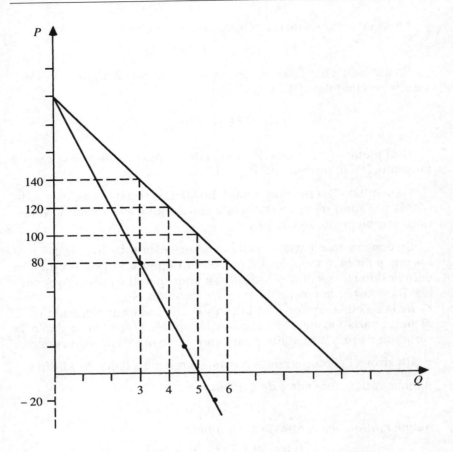

Nous constatons donc que la droite qui représente la recette marginale a une pente double de celle de la recette moyenne. En nous référant à des relations linéaires simples où « a » représente la constante et « b » la pente de la droite, nous avons la preuve formelle suivante :

$$RM = P = a - bQ$$
$$RT = P \cdot Q = aQ - bQ^2$$
$$Rm = a - 2bQ$$

Ces fonctions sont représentées dans le graphique suivant qui illustre le lien entre la recette moyenne (il s'agit de la courbe de demande sur le marché d'un bien distinct), la recette totale et la recette marginale. (Remarquons que ces graphiques superposent une analyse discrète et une analyse continue. Sur le plan formel, cela soulève des problèmes redoutables ; nous ne les utilisons donc que pour l'illustration.)

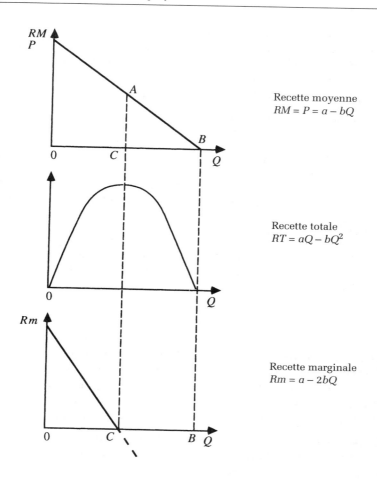

Recette moyenne
$RM = P = a - bQ$

Recette totale
$RT = aQ - bQ^2$

Recette marginale
$Rm = a - 2bQ$

9.1.2. Le lien entre la recette marginale et l'élasticité-prix de la demande

Le fait que la recette marginale décroisse lorsque la quantité demandée est vendue augmente peut être mis en relation avec le concept de l'élasticité-prix de la demande.

Rappelons que ce concept mesure le rapport entre les variations relatives de la quantité et du prix d'un bien et peut être lu dans le graphique ci-dessus de la manière suivante :

$$e_{pd} = \frac{\dfrac{dQ}{Q}}{\dfrac{dP}{P}} = \frac{\dfrac{CB}{OC}}{-\dfrac{AC}{AC}} = -\frac{CB}{OC}$$

Selon cette définition, l'élasticité-prix de la demande est égale à moins 1 lorsque la distance *OC* est égale à la distance *CB*. Tel est le cas au point *A* qui se situe au milieu de la droite de demande. À ce point, et par suite d'une variation de prix, la recette totale reste inchangée ; la recette marginale est donc égale à zéro.

Par rapport à cette situation, distinguons deux autres cas en utilisant l'exemple chiffré :

— *La recette totale augmente*

Lorsque le prix baisse de 140 à 120, cette variation de 20 s'élève, en termes relatifs, à environ 14 % par rapport au prix initial de 140. Cette variation de prix entraîne une augmentation de la quantité de 3 à 4 unités. Cette variation est donc égale à 33 % par rapport aux 3 unités initialement vendues.

La variation négative du prix est plus faible que la variation positive de la quantité. L'élasticité-prix de la demande est donc inférieur à − 1 puisque

$$e_{pd} = \frac{33 \%}{- 14 \%} = - 2,3$$

Le prix baisse de 80 à 60. La variation est donc toujours égale à 20 mais, en termes relatifs, elle est de 25 % par rapport au prix de 80. Par suite de cette baisse de prix, la quantité vendue augmente de 6 à 7. La variation s'élève donc toujours à 1 qui, en termes relatifs, est d'environ 16 % par rapport aux 6 unités précédemment vendues.

Cette fois-ci, la variation négative du prix est plus forte que la variation positive de la quantité. L'élasticité-prix de la demande est donc supérieure à − 1 puisque

$$e_{pd} = \frac{16 \%}{- 25 \%} = - 0,64$$

Il convient de distinguer trois situations signalées dans le graphique suivant :

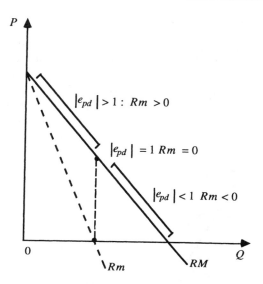

Remarquons que l'élasticité-prix de la demande est souvent indiquée en valeurs absolues. La correspondance des valeurs négatives et des valeurs absolues $|e_{pd}|$ peut être établie par l'échelle suivante :

∞		-1		0
	$e_{pd} < -1$	$e_{pd} = -1$	$e_{pd} > -1$	
	$|e_{pd}| > 1$	$|e_{pd}| = 1$	$|e_{pd}| < 1$	

La recette marginale est liée formellement à l'élasticité-prix de la demande par sa définition

$$Rm = P(Q) + Q\frac{dP}{dQ}$$

Sachant que $e_{pd} = \dfrac{dQ}{dP} \cdot \dfrac{P}{Q}$, la recette marginale est égale à

$$Rm = P + \frac{1}{e_{pd}} \cdot P$$

$$Rm = P\left(1 + \frac{1}{e_{pd}}\right)$$

Selon cette formule, la recette marginale est égale à zéro lorsque l'élasticité-prix de la demande est évaluée à moins un.

9.1.3. *Le calcul économique du monopoleur*

Le calcul économique du monopoleur consiste à maximiser son profit global. Nous connaissons la condition de cette maximisation. Il faut que le coût marginal soit égal à la recette marginale. Puisque la structure des coûts n'est pas influencée par le degré de concurrence, nous pouvons illustrer cette condition en nous servant des courbes de coûts habituelles. Il suffit de les superposer à celles qui représentent l'évolution des recettes moyennes et marginales du monopoleur :

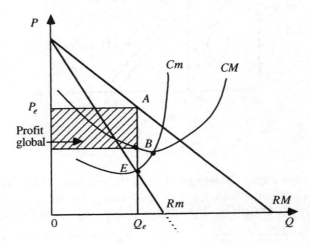

La condition de maximisation du profit global est remplie au point E, fixant ainsi la production du monopoleur au niveau Q_e. En mettant la quantité OQ_e sur le marché, il fixe le prix à P_e. La différence entre ce prix et le coût moyen (distance AB) multipliée par la quantité vendue OQ_e indique en surface hachurée le profit global ainsi maximisé[1].

Contrairement à la situation de concurrence parfaite, la quantité mise sur le marché ne correspond pas au minimum du coût moyen. Non seulement une quantité plus petite est mise à la disposition du consommateur, mais encore elle est vendue à un prix plus élevé que celui qui serait pratiqué en concurrence parfaite.

9.1.4. *Le monopole à prix multiples : le cas du dumping*

Si le monopoleur a l'occasion de vendre son produit sur différents marchés, il cherchera à en tirer profit. En outre, des marchés distincts

---

1. Remarquons que le point A, situé sur la courbe de demande, indique la position de l'offre qui, contrairement au modèle de concurrence parfaite, n'est pas représenté par une courbe.

peuvent être caractérisés par des demandes qui réagissent différemment à des variations de prix. Si les demandes accusent des élasticités-prix différentes la recette marginale du monopoleur n'est pas non plus unique. Pour s'en convaincre, il suffit de se référer à la formule

$$Rm = P\left(1 + \frac{1}{e_{pd}}\right)$$

pour comprendre que des élasticités-prix de la demande différentes d'un marché à l'autre entraînent également des recettes marginales différentes. Par conséquent, un monopoleur exploitant des marchés différents a tout intérêt à fixer des prix qui tiennent compte de ces différentes recettes marginales.

La pratique du dumping est basée sur de telles considérations théoriques.

Le terme dumping désigne une situation où une entreprise vend un produit à un prix plus bas à l'étranger que sur son marché national. Cette situation est caractérisée par :
— une position de monopole sur le marché national,
— un marché national protégé par des droits de douane par exemple,
— un marché étranger en concurrence.

Cependant, puisqu'il se peut qu'une production nationale soit entièrement destinée aux marchés extérieurs, le terme dumping désigne également la pratique de prix différents sur des marchés internationaux distincts.

Dans le graphique suivant, nous avons représenté une situation de monopole sur le marché national qui est séparé du marché extérieur par la protection contre les importations en provenance du reste du monde. Cette protection peut prendre la forme de droits de douane, mais également d'une restriction quantitative des importations (contingentement). Cette condition de protection est importance puisqu'elle permet à l'entreprise de se tailler une position de monopole et, de surcroît, de s'assurer que les biens vendus meilleur marché à l'étranger ne viennent pas inonder le marché national. La protection contre les importations empêche donc le retour de ces biens.

Nous avons tracé la demande nationale pour les biens en question (Qx) en trait plein. Selon la conclusion propre au modèle de monopole, nous en déduisons une courbe de recette marginale à pente double. La demande étrangère, par contre, est supposée parfaitement élastique. Par conséquent, la recette marginale se confond avec la recette moyenne sur le marché étranger : le prix mondial est une constante quelle que soit la quantité fournie par l'entreprise.

L'évolution de la recette marginale en fonction de la quantité vendue est donc la suivante : du point A jusqu'au point B, elle est décroissante : l'entreprise ne s'adresse qu'au marché national. À partir du point B, la recette marginale reste constante et c'est au même point que la recette marginale du marché intérieur égalise celle du marché extérieur.

La quantité globale qui est mise sur les deux marchés se mesure par la distance OQ_g puisqu'à son point Q_g le coût marginal de l'entreprise en question coupe la recette marginale. La séparation de cette quantité globale entre le marché national et le marché étranger se fait d'après le critère rationnel rempli au point B. En effet, à ce point, la recette marginale est la même sur les deux marchés.

Tant que la Rm nationale est supérieure à la Rm mondiale, il est plus intéressant de vendre sur le marché national que sur le marché mondial (zone à gauche de B). Dès que la Rm mondiale est supérieure à la Rm nationale (à droite de B), à la marge, il est plus profitable de vendre sur le marché mondial. La quantité OQ_n va donc être vendue sur le marché national et quantité Q_g-Q_n sur le marché mondial.

En raison de l'introduction du dumping, le prix pratiqué sur le marché national s'est modifié : il a passé de $P_n{}'$ à P_n. En effet, si cette entreprise ne pratiquait pas de dumping, elle aurait – pour maximiser son profit global – égalisé le coût marginal avec la recette marginale qui ne provient que de la demande nationale (point C). La quantité écoulée sur le marché national serait supérieure de $Q_nQ_n{}'$ par rapport à la situation du dumping et le prix pratiqué inférieur à P_n. En pratiquant le dumping tout en maintenant la quantité écoulée sur le marché national au niveau $Q_n{}'$, l'entreprise ne serait pas rationnelle : la recette marginale au niveau $Q_n{}'$ est inférieure à celle qui peut être obtenue sur le marché étranger. Dans le cas de dumping, les demandeurs nationaux sont donc exploités plus sévèrement que dans le cas d'un monopole pur non accompagné d'un dumping.

Remarquons que cette situation a été créée par une séparation des marchés qui n'est pas imputable aux monopoleurs. Grâce à la protection douanière, l'entrepreneur a pu se tailler un monopole sur le marché national et a réussi, par la pratique du dumping, à le rendre encore plus sévère pour les demandeurs nationaux. Il en découle que la lutte la plus efficace contre de telles situations de concurrence imparfaite se situe tout naturellement dans l'application d'un libre échange parfait des biens et services sur le plan international. Dans ce cas, les acheteurs nationaux peuvent s'approvisionner sur le marché mondial, profitant ainsi du producteur le plus compétitif.

Cependant, on peut penser à des situations où le dumping n'est pas dû à une intervention de l'État, mais où c'est l'entreprise, par une action délibérée, qui cherche à séparer les marchés pour tirer profit des différences entre les élasticités-prix de la demande. De telles actions cherchent à exploiter la sensibilité de la demande à des variations de prix en raréfiant l'offre pendant un certain temps et en lançant des campagnes publicitaires variables d'un marché à l'autre. En outre, il se peut que des obstacles non tarifaires, liés par exemple à des coûts de transports importants, ouvrent à nouveau des possibilités de dumping.

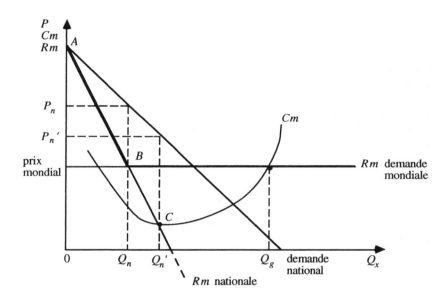

9.1.5. *Le coût social du monopole*

Le coût social que le monopoleur impose à la collectivité se mesure par la perte de bien-être économique par rapport à la situation optimale où le prix est égal au coût marginal. Il se manifeste aussi bien sur le plan de la demande que sur celui de l'allocation des ressources. En outre, un problème de redistribution de revenus se pose.

— *Consommateur*

Le consommateur doit payer un prix plus élevé que celui qui se fixerait en concurrence. Nous rencontrons donc à nouveau le phénomène d'exclusion par le prix.

— *Allocation des ressources*

En concurrence, une pression constante est exercée sur l'entreprise afin qu'elle produise aux coûts moyens les plus bas. Cette situation correspond forcément à la meilleure utilisation possible des ressources productives puisque le plus grand volume (permettant la satisfaction la plus élevée possible) d'un bien est obtenu au moindre coût. Le monopoleur, qui peut commander l'évolution de la recette par la fixation d'un prix adéquat, ne subit pas cette pression. Il peut fixer le niveau de production à un point ne correspondant pas au minimum du coût moyen.

Il en résulte une mauvaise allocation des ressources qui − dans une vue globale de l'économie − entraîne un bien-être économique moindre que celui qui pourrait être réalisé en concurrence.

— Distribution des revenus

En concurrence, l'existence de surprofit doit attirer de nouveaux concurrents qui font baisser le prix et diminuer ce profit. À la longue, les entrepreneurs ne sont donc rémunérés que pour les facteurs de production qu'ils ont engagés dans l'entreprise. Au monopoleur, par contre, échoit le surprofit comme une rente qui ne joue pas le rôle de moteur des activités économiques. Le profit conduit donc à des situations rigides où le monopoleur cherche à défendre sa position privilégiée.

9.2.   Le monopsone

Cette situation est caractérisée par un seul demandeur face à de nombreux offrants. Nous retrouvons donc une situation inversée par rapport au monopole. Cette fois-ci, la concurrence règne du côté de l'offre. Cette situation peut se présenter pour une centrale d'achat. Pour une demande formée par des utilisateurs finals par contre, elle ne se vérifie guère. Il doit s'agir de biens qui sont échangés avant l'utilisation finale ou de biens intermédiaires qui entrent comme facteurs de production dans le processus de fabrication d'autres biens (nous avons défini dans ce contexte le concept de capital technique circulant).

Le monopsoneur est donc nécessairement un revendeur qui a réussi à lui seul à représenter toute la demande qui s'adresse à de nombreux offrants. Les coopératives agricoles et les regroupements d'importateurs peuvent être cités comme exemples.

9.2.1.   Le coût moyen et marginal du monopsoneur

En tant que monopsoneur, un revendeur est confronté à toute la courbe d'offre du marché envisagé. Cette courbe d'offre lui indique à quel prix il peut acheter le bien. Si nous supposons que le monopsoneur lui-même n'a pas d'autres coûts, tel que des coûts de transformation et d'intermédiaire, la courbe d'offre représente pour lui son coût moyen, constitué donc uniquement par le prix d'achat.

Remarquons, pour éviter la confusion, que la courbe d'offre sur un marché continue bel et bien à représenter le coût marginal de tous les producteurs ; pour un monopsoneur, ce coût marginal s'interprète alors comme un coût moyen. À partir de la courbe d'offre, nous pouvons établir quel sera le coût marginal du monopsoneur.

Formellement, il est facile de montrer que, pour des relations linéaires, la courbe du coût marginal accuse une pente double de celle du coût moyen. En effet, le coût moyen se définit comme suit :

$$CM = a + bQ$$

Le coût total, dont la dérivée nous indique le coût marginal, se définit comme suit :

$$CT = CM \cdot Q = aQ + bQ^2$$

d'où nous tirons

$$Cm = a + 2bQ$$

Économiquement, le coût marginal doit être plus élevé que le coût moyen pour une quantité achetée établie. Nous évoquerons ce sujet plus en détail lorsqu'une situation de monopsone sera analysée sur le marché du travail.

Dans le graphique suivant, nous avons représenté l'offre globale du marché qui reflète l'évolution du coût moyen pour le monopsoneur. Évidemment, le coût moyen est une fonction croissante des quantités achetées et ce n'est que pour simplifier le graphique que nous avons supposé une relation linéaire. L'évolution du coût marginal est représentée par une droite à pente double de celle du coût moyen.

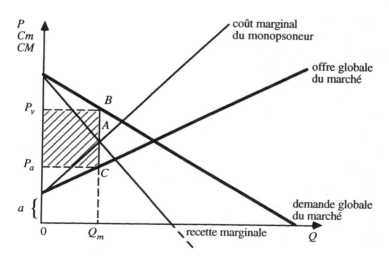

Introduisons l'évolution de la recette du monopsoneur afin que nous puissions déterminer son calcul économique qui consiste, bien sûr, à maximiser le profit global.

En principe, le monopsoneur détient, comme revendeur, une position de monopole. Il a donc également toute la demande face à lui. La courbe de demande globale de ce marché indique donc dans ce graphique l'évolution linéaire de la recette moyenne du monopsoneur. Par la même technique que nous avons appliquée dans le modèle du monopole, nous déterminons l'évolution de sa recette marginale qui est représentée par une droite à pente double de celle de la recette moyenne.

9.2.2. *Le calcul économique du monopsoneur*

Nous savons que le profit global est maximum lorsque la condition suivante est remplie :

Coût marginal = recette marginale

Tel est le cas au point A. En achetant et en revendant la quantité Q_m, le monopsoneur maximise donc son profit global qui est illustré par la surface hachurée. Le prix d'achat se situe à P_a et le prix de vente à P_v. La différence entre ces deux prix, multipliée par la quantité OQ_m mesure donc le profit global maximum, obtenu à la fois au détriment des offreurs et des demandeurs. En effet, au niveau de Q_m, le coût marginal est supérieur au prix d'achat d'une part et la recette marginale inférieure à la recette moyenne d'autre part.

Cependant, le monopsoneur n'est pas dans toutes les circonstances un revendeur-monopoleur. Il se peut qu'il détienne un monopsone à un stade donné de la transformation industrielle (par exemple l'achat de pétrole par une raffinerie). Même en détenant ainsi l'exclusivité d'achat, il n'est pas certain que le monopsoneur, en tant que revendeur d'un bien intermédiaire, soit automatiquement monopoleur. Il suffit que ce bien soit facilement substituable pour qu'il se trouve en concurrence. (Dans notre exemple, les produits intermédiaires obtenus par le raffinage du pétrole peuvent être également obtenus par le craquage du charbon.)

Si tel est le cas, le monopsoneur est obligé de revendre au prix du marché en concurrence. La quantité achetée et revendue est alors déterminée par l'intersection de son coût marginal avec la courbe de demande en concurrence qui s'adresse à lui.

Envisageons finalement une coopérative d'achat qui détient le monopsone. La centrale d'achat représente la demande de l'ensemble de ses membres ainsi que leur évaluation marginale. Dans le graphique suivant, la situation optimale de la centrale d'achat implique une quantité $Q_{c.a.}$ pour laquelle l'évaluation marginale égalise le coût marginal de la centrale d'achat. Le prix s'élève ainsi à $P_{c.a.}$ qui est inférieur à celui pratiqué en concurrence (P_c). Pour que les membres de cette centrale d'achat puissent donc acheter le bien à prix inférieur à celui pratiqué en concurrence, il ne faut pas seulement qu'ils se regroupent effectivement et non pas en apparence, mais également qu'ils réduisent la quantité demandée. En effet, $Q_{c.a.}$ est inférieure à Q_c.

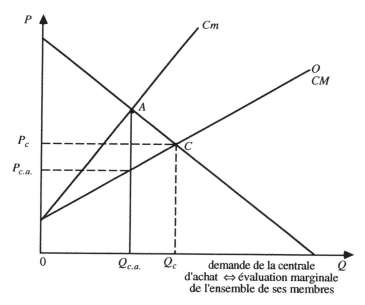

Remarquons que ce regroupement de la demande implique qu'au niveau individuel de chaque membre, la condition de maximisation de sa satisfaction ne soit pas remplie. Pour s'en convaincre, il suffit de se rappeler les conclusions du chapitre VIII qui montre que cette condition n'est remplie qu'au point d'intersection entre l'offre et la demande (dans le graphique ci-dessous au point C). Dans le cadre d'une coopérative agricole, par exemple, cela signifie que la coopérative achète un nombre limité de moisonneuses-batteuses-lieuses qui maximise la satisfaction de la collectivité au prix $P_{c.a.}$, et non que chaque paysan achète son engin au prix P_c, maximisant ainsi sa propre utilité et non celle de la collectivité.

9.3. Le monopole bilatéral

Nous regroupons sous ce titre les enseignements tirés des modèles de monopole et de monopsone. En effet, le monopole bilatéral dési-

gne une situation où un monopoleur se trouve face à un monopsoneur. En d'autres termes, la condition d'atomicité est complètement
suspendue sur les plans de l'offre et de la demande qui maximise son
profit et que l'acheteur en fait de même sur la courbe d'offre. Or,
comme l'atomicité a disparu, nous ne pouvons plus raisonner sur des
courbes de demande et d'offre. Les positions du vendeur-monopoleur
et de l'acheteur-monopsoneur ne sont signalées que par des points.
Dans une telle situation, il convient de distinguer deux cas. Le premier prévoit une entente entre le monopoleur et le monopsoneur qui
exploitent ensemble la demande globale finale. Cette possibilité est
plausible dans la mesure où le producteur unique s'associe avec un
représentant exclusif qui détient par conséquent un monopole de
revente.

Le deuxième cas prévoit une confrontation entre les deux protago-
nistes. Si cette confrontation est menée à armes égales, le prix et la
quantité sont fixés après négociation, mettant complètement en échec
les forces du marché. Par contre, si cette confrontation se fait entre
partenaires inégaux, l'un des participants domine l'autre et lui
impose soit le prix, soit la quantité, soit les deux.

9.3.1. *Entente entre monopoleur et monopsoneur*

Les deux participants exploitent ensemble la demande globale
pour le bien X. Dans le graphique suivant, la structure de coût est
celle du monopoleur puisque nous avons admis – pour simplifier –
que le monopsoneur ne connaît que le coût occasionné par le prix
d'achat. Par conséquent, producteur (monopoleur) et revendeur
(monopsoneur) se présentent comme un seul monopoleur face à la
demande finale. Le prix du monopole (P_m) est ainsi déterminé au
niveau de la quantité vendue pour laquelle la recette marginale égalise le coût marginal (Q_m). Nous avons donc déterminé – par la règle
de la maximisation du profit global – le niveau de production et de
vente. Il nous reste à régler la répartition du profit. Cette répartition
est régie par le prix que les deux partenaires sont d'accord de payer.
Indiquons dans le même graphique les limites qui s'imposent naturellement au monopoleur et au monopsoneur.

Si le monopoleur cédait la quantité OQ_m au prix P_m au monopsoneur, ce dernier ne réaliserait aucun profit. La surface hachurée est
entièrement mise au profit du monopoleur. Si, par contre, le monopsoneur s'approprie le surprofit entier, la limite pour le monopoleur
sera donnée par le prix P_i. En effet, si le monopoleur vendait à un prix
encore plus bas, il se situerait en dessous de son coût moyen, endossant des pertes. Nous obtenons ainsi une « droite d'entente » entre P_m
et P_i qui indique la fourchette dans laquelle le prix d'entente peut
s'établir. En d'autres termes, la quantité produite, achetée et reven-

due, ainsi que le prix de vente, étant fixes à cause de l'entente, la discussion porte seulement sur le prix qui est à la base de la répartition du surprofit. Entre monopoleur et monopsoneur, la théorie ne peut nous renseigner sur le niveau auquel le prix se fixera en définitive. Celui-ci sera influencé par les forces en présence, créant un jeu de pouvoirs. Le monopoleur peut menacer le monopsoneur de lui couper l'approvisionnement. Le monopsoneur réplique alors en menaçant le monopoleur de lui fermer ses débouchés. Une source de conflit existe donc, même si le monopoleur et le monopsoneur sont solidaires face à la demande finale. Cependant, ce conflit s'étend si chacun cherche à agir indépendamment de l'autre.

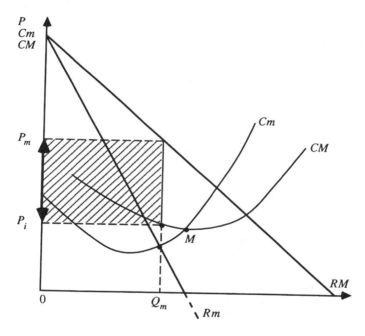

9.3.2. Opposition entre monopoleur et monopsoneur

Dans une telle situation, la discussion porte non seulement sur le prix, mais également sur la quantité. Deux situations extrêmes peuvent être envisagées.

a) Le monopoleur s'impose au monopsoneur

Dans ce cas, le monopoleur maximise son profit selon la règle habituelle ($Cm = Rm$) et impose au monopsoneur le prix de vente. Cette situation est représentée dans le graphique précédent par Q_m comme niveau de production et P_m comme prix de vente du monopoleur (égal au prix d'achat du monopsoneur). Le monopsoneur devient donc simple intermédiaire[1].

b) Le monopsoneur s'impose au monopoleur

Le monopsoneur maximise son profit en prenant le coût marginal du monopoleur comme son prix d'achat. En effet, nous avons montré dans le modèle du monopsone que l'offre globale du marché forme le coût moyen du revendeur. Cette offre se réduit dans le cas d'un producteur unique, à la courbe ascendante du coût marginal à partir du minimum du coût moyen. C'est seulement à partir de ce point que la production du monopoleur entre dans une zone de profit. À partir de cette courbe d'offre individuelle, le monopsoneur établit son coût marginal qu'il égalise avec sa recette marginale. À l'intersection (point A), la quantité achetée s'élève à Q_a, le prix d'achat à P_{ma} et le prix de vente à P_{mv}.

Remarquons que, dans ce cas, le monopoleur réalise toujours un surprofit puisque le prix d'achat P_{ma} est égal à son coût marginal qui est supérieur à son coût moyen au niveau de production Q_a.

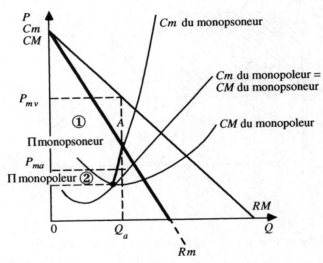

① Zone de surprofit total du monopsone
② Zone de surprofit total du monopole

En outre, la quantité achetée (Q_a) est plus petite que dans la situation précédente.

---

1. Un prix de vente du monopoleur égal au prix d'achat du monopsoneur suppose toutefois que l'activité d'intermédiaire n'engendre aucun coût.

Il faut cependant préciser que cette situation ne constitue qu'un exemple. En effet, la stratégie adoptée par le monopsoneur ne permettrait plus d'exploiter le marché si, dans notre graphique, la recette marginale se situait à gauche du minimum du coût moyen du monopoleur.

En fait, tout dépend de la mesure dans laquelle le monopsoneur s'impose au monopoleur. Si le monopsoneur s'impose totalement, le monopoleur est réduit au rôle de simple producteur ayant perdu ses pouvoirs liés au monopole. Le calcul du monopsoneur s'effectue alors sur la base des courbes de coûts du monopoleur.

À nouveau, la théorie économique ne peut indiquer quelle sera la solution finale qui doit se situer entre ces deux situations extrêmes. Cependant, elle permet de circonscrire le terrain d'entente possible en fournissant des points de référence.

9.4. L'oligopole

L'enseignement théorique montre que la situation oligopolistique – un nombre restreint d'offreurs face à un nombre illimité de demandeurs – amène, soit une guerre des prix (qui peut déboucher sur une trêve tacite), soit une entente non tacite. Nous étudierons la première possibilité sous la rubrique d'oligopole concurrentiel et la deuxième sous le titre de cartel.

9.4.1. *L'oligopole concurrentiel : la demande coudée*

Supposons que seul le prix pratiqué sur le marché soit connu des offrants ; il s'agit d'un prix de trêve désigné dans le graphique suivant par P.

Si un oligopoleur cherche à augmenter son prix individuellement, il constate que la demande qui s'adresse à lui est très élastique : sa clientèle passe aux autres oligopoleurs. S'il essaie de baisser son prix, par contre, les autres oligopoleurs le suivent afin de pouvoir garder leurs clients. Un offreur ne parvient donc pas, à lui seul, à obtenir une meilleure répartition des clients. La courbe de demande qui s'adresse à cet oligopoleur devient beaucoup plus inélastique.

Ce cas a été étudié par Sweezy qui a démontré ce phénomène de la demande coudée. Une demande coudée autour d'un niveau de prix administré peut contribuer à expliquer les prix rigides en cas d'oligopole, de telle sorte que cette rigidité rende les accords tacites plus faciles. Les deux situations suivantes se basent sur une évolution de l'élasticité-prix de la demande contraire à ce qu'escompte le producteur.

— *Augmentation de la recette globale*

En raisonnant avec le concept d'élasticité-prix de la demande, le lien avec l'évolution de la recette est évident :

Si l'entrepreneur diminue la quantité offerte en se croyant en présence d'une demande relativement inélastique, la recette globale diminue au-delà du point *P*. Il faut donc que tous les entrepreneurs raréfient l'offre pour que l'augmentation de la recette totale devienne possible.

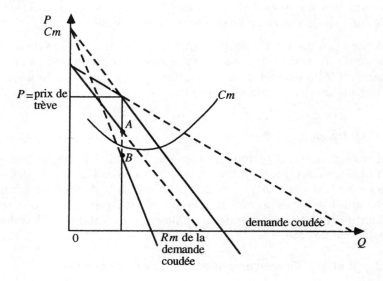

— *Augmentation de la quantité*

La baisse de prix conduit à une baisse de la recette totale puisque la demande s'avère plus inélastique à la baisse. Cette réaction s'explique par le fait que les autres producteurs suivent cette baisse afin de ne pas perdre leur clientèle. L'entreprise doit donc disposer de ressources financières pour faire face à cette diminution de la recette totale.

Pour montrer la rigidité du prix dans de telles situations, introduisons dans ce modèle un mouvement de la demande (*D* se déplace à *D'*) et un déplacement du coût marginal (*Cm* vers *Cm'*). Ces deux déplacements sont indépendants et traités d'une manière autonome. Ils peuvent être justifiés par une hausse des revenus (déplacement de la demande) et par une hausse des salaires (déplacement de la courbe du coût marginal).

Dans les deux cas, la zone où la recette marginale est discontinue (distance *AB* dans le graphique précédent subsiste). Le prix qui est à l'origine de la demande coudée reste inchangé.

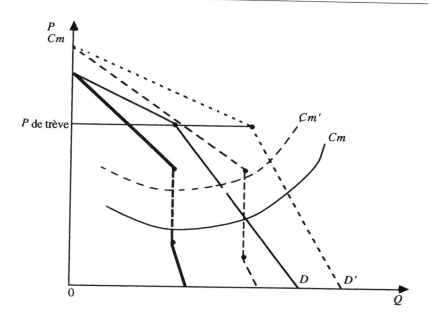

Cette analyse met donc en évidence la stabilité des prix dans la situation d'oligopole. Or, en réalité, il est assez fréquent d'assister à des guerres de prix jusqu'à ce que tous les offrants participant au marché se mettent à nouveau d'accord sur un prix de trêve. Montrons à présent que les oligopoleurs ont intérêt à se regrouper.

9.4.2. L'oligopole d'entente : le cartel

Montrons d'abord que les offrants ont intérêt à s'entendre et indiquons ensuite que cela nécessite une réduction de la quantité offerte. Pour simplifier, raisonnons avec deux offrants qui opèrent sur un marché à demande relativement inélastique. Chaque entreprise annonce son prix. Supposons que le prix annoncé par les deux entreprises soit le même et qu'il corresponde au prix de trêve. À partir d'une telle situation, l'entreprise A cherche à augmenter le prix, B le maintient constant. Dans ce cas, la demande se reporte de A sur B et A voit ses recettes diminuer plus rapidement que ces coûts.

Or, si les deux entreprises étaient d'accord pour augmenter simultanément leur prix, la demande n'aurait pas de raison de se déplacer et les deux entrepreneurs auraient réalisé un gain.

Cependant, le déroulement de la négociation entre les deux firmes n'est pas si simple. En effet, plusieurs stratégies sont possibles. Pour en illustrer quelques-unes, introduisons à titre d'exemple les chiffres suivants : selon la figuration des courbes de coûts propres à chaque entreprise, *A* perd 7 euros et *B* 3 euros si chaque firme cherche individuellement à augmenter le prix. Supposons également que le gain soit de 10 euros pour chacune des deux entreprises si elles augmentaient simultanément leur prix.

Attitude A / Attitude B	Prix constant	Hausse de prix
Prix constant	*A* 0 *B* 0	*A* − 7 *B* + 3
Hausse de prix	*A* + 7 *B* − 3	*A* 10 *B* 10

Les stratégies qui peuvent être adoptées par chacune des entreprises dépendent du goût du risque.

Les deux entreprises sont prudentes : A et B maintiennent leur prix.

— *A* a le goût du risque en estimant que *B* l'a également : *A* augmente son prix.
— *A* n'a pas le goût du risque, mais estime que *B* l'a : *A* maintient son prix.
— *A* pense que *B* le considère comme imprudent : *A* maintient son prix.

Si *A* et *B* accordent leur décision, le prix augmente et donne lieu à un accord appelé cartel.

9.4.3. *L'analyse théorique du cartel*

Cette analyse se sert de deux modèles – celui de la concurrence parfaite et celui du monopole – en les superposant. Le raisonnement graphique suivant fait apparaître que le cartel est un accord instable dans le temps.

En concurrence, l'entreprise produit q_c maximisant ainsi son profit global par l'égalisation entre Cm et Rm (le prix étant fixé au niveau P_c). Si les offrants parviennent à un accord qui porte sur la hausse de prix, le prix de concurrence P_c passe à P_e qui est le prix d'entente[1]. Or, une telle augmentation de prix ne peut se concrétiser que si l'offrant, pris isolément, diminue également sa quantité produite (de

---

1. Remarquons que le prix d'entente correspond à la règle de maximisation habituelle du profit global. Cette fois-ci, c'est le cartel qui, sur le marché global, se comporte comme un monopoleur en égalisant la somme des coûts marginaux de ses membres (Σcm_i) avec la Rm du marché.

q_c à q_e par exemple). L'ampleur de cette diminution dépend des critères de contingentement adoptés par le cartel. Si ce critère devait être le coût marginal la nouvelle production individuelle se situe effectivement en q_e. Cependant, le niveau de production q_e ne correspond plus à la règle de maximisation du profit individuel. Le profit global s'est accru grâce à l'entente, mais au détriment du volume produit.

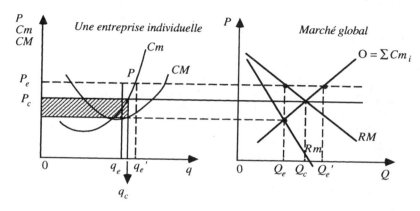

Mais, une telle entente n'est pas forcément de longue durée. Nous pouvons de nouveau retrouver le jeu des stratégies décrites. L'instabilité du cartel provient du fait que l'entreprise individuelle est tentée, dans la nouvelle situation, de maximiser son profit en égalisant la nouvelle recette marginale avec son coût marginal au point P. Cependant une telle attitude implique une augmentation du volume de production qui doit passer de q_e à q_e', entraînant sur le marché global un accroissement de l'offre jusqu'à Q_e'. Or, au prix P_e, un tel volume indique un excès d'offre, le prix baisse jusqu'à ce que l'équilibre initial sans entente soit retrouvé.

Remarquons pour conclure qu'une entente qui se fait d'ailleurs au détriment du consommateur exige donc une discipline de chacun de ses membres. Si ces derniers ont tendance à dépasser le quota qui leur est imparti aux termes de l'accord, ils se privent à nouveau de leurs bénéfices qui découlent de l'entente (l'exemple de l'OPEP témoigne amplement d'une telle situation).

a) Caractéristiques d'un marché favorisant l'entente

Le modèle de concurrence parfaite repose entre autres sur l'hypothèse que de nombreux offrants peuvent entrer ou sortir librement du marché, maintenant ainsi le jeu de concurrence. Les ententes sont donc favorisées si cette mobilité est freinée, si des barrières à l'entrée d'un marché existent. Ces barrières sont d'autant plus élevées que :

— un stock de capital physique fixe important est nécessaire pour constituer l'entreprise. Ces frais fixes nécessitent à leur tour une production en grande série afin que le coût moyen s'abaisse suffisamment pour réaliser un surprofit. Or, de nouvelles entreprises ne sont pas forcément en mesure de produire et de vendre de très grandes quantités ;

— les produits sont différenciés. À la suite d'une entente, le prix sur le marché monte, attirant ainsi de nouveaux producteurs qui augmenteront le volume offert. Afin d'éviter la baisse de prix qui en résulte, les membres de l'entente ont tout intérêt à vendre leur produit « unique », à savoir que le produit reste au fond destiné au même usage, mais par une différenciation somme tout artificielle, le producteur fait croire au consommateur qu'il s'agit d'un autre produit. Les exemples sont fréquents : l'essence, les cigarettes, les installations stéréophoniques, etc. Il s'agit donc essentiellement de biens destinés à une demande de consommation finale.

La différenciation obtenue est donc soit d'ordre technique, soit d'ordre publicitaire afin d'éviter que la demande ne se déplace vers un autre offrant, ou encore pour s'assurer une part du marché constante ;

— le volume de publicité est important. Dans ce cas, le coût d'information pour une nouvelle entreprise peut constituer un frein sérieux à son installation. Afin de faire connaître son produit, un nouveau venu serait astreint à des dépenses publicitaires excessives. Cette pratique a plus de succès lorsqu'il s'agit de biens assez homogènes.

C'est à cause de ces barrières à l'entrée d'un marché qu'une firme conduit souvent des campagnes publicitaires parallèles pour des marques différentes mais appartenant au même fabricant. La concurrence ainsi artificiellement créée empêche l'arrivée sur le marché de nouveaux concurrents. En d'autres termes, la différenciation des produits implique également un volume de publicité important.

b) Facteurs responsables de l'éclatement d'une entente

Citons trois raisons qui rendent le cartel instable. Les deux premières découlent directement de l'analyse graphique de l'entente. La troisième est liée au phénomène de la croissance inégale des firmes. Un désaccord peut naître si :

— l'entreprise individuelle ne réduit pas la quantité produite selon les termes de l'accord. À part le fait qu'elle puisse être tentée de maximiser son profit global au niveau individuel, les contraintes techniques peuvent se manifester : les sous-produits fréquents dans l'industrie chimique en sont un exemple. Comme leur niveau de production est lié à celui d'un autre produit, il suffit que ce dernier ne soit pas soumis à un accord cartellaire pour qu'il devienne impossible de respecter la limitation de quantité pour le sous-produit cartellisé ;

— le profit global du cartel n'est pas réparti équitablement ; or il est très difficile de trouver des critères neutres pour réaliser cette répartition qui lui est le plus favorable (chiffre d'affaires, quantité vendue, réseau de distribution, etc.) ;

— une firme a acquis une position dominante sur le marché. Elle a tendance à imposer les conditions qui lui sont les plus favorables aux autres membres de l'entente. Signalons cependant qu'il est fréquent que de grandes entreprises fassent partie d'un cartel en raison de la rente qu'une telle appartenance peut leur conférer. Pour que cet argument puisse être maintenu, il faut que la grande entreprise soit organisée le plus rationnellement possible (structure de coût la plus basse) et que le cartel aligne son prix d'entente sur celui de son membre le plus faible. Or, il n'est pas certain que ces conditions soient toujours réunies, il faut plutôt compter avec la « dictature » des grands.

9.4.4. Le price leadership

Dans ce cas, une entreprise, détenant une part importante du marché, fixe le prix qui lui permet de réaliser le profit global maximum. Ce prix constitue alors une donnée pour les autres petites entreprises participant au marché. Ce prix fixé par la grande entreprise est désigné par P dans le graphique suivant. Son niveau a été obtenu en fixant la production de la grande entreprise à l'égalisation entre son coût marginal et sa recette marginale. La demande qui s'adresse au géant est construite à partir de P_1 qui indique le niveau de prix relatif à l'intersection entre l'offre globale formée par les petites entreprises et la demande globale. AP_1, toute la demande est donc couverte par

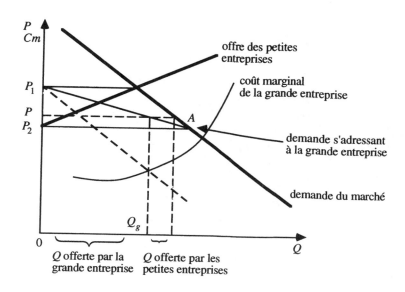

l'offre de petites entreprises. P_2 indique le niveau de prix à l'autre extrême : la demande globale est entièrement satisfaite par la production du géant (A).

L'égalisation de la recette marginale, déduite de la demande, qui s'adresse uniquement à la grande entreprise, avec son coût marginal, fixe le niveau de production à Q_g et le prix à P. Ce prix est celui que les petites entreprises doivent également pratiquer, ne laissant ainsi à leur exploitation que le résidu du marché.

9.4.5. La concurrence monopolistique

Dans le cadre du modèle de l'oligopole, nous avons montré l'importance de la différenciation des produits.

Dans le cas de concurrence monopolistique, un nombre élevé d'offrants existe (contrairement à l'oligopole où ce nombre est restreint).

Dans le raisonnement suivant, nous partons d'une situation d'oligopole décrite ci-dessus, mais cette fois-ci, nous supposons que l'entrée au marché est libre. Il est donc possible que des outsiders s'infiltrent dans le marché, augmentant ainsi le nombre d'offrants. Dans le graphique suivant, les entreprises déjà installées ayant un coût moyen et marginal déterminé font face à une certaine demande (RM). Le volume de production offert et le prix de vente sont déterminés par la règle habituelle de l'égalisation de la recette marginale et du coût marginal (Q_1 et P_1).

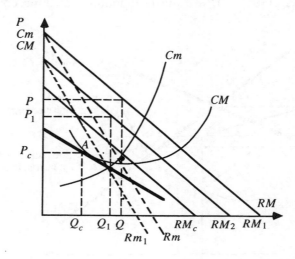

Au moment où un outsider entre dans le marché l'offre s'accroît d'un bien différencié, mais qui reste fondamentalement homogène.

Nous pouvons citer des exemples, nous seulement dans le commerce de gros, tel que l'essence, mais également dans le commerce de détail où les épiceries de quartier détiennent un quasi-monopole aussi longtemps qu'elles ne s'éloignent pas trop d'un prix de concurrence et qu'aucun nouveau magasin n'ouvre ses portes dans les environs immédiats.

La venue d'un outsider qui offre une variété d'un bien commun parvient à séduire une partie de la demande existante attirée par la nouveauté.

De ce fait, les producteurs installés voient leur clientèle diminuer. Par conséquent, la demande se réduit de RM à RM_1. Ce déplacement de la demande vers la gauche n'est pas forcément parallèle. La pente de la demande peut s'aplatir signalant ainsi le fait que l'élasticité-prix de la demande augmente au moment où le choix entre plusieurs producteurs devient plus grand. Quoi qu'il en soit, ce déplacement amène les entreprises établies à refaire leurs calculs en égalisant leur coût marginal inchangé avec la nouvelle recette marginale qui découle d'une demande plus faible. Ce processus se répète avec la venue d'un deuxième outsider. La demande continue à se contracter (elle passe de RM_1 à RM_2). Le calcul révisé du quasi-monopoleur révèle toujours un surprofit, aussi longtemps que le prix reste au-dessus du coût moyen. Par conséquent, l'entrée de nouvelles entreprises sur le marché est stimulée et, comme nous n'avons supposé aucune entrave à l'accès au marché, le mouvement ne s'arrête que lorsque toute possibilité de surprofit a disparu. Tel est le cas au point A, point de tangence entre la demande la plus faible RM_c et le coût moyen de l'entreprise installée, qui a ainsi perdu ses caractéristiques monopolistiques puisque l'arrivée des outsiders l'ont contrainte à accepter une situation de concurrence où le surprofit a disparu.

Au point A, la situation devient comparable à celle décrite par le modèle de concurrence parfaite à long terme. Cependant, de sérieuses différences subsistent :
— il ne s'agit pas d'un bien homogène mais différencié, ce qui explique la pente négative de la demande s'adressant à une entreprise particulière ;
— au point A, toute possibilité de surprofit a disparu. Cependant, la situation n'est pas optimale du point de vue de l'allocation des ressources. Référons-nous au graphique suivant pour le montrer.

Un calcul rationnel fait choisir à l'entrepreneur le point B (égalisation entre Rm et Cm) pour fixer son niveau de production Q_c et le niveau de prix P_c. Or, ce prix égalise son coût moyen.

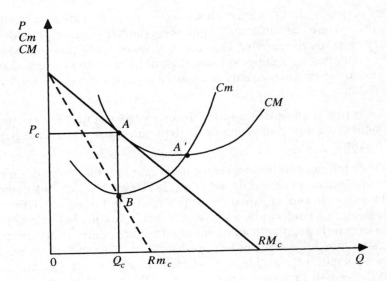

Le prix P_c auquel l'oligopoleur est amené à vendre son produit est supérieur à celui qui serait pratiqué en concurrence. Si le marché était en concurrence parfaite, le prix se fixerait au niveau du minimum du coût moyen (au point A') qui, du point de vue de l'allocation des ressources, présente l'avantage d'assurer la production de ce bien au minimum de coût moyen pour tous les offrants. Dans la situation de la concurrence monopolistique par contre, le niveau de production se fixe à un niveau où, premièrement, le prix est supérieur au coût marginal et, deuxièmement, la zone des rendements moyens croissants n'est pas pleinement utilisée.

Pour conclure, mettons en évidence les deux caractéristiques nécessaires pour que l'on puisse rencontrer en pratique une concurrence monopolistique :

- Il faut que le produit soit différencié, mais fondamentalement le même. Comme il n'est guère possible pour le nombre élevé d'offrants d'obtenir une différenciation artificielle telle que celle obtenue par une publicité massive, il faut que la cause de cette différenciation soit naturelle et pas forcément manipulable par les acteurs participant à un tel marché. Une telle cause est donnée par la proximité plus ou moins grande de l'offrant par rapport à une partie de la demande globale. Un bien échangé sur un marché à concurrence monopolistique est donc caractérisé par cette distance qui sépare le vendeur de l'acheteur. Les branches d'activité telles que les garages, boulangeries et autres commerces semblables sont donc exposées à cette forme de concurrence.

- Il faut que l'entrée sur le marché soit plus ou moins libre, ce qui implique que les frais fixes ne doivent pas être très importants. Les branches à capital physique fixe élevé peuvent donc s'estimer à l'abri de cette forme de concurrence.

9.5. Le mouvement de concentration

Jusqu'à présent, nous avons discuté des modèles de concurrence imparfaite où les entreprises cherchent à maximiser leur profit global. Ces modèles ont un caractère statique et ne tiennent pas suffisamment compte de la croissance des entreprises. Or, cette croissance peut être inégale d'une entreprise à l'autre. Dans ce cas, nous parlons de mouvement de concentration. Remarquons qu'il n'est pas aisé de mesurer concrètement ce développement inégal des firmes : les critères adoptés sont tous sujet à caution.

La concentration se manifeste par une diminution – relative ou absolue – du nombre d'entreprises parallèlement à l'accroissement de la production. Pour la mesurer, on se réfère à l'évolution :

— du chiffre d'affaires. Or, cet indicateur ne renseigne pas correctement sur la puissance réelle d'une entreprise lorsqu'il s'agit d'une grande entreprise selon le chiffre d'affaires, mais qui vend à des prix avoisinant le minimum de coût moyen ;
— du nombre d'employés. Ce critère omet les différents degrés de qualification de la main-d'œuvre. En outre, cet indicateur ne prend pas en considération les procédés de fabrication hautement capitalisés ;
— du bénéfice global d'une branche et la part respective d'une entreprise. Cet indicateur omet l'évolution des réserves latentes et les bénéfices non distribués. Il ne renseigne pas non plus sur la capacité d'auto-financement.

Nonobstant ces difficultés de mesure, le mouvement de concentration n'implique donc pas seulement une réduction du nombre d'entreprises sur un marché, mais également une appréciation de l'évolution inégale de la puissance réelle des entreprises.

9.5.1. *Le mouvement de concentration comme expression de l'évolution économique*

Si les causes premières de ce mouvement ne sont apparemment pas fournies par la recherche du profit global maximum, il faut l'expliquer dans une perspective dynamique du développement économique en général.

Selon J. Schumpeter, auteur de la « Théorie de l'évolution économique » et de « Capitalisme, socialisme, démocratie », l'entrepreneur joue un rôle dynamique dans l'évolution d'une économie. C'est l'entrepreneur qui, en définitive, fait accepter de nouvelles combinaisons de facteurs de production.

Dans une première phase, l'entrepreneur qui a introduit une innovation technique détient un monopole et réalise par conséquent un profit. Cette perspective de profit attire d'autres producteurs qui imitent l'innovation technique. Avec l'augmentation du nombre d'offrants, le profit disparaît progressivement. Les innovateurs courent cependant un risque. Ils sont exposés à des vagues que Schumpeter appelle de destruction créative. La séquence d'une telle vague peut être résumée comme suit :

innovation → monopole → profit → imitateurs →
concurrence → disparition de profit → innovation

Lorsque le progrès technique est de plus en plus rapidement introduit dans les processus de fabrication, l'entrepreneur éprouve toujours plus de peine à résister à de telles vagues. Il est donc tenté de s'entourer d'une digue de protection lui permettant de maintenir plus longtemps une situation de monopole que l'innovation technique lui a conférée. Cette protection prend la forme de brevets. Or, si cette forme de protection ne suffit pas, il faut chercher une entente avec d'autres entrepreneurs pour mettre sur pied une politique de prix commune qui permette un amortissement des investissements plus rapide que celui qui correspond à l'usure normale due à l'activité économique.

Mais, une telle politique n'est possible qu'en concurrence imparfaite dégageant des surprofits. Ces surprofits permettent de faire face à une destruction rapide du capital physique fixe qui n'est due qu'à l'introduction accélérée des progrès techniques dans les processus de fabrication.

On peut se demander si une telle argumentation en conduit pas vers un ralentissement de l'application des innovations. Cependant, force est de reconnaître que – malgré quelques exemples contraires (moteur Wankel) – chaque entreprise cherche à introduire des nouveautés sur le marché et, par conséquent, qu'elle entretient des départements de recherche importants. La limitation de concurrence sous forme d'un monopole n'est donc pas durable.

Un monopole est constamment exposé à l'avènement de nouveaux produits et à l'amélioration des procédés de fabrication. À long terme, le monopoleur doit donc s'adapter. Cependant, la stratégie de monopole présente incontestablement l'avantage suivant : l'entreprise peut plus facilement faire face à une désorganisation du marché provoquée par des nouveaux venus et dresser des plans à long terme sans qu'elle soit exposée au risque de dépréciation accélérée de son capital physique fixe.

9.5.2. *Formes de concentration*

Nous pouvons distinguer les accords informels (tels que les accords tacites sur la limitation de l'offre, les ententes sur les recherches entreprises en commun et les groupements d'achats) et les accords exprès. Les formes les plus connues d'un accord exprès sont le cartel et le trust.

a) Le cartel

Comme nous l'avons souligné précédemment, le cartel désigne un accord entre producteurs qui conservent leur individualité mais qui cherchent le monopole sur le marché qu'ils fournissent. Une telle définition met en évidence deux caractéristiques essentielles du cartel :
— la direction des entreprises qui adhèrent au cartel garde son indépendance ;
— le but consiste à rechercher un monopole (limitation de la concurrence).

D'une manière générale, la forme du cartel convient surtout pour les produits assez homogènes tels que les matières de base. Pour ces produits, une entente sur les prix ou sur la limitation de la quantité offerte est plus facile à obtenir.

Les accords de recherches (échange de licences et de brevets) s'appliquent surtout aux produits hétérogènes. Ces produits fortement différenciés se prêtent mal à une politique de prix réglementée par un cartel.

Le maintien d'un cartel peut cristalliser des structures. C'est seulement lors de sa dissolution que le mouvement de concentration devient apparent. En d'autres termes, le développement inégal a pu se faire sous la protection d'un cartel qui, de ce fait, se forme plus facilement dans les phases contractives du cycle économique.

Les principales formes de cartels peuvent être classées selon les moyens qui sont mis en œuvre pour écarter ou affaiblir la concurrence :

— *Les cartels d'égalisation ou de prix*
Un accord porte sur une politique de prix identiques. Il faut que le produit soit homogène et que la limitation de l'offre qu'une telle politique implique soit contrôlée. De tels cartels se dotent donc souvent d'une organisation commune des ventes.

— *Les cartels de contingentement*

L'accord porte sur les parts de marché attribuées à chaque membre. Le critère d'attribution peut être géographique et quantitatif pour la production ou pour la vente.

b) Le trust

Le terme trust nous vient du droit anglais qui prévoit le transfert de capitaux à un agent fiduciaire appelé « trustee » assumant la gestion des capitaux transférés.

Par conséquent, le trust peut être défini par une agglomération de capitaux groupés sous une même direction.

Les caractéristiques d'un trust sont donc :
— la perte de l'indépendance de chaque société formant le trust. Il s'agit juridiquement d'une seule entreprise ;
— le trust recherche la concentration des capitaux. Il est donc porté vers l'expansion.

La concentration horizontale désigne des groupements qui se forment entre différentes industries (politique de diversification pour répartir le risque), tandis que la concentration verticale se réfère à un regroupement à travers toutes les étapes de production allant des matières premières au produit fini.

Les principales formes de trust englobent la simple participation financière comme la création d'une nouvelle entreprise. On distingue notamment :

— *La fusion par absorption*

Lorsque l'une des sociétés a forcé une autre à capituler, la plus forte achète la majorité des actions de l'entreprise absorbée. La direction du trust reste alors acquise à la plus forte entreprise.

— *La fusion par combinaison*

Création d'une entreprise commune où les participants fournissent le même apport. La direction du trust est formée en commun.

Pour assurer la direction commune et pour uniformiser la politique de groupe, on assiste très souvent à la formation d'un holding qui est une société financière formée par une partie des actions des entreprises qui forment le trust. (Une société holding est parfois appelée société de participation ou société de portefeuille.)

Les caractéristiques d'une société holding sont donc :
— *L'aspect financier*. Le holding assure le financement des sociétés du groupe. À cette fin, il redistribue les revenus du groupe sous forme d'investissements à l'intérieur ou sous forme de placements à l'extérieur du trust :

— *La direction commune*. Le holding est un moyen de direction et de contrôle des sociétés industrielles et commerciales qui font partie du groupe.

c) La différence entre le cartel et le trust

— *Quant à la forme :*
  trust = une entreprise
  cartel = une association d'entreprises limitée dans le temps.

— *Quant au contenu :*
  trust = expansion, recherche de puissance
  cartel = réglementation, cristallisation.

On devrait logiquement s'attendre à ce que les petits entrepreneurs forment des ententes pour mieux se défendre contre les grands trusts. Or, les trusts font presque toujours partie des cartels. Les branches industrielles parmi lesquelles les grands trusts prédominent se trouvent ainsi parmi les plus cartellisées.

Deux raisons peuvent expliquer ce fait :
— si un trust appartient à un cartel, il peut mieux se développer dans d'autres branches d'activité ;
— les entreprises les plus rationalisées (coût moyen le plus bas) peuvent profiter d'un cartel qui fixe le prix d'entente au niveau qui permet de couvrir le coût moyen le plus élevé des membres du cartel.

Puisque le prix de vente est uniforme, mais les prix de revient inégaux, il y a un écart en faveur de l'entreprise qui produit au coût moyen le plus bas. Nous parlons dans ce contexte de vente différentielle.

Pour les cartels de contingentement, les quotes-parts les plus grandes du marché ou de la production sont attribuées à l'entreprise la plus forte qui obtient ainsi un avantage certain par rapport aux autres membres du cartel.

9.5.3. *La lutte contre les cartels et organisations analogues*

Afin de protéger la libre concurrence, l'État a été appelé à intervenir avec une réglementation concernant toute forme d'entente. Deux conceptions du rôle d'intervention de l'État s'opposent : l'une part de l'idée que les pratiques commerciales restrictives ne sont pas condamnables *a priori*, seuls leurs abus le sont ; l'autre cherche à garantir le système de libre concurrence en allant jusqu'à interdire les ententes. Une voie médiane entre ces deux conceptions est formée par le concept de « concurrence possible » qui prévoit une libre entrée et sortie des cartels.

a) Les techniques des lois antitrust

Nous distinguons deux techniques. L'une exige un enregistrement de toute forme d'entente auprès des instances de l'État, l'autre procède par enquêtes.

b) La réglementation en Suisse

La loi fédérale sur les cartels et autres restrictions à la concurrence est entrée en vigueur au début de 1964 et vient d'être révisée en 2003.

Elle part du principe que l'entente n'est pas condamnable *a priori*. Elle la considère comme illicite si elle entrave notablement la concurrence et s'il n'y a pas d'intérêts légitimes prépondérants tels que la rationalisation souhaitée d'une branche économique. Sur le plan interne, un cartel doit laisser entrer et sortir les membres librement. La technique est celle des enquêtes menées par la Commission fédérale des cartels, du type général sur l'état de concurrence dans une branche particulière, du type spécial pour examiner de plus près les contraintes cartellaires. La révision entrée en vigueur porte sur l'annonce des augmentations de prix décidées par des cartels existants (surveillance des prix) et sur une application plus étendue de la loi (cependant à l'exclusion du marché du travail).

Or, cette révision, est encore très éloignée du principe de garantie de la libre concurrence et ne parvient même pas à appliquer dans la pratique le concept de « la concurrence possible ».

c) La réglementation en vigueur dans d'autres pays

La technique d'enregistrement est en vigueur dans la communauté européenne par l'inscription de toutes les pratiques commerciales dans un « registre des cartels ». L'entente qui se soustrait à cette obligation est frappée d'interdiction. L'enregistrement entraîne un examen de la situation concurrentielle. Cette façon de procéder, plus sévère pourtant que celle appliquée en Suisse, présente cependant l'inconvénient que les gentlemen agreements (accords tacites) y échappent.

Aux États-Unis, la technique des enquêtes est de rigueur et c'est la « Federal Trade Commission » qui veille à leur exécution. Les sanctions prévoient la simple interdiction de l'entente avec des sanctions pénales.

Derrière ces différentes conceptions reste bien sûr cachée la question du fonctionnement d'une économie de marché et la place de l'État. Du point de vue idéologique, il s'agit d'un couteau à double tranchant. Si la défense du marché ne peut être obtenue que par une intervention croissante de l'État ou, inversement, si seule l'intervention croissante de l'État entraîne un renforcement de l'économie de marché, il devient équivoque de ne se définir politiquement qu'en fonction de l'importance que l'État doit jouer dans l'économie.

QUESTIONS

1) a) Après en avoir explicité les hypothèses, représentez graphiquement la situation d'un monopole sur un marché donné.

   b) Admettez maintenant que ce marché représente un marché national et que celui-ci est protégé par des barrières douanières qui excluent toute concurrence étrangère. Représentez alors l'avantage qu'a le producteur national à pratiquer le dumping (la demande mondiale qui s'adresse à lui est supposée parfaitement élastique).

   c) Envisagez ensuite que les salaires augmentent dans l'économie considérée. Montrez que cette augmentation de coût peut conduire le producteur à vendre à perte sur le marché mondial. Pourquoi, dans ce cas, la vente à perte sur le marché mondial est-elle préférable à l'exploitation unique du monopole national ?

   d) Enfin supposez que le producteur national obtienne une licence d'importation exclusive pour le bien en question. Pensez-vous que le producteur va cesser de produire suite à la hausse des salaires ? Justifiez votre réponse.

2) Soit un monopoleur qui produit un bien unique et qui se trouve dans une situation optimale (il maximise son profit). Nous supposons que l'État impose au monopoleur un prix maximum tel que le coût marginal du monopoleur soit égal à sa recette moyenne. Indiquez ce prix sur un graphique, où vous aurez représenté la situation initiale du monopoleur et déterminez l'effet de cette intervention de l'État, sur le profit du monopoleur.

3) Rappelez le calcul du monopsoneur et expliquez dans quelle mesure son comportement se modifie selon qu'il se trouve à la revente en position de monopole ou en concurrence.

4) Le « price Leadership » est lié à l'existence de lois antitrust. Expliquez pourquoi.

5) Le modèle de l'oligopole comporte une zone dans laquelle la recette marginale est indéterminée. Montrez les conséquences de cette indétermination sur la longétivité de cette forme de concurrence imparfaite.

6) Expliquez soigneusement le modèle de l'oligopole concurrentiel et montrez par la suite qu'une hausse salariale n'entraîne pas forcément un changement du prix de vente du bien offert.

7) Expliquez le modèle de la concurrence monopolistique et montrez ses analogies avec celui de la concurrence parfaite.

8) Soit un monopoleur qui produit un bien unique et qui se trouve dans une situation optimale (il maximise son profit). Nous supposons que l'État impose au monopoleur un prix maximum tel que le coût marginal du monopoleur soit égal à sa recette moyenne.
   a) Indiquez ce prix sur un graphique où vous aurez représenté la situation initiale du monopoleur.
   b) Déterminez l'effet de cette intervention de l'État, d'une part sur le profit du monopoleur, d'autre part sur la situation des consommateurs du bien en question.

POUR EN SAVOIR PLUS

Hirshleifer J. et D. Hirshleifer (1998), *Price Theory and Applications*, New York, Prentice-Hall, 6e édition.

Varian H.R. (1999), *Intermediate Microeconomics : a Modern Approach*, Londres, Norton, 5e édition.

CHAPITRE X

LES PRINCIPAUX FACTEURS DE PRODUCTION

Ce chapitre, qui propose une analyse micro-économique des deux principaux facteurs de production, travail et capital, nous conduira ensuite à l'étude de l'organisation de la production. Notre intérêt se portera sur les choix technologiques qu'offrent les combinaisons de ces deux facteurs.

10.1. Le marché du travail

L'importance de ce marché n'a pas besoin d'être soulignée. La stabilité de l'emploi, le chômage, le maintien et la progression du salaire réel, sont des préoccupations constantes dans notre société.

L'objet de la théorie économique dans ce domaine est d'analyser la formation du taux de salaire réel et la fixation du volume de travail déterminées aux niveaux micro- et macro-économique sur ce marché. Nous essayerons donc de mieux savoir comment un certain niveau de salaire est atteint globalement dans l'économie, quel est le nombre de postes de travail qui peuvent être occupés à ce niveau, comment les écarts de salaire entre diverses activités économiques ou catégories socioprofessionnelles peuvent s'expliquer, et comment raisonnent les différents acteurs agissant sur ce marché.

10.1.1. La rémunération du travail

Le taux de salaire est le prix formé sur le marché où s'opposent offrants et demandeurs de travail. Nous l'exprimons sous la forme d'un rapport entre unités monétaires (francs) et quantités types de travail (par ex. heure, semaine, mois). Une autre possibilité consiste à exprimer le taux de salaire par rapport à une certaine quantité de travail. Dans ce cas, le taux de salaire exprime le montant payé par pièce, par exemple. En outre, il convient de distinguer le salaire réel (w) du salaire nominal (W).

$$w = \text{salaire réel} = \frac{W}{P}$$

Selon cette définition, le salaire réel est égal au salaire nominal divisé par un indice de prix qui exprime la variation du pouvoir d'achat d'une année à l'autre.

Évolution des salaires-ouvriers en Suisse *(base : 1993)*

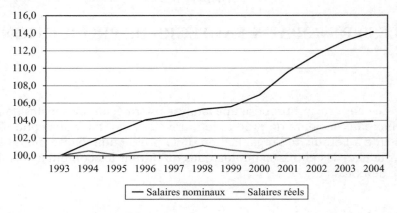

Source : Bulletin mensuel de la BNS.

L'évolution des salaires nominaux, fortement marquée par celle de l'inflation en Suisse, masque un accroissement plus lent des salaires réels, dû aux gains de productivité réalisés. Nous y reviendrons, sur le plan théorique, dans la section consacrée à la demande de travail.

10.1.2. *L'offre de travail*

L'offre de travail émane des individus. Par analogie au calcul des consommateurs, nous pouvons établir une courbe d'indifférence entre le revenu (*R*) et les loisirs (*lo*). En d'autres termes, la théorie micro-économique part de l'idée qu'un individu décide de la répartition de son temps entre loisir et travail (*h*). Supposons que le nombre d'heures disponibles soit de seize. En choisissant, par exemple, de travailler 9 heures, il opte pour un gain égal au taux de salaire multiplié par neuf. Ses heures de loisir s'élèvent dans ce cas à sept. Le graphique suivant illustre ce choix.

Dans ce graphique, l'axe vertical représente le revenu, tandis que l'axe horizontal mesure à la fois les heures de loisir et les heures de travail. En partant de l'origine, nous portons les 16 heures disponibles sur cet axe et déduisons les heures de travail pour aboutir, par exemple, à 7 heures de loisir. Introduisons une droite, appelée droite

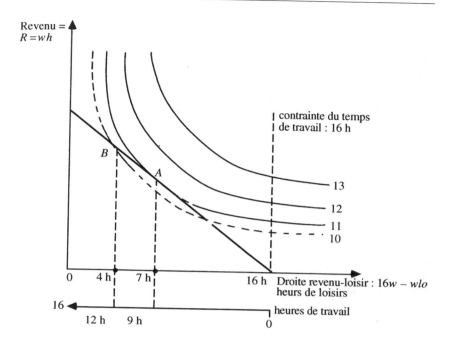

revenu-loisir, qui indique toutes les possibilités de revenu et de loisir qu'un individu peut atteindre pour un taux de salaire donné. Elle est définie par :

$$R = 16w - wlo$$

Dans cette équation, R est défini par $w \cdot h$ (w : taux de salaire) et lo par $16 - h$. La pente de cette droite est égale à w. Une hausse du taux de salaire s'exprime par une pente plus forte de cette droite.

Par analogie au calcul économique du consommateur, nous pouvons montrer que l'individu a tout intérêt à se situer au point A où la droite de revenu-loisir est tangente à une courbe d'indifférence. Si l'individu choisissait un point de la droite revenu-loisir qui ne soit pas un point de tangence avec une courbe d'indifférence (point B, par exemple), il ne serait pas dans une position optimale puisque la courbe d'indifférence passant par B correspondrait à un niveau d'utilité inférieur à celui qui correspond au point A. Pour se trouver dans une position optimale, l'individu doit substituer des revenus aux loisirs. En le faisant, il se rapproche du point A. Jusqu'à ce que ce point de tangence soit atteint, la substitution entre loisir et revenu permet d'améliorer la situation de cet offrant de travail.

Remarquons que, dans la réalité, l'individu ne peut rarement choisir effectivement le nombre d'heures pendant lesquelles il aimerait travailler. Le plus souvent, un horaire rigide lui est imposé. Mais dans cette situation au moins, l'analyse reste valable. Elle permet de déterminer conceptuellement quelle sera la perte d'utilité due à un horaire imposé. Cette perte est égale à la différence entre l'utilité correspondant à la courbe d'indifférence tangente au point *A* et celle qui correspond, par exemple, au point *B*.

Lorsque le taux de salaire se modifie, l'offre de travail varie également. Si le taux de salaire augmente, la droite de revenu-loisir accuse une pente plus élevée que celle représentée dans le graphique suivant.

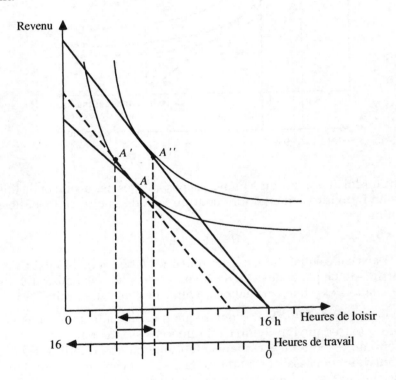

Ce graphique indique un résultat global positif. Il signifie que la hausse du taux de salaire a entraîné une augmentation des heures de loisir ; mais ce résultat est purement arbitraire. Il est tout à fait possible que l'effet global soit positif, nul ou négatif. En général, il est très probable que l'effet revenu soit positif, car il est communément admis que le temps de loisir augmente lorsque le taux de salaire s'accroît. Ainsi face à une hausse de salaire, on pourrait démontrer de manière générale que l'effet de susbstitution est toujours négatif, tandis que l'effet de revenu reste indéterminé. Mais le résultat global dépend en définitive de l'allure des courbes d'indifférence revenu-loisir. Si l'individu a une préférence pour le loisir, l'effet de revenu sera positif tandis que si l'individu exprime une préférence plus marquée pour le revenu, l'effet de revenu sera négatif.

En faisant varier le taux de salaire – dans le sens de la hausse – nous arrivons à déterminer une courbe d'offre de travail typique telle qu'elle est représentée dans le graphique suivant qui illustre, dans les trois quadrants de gauche, les comportements individuels. Le regroupement de ces comportements est illustré dans le graphique de droite qui représente l'offre globale sur le marché du travail.

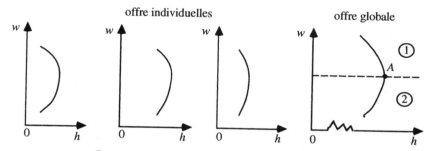

Zone ① : L'effet de revenu est plus fort que l'effet de substitution.
Zone ② : L'effet de revenu est plus faible que l'effet de substitution.

Jusqu'au point A, l'offre de travail augmente lorsque le taux de salaire s'accroît : l'effet de substitution est donc plus fort que l'effet de revenu. À partir du point A, l'offre de travail diminue malgré l'accroissement du taux de salaire. Sur ce deuxième segment, l'effet de revenu est plus fort que l'effet de substitution. Par conséquent, nous obtenons une courbe d'offre qui est appelée *backward bended* (courbée en arrière).

Afin de pouvoir déterminer le taux de salaire sur le marché du travail, introduisons la demande.

10.1.3. La demande de travail

La demande de travail émane des entreprises et peut être définie de la manière suivante : relation entre la quantité de travail demandée et le taux de salaire w. La demande de travail s'établit donc en fonction du prix. Référons-nous, à titre d'illustration, à une courbe de demande de pente négative.

Dans ce graphique, le taux de salaire est déterminé à l'intersection des courbes de demande et d'offre. Le taux de salaire à l'équilibre s'élève à 15 euros l'heure pour, admettons, 500 000 travailleurs.

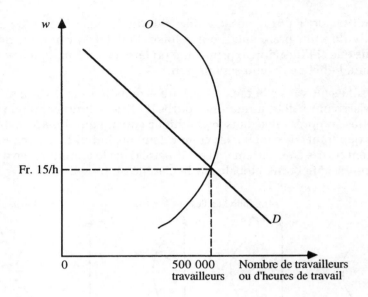

Pour pouvoir comprendre les forces qui sont à l'origine des variations de taux de salaire, nous devons d'abord déterminer les facteurs qui régissent la demande. Le choix d'un certain volume de travail recherché par une entreprise dépend essentiellement du rapport recette/coût de ce volume de travail pour l'entreprise. En d'autres termes, pour un salaire donné de 15 euros/heure par exemple comme déterminé dans notre graphique, une entreprise requiert une quantité de travail qui lui permettra de maximiser son profit ; en conséquence, l'écart entre les recettes totales et le coût total que ce volume de travail entraîne doit être le plus grand possible. Nous rencontrons donc à nouveau un problème de maximisation qui peut être posé de la manière suivante :

Le profit global est défini de la manière suivante :

$$\pi = RT - CT$$

Cette expression peut être écrite en fonction de la quantité de travail (L) :

$$\pi\,(L) = RT\,(L) - CT\,(L)$$

De ce fait, le profit se définit maintenant :

$$\pi = pQ\,(L) - WL$$

et sa variation par rapport à celle de la quantité de travail :

$$\frac{d\pi}{dL} = p\,\frac{dQ}{dL} - W$$

donne lieu à la condition de maximisation du profit global :

$$\frac{d\pi}{dL} \to 0 \quad p\frac{dQ}{dL} = W$$

L'intérêt de l'entrepreneur est d'engager du personnel jusqu'à ce que la recette procurée par une unité de travail supplémentaire soit égale au coût additionnel occasionné par cette unité de travail.

L'analyse se complique du fait de l'interdépendance des marchés des biens et services et du marché du travail sur lequel on se situe. Pour que le prix des biens et services et le taux de salaire ne dépendent pas du volume de travail, il faut introduire l'hypothèse de la concurrence parfaite sur les deux marchés. Nous supposons donc qu'il existe un grand nombre d'agents de part et d'autre du marché, que le travail est un bien homogène, que ce marché est transparent et n'implique pas de coût, ni d'entrée, ni de sortie.

Pour maximiser le profit, la productivité marginale du travail doit être égale au coût marginal. Or, c'est l'expression dQ/dL qui est la productivité marginale physique du travail : multipliée par p, c'est la productivité marginale en valeur. Le coût marginal est égal au taux de salaire puisque nous avons admis que la concurrence parfaite règne sur le marché du travail.

La demande de travail dépend généralement de la contribution du travail à la production et de la demande de biens elle-même. Pour le démontrer, il faut préciser le lien entre le travail et la productivité. Référons-nous à la « loi » des rendements non proportionnels (cf. chapitre VIII).

Selon cette « loi » le nombre de travailleurs engagés augmente d'abord quand le taux de salaire diminue. Au fur et à mesure que le volume de travail s'accroît, la productivité moyenne diminue. Ensuite cette « loi » des rendements non proportionnels établit une réduction relative de la demande de travail lorsque le taux de salaire augmente.

Dans le graphique suivant, nous reprenons l'évolution du coût total, du coût moyen et du coût marginal. Mais, puisque nous raisonnons avec la productivité et non avec les coûts, nous renversons ces courbes pour illustrer le calcul de l'entrepreneur sur le marché du travail. Sa recette totale est obtenue à partir de la fonction de production où toutes les valeurs de quantité sont multipliées par la constante p.

Dans le graphique suivant, les courbes représentant des grandeurs totales, moyennes et marginales ne sont donc que multipliées par un coefficient constant p.

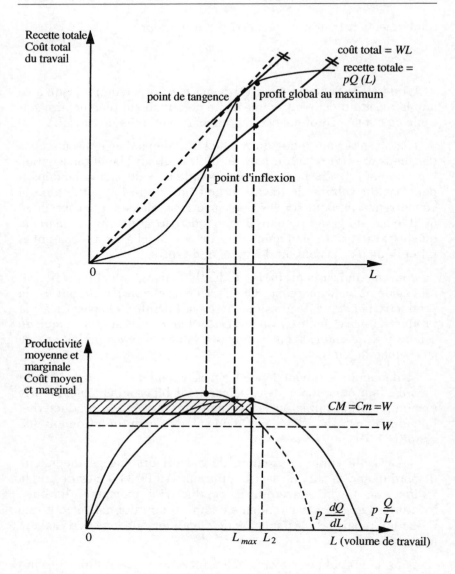

Pour un certain volume de travail, le point optimal, pour l'entrepreneur, se situe à l'intersection de la courbe de productivité marginale en valeur et de la droite horizontale exprimant le taux de salaire w et le coût marginal.

10.1.4. L'équilibre sur le marché du travail en concurrence parfaite

Rappelons que, dans une telle situation, la quantité de biens vendue par le producteur et le volume de travail qu'il utilise n'ont aucune influence sur le prix du bien. Ce prix reste constant, quel que soit le niveau de production. En d'autres termes, toutes les courbes qui représentent des grandeurs physiques ne sont que multipliées par une constante p pour les transformer en valeur. Ces courbes sont représentées dans le graphique du bas qui précède.

Il s'agit de courbes bien connues en U, des coûts marginaux et moyens, mais renversés cette fois du fait qu'elles expriment la productivité moyenne et marginale du travail seulement. En outre, comme nous ne tenons pas compte des frais fixes (seule la valeur de la production due au travail nous intéresse ici), la courbe de coût total part de l'origine ainsi que les courbes représentant la productivité moyenne et marginale du travail.

Signalons que, statistiquement, nous ne parvenons pas à illustrer ces courbes qui ne sont donc utilisables que dans le cadre de ce modèle.

De la condition de concurrence parfaite sur le marché du travail découle le fait que le coût moyen du travail soit égal au taux de salaire W.

Le coût total du travail est représenté par le produit $L \cdot W$, à savoir une droite qui passe par l'origine avec une pente W. De même, le coût marginal du travail est égal au taux de salaire ; nous pouvons donc écrire

$$CM_L = Cm_L = W$$

Dans la situation précédente, le niveau optimal de l'emploi correspondait au point d'intersection de la courbe de la productivité marginale en valeur du travail et du coût marginal du travail. En distinguant le court du long terme, nous allons montrer qu'un surprofit, à court terme, disparaît entièrement à long terme.

À court terme, ce surprofit est mesuré par la zone hachurée dans le graphique. Il est appelé surprofit et nonprofit car on suppose que le profit dit normal est déjà inclus dans les frais de production. Par conséquent, les courbes de productivité moyenne et marginale du travail tiennent déjà compte de ce profit normal.

Nous avons vu que le niveau d'emploi demandé par l'entreprise est donné à l'intersection des courbes de productivité marginale en valeur et de coût marginal du travail. Si le taux de salaire s'abaisse, la demande de travail de l'entreprise est donnée par un volume plus grand, que nous avons désigné par L_2. Par conséquent, la courbe de demande de travail de l'entreprise est représentée par la section en pointillé de la courbe de productivité marginale du travail.

À long terme, le surprofit existant attire de nouveaux concurrents sur le marché des produits. De ce fait, l'offre du bien se déplace et entraîne une baisse du prix de ce bien ; les courbes de productivité moyenne et marginale s'abaissent jusqu'à ce que le surprofit ait disparu. Une telle situation est représentée dans le graphique suivant.

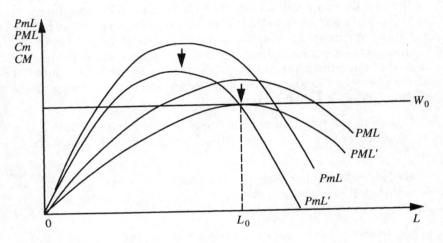

Au point L_0, la productivité moyenne en valeur du travail est devenue tangente au taux de salaire w et, au même point, la courbe de la productivité marginale en valeur du travail coupe W_0 et *PML*. Si le prix du bien devait continuer à s'abaisser, la courbe de la productivité moyenne en valeur du travail serait inférieure à la droite exprimant le taux de salaire et révélerait une perte.

Ce phénomène, constaté au niveau d'une entreprise, peut être traduit au niveau sectoriel, ce qui nous permet d'obtenir la demande de travail pour un secteur donné. Il suffit d'agréger les différentes courbes de demande de travail au niveau des entreprises individuelles pour établir la courbe de demande de travail sectorielle. Le graphique suivant illustre cette agrégation et représente en même temps le marché global du travail par la juxtaposition de l'offre et de la demande.

La conséquence d'une baisse du taux de salaire, au niveau individuel des entreprises, est l'augmentation du volume de travail. Au niveau global, la courbe de demande de travail accuse une pente négative. Cependant, le marché global n'est en équilibre que si, à la suite de cette baisse du taux de salaire, l'offre se déplace vers l'extérieur.

Afin de pouvoir faire une analyse du marché global du travail, nous devons nous interroger sur les causes des mouvements et bien sûr sur les facteurs d'élasticité également.

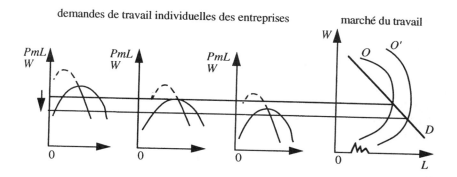

demandes de travail individuelles des entreprises   marché du travail

a) Les causes des mouvements sur le marché du travail

En ce qui concerne la demande, les principaux facteurs d'un mouvement sont donnés par l'innovation technologique ou encore par un changement dans la structure de demande pour les biens finals. En effet, l'innovation technologique modifie la productivité moyenne et marginale du travail. La productivité marginale du travail s'accroît, par exemple lorsque le processus de production se capitalise. En d'autres termes, à la suite d'un processus de capitalisation, un ouvrier dispose d'un matériel plus complet qui lui permet d'exécuter un certain travail plus rapidement. Il devient donc plus efficace et par conséquent sa productivité marginale s'accroît. En ce qui concerne le changement dans la structure de demande pour les biens finals, nous pouvons imaginer le scénario suivant : en raison du phénomène de « mode », un bien attire brusquement une demande plus forte : le prix de ce bien augmente. Par conséquent, pour le même taux de salaire, l'entreprise demande un volume de travail plus important afin de pouvoir satisfaire la demande accrue sur le marché de ce bien.

Au niveau de l'offre, la cause du mouvement est donnée par la variation de la population active, qui elle-même dépend essentiellement de la croissance démographique ; d'autres facteurs cependant, difficilement mesurables, peuvent également intervenir (âge d'entrée dans la vie professionnelle plus élevé, travail des femmes, âge de la retraite abaissé).

b) Les facteurs d'élasticité

L'élasticité de la demande de travail est plus marquée à long terme. Ce phénomène est essentiellement dû à la disparition d'entreprises relativement riches en travail. Cette disparition tient également à l'évolution technologique qui a tendance à utiliser plus de capital. En outre, l'élasticité peut dépendre d'une cause indirecte liée aux changements dans la structure de la demande des biens finals. En effet, supposons que, sur le marché des biens, un produit relativement riche en travail soit tout à coup préféré par les consommateurs à un bien produit avec relativement plus de capital. Tel est notamment le cas lorsque, par inclination, les consommateurs commencent à préférer le « hand-made ».

L'élasticité de l'offre est considérée comme relativement faible. Cependant, l'offre peut accuser une plus forte élasticité dès que l'on tient compte des heures supplémentaires, du travail féminin et du travail à la prime, etc.

Analysons ces différentes forces un peu plus en détail dans le graphique suivant, en faisant la distinction entre les mouvements spontanés et induits de l'offre de travail. Partons d'une situation d'équilibre E_0 et supposons que la population active a augmenté. Cet accroissement est à l'origine d'une augmentation spontanée de l'offre de travail qui se traduit graphiquement par un déplacement de la courbe d'offre vers la droite. Le nouvel équilibre provisoire s'établit à E_1, qui correspond à un taux de salaire inférieur. La baisse du taux de salaire entraîne l'arrivée de nouveaux producteurs sur le marché. Sur le marché des produits, l'offre s'accroît et provoque une baisse des prix des biens. La courbe d'offre sur le marché des produits se déplace vers la droite, la baisse de prix qui en résulte modifie les courbes de productivité moyenne et marginale en valeur du travail et provoque un mouvement vers la gauche de la demande de travail sur le marché.

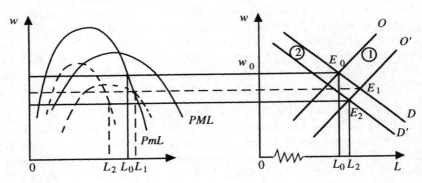

Un mouvement spontané de l'offre de travail provoque donc un mouvement induit de la demande de travail. Le nouveau point d'équilibre final n'est pas E_1, mais bel et bien le point E_2. Ce dernier point dépend entre autres des élasticités-prix de la demande et de l'offre du produit en question. En effet, si la variation de prix sur le marché du produit est élevée, les conséquences d'un mouvement spontané de l'offre de travail peuvent être importantes étant donné que les entreprises contractent plus fortement leur demande de travail dans une telle situation. En d'autres termes, le volume final atteint (L_2) peut être supérieur, égal ou inférieur au volume de travail initial (L_1), selon l'impact de l'élasticité-prix de la demande de biens sur la demande de travail des entreprises.

Dans ce modèle, nous avons raisonné avec une fonction de production à une seule variable explicative, à savoir le facteur de production travail ; or, en réalité, nous savons qu'il faut plusieurs éléments pour une production de biens. Si nous introduisons, par exemple, des coûts fixes (occasionnés par l'installation de machines et de bâtiments), des facteurs variables autres que celui du travail, comme par exemple les matières premières, nous devons faire la distinction entre la productivité nette et brute. Jusqu'à présent, nous avons raisonné avec la productivité nette qui ne tient compte que du facteur travail. La productivité brute comprend également l'engagement supplémentaire d'autres facteurs de production qui font suite à un changement dans les effectifs des travailleurs. Bien que nous ne poursuivions pas l'analyse avec la productivité brute, cette question reste importante car l'entrepreneur, qui décide d'engager un plus grand nombre de travailleurs, doit se demander si la productivité marginale du travail n'est pas inférieure au coût du salaire du travailleur supplémentaire engagé et au coût d'autres facteurs de production tels que les matières premières.

10.1.5. *Situations de concurrence imparfaite*

Nous étudierons tout d'abord les cas où, sur le marché du travail, un seul acheteur, à savoir une seule entreprise, est disposée à engager la main-d'œuvre d'une région. Cette situation pourrait se produire dans les régions isolées où une seule fabrique offre des places de travail.

Malgré cela, cette entreprise reste quand même demandeur de travail. Nous examinerons ensuite la situation de marché dominée par un seul offrant. Tel est le cas lorsqu'un syndicat regroupe l'ensemble des travailleurs.

Comme nous connaissons aujourd'hui la négociation de contrats de travail par une commission paritaire composée de représentants du patronat, d'une part, et de syndicats d'ouvriers, d'autre part, la situation plus réaliste d'un marché de travail doit être analysée en juxtaposant ces deux formes de concurrence imparfaite. La théorie économique parle dans ce cas de monopole bilatéral. Monopole bilatéral dans le sens qu'il y a un seul offrant opposé à un seul demandeur. Un monopole s'oppose donc à un monopsone. En théorie comme en pratique, il est aisé de montrer que, sur un tel marché, le prix, à savoir le taux de salaire, découle, non pas de la rencontre entre une demande et une offre mais de négociations entre les deux parties en présence.

a) Monopsone sur le marché du travail

En concurrence parfaite, lorsqu'une entreprise engage un travailleur supplémentaire, elle n'a qu'à ajouter le taux de salaire à la facture salariale précédente. En monopsone (un seul demandeur sur le marché du travail), la facture salariale est plus élevée que le salaire payé pour le travailleur supplémentaire. Elle augmente également du montant du paiement supplémentaire versé aux travailleurs déjà engagés. En d'autres termes, le taux de salaire est une fonction croissante de la quantité de travail. Cela provient du fait que la demande de travail émanant de cette entreprise unique est suffisamment importante pour influencer le taux de salaire dans toute la région. Raisonnons avec l'exemple suivant :

Exemple de la fixation du salaire en cas de monopsone

$CT = wL$ 5 ouvriers à 10 euros/h = 50 euros

$CT = w(L) \cdot L$ 5×10

$W = aL + b$ Coût moyen   10 euros

                                   + 1 ouvrier à 11 euros/h

$CT = aL^2 + bL$ Coût total   6 ouvriers à 11 euros/h = 66 euros

$CmL = 2aL + b$ Coût marginal   16 euros

Le coût additionnel dû à l'engagement de l'ouvrier supplémentaire n'est donc pas égal à 11 euros mais à 16 euros. Graphiquement, une telle situation se présente de la manière suivante :

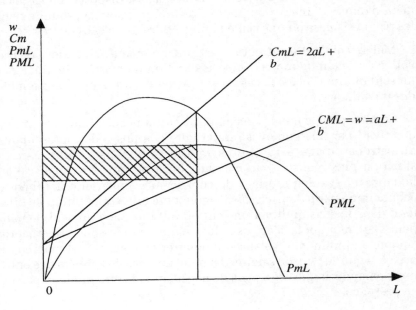

Une entreprise engage à nouveau des travailleurs jusqu'au point où le produit marginal du travail est égal au coût marginal du travail. Le profit qui en résulte est représenté par la zone hachurée sur le graphique. Cependant, ce profit n'est pas durable si l'entreprise se trouve en concurrence parfaite sur le marché des biens. En effet, l'attrait de ce surprofit attire de nouveaux concurrents et crée ainsi un mouvement spontané de l'offre du produit vers la droite. Il en résulte une baisse du prix sur le marché des biens. Par conséquent, les courbes de productivité moyenne et marginale en valeur s'abaissent jusqu'à ce que la courbe de productivité moyenne en valeur soit tangente au coût moyen (point *A* dans le graphique suivant). À partir de ce moment, l'entreprise ne fait plus de surprofit. Si les prix devaient continuer à baisser, l'entreprise envisagée se trouverait alors en zone de perte.

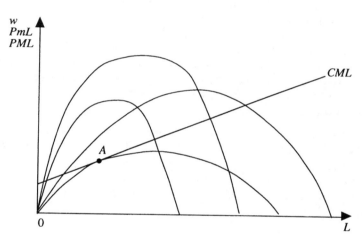

Pour que la zone du surprofit (rectangle hachuré dans le graphique de la page précédente) puisse être maintenue, il faut donc que l'entreprise puisse détenir une position dominante sur le marché des biens. Tel pourrait être le cas lorsqu'elle détient un monopole qui lui permet de fixer le prix sur ce marché, prix qui ne se modifie pas, parce que l'hypothèse de l'arrivée de nouveaux concurrents est écartée.

b) Monopole sur le marché du travail

Une position dominante des offrants de travail peut se manifester de deux manières ; soit par la fixation d'un certain taux de salaire, soit par la fixation d'un certain volume de travail.

Dans les deux cas, un syndicat de travailleurs n'arrive pas à imposer ses conditions à une entreprise qui est exposée à la concurrence sur le marché des biens. En effet, la variation des prix des biens annulera les objectifs fixés par les syndicats. Ces derniers doivent tenir compte de la position concurrentielle de l'entreprise sur le marché des biens et ne sont, par conséquent, plus maîtres de la fixation des salaires et du volume du travail. On ne peut donc parler de monopole proprement dit.

L'action syndicale ne s'avère donc efficace que dans les situations où l'entreprise jouit d'une position préférentielle sur le marché des biens, position qui lui procure des surprofits stables. Dans une telle situation, un regroupement d'offrants sous forme de syndicat tentera de s'approprier ce surprofit. Plus un syndicat est organisé, plus il réussira dans cette tentative. Nous sommes bel et bien dans une situation que la théorie économique appelle monopole bilatéral.

Dans l'analyse suivante, nous n'examinerons que les actions possibles du syndicat en ce qui concerne le volume de l'emploi et le taux de salaire. Cependant, rappelons que l'action du syndicat ne se borne pas seulement à ces domaines mais vise également d'autres objectifs qui sont tout aussi importants, tels que les conditions et le contenu du travail, ou encore la véritable participation des travailleurs au sein des entreprises. Malheureusement, l'analyse suivante ignore ces problèmes importants (voir graphique ci-dessous).

Partons d'une situation où l'entreprise a engagé L_0 de travailleurs à un taux de salaire w_0, fixé cependant sur le marché en concurrence parfaite. À partir d'une telle situation, l'offre de travail se syndicalise pour former un monopole sur le marché du travail. L'action qui en résulte peut être double : elle peut porter sur le taux de salaire ou sur le volume de travail.

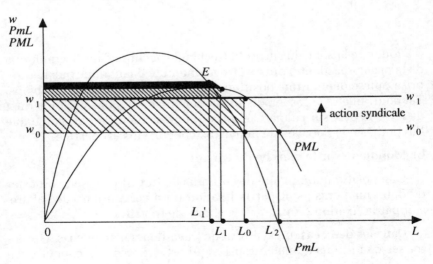

Premièrement, le monopole sur le marché du travail entraîne une hausse du taux de salaire qui passe à w_1. Par cette action, les syndicats visent à s'approprier le surplus réalisé auparavant par l'entreprise, surplus qui est à nouveau représenté par la surface hachurée. Cependant, il résulte d'une telle politique que le niveau de l'emploi baisse dans cette entreprise. Il passe de L_0 à L_1. En effet, l'égalisation du nouveau taux de salaire imposé par les syndicats (w_1) avec la productivité marginale du travail conduit l'entreprise à licencier des travailleurs. En même temps l'entreprise continue de réaliser un surprofit. C'est seulement au point E, qui correspond à un niveau d'emploi $L_1{'}$, où les syndicats pourraient s'approprier entièrement le surprofit.

Nous constatons donc un conflit entre une stratégie qui cherche à maximiser le taux de salaire et celle qui vise à maintenir l'emploi.

Deuxièmement, l'action syndicale vise à absorber un chômage existant, sans que le taux de salaire w_0 qui se pratique au départ sur le marché doive baisser. Une telle action ne peut réussir que si les syndicats parviennent à imposer à l'entreprise des postes de travail supplémentaires mesurés par la distance L_0L_2 par exemple. Cependant, une telle politique signifie pour l'entreprise qu'elle doit abandonner la recherche de l'égalité entre la productivité marginale et le coût marginal du travail. En effet, même si le salaire w_0 ne se modifie pas, l'engagement des travailleurs supplémentaires engendre une perte considérable de productivité marginale. Dans notre exemple, la productivité marginale du travail supplémentaire tend vers zéro.

La solution finale dans les deux cas envisagés dépend des négociations et des forces relatives qui s'opposent sur le marché du travail.

c) La demande de travail en fonction du degré de concurrence sur les marchés du travail et du produit

Dans cette partie, on cherche à illustrer l'impact du degré de concurrence caractérisant le marché d'un facteur de production, en l'occurrence le travail, ainsi que celui régnant sur le marché du produit sur la demande d'une entreprise pour ce facteur de production. Pour cela, il convient de distinguer 4 cas extrêmes :
1) la concurrence parfaite règne à la fois sur le marché du travail et sur celui du produit ;
2) la concurrence parfaite règne sur le marché du travail alors que le marché du produit est caractérisé par une situation de monopole ;
3) la concurrence parfaite règne sur le marché du produit alors que le marché du travail est caractérisé par une situation de monopsone ;
4) le marché du travail est caractérisé par une situation de monopsone alors que le marché du produit est caractérisé par une situation de monopole.

Dans chacun de ces cas, on suppose que l'entreprise cherche à maximiser son profit. On suppose également, pour simplifier, que la fonction de production de l'entreprise montre des rendements uniformément décroissants à l'échelle. Enfin, on considère un seul facteur de production variable à court terme, à savoir le travail. Par conséquent, le coût total de l'entreprise se compose du coût du travail (coût variable) et celui des autres facteurs (coût fixe).

Cas 1 : la concurrence parfaite sur le marché du travail et sur le marché du produit

Dans ce premier cas de figure, l'entreprise étant en concurrence parfaite à la fois sur le marché du travail et sur le marché du produit reçoit le prix du produit P et le taux de salaire w comme donnés :

$$w = \overline{w}$$
$$P = \overline{P}$$

Ainsi, l'objectif de l'entreprise peut être formulé comme suit :

$$\underset{L}{\text{Max}} \ \pi(L) = \overline{P} \cdot Q'(L) - \overline{w} \cdot L - c$$

où π = le profit

Q = la quantité de produit

L = la quantité de travail employée

c = les coûts fixes

La condition du premier ordre de la maximisation de cette fonction s'écrit :

$$d\pi / dL = \overline{P} \cdot Q'(L) - \overline{w} = 0$$

autrement dit,

$$\overline{P} \cdot Q'(L) = \overline{w} \ ou \ Q'(L) = \overline{w} / \overline{P}$$

Ainsi l'entreprise maximise son profit en employant une quantité de travail telle que la recette supplémentaire due à l'emploi d'une unité additionnelle de ce facteur, autrement dit la « recette marginale du travail » soit égale au coût supplémentaire occasionné par cette opération. On note dans ce cas que la rémunération nominale (réelle) unitaire du travail est égale à sa productivité marginale en valeur (physique).

Ce résultat peut être illustré graphiquement à l'aide du diagramme 1. Le quadrant supérieur de ce diagramme représente les fonctions de recette totale et de coût total de l'entreprise en fonction de la quantité de travail employée. La fonction de recette totale est uniformément concave, reflétant des rendements décroissants à l'échelle. Quant à la fonction de coût total, elle est représentée par une droite passant par l'origine. Le quadrant inférieur représente les fonctions de recette marginale et de coût marginal de l'entreprise. On note que la fonction de recette marginale (pente de la fonction de recette totale) est uniformément décroissante. Quant à la fonction de coût marginal (pente de la fonction de coût total), elle est constante. On note ici qu'étant donné l'invariabilité du prix du produit par rapport à la quantité produite (et par conséquent par rapport à la quantité de travail employée) ainsi que l'invariabilité du taux de salaire par rapport la quantité de travail demandée par l'entreprise, les fonctions de recette marginale et de coût marginal se confondent respectivement avec celles de la productivité marginale en valeur et du coût unitaire nominal du travail. Dès lors, l'entreprise maximise son profit en employant une quantité de travail L^* pour laquelle la recette marginale (productivité marginale en valeur) devient égale au coût marginal (coût unitaire nominal du travail). On note ainsi que lorsque le marché du travail et le marché du produit sont l'un et l'autre caractérisés par la concurrence parfaite, la rémunération unitaire du travail est égale à sa productivité marginale en valeur.

Diagramme 1

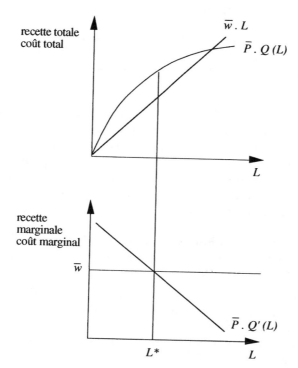

*Cas 2 : la concurrence parfaite sur le marché du travail et
le monopole sur le marché du produit*

Dans ce deuxième cas, l'entreprise étant en situation de concurrence parfaite sur le marché du travail ne peut pas influencer le taux de salaire par sa demande de travail. Par contre, en tant que monopoleur sur le marché du produit, elle est cette fois-ci en mesure d'influencer le prix du produit par la quantité qu'elle écoule sur le marché. On a donc :

$$w = \overline{w}$$

$$P = P(Q) \ \text{avec} \ P' < 0$$

L'objectif de l'entreprise peut être formulé comme suit :

$$\underset{L}{\text{Max}} \ \pi(L) = \overline{P}[Q'(L)] \cdot Q(L) - \overline{w} \cdot L - c$$

La condition du premier ordre de la maximisation de cette fonction s'écrit :

$$d\pi \, / \, dL = \overline{P}[Q(L)] \cdot Q'(L) \cdot Q(L) + P[Q(L)] \cdot Q'(L) - \overline{w} = 0$$

En réarrangeant, on obtient :

$$Q'(L) \cdot \{P'[Q(L)] \cdot Q(L) + P[Q(L)]\} = \overline{w}$$

Or l'expression entre accolades n'est autre que la recette marginale de l'entreprise. Multipliée par la productivité marginale du travail, elle constitue la recette marginale du travail. Donc, une fois encore, on constate que l'entreprise cherchant à maximiser son profit est amenée à employer une quantité de travail telle que la recette supplémentaire due à l'engagement de la dernière unité employée soit égale au coût supplémentaire de cette opération. Seulement, cette fois-ci, la recette marginale du travail se trouve être inférieure à la productivité marginale du travail en valeur car en accroissant la quantité du travail employée d'une unité, l'entreprise fait baisser par la même occasion le prix du produit qu'elle met sur le marché. En d'autres termes, au point optimal, l'unité de travail est rémunérée à un taux qui est inférieur à la recette marginale du travail. Il en résulte ce qu'il convient d'appeler une exploitation monopolistique du travail selon la terminologie utilisée pour la première fois par Mme Joan Robinson, la célèbre économiste britannique.

Cette situation peut être illustrée à l'aide du diagramme 2 dans lequel on distingue entre les fonctions de productivité marginale du travail en valeur et de recette marginale du travail, toutes les deux décroissantes, la première étant située au-dessus de la seconde. Quant au coût marginal, il est encore une fois constant. Ainsi, la quantité du travail optimal L^* correspond au point d'intersection entre les courbes de recette marginale et du coût marginal du travail. Enfin, la distance verticale entre la productivité marginale et la recette marginale du travail à ce point représente l'exploitation monopolistique du travail.

Diagramme 2

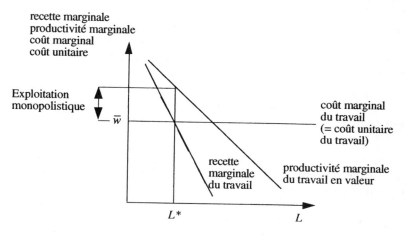

Cas 3 : le monopsone sur le marché du travail et la concurrence parfaite sur le marché du produit

Dans ce cas, l'entreprise est monopsoneur sur le marché du travail et influence donc le taux de salaire par sa quantité demandée de travail. Par contre, étant en concurrence parfaite sur le marché du produit, elle n'exerce aucune influence sur le prix du produit par son offre. On a donc :

$$w = w(L) \text{ avec } w' > 0$$

$$P = \overline{P}$$

Par conséquent, l'objectif de l'entreprise peut être formulé comme suit :

$$\underset{L}{\text{Max}} \ \pi(L) = \overline{P} \cdot Q(L) - w(L) \cdot L - c$$

La condition du premier ordre de la maximisation de cette fonction s'écrit :

$$d\pi / dL = \overline{P} \cdot Q'(L) - w'(L) \cdot L - w(L) = 0$$

Autrement dit,

$$\overline{P} \cdot Q'(L) = w'(L) \cdot L + w(L)$$

On note que le côté gauche de cette égalité n'est autre que la recette marginale alors que le côté droit représente le coût marginal du travail. Ainsi, une fois encore, la maximisation du profit de l'entreprise exige qu'elle emploie une quantité du travail telle que la recette supplémentaire due à cet engagement soit égale au coût additionnel de cette opération. Or, dans le cas du monopsone, ce dernier est supérieur au coût unitaire du travail car l'entreprise en accroissant la quantité de travail demandée augmente par la même occasion le taux de salaire sur le marché du travail. Donc, pour la quantité du travail qui maximise le profit de l'entreprise, le taux de salaire reste inférieur à la productivité marginale du travail en valeur. Il s'agit là du phénomène appelé, par analogie avec le cas précédent, exploitation monopsonistique du travail.

On peut illustrer ce cas à l'aide du diagramme 3. On y distingue les courbes de coût marginal et de coût unitaire du travail, la première se trouvant au-dessus de la seconde. On y trouve également représentée la courbe de recette marginale du travail qui se confond avec la productivité marginale en valeur du travail. Le profit de l'entreprise est maximisé pour la quantité L^* correspondant au point d'intersection entre le coût marginal et la recette marginale du travail. On note qu'à ce point, le taux de salaire lu sur la courbe de coût unitaire est inférieur à la productivité marginale du travail en valeur, la distance verticale entre les deux fonctions correspondant à l'exploitation monopsonistique du travail.

Diagramme 3

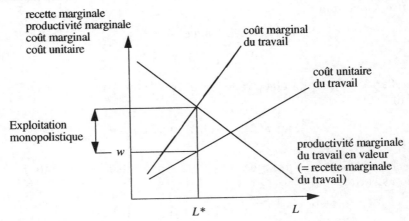

*Cas 4 : le monopsone sur le marché du travail et le monopole
sur le marché du produit*

Dans ce cas, l'entreprise est monopsoneur sur le marché du travail
et monopoleur sur le marché du produit. Ainsi, elle est en mesure
d'influencer à la fois le taux de salaire et le prix du produit. On a
donc :

$$w = w(L) \text{ avec } w'(L) > 0$$

$$P = P\,[Q(L)] \text{ avec } P'\,[Q(L)] < 0$$

Par conséquent, l'objectif de l'entreprise peut être formulé comme
suit :

$$\underset{L}{\text{Max}}\ \pi(L) = P[Q'(L)] \cdot Q(L) - w(L) \cdot L - c$$

La condition du premier ordre de la maximisation du profit de
l'entreprise s'écrit :

$$d\pi/dL = P'[Q(L)] \cdot Q'(L) \cdot Q(L) + P[Q(L)] \cdot Q'(L)$$
$$- w'(L) \cdot L - w(L) = 0$$

En d'autres termes,

$$Q'(L) \cdot \{P'[Q(L)] \cdot Q(L) + P[Q(L)]\} = w'(L) + w(L)$$

Encore une fois, à l'optimum, la recette marginale du travail doit
être égale à son coût marginal. Or, cette fois-ci, étant donné que la première se trouve être inférieure à la productivité marginale du travail
en valeur et que le second est supérieur à la rémunération unitaire du
travail, on assiste à la fois à une exploitation monopolistique et
monopsonistique du travail.

Ce dernier cas peut être illustré à l'aide du diagramme 4. On y
trouve distinguées les courbes de recette marginale et de productivité
marginale en valeur du travail d'un côté, et celles de coût marginal et
de coût unitaire du travail de l'autre. Le profit est maximisé pour la
quantité L* correspondant au point d'intersection entre la recette
marginale et le coût marginal du travail. À ce point, à l'exploitation
monopolistique représentée par la distance verticale entre la recette
marginale et la productivité marginale du travail en valeur s'ajoute
l'exploitation monopsonistique représentée par la distance verticale
entre le coût marginal et le coût unitaire du travail.

Jusqu'à présent, nous avons conduit notre raisonnement au niveau
d'un marché du travail parfaitement homogène, tout en sachant qu'il
en existe plusieurs qualifications. On ne peut ainsi parler d'un seul
mais de différents marchés du travail selon les divers degrés de qualifications que l'on peut rencontrer. En outre, certaines qualifications

Diagramme 4

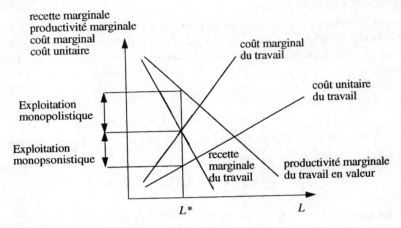

de travail peuvent prendre une forme tout à fait abstraite, être le fruit d'un sacrifice, que constitue la poursuite d'études supérieures par exemple. Ce sacrifice momentané est cependant compensé par un salaire futur plus élevé. La comparaison entre sacrifice actuel et bénéfice futur est à la base du concept de capital humain. Le sacrifice actuel peut être comparé à un investissement dont les salaires plus élevés représenteront le rendement futur. En d'autres termes, les qualifications supérieures peuvent être considérées comme des investissements en capital humain. Il en résulte que la notion de facteur de production travail devient floue pour se confondre avec celle de facteur de production capital, facteur que nous analyserons dans la section suivante.

10.2. Le marché du capital

Plus que le travail, le capital en tant que facteur de production représente une abstraction dans le cadre de la théorie économique. En effet, une unité de capital sur le plan théorique exprime des biens de capital tels que machines et usines qui peuvent être utilisées comme facteurs de production dans un processus de fabrication. Or, en réalité, les unités de mesure du capital en tant que facteurs de production n'existent pas. Nous devons nous référer à la distinction entre le capital physique et le capital financier. En effet, cette distinction nous permet de passer de la forme hétéroclite du bien de capital à la forme plus homogène du facteur de production capital estimée en valeur. En résumé :

— aspect réel : biens de capital tels qu'usines, machines, etc.

— aspect financier : expression nominale du capital physique. Cette expression prend la forme suivante : comptes en banque, carnets d'épargne, actions et obligations, ainsi que toute autre forme de participation financière.

L'aspect financier du capital nous amène donc à l'épargne qui constitue la source principale de sa formation. Si nous voulons déterminer l'offre de capital financier, nous devons donc connaître les facteurs qui sont à l'origine de la variation de l'épargne.

10.2.1. L'offre de capital financier

L'épargne exprime une consommation différée dans le temps. Nous sommes donc de nouveau confrontés au choix entre consommation présente ou future. Et comme n'importe quel autre choix en économie, celui-ci est également soumis à une contrainte.

Notre raisonnement se fera donc en trois parties : la première reprendra la construction d'une courbe d'indifférence entre consommation immédiate et consommation future : la seconde indiquera la construction d'une droite de budget intertemporel ; la troisième enfin réunira les deux précédentes, afin d'illustrer l'offre de capital financier.

a) La courbe d'indifférence intertemporelle

Un individu a le choix entre dépenser son revenu immédiatement en achetant des biens et services ou différer cet achat dans le temps. Ce choix est illustré à l'aide de courbes d'indifférence dans le graphique suivant. C_1 désigne la consommation immédiate, C_2 la consommation dans la deuxième période. Le choix intertemporel du consommateur ne se réfère donc qu'à la comparaison de deux périodes. En outre, nous supposons que les propriétés habituelles des courbes d'indifférence (décroissance, convexité, satisfaction constante le long de la même courbe et niveau de satisfaction différent d'une courbe à l'autre) s'appliquent également à ce choix intertemporel.

Par conséquent, une diminution de la consommation immédiate $(-\Delta C_1)$ est compensée par l'accroissement de la consommation future $(+\Delta C_2)$ afin que l'individu puisse, tout au long de la courbe d'indifférence I_1, retirer de n'importe quelle combinaison de consommation le niveau de satisfaction recherché. Par définition, I_2, étant plus éloignée de l'origine, indique un niveau de satisfaction plus élevé : $I_2 > I_1$.

Pour un niveau de satisfaction constant, le rapport des variations entre la consommation future et immédiate, se mesure par le taux marginal de substitution intertemporal défini par

$$\text{TMS} = -\frac{\Delta C_2}{\Delta C_1}$$

Le TMS change à chaque point d'une même courbe d'indifférence. Cependant, l'allure d'une courbe d'indifférence peut exprimer les préférences du consommateur par rapport au temps. Afin de formaliser ces différences de comportement, introduisons un paramètre supplémentaire p qui exprime un taux marginal de préférence par rapport au temps :

$$p = |\,TMS\,| - 1$$

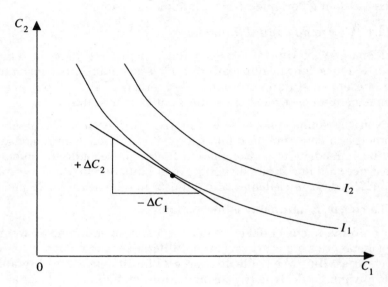

On distingue trois cas :

1) p = 0 : le consommateur n'a aucune préférence par rapport au temps

Le consommateur renonce à la consommation immédiate d'une unité, si la consommation de cette unité lui est garantie dans le futur ; le moment où il pourra la réaliser lui est alors indifférent. Graphiquement, la courbe d'indifférence suivante illustre ce comportement (pour un rapport C_2/C_1 initial donné) :

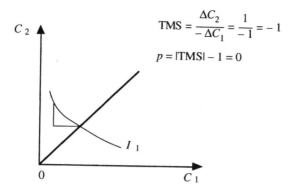

$$\text{TMS} = \frac{\Delta C_2}{-\Delta C_1} = \frac{1}{-1} = -1$$

$$p = |\text{TMS}| - 1 = 0$$

Le taux marginal de substitution étant égal à un en valeur absolue, la préférence par rapport au temps est donc nulle.

2) $p > 0$: le consommateur a une préférence pour la consommation immédiate

Dans une telle situation, le consommateur n'est prêt à renoncer à la consommation immédiate d'une unité que s'il peut en consommer deux ultérieurement.

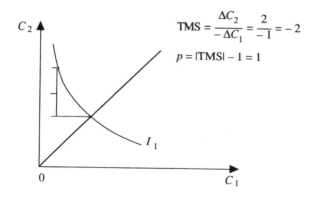

$$\text{TMS} = \frac{\Delta C_2}{-\Delta C_1} = \frac{2}{-1} = -2$$

$$p = |\text{TMS}| - 1 = 1$$

Le TMS étant supérieur à un en valeur absolue, p prend une valeur positive.

3) $p < 0$: le consommateur a une préférence pour la consommation future

Cette fois-ci, le consommateur tient plus à une consommation future que présente ; il est donc d'accord pour échanger un nombre plus grand d'unités présentes (deux unités) contre des unités futures (une unité).

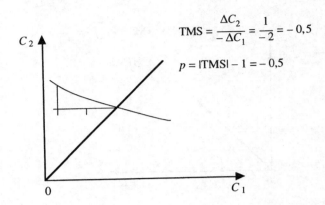

$$\text{TMS} = \frac{\Delta C_2}{-\Delta C_1} = \frac{1}{-2} = -0,5$$

$$p = |\text{TMS}| - 1 = -0,5$$

Le TMS étant inférieur à un en valeur absolue, p prend une valeur négative.

L'allure de la courbe d'indifférence marque la préférence du consommateur. Cependant, pour connaître la position exacte de ce dernier sur une des courbes, il faut introduire une contrainte.

b) La droite de budget intertemporelle

La contrainte qui régit un tel choix est introduite, dans le graphique suivant, par une droite de budget intertemporelle dont la position est déterminée par le revenu de la période courante, et dont la pente exprime les conditions dans lesquelles l'épargne peut être placée sur le marché. Représentons cette droite à l'aide d'un exemple numérique.

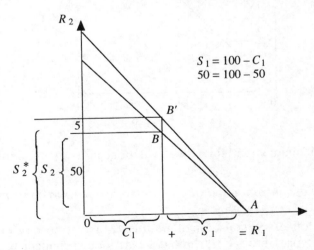

$$S_1 = 100 - C_1$$
$$50 = 100 - 50$$

R_1 revenu disponible dans la première période
R_2 revenu disponible dans la deuxième période

Supposons que le revenu au temps de départ s'élève à 100 euros. C_1 représente la consommation immédiate ; la différence entre le revenu au temps 1 et cette consommation immédiate nous indique le montant de l'épargne (S_1).

Distinguons deux cas : dans le premier, l'épargne placée n'est pas rémunérée, tandis que, dans le deuxième cas, un intérêt est servi.

Si aucun intérêt n'est versé au cours de la première période, l'épargne de la première période s'élève toujours au même montant que la deuxième période.

$$S_2 = S_1 = 100 - C_1$$

Cette équation définit la droite de budget dans le graphique précédent qui indique également l'hypoténuse d'un triangle isocèle. Par conséquent,

$$\frac{dR_2}{dR_1} = \frac{+\,50}{-\,50} = -\,1$$

Le passage du point A au point B fait donc apparaître une augmentation du revenu futur de 50 et une diminution du revenu présent d'un même montant.

Dans le deuxième cas, nous supposons que le taux d'intérêt s'élève à 10 % pendant la première période. Par conséquent, le revenu épargné vaudra plus dans la deuxième période :

$$R_2 = (100 - R_1) \cdot (1 + 0,1)$$

d'où nous tirons

$$\frac{dR_2}{dR_1} = -(1 + 0,1)$$

En d'autres termes, la pente de la droite du budget intertemporelle est fonction du taux d'intérêt avec un signe négatif. Le passage du point B à B' exprime une variation de R_2 de 55 et une variation de R_1 de -50.

Ces deux cas peuvent être associés à l'affectation de l'épargne. En effet, l'épargne peut être, soit thésaurisée, soit placée. Dans le premier cas, où aucun intérêt n'est servi, l'épargne correspond à un prêt fait à soi-même et n'exige donc pas un service de la dette. Dans le second cas, avec intérêt, elle correspond à un prêt fait à une entreprise. Ce prêt se fait directement, par l'intermédiaire du système bancaire qui, à la suite du placement de l'épargne, peut accorder des crédits aux entreprises.

c) Le passage du comportement individuel à la courbe d'offre

En appliquant à nouveau les instruments théoriques du comportement du consommateur sur le marché des biens ou encore d'un offrant de travail sur le marché de ce facteur de production, nous pouvons déterminer l'optimum de l'épargnant. Dans la première situation, cet optimum est désigné par le point B, et par le point B' dans la seconde éventualité (en cas de taux d'intérêt servi sur le prêt). C'est en effet au point B que la droite de budget intertemporelle est tangente à une courbe d'indifférence entre le revenu présent et le revenu futur, courbe qui est la plus éloignée de l'origine. Par analogie à la pente d'une courbe d'indifférence entre deux biens, la pente d'une courbe d'indifférence intertemporelle exprime le taux marginal de substitution intertemporel. Au point B, nous sommes donc assurés que ce taux marginal de substitution intertemporel est égal à $(1 + i)$[1].

$$-\frac{dC_2}{dC_1} = -(1+p) = -(1+i)$$

La condition d'équilibre signifie donc qu'un épargnant opère un placement optimal au moment où son taux marginal de substitution intertemporel est égal au taux d'intérêt régnant à un moment donné sur le marché du capital.

En généralisant ce calcul économique effectué pour un épargnant isolé, on obtient la courbe de capital financier pour l'ensemble des épargnants.

$$R_1 = C_1 + \frac{C_2}{(1+i)}$$

d'où il découle, lorsque $dR_1 = 0$, que $dC_1 + \dfrac{dC_2}{(1+i)} = 0$

$$\text{donc } \frac{dC_2}{dC_1} = -(1+i)$$

Sans nous engager dans la théorie pure, nous pouvons établir le lien entre le choix intertemporel d'un épargnant et l'offre du capital par rapport au taux d'intérêt, en nous référant au graphique suivant.

Dans ce graphique, un accroissement du taux d'intérêt entraîne une augmentation de l'épargne. En effet, au taux d'intérêt initial, le choix intertemporel optimal se situe au point B, point de tangence entre la courbe d'indifférence I_1 et la droite de budget intertempo-

---

1. Puisque $R_1 = C_1 + S_1$.

relle. En modifiant la pente de cette droite, ce point se déplace vers B' puis B''. Il suffit donc de reporter l'épargne formée pour chacun de ces points et de la mettre en relation avec le taux d'intérêt.

La démonstration est ainsi faite que l'offre de capital est une fonction croissante du taux d'intérêt.

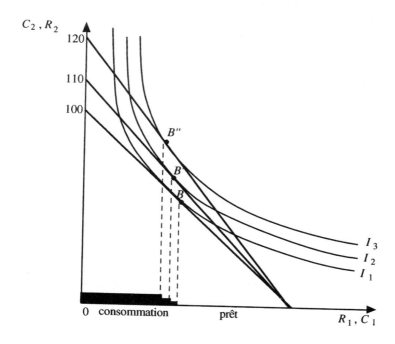

Dans notre exemple, la courbe qui représente l'offre de capital indique que l'épargne mesurée par la différence entre R_1 et C_1 augmente lorsque le taux d'intérêt s'accroît.

Ce résultat n'étant pas unique, nous pouvons imaginer des situations dans lesquelles cette épargne diminue lorsque le taux d'intérêt augmente. Cette fois encore, le résultat dépend de la configuration des courbes d'indifférence intertemporelles. Notons à ce propos que l'offre croissante de capital indique si l'épargnant désire profiter d'un revenu futur plus élevé qui s'accroît au fur et à mesure que le taux d'intérêt augmente. Une offre de capital décroissant signale par contre que l'épargnant désire profiter tout de suite de l'accroissement de revenu dû à la hausse du taux d'intérêt au lieu d'attendre que cette hausse se concrétise dans le futur.

À partir d'un raisonnement individuel, nous pouvons de nouveau procéder à une agrégation de ces différentes courbes pour établir l'offre globale de capital. Il faut cependant être attentif au fait que l'agrégation de comportement, individuelle dans une offre globale de capital masque le fait que l'offre globale de capital soit également alimentée par des épargnants institutionnels. Ces institutions financières ont gagné de l'importance par la généralisation des caisses de retraite. Cette institutionnalisation peut être interprétée comme une épargne forcée pour l'individu. Par conséquent, il est difficile de tenir le même raisonnement pour un épargnant individuel que pour des institutions financières, comme nous venons de le faire.

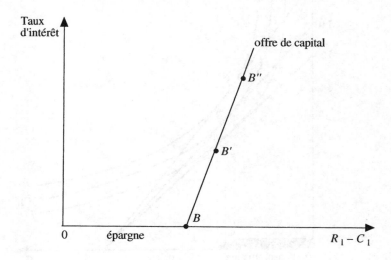

Afin de pouvoir déterminer le prix sur le marché du capital, introduisons la demande.

10.2.2. La demande de capital financier

La demande de fonds émane des producteurs qui offrent un taux d'intérêt pour des capitaux qui leur sont prêtés. Il s'agit à nouveau d'appliquer un calcul intertemporel pour définir la demande individuelle d'un producteur. Intuitivement, nous pouvons tracer cette courbe de demande en fonction du taux d'intérêt, de la manière suivante :

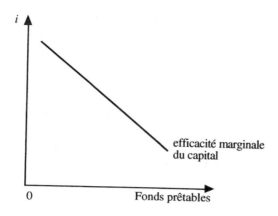

À la différence de nos courbes de demande sur un marché de biens, nous appellerons cette courbe du marché de capital « efficacité marginale du capital ». Cette efficacité peut être définie de la manière suivante :

C'est le taux d'escompte qui, appliqué à la série d'annuités constituée par les rendements attendus de ce capital pendant son existence entière, rend la valeur actuelle des annuités égale au coût de ce capital.

Par coût de capital, il faut comprendre : prix du bien « capital » payé par l'investisseur ; il s'agit donc du prix d'une machine ou d'une usine clé en main, par exemple.

La série d'annuités est constituée par les recettes produites par ce nouvel investissement, déduction faite de toutes les dépenses occasionnées par la production pendant la durée de l'investissement prévue.

Ces annuités représentent des tranches productives $(A)_t$ de l'investissement initial, selon sa durée de vie : $I = A_0 + A_1 + A_2 + \dots + A_n$. Afin de pouvoir comparer la valeur de l'ensemble de ces annuités à l'investissement initial, il convient de ramener ces annuités à la même base de comparaison. Dans le schéma suivant, le début de la première année de l'investissement (t_0) a été choisi comme base :

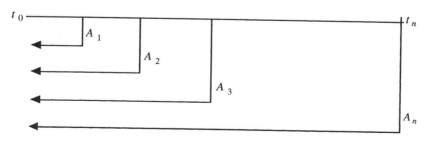

Cette comparaison des annuités au même moment se fait à partir du calcul des valeurs actualisées. Ce calcul est le suivant pour la première tranche productive (A_1) :

$$A_1 = A_0(1 + i) \quad A_0 = \frac{A_1}{(1 + i)}$$

Pour la deuxième tranche, la valeur actualisée tient compte de deux ans :

$$A_2 = \underbrace{A_0(1 + i)}_{A_1} \cdot (1 + i) \; ; \quad A_0 = \frac{A_2}{(1 + i)^2}$$

La deuxième tranche productive aurait pu être investie dès la première année mais cette réalisation aurait donné lieu à un supplément de production. C'est pour cette raison que l'annuité attendue pour la deuxième année est désignée par $A_0 (1 + i)^2$ car, à la fin de cette période, on rajoute le résultat de la deuxième tranche à la première année.

En d'autres termes, la valeur de l'investissement équivaut à la valeur actualisée nette de ces différentes tranches productives :

$$I = \frac{A_1}{(1 + i)} + \frac{A_2}{(1 + i)^2} + \frac{A_3}{(1 + i)^3} + \cdots + \frac{A_n}{(1 + i)^n}$$

Pour montrer que la demande de capital dépend bien du taux d'intérêt, comme le graphique précédent le suggère, il faut savoir comment les entrepreneurs décident un investissement.

Une entreprise qui cherche à se développer va donc devoir sélectionner plusieurs projets d'investissement d'expansion réalisables. Prenons l'exemple d'une industrie chimique qui, pour accroître la production d'un produit pharmaceutique, a étudié plusieurs projets. Le premier consiste à améliorer la capacité productive existante en introduisant une série de mesures qui rendent le processus de fabrication plus rentable. Ce projet d'investissement est relativement modeste et n'exige pas de grands moyens. Un deuxième projet d'investissement consiste à envisager la construction d'une nouvelle usine pour augmenter la capacité de production d'une manière significative. Une troisième possibilité à l'étude est de diversifier la production à l'étranger et, au lieu d'effectuer cet investissement en Suisse, de le faire à l'étranger. Le problème pour l'entreprise consiste à sélectionner un des projets ; elle est donc bel et bien exposée au problème du choix économique qui implique un coût d'opportunité. Ce coût se mesurerait, si la troisième possibilité était choisie, par la renonciation aux deux premiers projets. Dans le tableau suivant, nous avons indiqué les conséquences que chaque projet pourrait avoir. Le premier pourrait apporter des recettes supplémentaires dès le début de son application ; le projet 2 rapporterait 120 millions dans la première période, tandis que le projet 3, qui prévoit un investissement à l'étranger, ne rapporterait ce montant qu'à partir de la deuxième année. En additionnant les annuités pour chacun de ces projets, nous obtiendrons exactement la même somme. Qu'en est-il si nous calculons la valeur actualisée de ces différents projets ? Nous entendons par VAN la valeur actualisée nette qui est la valeur actualisée de la différence entre la recette et le coût.

Si le taux d'intérêt du marché est de 5 %, la valeur actualisée nette du projet 1 s'élève à 14,4 du projet 2 à 14,3 et du projet 3 à 8,8. Ces trois projets ont une valeur positive et peuvent donc être réalisés. Il faut noter que le projet 1 est de loin préférable puisque sa valeur actualisée nette est la plus élevée.

	Projet 1			Projet 2			Projet 3		
Année	R Recette	C Coût	A Annuité	R	C	A	R	C	A
0	40	100	− 60	0	100	− 100	0	100	− 100
1	40	0	40	120	0	120	0	0	0
2	40	0	40	0	0	0	120	0	120
	120	100	20	120	100	20	120	100	20
VAN			14,4			14,3			8,8

Cependant, si le taux d'intérêt devait s'élever à 10 %, le calcul de la valeur actualisée nette montrerait que le projet 3 ne peut plus être réalisé puisque sa valeur actualisée donnerait un chiffre négatif. Nous avons donc une première indication : la demande de capital diminue lorsque le taux d'intérêt augmente. Cette indication est renforcée si nous recalculons la valeur actualisée nette pour un taux d'intérêt de 20 %. En effet, seul le projet 1 garde une valeur actualisée nette positive de 1,1 et serait réalisable.

Ces différents calculs sont regroupés dans le tableau suivant :

N° du projet	Valeur actualisée nette			Selon le taux d'intérêt		
				5 %	10 %	20 %
1	$\dfrac{-60}{1}$ +	$\dfrac{40}{1,05}$ $\dfrac{1,10}{}$ $\dfrac{1,20}{}$ +	$\dfrac{40}{1,05^2}$ $\dfrac{1,10^2}{}$ $\dfrac{1,20^2}{}$ =	14,4	9,5	1,1
2	$\dfrac{-100}{1}$ +	$\dfrac{120}{1,05}$ $\dfrac{1,10}{}$ $\dfrac{1,20}{}$ +	$\dfrac{0}{1,05^2}$ $\dfrac{1,10^2}{}$ $\dfrac{1,20^2}{}$ =	14,3	9,1	0
3	$\dfrac{-100}{1}$ +	$\dfrac{0}{1,05}$ $\dfrac{1,10}{}$ $\dfrac{1,20}{}$ +	$\dfrac{120}{1,05^2}$ $\dfrac{1,10^2}{}$ $\dfrac{1,20^2}{}$ =	8,8	− 0,8	− 6,7

Ce tableau nous fournit les résultats nécessaires pour représenter la demande de capital comme une fonction décroissante du taux d'intérêt. Le graphique suivant indique le volume des investissements qui seront réalisés à ces trois niveaux de taux d'intérêt.

La preuve est donc faite que la courbe de demande de capital a une pente négative.

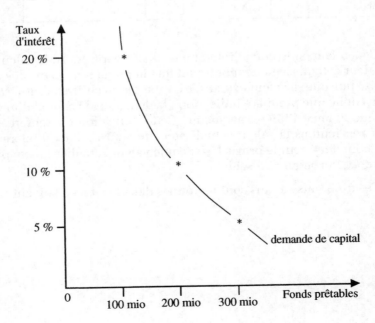

10.2.3. *Éléments théoriques de l'équilibre du marché du capital*

On serait tenté de superposer cette courbe de demande à la courbe d'offre de capital analysée précédemment, afin de pouvoir déterminer le niveau du taux d'intérêt sur le marché. Une restriction s'impose alors, qui provient du fait que la formation de l'épargne se distingue de son placement. En effet, la formation de l'épargne a comme variable explicative le revenu disponible et non pas le taux d'intérêt. Ainsi, les variables explicatives n'étant pas les mêmes pour l'offre d'épargne et la demande de capital, nous ne pouvons superposer les deux courbes en question.

Au sujet du placement de l'épargne (la différence entre la formation et le placement de l'épargne étant donnée par la thésaurisation), par contre, nous pouvons évidemment parler de véritables marchés de capital qui contribuent à la formation d'un prix représentant le taux d'intérêt.

Ce prix est unique. En réalité, nous sommes mis en présence de toute une série de taux d'intérêt et la justification théorique d'un taux d'intérêt unique est donnée par le jeu d'arbitrage sur le marché. Prenons l'exemple d'un taux d'intérêt à court terme et à long terme : si le taux d'intérêt à court terme devait baisser, cette baisse se traduirait avec un écart temporel donné sur les taux d'intérêt à long terme, car les demandeurs de fonds financeraient sans doute plus facilement les projets d'investissement à court terme, provoquant ainsi une baisse des taux d'intérêt à long terme. De même, si les taux d'intérêt à court terme s'élevaient, les demandeurs de fonds porteraient plutôt leur attention sur les taux d'intérêt à long terme ; la demande d'emprunts à long terme augmenterait et le niveau du taux d'intérêt également. Ce raisonnement ne tient cependant pas compte du principe appelé « concordance des échéances », qui régit une saine gestion de l'entreprise. Il implique que les projets à court terme doivent être financés par des emprunts à court terme et les projets à long terme par des emprunts à long terme.

Les éléments qui déterminent l'élasticité et le déplacement de la courbe de demande de capital sont les mêmes que ceux qui régissent le marché du travail. Il s'agit essentiellement de facteurs technologiques mais également de changements dus à la structure de la demande pour les biens finals.

QUESTIONS

1) a) Représentez, à l'aide de courbes d'indifférence d'un individu, l'incidence d'une introduction par l'État d'un impôt direct proportionnel à son revenu de telle sorte que l'effet de substitution l'emporte toujours sur l'effet de revenu pour cet individu.

   b) Représentez également sa nouvelle courbe d'offre de travail.

   c) En admettant que tous les individus réagissent de la même manière, déterminez le nouvel équilibre sur le marché du travail.

   d) Indiquez enfin l'effet sur la situation des offrants d'un impôt proportionnel sur les revenus versés.

2) Tracez le graphique qui illustre la position optimale (point *A*) d'un travailleur, en supposant qu'à ce point le nombre d'heures de travail est imposé.

   Indiquez, à partir du point *A*, sa nouvelle droite revenu-loisir et sa réaction lorsque l'entreprise lui propose un taux de salaire de plus en plus élevé pour les heures supplémentaires.

3) L'offre de travail est courbée en arrière. Expliquez soigneusement ce phénomène et indiquez-en la conséquence sur la stabilité du marché du travail.

4) Expliquez soigneusement le lien qui existe entre la demande d'investissement et le taux d'intérêt. Indiquez les facteurs qui sont à l'origine d'un mouvement d'expansion de cette demande.

   Votre raisonnement se modifie-t-il si vous introduisez la distinction entre les taux d'intérêt nominal et réel ?

5) L'introduction de l'électronique dans l'horlogerie suisse nécessite des investissements importants.

   Les trois projets suivants sont à l'étude dans la branche :

	Projet 1		Projet 2		Projet 3	
Année	**Coûts**	**Recettes**	**Coûts**	**Recettes**	**Coûts**	**Recettes**
0	130	–	100	–	130	50
1	–	75	30	20	–	50
2	–	75		130	–	50

   a) Évaluez ces projets à des taux d'actualisation respectivement de 5 % et 10 % et discutez brièvement les différents critères d'évaluation.

   b) Cette introduction de l'électronique implique une modification de la fonction de production conduisant à une augmentation de la productivité du travail.

Comment expliquez-vous alors que la demande d'emploi de la part des entreprises horlogères suisses qui n'ont pas transféré des capacités de production à l'étranger ait diminué ?

6) Soit un individu qui alloue de façon optimale son temps disponible T entre ses loisirs I_0 et son travail h_0, correspondant à un revenu R_0.

Nous admettons qu'il hérite d'un montant S.

Indiquez graphiquement, en expliquant votre raisonnement, les différentes réallocations possibles de son temps disponible.

7) Justifiez la pente positive de l'offre de capital financier en vous référant au calcul intertemporel de l'épargnant. Supposez ensuite que les épargnants développent une préférence plus marquée pour le présent. Quelle est la conséquence sur l'offre de capital financier de ce changement de comportement ?

POUR EN SAVOIR PLUS

Besanko D.A. et R.R. Braentigam (2002), *Microeconomics : an Integrated Approach*, New York, Chichester, Wiley, chap. 6 : Inputs and Production Functions.

Perloff J.M. (2001), *Microeconomics*, Boston, Londres, Addison-Wesley, 2e édition (guide pour l'étudiant) par Whaples R. et Ch. F. Mason (2001) ; voir également « Student resource kit » par G. Sethi (2001) pour des exercices en relation avec ce manuel.

Stambouli M. (2005), L'économie du travail : Des théories aux pratiques, Paris, Arman et Collin.

Stiglitz J.E. (2005), Principles of Microeconomics, Boston, W.W. Norton, 4e édition.

CHAPITRE XI

L'ORGANISATION DE LA PRODUCTION

Ce chapitre étudie comment les deux facteurs de production se combinent dans un processus de production.

La première section présente les éléments de base de la théorie de la production qui seront utilisés dans la deuxième section pour déterminer l'allocation des ressources productives.

11.1. Théorie de la production

Cette théorie cherche à expliquer la fonction de l'offre globale d'une économie faisant une approche du comportement de l'entreprise, acteur économique type, du côté de l'offre. Nous pouvons faire la distinction entre deux approches que nous avons d'ailleurs déjà étudiées en partie :

La première approche est celle des fonctions de coûts qui serviront à expliquer la pente positive d'une courbe d'offre sur un marché particulier. En plus de cette approche économique – qui explique également le comportement d'un producteur en éclairant l'égalité entre recette marginale et coût marginal – nous pouvons considérer une deuxième approche plus technique, celle des fonctions de production.

11.1.1. *Fonctions de production*

Une fonction de production résume, sous une forme essentiellement mathématique, les informations technologiques concernant une entreprise.

Elle nous dit si une entreprise utilise relativement peu de travail dans la production d'un bien qui sera alors réputé relativement intense en capital. On en trouve surtout des exemples dans l'industrie chimique où les processus de fabrication sont très automatisés. Inversement, une entreprise qui fait appel à une main-d'œuvre importante produit un bien relativement intense en travail. Les exemples sont fréquents dans l'industrie de la construction et dans l'agriculture, bien qu'il y ait une tendance généralisée à la mécanisation. Il faut insister sur le terme relatif. En effet, l'intensité factorielle d'une production se mesure toujours en termes de l'un par rapport à l'autre facteur de production. Nous aurons l'occasion de préciser plus tard ces notions.

En outre, la fonction de production nous renseigne sur la distinction qu'il faut faire entre les frais fixes et les frais variables et fait donc intervenir le temps en précisant la période pendant laquelle certains frais sont considérés comme fixes. Rappelons que les frais fixes sont formés par les intérêts et amortissements créés par le capital physique fixe (machines, par exemple), tandis que les frais variables se composent du capital physique circulant (matières premières, par exemple) et du travail.

a) La fonction de production à court terme

Le volume de production Q est obtenu en utilisant les deux facteurs de production K et L. Distinguons entre la situation où un seul facteur varie, l'autre restant constant, et celle où les deux facteurs de production varient.

1) Un seul facteur varie

Nous avons analysé une telle situation lorsque nous avons traité le sujet du marché du travail. Le facteur de production variable – le travail – se combine avec le facteur de production fixe – le capital. Notre démonstration n'est donc qu'un rappel de ce chapitre. Dans ce cas, la fonction de production se formalise de la manière suivante :

$$Q = f(\overline{K}, L)$$

Reprenons le graphique qui nous a permis d'établir la demande de travail pour illustrer la « loi » des rendements non proportionnels qui trouve son origine dans la relation d'un facteur fixe avec un facteur variable.

Dans le graphique suivant sont représentées les évolutions de la production totale (Q), la productivité physique moyenne (PML) et la productivité physique marginale du travail (PmL).

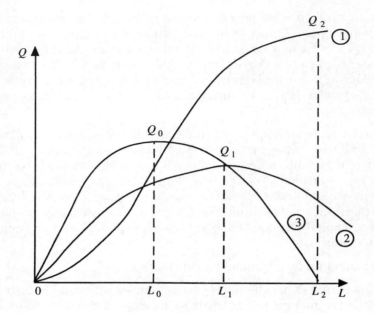

Définitions :

① Production totale $Q = f(L, \overline{K})$

② Productivité physique moyenne du travail $\dfrac{f(L, K)}{L}$

③ Productivité physique marginale du travail $f'(L, \overline{K})$

Divisons ce graphique en trois segments :

— *SEGMENT 0-L_0*

Ce segment représente les rendements croissants. En d'autres termes, chaque unité de travail supplémentaire accroît la production plus que proportionnellement.

Économiquement, ce segment exprime la sous-utilisation du capital fixe qui n'apparaît pas sur le graphique.

Mathématiquement, la productivité marginale de la variable travail est la dérivée partielle de la fonction de production par rapport à L. La pente la plus forte se trouve au point d'inflexion, point où la dérivée seconde est égale à zéro.

— *SEGMENT L_0-L_1*

Ce segment représente des rendements marginaux décroissants et des rendements moyens croissants.

Économiquement, l'accroissement du travail en relation avec un facteur de production fixe perd de plus en plus de son efficacité. La production s'accroît moins que proportionnellement. (Comme autres exemples, citons la variation des engrais ou la variation de la main-d'œuvre sur un territoire à superficie fixe).

Mathématiquement, la productivité moyenne est à son maximum lorsque sa dérive partielle par rapport à L est égale à zéro :

$$\frac{Lf'_L(L,\overline{K}) - f(L,\overline{K})}{L^2} = 0$$

Selon la règle de la dérivation $f'\left(\dfrac{u}{v}\right) = \dfrac{u'v - uv'}{v^2}$

$$\frac{Lf'_L(L,\overline{K})}{L^2} = \frac{f(L,\overline{K})}{L^2}$$

$$f'_L(L,\overline{K}) = \frac{f(L,\overline{K})}{L}$$

$$PmL = PML$$

— *SEGMENT L_1-L_2*

Ce segment représente des rendements moyens et marginaux décroissants.

L'utilisation du facteur de production travail devient de plus en plus difficile. À partir de L_2, la productivité marginale devient même négative. Nous nous plaçons donc toujours dans la zone des rendements décroissants.

Mathématiquement, la pente de la tangente à la production totale au niveau Q_2 est zéro. La dérivée de la fonction de la production totale s'annule quand elle est à son maximum.

2) *Les deux facteurs varient*

Supposons maintenant que la technologie soit beaucoup plus souple et qu'il soit donc possible de modifier la combinaison de facteurs. La production d'une unité d'output Q peut être obtenue par toute une série de combinaisons possibles de quantités des deux facteurs de production. Dans le graphique suivant, nous avons représenté ces différentes combinaisons pour une quantité Q_1 invariable. Pour le point A, par exemple, la combinaison des facteurs indique qu'un travail relativement important est engagé, tandis que pour le point B, un capital relativement important est utilisé. La courbe qui relie des points tels que A et B est appelée isoquante. Elle représente, pour une même quantité d'output, toutes les combinaisons possibles de deux facteurs de production. Un système d'isoquantes s'établit graphiquement de la même manière que pour les courbes d'indifférence du consommateur. Au lieu de mesurer les différents degrés de satisfaction qui peuvent être atteints par la consommation d'une combinaison variable de deux biens, un système d'isoquantes mesure les différents niveaux de production qui peuvent être atteints par des combinaisons variables de deux facteurs de production. Plus une isoquante est éloignée de l'origine, plus elle indique un niveau de production élevé. Par conséquent, $Q_2 > Q_1$.

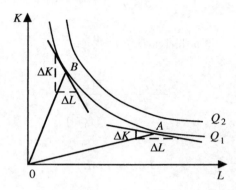

Une nouvelle fois, sans entrer dans la difficulté de représentation graphique à trois dimensions, ces isoquantes peuvent être comparées à des courbes de niveau sur une carte topographique. Au lieu de mesurer la hauteur des collines, les isoquantes indiquent les différents niveaux de la « colline de production ». Le graphique à trois dimensions serait alors formé par deux axes dans le plan mesurant chacun les quantités disponibles de deux facteurs de production et un axe vertical mesurant la production.

Il est possible de tracer à chaque point de l'isoquante une tangente dont la pente peut être définie par un rapport appelé TAUX MARGINAL DE SUBSTITUTION (TMS) :

$$\text{TMS} \approx -\frac{\Delta K}{\Delta L} \text{ (lorsque } \Delta L \to 0 \; ; \; \text{TMS} = -\frac{dK}{dL})$$

Comparons le taux marginal de substitution aux points A et B en donnant aux variations de capital et de travail des grandeurs numériques choisies arbitrairement :

Au point A : $\text{TMS} = -\dfrac{1}{3}$

Au point B : $\text{TMS} = -\dfrac{2}{1}$

Quelle est la signification économique de ce changement dans le taux marginal de substitution ?

La représentation graphique d'une isoquante à partir de la production globale

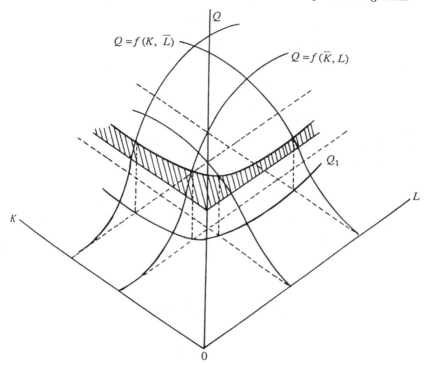

En passant de *A* à *B*, il est nécessaire de remplacer du travail par du capital pour que le même niveau de production Q_1 puisse être maintenu. Nous illustrons ici une capitalisation croissante de la fabrication du bien envisagé.

Au point *A*, la diminution du travail de trois unités peut être compensée par une unité supplémentaire de capital. Concrètement, moins de travailleurs (– Δ*L*) auront à leur disposition un plus grand nombre d'outils et de machines (+ Δ*K*). Le travailleur devient donc plus productif puisqu'il peut compter sur un matériel plus complet pour accomplir son travail.

1) Cela nous amène à une première constatation : le passage de *A* à *B* entraîne un accroissement relatif de la productivité du travail. Comme nous raisonnons avec des variations (moins trois unités de travail contre plus une unité de capital), il s'agit de la productivité marginale (*PmL*). Inversement, c'est la productivité marginale du capital qui diminue relativement.

Cependant, plus le capital se substitue au travail, plus cette substitution devient difficile. C'est pour cette raison qu'au point *B* il faut deux unités de capital supplémentaires pour pouvoir réduire le travail d'une unité. En d'autres termes, l'amélioration de la productivité marginale du travail ne devient possible que si l'on mette des quantités toujours croissantes de capital à la disposition des travailleurs.

2) La deuxième constatation nous amène donc à justifier la convexité des isoquantes par la loi des rendements décroissants qui peut être rappelée de la manière suivante :

Plus un facteur de production augmente dans le processus de fabrication, plus son rendement marginal diminue, et inversement : plus un facteur de production devient rare, plus son rendement marginal augmente. La variation des rendements est dans les deux cas non proportionnelle à la variation de la quantité des facteurs de production envisagée.

Ces deux conclusions peuvent être formalisées par le calcul de la différentielle suivante (en supposant un déplacement sur une isoquante donnée) :

$$Q = f(K,L)$$
$$dQ = 0$$
$$dQ = \frac{\delta Q}{\delta L} dL + \frac{\delta Q}{\delta K} dK = 0$$
$$\frac{\dfrac{\delta Q}{\delta L}}{\dfrac{\delta Q}{\delta K}} = -\frac{dK}{dL} = \text{TMS}$$

Le taux marginal de substitution est donc bel et bien égal à l'inverse du rapport de la productivité marginale physique des deux facteurs de production.

Un taux marginal de substitution représenté par une tangente à pente nulle signifie que la productivité marginale du travail est également nulle, tandis qu'un taux marginal de substitution représenté par une tangente à pente infinie indique que la productivité marginale du capital est zéro.

Du point de vue économique, les combinaisons technologiques envisagées sont donc celles qui se situent entre TMS = 0 et TMS = ∞.

Le choix de la technique optimale ainsi que le niveau de production sont soumis à la contrainte des coûts de production. Cette contrainte s'exprime par

la droite d'isocoût

Nous supposons que les prix des facteurs de production sont donnés sur leurs marchés respectifs qui se trouvent en concurrence parfaite. Par conséquent, l'entreprise n'exerce pas d'influence sur ces prix qui restent constants pour elle.

Dans cette situation, le coût total de production est le suivant :

$$C = P_L \cdot L + P_K \cdot K$$

P_L indique le taux de salaire et P_K le prix du capital (intérêt et amortissement).

Supposons que le coût total de production maximal prévu soit de 100 euros. Par conséquent, l'entreprise peut se procurer les quantités suivantes de chaque facteur de production :

$$L = \frac{100}{P_L} - \frac{P_K}{P_L} K \qquad (1)$$

$$K = \frac{100}{P_K} - \frac{P_L}{P_K} L \qquad (2)$$

Ces deux équations peuvent être exprimées par la droite, qui a une pente négative, formée par le rapport de prix de deux facteurs de production (voir graphique suivant).

L'équation (1) indique le maximum de la quantité de travail lorsque $K = 0$. Au fur et à mesure que le capital est introduit dans la technique envisagée, la quantité $100/P_L$ de travail s'échange contre du capital selon le rapport de prix P_K/P_L.

L'équation (2) indique le maximum de la quantité de capital lorsque $L = 0$.

La droite d'isocoût

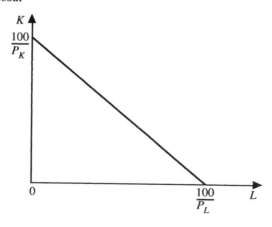

Notons que ce rapport est l'inverse du taux d'échange des deux facteurs. L'exemple suivant éclaire cette relation.

Le taux d'échange : $Q_K/Q_L = 2/1$ signifie qu'une unité de travail s'échange contre deux unités de capital. Graphiquement :

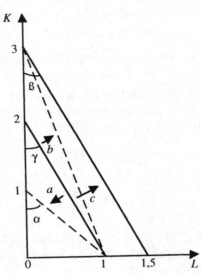

Le prix du travail en termes d'unités de capital est donc égal à 2 et le prix du capital en termes d'unités de travail est égal à 1/2.

$$\frac{P_K}{P_L} = \frac{1}{2}$$

qui est donc bel et bien l'inverse du taux d'échange.

Les variations de prix s'expriment par une modification de la pente de la droite d'isocoût. Si le prix du travail devait baisser, la même quantité de travail s'échangerait alors contre une quantité plus faible de capital. Par contre, une hausse du prix du travail s'exprime par le fait que, pour une même quantité de travail, une quantité plus grande de capital peut être échangée. Faisons la distinction entre les trois cas suivants (pour n'importe quelle contrainte de coût) :

a) baisse du prix du travail
ou hausse du prix du capital

$$\frac{P_K}{P_L} = \frac{1}{1} = \alpha$$

b) baisse du prix du capital
ou hausse du prix du travail

$$\frac{P_K}{P_L} = \frac{1}{3} = \beta$$

c) la pente reste inchangée
seule la contrainte du coût total s'est assouplie

$$\frac{P_K}{P_L} = \frac{1}{2} = \gamma$$

La juxtaposition, dans un seul graphique, d'une isoquante et de la droite d'isocoût, permet de déterminer la combinaison des facteurs de production optimale :

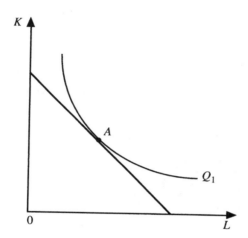

Au point A, le taux marginal de substitution se confond avec le taux d'échange. Q_1 est l'isoquante la plus éloignée de l'origine ; elle représente donc le niveau de production le plus élevé possible qui puisse être atteint avec la contrainte de coûts donnés. La condition d'optimum se définit de la manière suivante :

TMS = taux d'échange des facteurs de production
= l'inverse du rapport du prix des facteurs = rapport des productivités marginales des facteurs de production.

Pour que la combinaison des facteurs de production soit optimale, il faut donc que la rémunération des facteurs soit calquée sur leur productivité marginale respective. Plus formellement :

$$\left|\frac{dK}{dL}\right| = \frac{Q_K}{Q_L} = \frac{P_L}{P_K} = \frac{\frac{\delta Q}{\delta L}}{\frac{\delta Q}{\delta K}}$$

Cette égalité maximise la production et minimise les coûts de production.

b) La fonction de production à long terme

Jusqu'à présent, nous avons implicitement raisonné avec le plein-emploi des facteurs de production disponibles à court terme, en quantités données.

À long terme, les quantités de facteurs de production peuvent se modifier. L'accroissement du travail dépend alors de l'accroissement de la population active et celui du capital dépend de la formation de l'épargne. La contrainte exercée par l'isocoût se déplace vers la droite, définissant ainsi de nouveaux points optimums tels que A' et A'' dans le graphique suivant.

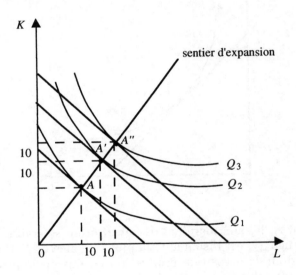

Plus nous nous plaçons sur une isoquante éloignée de l'origine, plus la production de l'entreprise augmente. Si, à partir de l'origine, nous relions tous les points optimums, nous définissons ainsi un sentier d'expansion qui nous indique dans quelle mesure la production s'accroît à la suite d'une augmentation simultanée des deux facteurs de production.

Cependant, l'accroissement de production peut être proportionnel, moins ou plus que proportionnel à l'augmentation des facteurs de production. C'est pour cette raison que nous pouvons distinguer trois cas de rendements d'échelle. Pour les définir, nous nous référons à une fonction de production homogène :

$$Q = f(K,L)$$
$$Q^* = f(tK, tL) = t^k f(K,L)$$

Il en résulte que $Q^* = t^k Q$, k étant le degré d'homogénéité.

L'accroissement proportionnel du capital et du travail ($t = 10$) revient à multiplier la fonction de production tout entière par le même coefficient d'accroissement, seulement si la fonction est homogène du degré 1. C'est le premier cas. En effet, c'est seulement quand $t^1 = t$ que l'accroissement de la production se fait proportionnellement à celui des inputs. Distinguons clairement les trois cas à l'aide d'exemples numériques :

ΔK	10	10	10
ΔL	10	10	10
ΔQ $A - A'$	10	20	5
ΔQ $A' - A''$	10	40	2
	1er cas	2e cas	3e cas

1er *cas : Rendement d'échelle constant*

$$Q = 10^1 f(K,L)$$

La fonction est homogène de degré 1.

2e *cas : Rendement d'échelle croissant*

$$Q = 10^2 f(K,L)$$

La fonction est homogène de degré 2.

3e *cas : Rendement d'échelle décroissant*

À l'extrême :

$$Q = 10^0 f(K,L)$$

La fonction est homogène de degré 0.

Le rendement des facteurs de production additionnels serait alors nul.

c) Propriétés d'une fonction homogène

Généralement, la fonction est de degré k lorsque $Q = t^k f(L,K)$. Plus formellement, les propriétés d'une fonction de production homogène de degré k sont :

1) La dérivée première est une fonction homogène de degré k − 1

Pour une fonction de production homogène de degré 1 par exemple, les dérivées premières partielles sont donc des fonctions de degré 0. Comme ces dérivées expriment la productivité marginale des deux facteurs de production, cette productivité marginale reste inchangée lorsque les quantités utilisées des deux facteurs augmentent dans la même proportion

$$f'_L(tK,tL) = t^{k-1}f''_L(K,L)$$
$$f'_K(tK,tL) = t^{k-1}f''_K(K,L)$$

Quelle que soit la variation de K et de L, le rapport des productivités marginales (f'_K/f'_L) reste constant et le sentier d'expansion est représenté par une droite partant de l'origine.

2) Les facteurs de production sont rémunérés selon leurs productivités marginales. Le produit se répartit donc comme suit :

$$Q = \frac{\delta Q}{\delta L}L + \frac{\delta Q}{\delta K}K$$

et il n'en résulte aucun surprofit. Formellement, le théorème d'Euler s'applique à une fonction homogène de degré un :

$$Kf'_K(K,L) + Lf'_L(K,L) = Q$$

d) Résumé sur la combinaison optimale des facteurs de production

Les hypothèses suivantes sont à l'origine de la condition d'optimalisation qui maximise la production ou minimise les coûts de production.

— La concurrence parfaite règne sur les marchés des facteurs de production et sur le marché du bien envisagé. L'entreprise n'a donc pas d'influence sur les prix des inputs ni des outputs.

— Le capital est saisi comme un stock constant et homogène sous sa forme physique qui incorpore le progrès technique jusqu'à sa date de mise en fonction.

— Le travail est également supposé homogène et comme un stock. Il n'y a donc qu'un seul marché du travail qui détermine la quantité de travail un moment donné.

— Les deux facteurs de production sont pleinement utilisés.

— La fonction de production est homogène de degré un, ce qui implique que :
   a) le rapport des productivités marginales des facteurs de production reste le même lors de l'accroissement de production et pour un rapport K/L donné ;
   b) les rendements d'échelle sont constants et les coûts s'accroissent au même taux ;
   c) les facteurs de production sont rémunérés selon leurs productivités marginales. Il n'y a donc pas de surprofit.

— La technologie est souple. La substitution entre L et K est possible pour un taux marginal de substitution compris entre zéro et l'infini.

Il en résulte que l'optimum est atteint lorsque

$$\frac{PmL}{PmK} = \frac{\text{Prix du travail}}{\text{Prix du capital}}$$

Dans le graphique à trois dimensions ci-dessous, nous avons illustré une fonction de production à rendements uniformément décroissants.

Rendements décroissants

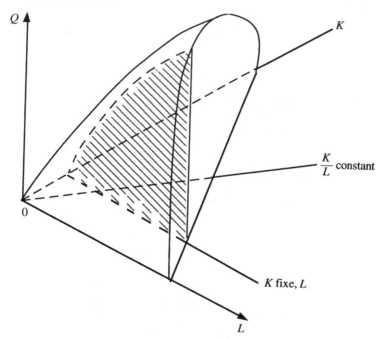

Deux axes de ce graphique désignent les facteurs de production-capital et travail et le troisième la quantité de biens produits. Cette illustration met en évidence que les fonctions de production représentent, pour un stock de capital donné, une coupe verticale dans la « colline » de production dont la pente exprime l'hypothèse quant aux rendements des facteurs de production.

11.1.2. *Modèle à deux biens et deux facteurs*

Jusqu'à présent, nous avons raisonné avec la production d'un seul bien. Qu'en est-il avec la production de deux biens qui se distinguent par leur intensité factorielle tels que :

— le bien *x* relativement soit riche en capital,
— le bien *y* relativement soit riche en travail.

Cette différence dans l'intensité factorielle s'exprime pour un même taux marginal de substitution (ou pour un même rapport de prix des facteurs).

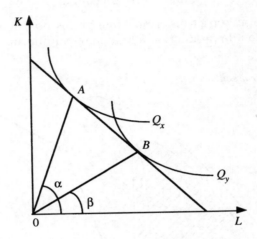

La boîte d'Edgeworth-Bowley

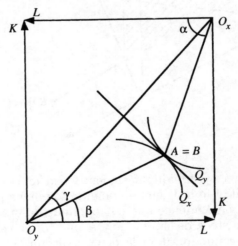

Ces deux productions *x* et *y* sont ensuite représentées avec des origines séparées. L'origine de la production *x* est projetée en face de l'origine de la production *y* formant ainsi une boîte donc la dimension reflète la disponibilité des deux facteurs de production. Dans le graphique suivant, nous supposons que l'économie dispose davantage de capital que de travail. Ce fait est reflété par la valeur de la pente de la diagonale qui représente la dotation relative d'une économie en facteurs de production :

$$tg\gamma = \frac{K}{L} > 1 \quad \text{le pays est relativement riche en capital}$$

$$\frac{K}{L} < 1 \quad \text{le pays est relativement riche en travail}$$

La famille d'isoquantes de la production x partant de l'origine O_x a des tangentes communes avec la famille d'isoquantes de la production y partant de l'origine O_y. Les points de ces tangentes forment la courbe d'allocation optimale des facteurs (la ligne des possibilités optimales de production). En effet, une tangente commune des isoquantes Q_x et Q_y signifie que le taux marginal de substitution est le même dans les deux industries et, partant, que le rapport des productivités marginales est le même, quel que soit le lieu d'affectation des facteurs de production. En outre, tous les facteurs se trouvent en plein-emploi au point A.

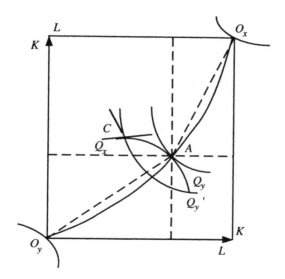

Si nous nous plaçons au point C, par exemple, l'économie se trouve en plein-emploi, mais le taux marginal n'est pas le même dans les deux industries ; l'économie ne se trouve donc pas dans une situation optimale. En effet, en passant de C à A, l'industrie x maintient son niveau de production constant, mais l'industrie y peut augmenter le sien de Q'_y (isoquante plus proche de l'origine O_y) vers Q_y qui représente alors le niveau de production le plus élevé possible. Le passage de C à A implique un transfert de capital de y vers x et un transfert inverse de travail. Ces transferts sont provoqués par le fait que le taux d'échange des facteurs de production n'est pas le même dans les deux industries. En *C*, le travail est relativement mieux rémunéré dans l'industrie *y* (la pente de la tangente est plus forte) que dans l'industrie *x* (la pente de la tangente est plus faible). De même, la rémunération relative du capital est plus élevée en *x* qu'en *y*. Avec les hypothèses sous-jacentes (facteurs de production homogènes, concurrence parfaite), il en résulte un jeu d'arbitrage sur les deux marchés des facteurs de production jusqu'à ce que les rémunérations relatives s'égalisent dans les deux industries. C'est le cas au point *A*. L'économie se trouve en position optimum car la production d'une industrie ne peut être accrue qu'au détriment de celle de l'autre.

Si l'économie devait se spécialiser entièrement dans l'une ou l'autre des productions, nous nous trouverions à l'origine *Ox* pour une spécialisation complète en *y*, et à l'origine *Oy* pour une spéciali-sation complète en *x*. Le rapport *K/L* est donné dans les deux cas par la diagonale qui indique la dotation relative des facteurs de produc-tion pour l'ensemble de l'économie.

Déplacement sur la courbe d'allocation optimale des facteurs
Si nous nous déplaçons de A à B dans le graphique suivant, nous pouvons observer trois changements :

1) La composition de la production se modifie. En allant de O_y à O_x, nous accroissons la production de *y* aux dépens de celle de *x*.

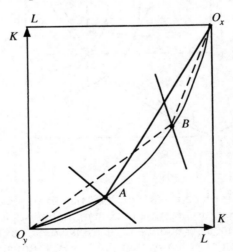

2) La composition des combinaisons des facteurs de production se modifie dans les deux industries et cette modification se fait dans le même sens.

En effet, au point *A*, la dotation factorielle en y est donnée par la pente de la droite partant de O_y (traits pleins). En passant de *A* à *B*, l'intensité factorielle est mesurée maintenant par les pentes des droites en pointillé indiquant, pour les deux industries, un enrichissement relatif en capital. Économiquement, ce changement dans la dotation factorielle s'explique de la manière suivante. L'accroissement de la production de y au détriment de celle de x nécessite un reclassement des facteurs de production. Or, ce reclassement ne peut se faire si nous maintenons constante la combinaison des facteurs de production observée en *A*. En allant de *A* à *B*, l'industrie y a une forte demande de travail ; l'industrie x, en se contractant, offre cependant relativement plus de capital que y pourrait en absorber. Pour que le reclassement des deux facteurs puisse se faire, il faut donc augmenter la part du capital et diminuer celle du travail dans les deux industries.

3) Le rapport des productivités marginales se modifie : c'est la conséquence de la modification de la combinaison des facteurs de production. Dans l'industrie en expansion qui cherche à employer plus de travail pour concrétiser celle-ci, le prix du travail s'élève d'autant plus que l'industrie en contraction ne libère pas suffisamment de ce facteur pour que sa rémunération puisse être maintenue constante. L'industrie x libère du capital qui – pour être reclassé soit dans x, soit dans y – doit accepter une baisse de sa rémunération.

Comme le rapport des productivités marginales est calqué sur celui des rémunérations, la productivité marginale du travail s'améliore relativement par rapport à celle du capital. Ce résultat n'a rien de surprenant puisqu'il découle de la capitalisation croissante dans les deux industries. L'illustration graphique indique alors une pente du taux marginal de substitution en *B* plus forte qu'en *A*, ce qui correspond aux propriétés des fonctions de production homogènes :

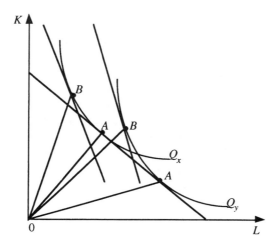

La capitalisation croissante dans les deux industries implique donc un taux marginal de substitution plus élevé.

La modification de la structure de production peut maintenant être transposée sur le marché des biens x et y. Au lieu de mesurer – dans le graphique suivant – des quantités de facteurs de production, nous exprimons les quantités de biens produits, obtenues à chaque point de la ligne des possibilités optimales de production.

Si nous ne produisons que des x, nous nous situons à O_y dans la boîte, mesuré dans le graphique suivant par la distance $\hat{O}Q_{xo}$. De même, en ne produisant que des y, nous nous situons à Ox dans la boîte, représenté maintenant par la distance OQ_{yo}.

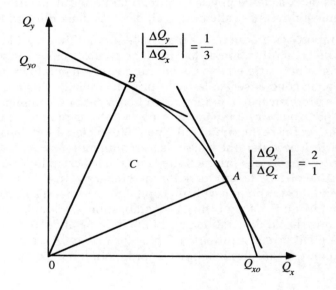

Ces deux points nous indiquent le maximum de chaque bien que nous puissions produire. Entre ces deux limites, toute une série de combinaisons possibles sont représentées par la courbe de transformation des productions (bloc de possibilités de production). Cette courbe est concave par rapport à l'origine. Cette concavité s'explique de la façon suivante : nous venons de voir que la substitution devient de plus en plus difficile lorsque nous nous déplaçons dans la boîte de A à B et que ce déplacement nécessite une capitalisation croissante dans les deux industries. Ce fait se traduit par une pente plus élevée du taux marginal de substitution des facteurs. Or, cette substitution plus difficile des facteurs est à l'origine des difficultés croissantes dans la substitution des produits. Rappelons la « loi » fondamentale qui est à la base de notre raisonnement : la concavité de la courbe de transformation de production n'exprime donc qu'une supposition : celle que les rendements sont décroissants.

Tout point sur la courbe de transformation de production est un point optimal de production. Tout point à l'intérieur du bloc de production correspond donc à une situation de suboptimalité qui correspondrait, dans la boîte, à un point qui n'est pas situé sur la ligne des possibilités optimales de production.

L'interprétation de la tangente à un point de la courbe de transformation est la suivante : elle représente le taux marginal de substitution des deux produits qui se modifie en allant de A à B, en ce sens que la production de y devient de plus en plus coûteuse. Par conséquent, le taux marginal de transformation de production exprime également le rapport des coûts des deux productions. Comme les coûts sont croissants pour la production qui augmente par rapport à l'autre, il s'agit de l'inverse du rapport des coûts marginaux :

$$\text{en } A \text{ en } B$$

$$-\frac{dQ_y}{dQ_x} = \frac{Cm_x}{Cm_y} \quad -\frac{1}{2} - \frac{3}{1}$$

Si le taux marginal de transformation de production est de $2y$ contre $1x$ au point A, cela signifie que le coût supplémentaire de production d'une unité de x, exprimé en termes de y, est égal à deux unités de y.

En B, ce rapport est $1y$ contre $3x$; le coût supplémentaire pour produire une unité de y nécessite donc trois unités de x, le coût marginal de la production qui s'est accrue a donc bel et bien augmenté. Le point de production optimal définitif n'est cependant déterminé que si nous tenons compte explicitement de la demande.

11.2. Allocation optimale des ressources

Pour connaître le point où l'économie se situe, nous tenons compte de la demande de deux manières différentes :
— l'équilibre général néo-classique en supposant le plein-emploi des facteurs de production ;
— l'équilibre général keynésien en sous-emploi.

11.2.1. La théorie néo-classique

La demande est représentée par une courbe d'indifférence que nous avons établie pour un consommateur lors de l'analyse de son choix optimal.

Nous supposons que le calcul d'un consommateur est valable pour l'économie tout entière. Nous supposons donc qu'une fonction d'utilité existe à l'échelle de la collectivité. Nous passons ainsi sous silence les nombreux problèmes théoriques que pose la construction d'une telle courbe ; la discussion de ces problèmes nous engagerait trop loin dans la théorie pure.

Pour montrer l'équilibre général optimum, il suffit de juxtaposer la courbe de transformation de production à la courbe d'indifférence collective.

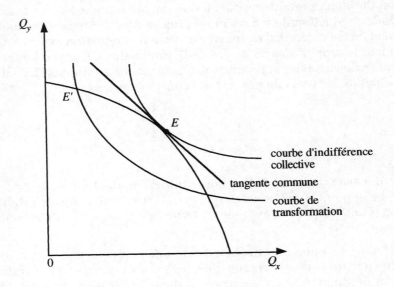

Le point E̲ est optimum car la tangente commune entre la courbe d'indifférence collective est la courbe de transformation désigne le point de production et de consommation le plus élevé possible.

La pente de cette tangente indique :
— le taux d'échange des deux biens,
— le taux marginal de transformation des productions,
— le taux marginal de substitution des consommations,

dont l'inverse est :
— le rapport des prix,
— le rapport des coûts marginaux,
— le rapport des utilités marginales des deux biens.

$$\frac{P_x}{P_y} = \frac{Cm_x}{Cm_y} = \frac{Um_x}{Um_y}$$

Les conditions d'optimalisation de la production et de la consommation sont donc toutes les deux réunies en une seule condition.

Le point E' ne réunissant pas ces deux conditions est un point suboptimal car il se situe sur une courbe d'indifférence plus proche de l'origine.

Vous remarquerez que l'équilibre économique est simplement déterminé par les facteurs économiques suivants :
— le stock disponible des facteurs de production,
— la technologie donnée pour chaque production,
— la structure de la demande finale.

Pour les économistes de l'école classique, l'introduction de la monnaie ne modifie pas cet équilibre réel.

En effet, l'équilibre est déterminé pour des rapports de valeurs ; l'introduction de la monnaie ne fait que les transformer en grandeurs absolues. Si, par exemple, le taux d'échange est le suivant :

$$\frac{Q_x}{Q_y} = \frac{3}{1}$$

cela signifie que le prix du bien y est le triple du bien x. En termes d'euros, cette relation peut s'exprimer de la manière suivante :

$$\frac{P_y}{P_x} = \frac{3 \text{ euros}}{1 \text{ euro}}$$

Au point d'équilibre E, nous connaissons les quantités produites de chaque bien. En les multipliant par les niveaux de prix absolus, nous obtenons le produit en valeur (Y).

$$Q_y \cdot 3 \text{ euros} + Q_x \cdot 1 \text{ euro} = QP = Y \text{ Produit nominal}$$

P représente alors un indice de prix. Nous retrouvons la théorie quantitative de la monnaie qui est basée sur l'identité suivante :

$$M \cdot V = QP$$

Nous venons de voir que le produit réel (Q) est déterminé et fixé au point E. En supposant que la vitesse de circulation (V) est constante, une variation de la masse monétaire n'entraîne qu'un changement absolu du prix laissant le rapport du prix inchangé.

$$\% \, \Delta M = \% \, \Delta P$$

Dans notre exemple, une variation de la masse monétaire de 100 % entraîne un accroissement purement nominal du produit par une augmentation des prix absolus, tandis que le rapport de prix reste le même : $Q_y \cdot 6 \text{ euros} + Q_x \cdot 2 \text{ euros} = QP = Y$

$$\frac{P_y}{P_x} = \frac{6}{2} = \frac{3 \text{ euros}}{1 \text{ euro}}$$

Par conséquent, la masse monétaire n'a d'influence que sur la valeur nominale de la production. Étant donné qu'avec l'hypothèse des fonctions de production homogènes cette valeur nominale est égale au revenu global et entièrement distribuée comme rémunération des facteurs de production, nous pouvons écrire :

$$Y = Q_L \cdot P_L + Q_K \cdot P_K$$

Q_L et Q_K sont données par la disponibilité des facteurs de production mesurée par les côtés de la boîte d'Edgeworth-Bowley. De même, nous connaissons le rapport du prix du facteur de production qui doit être égal au rapport des productivités marginales des deux facteurs. Pour une valeur nominale de production donnée et connue, il devient donc aisé de déterminer les prix absolus des facteurs de production :

$$W = P_L = \frac{Y}{Q_L} - \frac{Q_K \cdot P_K}{Q_L}$$

$$i = P_K = \frac{Y}{Q_K} - \frac{Q_L \cdot P_L}{Q_K}$$

Nous pouvons conclure que la monnaie n'a donc pas d'influence sur la structure de la production, que l'équilibre global est déterminé par des facteurs réels. La monnaie est neutre et ne représente qu'un voile cachant l'essentiel du fonctionnement économique.

L'économie du marché, toujours dans la vision néo-classique, se situe automatiquement à l'optimum. Le plein-emploi des facteurs de production, ainsi que leur utilisation rationnelle, sont assurés. Cependant, l'équilibre peut être momentanément rompu lorsqu'on observe les conditions suivantes :
— variation dans les stocks des facteurs de production,
— changement technologique,
— variation dans la structure de la demande.

Les modifications nécessitent une réadaptation de l'équilibre optimal. Pendant ce temps, un sous-emploi des facteurs de production peut se manifester provisoirement. Mais il ne s'agit que du chômage frictionnel des facteurs de production capital et travail. À long terme, les facteurs se trouvent de nouveau automatiquement pleinement employés. On peut donc définir la théorie d'équilibre général du type néo-classique comme étant une théorie de croissance à long terme.

11.2.2. Conception keynésienne

Il a fallu attendre la grande dépression des années 1930 pour ébranler la foi des économistes dans les automatismes expliqués avec tant de cohérence. Cependant, parmi les nombreuses critiques qui ont été adressées à la conception néo-classique de l'équilibre général et qui visent toute la validité des hypothèses sous-jacentes, seule l'école keynésienne est parvenue à y opposer un modèle d'équilibre général aussi cohérent, en montrant que l'économie peut se trouver en équilibre en sous-emploi (illustré, par exemple, par le point *C* dans le graphique précédent).

Si l'économie se trouve en sous-emploi, Keynes considère les prix des biens et services comme fixes ; ils ne varient donc pas en fonction de la masse monétaire. Pour le montrer, il faut changer de modèle et se référer à un contexte conjoncturel.

QUESTIONS

1) Une industrie relativement riche en travail accuse une baisse de ses ventes. Afin d'éviter le chômage à un certain nombre de ses employés, elle négocie leur transfert à une industrie relativement riche en capital. En vous référant à la boîte d'Edgeworth-Bowley, montrez les conséquences d'un tel transfert.

2) Rappelez, en les discutant, les hypothèses qui sont à l'origine du modèle néo-classique d'allocation optimale des ressources.

3) Établissez le lien entre les propriétés d'une fonction de production homogène de degré un et le modèle de concurrence parfaite à long terme.

4) Rappelez les modifications structurelles intervenant dans une économie consécutive à une baisse relative de la rémunération du capital. Référez-vous pour répondre à la boîte d'Edgeworth-Bowley.

5) Pourquoi la monnaie n'est-elle qu'un voile dans le modèle néo-classique d'allocation optimale des ressources ?

6) Référez-vous à une situation d'équilibre général dans le modèle néo-classique en économie fermée et analysez la répercussion d'une variation des goûts des consommateurs sur les prix relatifs des biens et sur le rapport des facteurs.

7) Soit un pays produisant le bien *Y* intense en travail et le bien *X* intense en capital. À l'aide de la boîte d'Edgeworth-Bowley, dont vous expliquerez soigneusement la construction, montrez qu'un chômage temporaire peut apparaître lorsque le secteur relativement riche en capital s'étend au détriment du secteur relativement riche en travail.

8) Quels sont les éléments de la boîte d'Edgeworth-Bowley qui se modifient lorsque l'industrie *X* (relativement riche en capital) adopte une nouvelle technologie (progrès technique) ?

POUR EN SAVOIR PLUS

Caves R. et R. Jones (1981), *Économie internationale I : le commerce*, Collection U., Paris, A. Colin.

Johnson H.G. (1972), « Développement économique et commerce international », in *Échange international et croissance*, édité par Lassudrie-Duchène, Paris, Economica.

Jones W.R. et J.A. Scherikman (1977), « The Relevance of the Two-Sector Production Model in Trade Theory », *Journal of Political Economy*, octobre.

Kemp M.C. (2001), *International Trade and National Welfare*, Londres, Routledge.

Lancaster K. (1970), « The Heckscher-Ohlin Trade Model : A Geometric Treatment », dans *International Trade*, selected reading, édité par J. Bhagwati (1987), Cambridge, Mass., MIT Press, 2e édition.

TROISIÈME PARTIE
Les relations internationales

L'analyse en termes réels du chapitre XI se trouve ici complétée par celle du commerce international. Mais cette partie propose également l'ouverture du modèle macro-économique étudié dans la première partie aux relations internationales. Ce modèle se trouve donc opposé au modèle néo-classique, puisqu'il tient compte des forces économiques à court terme. Trois chapitres traitent cette matière.

Le chapitre XII introduit, dans le modèle d'équilibre général, les prix relatifs internationaux et détermine le gain de l'échange, concept qui est précisé par une analyse partielle ; cette dernière sert également de cadre à l'examen des principaux obstacles au libre-échange. Les modèles sont amonétaires.

Afin d'examiner plus complètement les relations internationales, le chapitre XIII est consacré à l'étude de marché des changes ainsi qu'à la description des principaux flux observables entre pays, ce qui ouvre le champ au chapitre XIV.

Ce chapitre reprend le modèle macro-économique *IS-LM*, en économie ouverte soumise à des régimes de changes fixes et flexibles. Dans ce contexte, ce modèle devient *XX-LL-FF* et permet une analyse rigoureuse de l'efficacité des politiques conjoncturelles.

CHAPITRE XII

LE COMMERCE INTERNATIONAL

Ce chapitre présente un survol des principales explications théoriques du commerce international. En résumé, nous mettrons en évidence les points suivants :

— *Les doctrines mercantilistes*
L'échange international est une occasion de conflit qui ne profite qu'aux plus forts.

— *La théorie classique de l'échange international*
Le commerce international est profitable à tous les co-échangistes.

— *La théorie pure de l'échange international*
La spécialisation d'échange se fait selon la dotation relative en facteurs de production dans chaque pays.

— *La théorie des mouvements internationaux des facteurs de production*
Les conditions de concurrence imparfaite sur le marché des biens renforcent l'échange des facteurs de production sur le plan international.

Reprenons ces différentes explications théoriques que nous avons classées dans l'ordre chronologique de l'évolution de la pensée économique dans ce domaine.

12.1. Les doctrines mercantilistes

Les marchés internationaux sont aujourd'hui caractérisés par une instabilité croissante. Face à cette évolution incertaine, plusieurs pays, dont récemment les États-Unis face au Japon, se réfèrent à une justification mercantiliste du commerce international. Il est donc utile d'introduire l'ensemble des théories du commerce international par un rappel des principaux courants historiques des doctrines mercantilistes. Cependant, l'idée que l'échange est productif par lui-même est aujourd'hui si connue que l'on a de la peine à comprendre pourquoi, pendant des siècles, les penseurs les plus célèbres, et actuellement encore de nombreux politiciens spécialistes du Tiers-monde notamment, ont pu penser que l'échange était improductif. Mais, au lieu de chercher à établir des régimes purement autarciques, les mercantilistes ont tenté d'instaurer des conditions dans lesquelles les échanges internationaux profiteraient à un pays au détriment des autres co-échangistes.

Même si l'échange est improductif par lui-même, chaque pays en particulier a la possibilité d'orienter l'échange vers son propre inté-rêt, aux dépens des autres co-échangistes. Comme seul le plus fort peut tirer profit du commerce international, ce sont les avantages absolus d'un pays qui déterminent les courants d'échange. Plusieurs doctrines ont été développées pour justifier cette prise de position.

12.1.1. *Le bullionisme espagnol*

Selon cette doctrine, la richesse de la nation s'identifie au stock de métaux précieux. Pour qu'un pays puisse accumuler des métaux pré-cieux, il faut que la balance extérieure soit excédentaire ou, comme on le dit aujourd'hui avec un jugement de valeur tout à fait déplacé, la balance extérieure d'un pays doit être favorable. Dès lors, le prin-cipe de la politique commerciale d'un tel pays est clair : il s'agit de freiner autant que possible les importations, en allant jusqu'à les interdire, et de favoriser par tous les moyens les exportations. Le sur-plus ainsi dégagé désigne le pays comme créancier par rapport au reste du monde qui doit s'acquitter de sa dette par des métaux pré-cieux. L'accumulation de métaux précieux finance ensuite une armée qui consolide l'avantage absolu.

12.1.2. *Le mercantilisme commercial anglais*

Comme l'Espagne, l'Angleterre, au XVIIe siècle, tirait profit du commerce international. Afin de s'appuyer sur un avantage absolu, elle décréta un pacte colonial et des actes de navigation.

a) Pacte colonial

Ce pacte prévoyait que les produits de base – principale richesse des colonies – devaient être exclusivement vendus à la capitale qui jouissait de ce fait, d'un monopsone. Dans l'autre sens, de la capitale vers les colonies, la métropole disposait de l'exclusivité de la vente des produits manufacturés dans les colonies en y empêchant notam-ment le développement industriel afin d'éviter une concurrence nais-sante pour ses propres produits. De ce fait, la métropole jouissait d'un monopole.

Or, c'est la constellation monopsone-monopole qui garantit les plus grands profits.

b) Actes de navigations

Ces actes – édictés par Cromwell – étaient mis au service d'un objectif politique qui était la constitution d'une flotte de haute mer. Selon ces actes, les marchandises importées en Angleterre ne pouvaient pénétrer dans les ports anglais que sur des bateaux anglais. Cette politique visait en outre à briser, par un système d'entrepôts, la position dominante que les Hollandais avaient pu se créer dans le commerce international.

Il faut souligner que les deux régimes du pacte colonial et des actes de navigation se complétaient. Le commerce entre la métropole et ses colonies alimentait en fret la flotte nationale qui, de son côté, consolidait, comme dans le cas espagnol, la position dominante de la métropole dans les colonies.

12.1.3. *Le mercantilisme industriel*

Cette doctrine est née en France sous Colbert qui croyait que le développement d'une économie tenait à la qualification de sa main-d'œuvre. Or, les industries nécessitant la qualification la plus élevée sont essentiellement destinées à la production de luxe. Afin de permettre l'implantation de telles industries, il faut les protéger de leur naissance à leur stade concurrentiel (interdiction des importations). En outre, la consommation de biens de luxe corrompt les mœurs ; il faut donc en favoriser l'exportation (stimulation des exportations).

Notons en passant que de tels raisonnements sont fréquents quand il s'agit du développement des pays du Tiers-monde et qu'ils apparaissaient à ces derniers comme un argument protectionniste de leurs industries naissantes.

Le dénominateur commun de toutes ces doctrines est le fait qu'elles n'aient pas compris la source de gains que représente le commerce international pour tous les participants. Ainsi était-il facile de réfuter ces théories au XVIIIe siècle, ce que firent David Hume en 1750 d'une part et David Ricardo en 1817 d'autre part. Ces deux auteurs peuvent donc être considérés comme les fondateurs de la théorie classique de l'échange international.

La réfutation des doctrines mercantilistes par D. Hume se base sur un raisonnement monétaire. En effet, si les mercantilistes parviennent à rendre la balance commerciale excédentaire, l'afflux de métaux précieux qui en résulte augmente la masse monétaire nationale : à l'époque, en effet, la frappe des pièces de monnaie était libre. Selon la théorie quantitative de la monnaie, connue au XVIe siècle déjà, l'accroissement monétaire entraîne une augmentation des prix. Si, dans le pays excédentaire, le niveau général des prix s'élève, le prix des exportations augmente aussi et les importations sont stimulées. La balance commerciale devient déficitaire et l'or qui était entré dans le pays en ressort de ce fait automatiquement.

Il est donc vain d'attirer artificiellement des métaux précieux dans un pays car ils en ressortiront spontanément.

Une fois les doctrines mercantilistes réfutées, la voie était libre pour démontrer que l'échange international profitait à tous les co-échangistes.

12.2. La théorie classique de l'échange international

Grâce à la division du travail, les pays peuvent, au lieu de produire tous leurs biens eux-mêmes, importer des biens produits par d'autres pays et en retirer un bénéfice car la spécialisation améliore sensiblement la productivité.

L'Angleterre, par exemple, connaît des coûts d'exploitation agricole beaucoup plus élevés que le Portugal. Il semble donc logique que le Portugal se spécialise dans la production de produits agricoles et l'Angleterre dans d'autres domaines.

12.2.1. La loi des coûts comparatifs

Cette loi démontre que la spécialisation internationale est payante pour chaque nation, même si toutes ses activités économiques ont des coûts absolus très bas. Raisonnons sur l'exemple classique du drap et du vin, dû à D. Ricardo :

	Portugal	*Angleterre*
— vin	5 l	2 l
— drap	10 m	6 m

Ces chiffres nous indiquent la production par journée de travail. Le Portugal dispose donc d'un avantage absolu dans la production des deux biens.

En termes relatifs, le Portugal a cependant intérêt à se spécialiser dans la production du vin et l'Angleterre dans la fabrication de drap.

En effet, les taux d'échange nationaux du drap en termes de vin (par *l*) sont :

au Portugal $\dfrac{10}{5} = 2$ m   textile plus cher

en Angleterre $\dfrac{6}{2} = 3$ m

Les taux d'échange nationaux de vin en termes de drap (par *m*) sont :

au Portugal $\dfrac{5}{10} = 1/2\ l$

en Angleterre $\dfrac{2}{6} = 1/3\ l$ vin plus cher

Le Portugal, en se spécialisant dans le vin, obtient alors plus de 2 mètres de drap pour 1 litre de vin, tandis que l'Angleterre obtient plus de 1/3 litre de vin pour 1 mètre de textile. Graphiquement, la situation se présente comme suit :

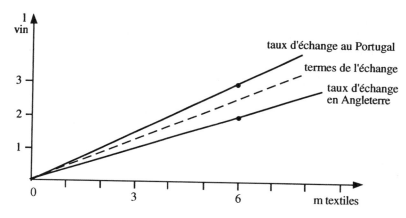

Entre les deux taux nationaux, le taux international peut donc s'établir. En échangeant les deux biens au niveau international, le prix du vin au Portugal va augmenter, et celui des textiles baisser. En Angleterre, par contre, le prix des textiles va monter et celui du vin baisser.

S'il n'y a pas d'obstacles à l'échange, tels que droits de douane et coûts de transport, on observera finalement un rapport de prix unique. Ce rapport est appelé termes de l'échange (doctrine commerciale du mercantilisme). Cependant, ce taux ne peut être déterminé dans le cadre de la loi des avantages comparatifs. Pour ce faire, nous devons nous référer à la théorie des valeurs internationales de J.S. Mill.

12.2.2. La théorie des valeurs internationales

Au lieu de se baser sur la comparaison des coûts de production, Mill introduit la réaction de la demande telle qu'elle se manifeste dans chaque pays pour chacun des biens considérés. Les causes qui permettent à l'Angleterre d'obtenir une plus grande quantité de vin par l'échange international sont mentionnées dans la « loi » de l'offre et de la demande. Introduisons cette loi sous forme de courbes de demandes réciproques dans le schéma précédent et illustrons-la par un nouveau graphique.

En effet, nous pouvons imaginer de faire varier le taux d'échange international en partant du taux d'échange intérieur de l'Angleterre. Pour chaque position du taux d'échange international, qui serait toujours représenté par la pente de la droite, nous noterions les dispositions prises par l'Angleterre face à l'échange. Au point *M*, par exemple, l'Angleterre serait d'accord pour échanger une certaine quantité de drap contre du vin. Au fur et à mesure que nous nous approchons du taux d'échange intérieur du Portugal, l'échange international devient plus favorable en Angleterre. Ce fait est exprimé par le point *N*. À ce point, l'Angleterre est de plus en plus disposée à offrir une quantité croissante de textile pour une quantité croissante de vin, et inversement pour le Portugal. Cependant, au fur et à mesure que l'échange prend de l'ampleur, l'Angleterre reçoit une plus grande quantité de vin, mais n'est disposée à fournir qu'une quantité moindre de textile. Cette situation correspond donc à l'idée que les termes de l'échange se détériorent pour le Portugal.

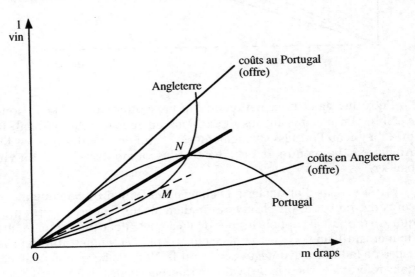

Dans le cas inverse, en partant du taux d'échange intérieur du Portugal et en allant vers le taux d'échange intérieur de l'Angleterre, nous allons relever la quantité demandée de textile contre la quantité de vin offerte par le Portugal et l'exprimer par une nouvelle courbe. À l'intersection de ces courbes, les termes de l'échange seront déterminés.

Les prix relatifs sur le plan international sont donc déterminés par les forces du marché des biens dans chacun des pays considérés.

12.3. La théorie pure du commerce international

La théorie économique ne s'est pas arrêtée en si bon chemin. Dans le cadre plus vaste de la macroéconomie, elle cherche à comprendre, derrière la loi des avantages comparatifs, quels sont les facteurs qui déterminent la spécialisation internationale. Une des théories qui, par sa cohérence logique, est encore aujourd'hui l'explication la plus acceptée de cette spécialisation est celle d'Heckscher-Ohlin.

12.3.1. La théorie d'Heckscher-Ohlin

Selon cette théorie, un pays se spécialise selon son intensité relative en facteurs de production. Pour simplifier, on tient généralement compte du capital et du travail seulement. L'Angleterre exporterait alors des biens relativement intensifs en capital. Appelons le bien exporté X et le bien importé Y. Selon le schéma suivant, l'Angleterre peut utiliser ses ressources soit pour la production de X, soit pour la production de Y. Si toutes les ressources sont exclusivement utilisées dans une seule industrie, ses points de production sont désignés par A et B respectivement dans le graphique suivant. Pour des combinaisons de production intermédiaires, nous supposons que, en plein-emploi, cette économie doit sacrifier des quantités d'un bien toujours croissantes afin d'obtenir des unités supplémentaires d'un autre bien. En allant de A vers B, l'industrie Y doit mettre à la disposition de l'industrie X des facteurs de production qui trouvent un emploi plus efficace dans une industrie en pleine expansion (loi des rendements décroissants.) Par conséquent, la courbe de transformation des productions est concave. Introduisons le rapport de prix intérieur de l'Angleterre au point P. En économie fermée, ce point correspond également au point de consommation. En introduisant le taux d'échange international (termes de l'échange), le point de consommation se situe à C. Il est alors possible de faire apparaître les importations (M) et les exportations (X).

Cette représentation du gain du commerce international montre que le pays peut se situer, grâce à l'échange international, sur une courbe d'indifférence plus éloignée de l'origine (sur I_2 au lieu de I_1). Par conséquent, ce pays connaît un bien-être économique plus élevé. Le revenu réel qui correspond au point de consommation C peut d'ailleurs être lu graphiquement ou exprimé en termes de X par la distance OR.

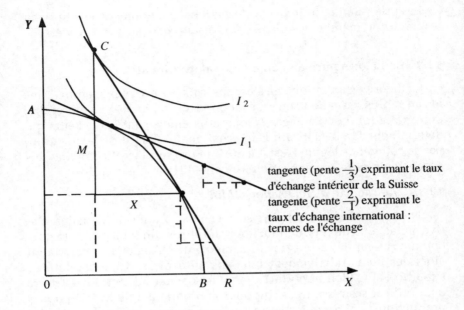

Analysons ce gain de l'échange plus en détail. Si l'économie se situe au point *P* avant son ouverture au commerce international, ce gain peut être décomposé en deux parties :

1) Une partie provient du fait que les termes de l'échange sont plus élevés que le taux d'échange intérieur.
   Le pays peut donc vendre son produit d'exportation à un prix relatif plus élevé sur le marché international que sur le marché intérieur. Ce fait se traduit graphiquement par la droite qui relie *P* à C_1, dont la valeur de la pente exprime les termes de l'échange (graphique suivant). Cette partie du gain de l'échange est donc due à l'EFFET DES TERMES DE L'ÉCHANGE.

2) L'autre partie du gain de l'échange provient de la spécialisation accrue de l'appareil de production dans le bien qui est relativement riche en capital. Le point de production se déplace de *P* à *P'*, conduisant l'économie vers une meilleure exploitation de ses avantages comparatifs. Le déplacement illustre donc un EFFET DE SPÉCIALISATION.

Cette distinction nous permet de comprendre la modification des prix relatifs sur le plan international. Une amélioration des termes de l'échange signifie donc un accroissement du bien-être économique et une spécialisation accrue de l'appareil productif selon les avantages comparatifs (déplacement de *P'* à *P''* et un accroissement du revenu réel illustré par le point de consommation C_3) ; une détérioration des termes de l'échange signifie, par contre, une diminution du bien-être économique.

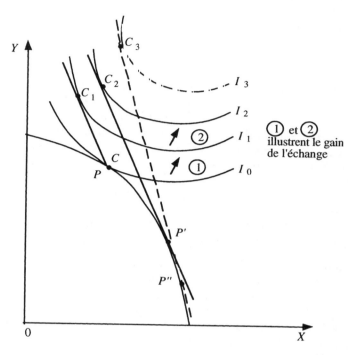

12.3.2. Vérification empirique du gain de l'échange

Sur le plan des observations statistiques, plusieurs tentatives ont été entreprises pour démontrer, par des chiffres, l'existence du gain de l'échange et de ses facteurs déterminants.

a) Vérification du théorème d'Heckscher-Ohlin

Selon les études entreprises par W. Léontief, ce théorème n'explique pas la spécialisation des États-Unis, pays à économie de marché le plus important au monde. En effet, dans son article célèbre de 1954, Léontief démontre, par une étude statistique, que les États-Unis exportent des biens relativement riches en travail et importent des biens relativement riches en capital. Ce résultat est contraire à la logique et constitue ce que l'on appelle le Paradoxe de Léontief.

Le théorème d'Heckscher-Ohlin est-il faux ou est-ce la méthode statistique utilisée qui s'avère inadéquate pour démontrer, par l'observation des faits, la spécialisation internationale ?

L'explication du paradoxe se résume en trois points :

— En mesurant l'intensité factorielle, Léontief a pris les données de l'industrie exportatrice des États-Unis et les a comparées aux chiffres obtenus dans l'industrie américaine en concurrence avec les importations. Conceptuellement, selon le théorème d'Heckscher-Ohlin, les fonctions de production étant les mêmes quel que soit le lieu de production, il est donc possible d'utiliser l'industrie américaine en concurrence avec les importations pour mesurer l'intensité factorielle de l'industrie d'exportation à l'étranger. Statistiquement cependant, il est plus facile de délimiter les industries d'exportation que les secteurs qui produisent un bien également importé.

Cette comparaison n'est donc possible que si les fonctions de production soient identiques aux États-Unis et à l'étranger. Or, en pratique, l'introduction du progrès technique ne se fait pas simultanément dans tous les lieux de production ; il est fort probable que des écarts existent et qu'il y a bel et bien des différences entre les fonctions de production américaine et européenne du bien importé aux États-Unis, ce qui explique l'intensité du facteur travail que Léontief a évaluée plus forte au niveau des exportations des États-Unis.

— La deuxième explication met en évidence le fait que les facteurs de production ne soient pas homogènes. Statistiquement, il est surtout difficile de cerner le « capital humain ». S'il est incorporé au facteur de production dans l'industrie exportatrice, ces biens deviennent relativement riches en travail, mais en réalité ce ne serait pas le cas puisque ce capital humain a nécessité un investissement préalable dans l'éducation et la formation professionnelle.

— Léontief disposait de données en valeurs. La théorie d'Heckscher-Ohlin se base cependant sur des grandeurs réelles. Le biais qui est donc forcément introduit dans la comparaison internationale provient du fait que le niveau des prix n'est pas unique sur le plan international (fluctuations du taux de change, obstacles à l'échange).

b) Mesure du gain de l'échange

La volonté de quantifier les gains de l'échange conduisit les économistes à élaborer plusieurs concepts de termes de l'échange. La multiplicité de ces concepts traduit la méfiance que certains éprouvent à l'égard de construction théorique permettant de montrer que tout pays participant au commerce extérieur en retire un avantage.

Selon la théorie pure du commerce international, une variation des termes de l'échange entraîne une modification du revenu réel. Les concepts statistiques qui ont été développés afin de démontrer l'existence d'un lien entre la variation des termes de l'échange et le bien-être économique témoignent d'une confiance un peu aveugle dans les données observables puisqu'en pratique ce lien n'a pu être démontré.

Ils expriment cependant le souci de rendre les modèles théoriques plus opérationnels et applicables à la conception des politiques économiques.

La controverse que soulève l'interprétation de la variation des termes de l'échange dans leur expression statistique du contexte des échanges entre pays industrialisés et pays en voie de développement témoignent de ce souci. Mais, plus les séries de prix de produits manufacturés et de matières de base sont utilisées pour prouver cette détérioration, plus le problème initial de l'expression des gains de l'échange comme indicateur de l'accroissement du bien-être économique s'estompe. Le débat Nord-Sud s'est mué en un affrontement sur les questions de développement. Il est certes plus facile d'utiliser l'argument de la détérioration des termes de l'échange que de se demander si les interprétations des variations des termes de l'échange sont valables à la lumière de la théorie économique.

Les concepts les plus souvent utilisés sont ceux qui sont fondés sur l'échange des biens. Nous pouvons cependant signaler d'autres concepts statistiques fondés sur l'échange des facteurs de production ou encore sur le concept d'utilité. L'idée de base est la suivante : pour obtenir des importations, l'appareil productif d'un pays doit fournir un certain effort. Si les termes de l'échange s'améliorent, l'effort d'exportation diminue pour le même volume d'importation. S'ils se détériorent, en revanche, le même volume d'importation correspondra à un effort croissant d'exportation.

1) Les termes bruts de l'échange

Il s'agit d'un rapport entre l'indice des quantités exportées et celui des quantités importées :

$$\frac{Q_x}{Q_m}$$

En fait, les termes bruts se réfèrent à la valeur nominale globale des exportations par comparaison à celle des importations. Ces valeurs sont « déflatées » par les indices de prix représentatifs afin d'éliminer toute fluctuation des prix à l'exportation et à l'importation.

D'après les statistiques disponibles, les indices de quantités pour la Suisse ont été calculés, jusqu'en 1974, selon la formule de Laspeyres et, depuis lors, selon la formule de Fischer. Or, lorsqu'il existe un déséquilibre de la balance commerciale, rien ne permet d'affirmer dans quel sens ces termes vont évoluer.

En effet, lorsque ce rapport s'améliore, nous ne savons pas si c'est en raison d'une diminution du déficit en termes monétaires ou effectivement d'une modification des quantités échangées.

2) Les termes nets de l'échange

Ils sont définis comme le rapport entre l'indice des prix à l'exportation et celui des prix à l'importation :

$$\frac{P_x}{P_m}$$

L'amélioration de ce rapport signifie que le pays en question obtient plus de biens importés pour la même quantité de biens exportés. À condition que la balance commerciale soit équilibrée, les termes nets de l'échange indiquent l'inverse du rapport des quantités.

$$P_x \cdot Q_x = P_m \cdot Q_m$$

3) Les termes de l'échange de revenu

Ce concept est obtenu par le produit des termes nets de l'échange et de l'indice du volume des exportations :

$$\frac{P_x \cdot Q_x}{P_m}$$

Il tend à mesurer la variation des quantités de biens importés qui peuvent être payées grâce au revenu provenant des exportations. Une amélioration de ces termes signifierait que la capacité d'importation du pays aurait augmenté. Statistiquement, on peut exprimer ce concept soit par l'indice du volume du commerce extérieur, soit par l'indice des quantités exportées.

Si nous supposons une élasticité-prix unitaire de la demande étrangère (avec une balance commerciale en équilibre), ce rapport reste inchangé tandis que les termes nets s'améliorent, dans le cas d'une hausse des prix des exportations par exemple, exprimant ainsi le fait que le pays obtienne les mêmes importations avec moins d'exportations.

En outre, il va sans dire que les revenus provenant d'exportations peuvent être affectés différemment, soit à l'achat de biens importés ou à celui de biens produits à l'intérieur du pays, soit à l'épargne, selon les propensions marginales à épargner régnant dans cette économie. L'évolution du revenu réel du pays dépendra donc fortement de cette utilisation.

Le concept des termes nets de l'échange est l'un des rares qui se prête à un calcul[1]. Cependant, ce calcul ne reflète ni l'accroissement

---

1. Signalons que les termes de l'échange de revenu (income terms of trade) sont également calculés. Ils représentent une extension des termes nets de l'échange. En effet, ces derniers sont multipliés par la quantité exportée d'un pays indiquant le « revenu » que ce pays retire de la vente de ses exportations.

de gain résultant d'une augmentation des quantités échangées (par exemple lorsque $dQ_x/Q_x = dQ_m/Q_m$), ni l'extension des services dans l'échange international.

D'une manière plus générale, les concepts statistiques des termes de l'échange ne parviennent pas à mesurer le gain de l'échange.

Tout d'abord, la plupart des analyses théoriques font appel à des modèles qui supposent implicitement que l'utilité marginale par unité de revenu reste la même pour tous les agents économiques. Ainsi, le problème des transferts de revenu entre groupes d'agents économiques est-il écarté entre producteurs et consommateurs ; par exemple. En réalité, ces transferts peuvent entraîner des gains ou des pertes dont il faudrait tenir compte. Mais nous nous heurtons ici à l'impossibilité de mesurer la satisfaction retirée par les groupes d'agents économiques ou par les pays. C'est l'une des raisons pour lesquelles nous n'arrivons pas, en réalité, à saisir le gain du commerce extérieur. Et comme les échanges portent sur une infinité de biens hétérogènes, nous ne parvenons pas non plus, en pratique, à résoudre le problème de l'incommensurabilité des quantités échangées.

Comme nous l'avons vu, du point de vue théorique, une amélioration des termes de l'échange permet à un pays de se placer sur une courbe d'indifférence collective à la consommation plus éloignée de l'origine ; ce pays voit donc son bien-être économique augmenter. Cependant, une amélioration des termes de l'échange ne montre un gain potentiel du bien-être économique que lorsque les conditions initiales, dans lesquelles les courbes d'indifférence collective ont été tracées, restent inchangées. La proposition selon laquelle plus les termes de l'échange s'améliorent, plus le gain de l'échange est important, n'est valable que dans un modèle à deux biens avec une dotation en facteurs de production qui reste constante. Dans l'optique de l'économie du bien-être, il est effectivement possible que la satisfaction globale atteinte pour un ensemble de biens acquis à des termes de l'échange ayant accusé une amélioration moins forte soit plus élevée que pour un autre ensemble de biens obtenus à des termes de l'échange ayant plus fortement augmenté.

Du point de vue statistique, on relève deux difficultés :

1) L'accroissement de l'expression statistique des termes de l'échange ne reflète pas une augmentation du gain retiré du commerce international et, par conséquent, ne correspond pas forcément à une amélioration du bien-être économique du pays.
Les quantités absolues échangées dont dépend le gain du commerce international ne sont pas prises en considération. En outre, la part des services dans le commerce extérieur est exclue de ces

concepts. Finalement, un biais est introduit par le calcul statistique des indices en question, effectué à partir d'une période de référence ; par conséquent, ces indices n'expriment pas les modifications de composition des courants d'échange qui ont lieu pendant la période observée. Dans l'optique de l'économie de bien-être, en outre, leur variation se prête à des interprétations équivoques.

2) Même si, en fait, les termes de l'échange (définis abstraitement comme les prix relatifs internationaux) s'améliorent, ceci n'apparaît pas dans le calcul du PNB à prix constants.

Pour le calcul du PNB réel de la Suisse, chacune de ses composantes (dans l'optique de la dépense) en valeur courante est déflatée par un indice de prix plus ou moins approprié. Ainsi les exportations et les importations en valeurs courantes sont-elles divisées par les indices de prix respectifs, dont le rapport exprime également les termes nets de l'échange.

Une hausse des prix à l'exportation pendant une période donnée, due par exemple à une élasticité-revenu élevée de la demande étrangère, augmente la recette sans modifier la quantité exportée. Si, en même temps, les prix à l'importation restent stables, l'augmentation de la recette des exportations permet d'obtenir une quantité d'importations plus importante. Les termes de l'échange s'améliorent, exprimant ainsi le fait que, pour un même effort productif à l'exportation, un volume d'importations plus grand puisse être obtenu.

Cette quantité importée plus élevée entre dans les composantes $(C + I)$ de la dépense intérieure qui, de ce fait, augmente également. Au niveau du PNB en termes réels cependant, l'accroissement de la dépense n'apparaît pas car la déduction des importations apporte un correctif tel que le volume du PNB reste inchangé.

Plus formellement :

$$\frac{QP}{P} = \frac{Q_C P_C}{P_C} + \frac{Q_I P_I}{P_I} + \frac{P_x P_x}{P_x} - \frac{Q_m P_m}{P_m}$$

12.4. La croissance du commerce international

Indiquons d'abord les directions possibles de l'expansion du bloc de possibilités de production dans le modèle précédent. Nous discuterons ensuite des causes susceptibles de provoquer cette expansion. L'hypothèse du petit pays conduit à maintenir constants les termes de l'échange puisque les prix relatifs des biens lui sont imposés par les conditions du marché international.

12.4.1. *Les expansions possibles de la production*

Nous les déterminerons d'après le graphique suivant, dans lequel les termes de l'échange pour le petit pays sont désignés par la pente de la droite *AA*.

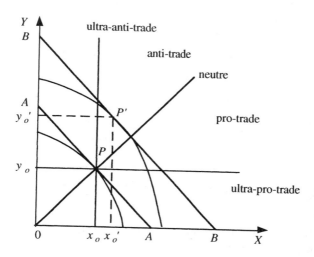

À l'issue du processus de croissance, une nouvelle droite (*BB*) parallèle à l'ancienne est tangente au nouveau bloc de possibilités de production. Ces points de tangence indiquent les évolutions possibles de la production.

Dans la situation de départ, le pays en question produit au point *P*, Oy_0 du bien importable et Ox_0 du bien exportable. Sous l'effet de la croissance économique, le bloc de possibilités de production s'étend et devient à nouveau tangent à la droite *BB*.

La croissance est neutre lorsque l'accroissement de l'offre du bien importable (*y*) est proportionnel à celui du bien exportable (*x*).

Si la production du bien *x* s'accroît davantage que celle du bien *y*, on parle d'une croissance « pro-trade ». Une telle évolution suppose que la croissance est plus rapide dans l'industrie exportatrice que dans les branches exposées à la concurrence des importations.

Si l'accroissement de la production du bien *x* va de pair avec une diminution de la quantité produite du bien *y*, on considère ce cas comme « ultra-pro-trade ».

Si, en revanche, la croissance est plus forte dans l'industrie du bien *y* que dans celle du bien *x*, on enregistre une croissance « anti-trade ».

Un effet « ultra-anti-trade » est finalement observé lorsque la production du bien y s'accroît tandis que celle du bien x diminue en termes absolus. Dans ce cas, nous pouvons exclure d'emblée ce genre d'évolution pour les pays industrialisés, car cela signifierait que la substitution de la production du bien x à celle du bien y ferait baisser le volume des échanges. Le pays deviendrait en quelque sorte plus indépendant du commerce extérieur.

Le tableau suivant regroupe ces différents types de croissance de la production :

	Production de x	**Production de y**
ultra anti-trade	↙	↗
anti-trade	↗ moins que ./. ↗	
neutre	↗ ./. ↗	
pro-trade	↗ plus que ./. ↗	
ultra-pro-trade	↗	↙

Les causes de l'expansion du bloc de possibilités de production sont généralement attribuées à l'accroissement des facteurs de production et au progrès technique.

12.4.2. *L'accumulation des facteurs de production*

C'est à Rybczynski[1] que l'on doit l'analyse qui a servi aux études sur l'accumulation des facteurs de production.

Sous sa forme initiale, le théorème de Rybczynski s'énonce comme suit :

Si la quantité d'un facteur croît – la quantité de l'autre facteur et les termes de l'échange international restant constant – la production du bien relativement intensif en ce facteur augmente, tandis que la production de l'autre bien utilisant relativement peu de ce facteur diminue en termes absolus.

En d'autres termes, si à une accumulation de capital s'ajoute une stagnation de la population active, la production du bien exportable (x) augmente tandis que celle du bien importable (y) diminue, ce qui conduit à un effet « ultra-pro-trade ».

Au lieu de supposer la variation d'un seul facteur, supposons un accroissement des deux, ce qui permet de présenter un élargissement original de ce théorème, notamment quant à la mesure géométrique

---

1. Rybczynski T.M., « Factor Endowment and Relative Commodity Prices », in *Economica*, 1955, p. 336-341.

de l'accroissement de la production résultat de l'accumulation des deux facteurs.

Nous nous référons à la boîte Edgeworth-Bowley (graphique suivant) qui représente la dotation en facteurs d'une économie relativement riche en capital qui produit deux biens (y relativement intensif en travail et x relativement intensif en capital).

La dotation initiale en facteurs est représentée par la boîte en traits pleins. Le point A, correspondant à un point de tangence commun entre une isoquante de x et une isoquante de y, se trouve de ce fait sur la ligne des possibilités d'allocation optimale des facteurs de production de la boîte initiale (O_y ; O_x). (Pour alléger le graphique, nous n'avons pas tracé les diverses lignes des possibilités de production optimale, ni les diverses isoquantes correspondantes).

Pour tous les points A, B, C et D, non seulement le taux marginal de substitution entre les deux facteurs, mais également le rapport des productivités marginales physiques restent les mêmes puisqu'il s'agit de fonctions linéairement homogènes pour la production de x et de y. En d'autres termes, la combinaison entre capital et travail dans les deux industries se fait selon les mêmes proportions (les points b, c, d représentent l'origine de la production x après les différents accroissements de facteurs).

Les différentes possibilités d'accumulation des facteurs :

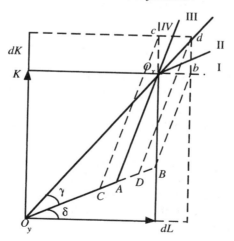

B est le point correspondant situé sur la ligne des possibilités optimales de production de la boîte élargie par dL seulement. Cette situation correspond à un accroissement de la production de y et à une diminution de la production de x ($O_yB > O_yA$; $bB < O_xA$).

Ce résultat est obtenu aussi longtemps que *Ox* se situe dans la zone *I*, ce qui nécessite un reclassement du facteur capital de l'industrie *x* dans l'industrie *y* qui, grâce à ce reclassement, peut absorber le travail supplémentaire dans la proportion initiale. L'expansion de la production est alors « ultra-anti-trade ».

C est le point de production de la boîte élargie par *dK* seulement. Il montre un accroissement de la production de x (intensif en capital) et une diminution de la production de *y* ($cC > O_xA$; $O_yC < O_yA$). D'une manière plus générale, cette situation s'observe lorsque le point *Ox* se trouve dans la zone IV. Pour que le plein-emploi des facteurs soit maintenu, il faut que le facteur travail se reclasse dans l'industrie *x*, permettant ainsi à celle-ci une expansion selon le rapport *K/L* initialement appliqué dans la production de *x*. L'accroissement du capital n'est affecté que dans le secteur du bien exportable. La croissance est alors du type « ultra-pro-trade ».

Quant au point *D*, qui indique la répartition de la production entre *x* et *y* dans la boîte élargie par *dK* et *dL*, il correspond à une augmentation de la production de *y* ($O_yD > O_yA$) et à une augmentation de la production de *x* ($dD > O_xA$). Pour ce point, nous avons représenté un accroissement des facteurs proportionnellement à leur répartition initiale (*d* se trouve sur la prolongation de la diagonale de la boîte initiale). Par conséquent, la production de *y* et de *x* s'est accrue proportionnellement par rapport à la répartition initiale. Pour que l'effet de l'accroissement des facteurs sur la production soit neutre, il faut donc que

$$\frac{dK}{dL} = \frac{K}{L} = tg\gamma$$

Pour le point *D* encore, nous constatons que *dK/dL* doit être forcément supérieur au rapport capital/travail tel qu'il est appliqué dans l'industrie *y* ($\gamma > \delta$) puisque, par définition, la production de *y* est relativement plus riche en travail que la dotation initiale de l'économie.

À titre d'exemple, établissons le lien entre les modifications observées dans la boîte et les changements relatifs du bloc de possibilités de production en nous référant aux trois cas suivants. Pour les trois cas, nous supposerons que les prix relatifs des biens et des facteurs restent constants :

1) L'accroissement simultané des deux facteurs

Ce cas introduit un agrandissement de la boîte sans modifier le rapport initial de *K/L*. L'expansion se fait au long de la diagonale de la boîte O_x à O'_x. Le point d'allocation optimale des facteurs de production passe de *A* à *B*, illustrant un accroissement proportionnel des productions *x* et *y*. Cet accroissement des productions est représenté dans le graphique de droite. La courbe de transformation de la production se déplace vers l'extérieur, parallèlement à la courbe initiale. Le point optimal de production passe – avec un rapport des prix des biens constants – de *P* à *P'* montrant ainsi que la production *Y* s'accroît de Q_y à Q'_y et celle de *X* de Q_x à Q'_x.

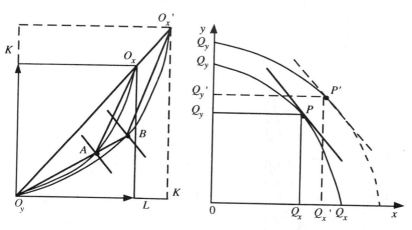

2) L'accroissement du travail, le stock de capital restant constant

Ce cas modifie le rapport de l'intensité des facteurs de l'économie, le rapport *K/L* diminue (*tgγ* > *tgγ'*). Cette réorientation de l'appareil de production favorise la production relativement riche en travail. En effet, la distance O_yA qui mesure initialement le niveau de production de *y* dans la boîte s'étend maintenant à O_yB, tandis que la distance O_xA se rétrécit à O'_xB, montrant ainsi que la production de *x* a baissé.

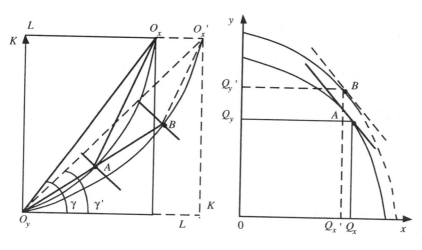

Dans le graphique de droite, ce changement dans la structure de production est illustré par le fait que la nouvelle courbe de transformation de la production se déplace plus fortement du côté de Q_y que du côté de Q_x.

3) L'accroissement du capital, le stock de travail restant constant

Comme le précédent, ce cas modifie le rapport K/L dans l'économie en augmentant ($tgg' > tgg$). Cette fois-ci, c'est la production relativement riche.

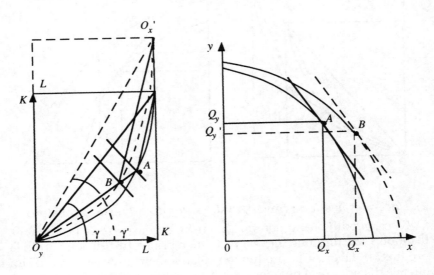

en capital qui est favorisée. Le bloc de possibilités de production s'étend donc plus fortement pour l'industrie x.

12.4.3. *Le progrès technique*

D'une manière générale, l'analyse des effets du progrès technique sur la production se fonde sur les mêmes hypothèses que celle des effets de l'accumulation des facteurs de production.

La direction de l'expansion de la production doit donc être établie en supposant des modifications des fonctions dues au progrès technique.

Distinguons trois types de progrès technique : un progrès technique neutre, défini par une économie proportionnelle des deux facteurs de production ; un progrès technique « capital saving », défini par une économie du facteur travail plus importante que du facteur capital.

En nous appuyant sur une telle classification, nous nous intéressons à l'effet final du progrès technique et non pas aux divers mécanismes d'ajustement déclenchés par l'introduction d'une innovation technologique. Notre analyse est donc faite en statique comparative.

Par la suite, nous supposerons que le progrès technique ne s'observe que dans une industrie.

1) Le progrès technique neutre

Dans ce cas, les formes des isoquantes ne changent pas. Si nous supposons ce type de progrès dans l'industrie exportatrice, la même production de x peut être obtenue par une diminution proportionnelle du capital et du travail utilisé dans cette industrie. Dans le graphique suivant, nous passerons de x_1 à x_1' qui représente le même niveau de production après l'introduction du progrès technique.

En supposant que le plein-emploi du facteur de production règne et que les quantités disponibles restent constantes pour l'ensemble de l'économie, les facteurs de production ainsi libérés contribuent à augmenter la production de x. Pour un même rapport de prix de ces facteurs, nous assisterons donc à une baisse du coût moyen et, par-là, à une baisse du prix du bien x. Mais puisque nous avons supposé que le rapport des prix des biens restait constant, nous ne pouvons maintenir cette hypothèse que si la production de y baisse. En effet, dans ce cas, l'industrie y libère relativement plus de travail que l'industrie x ne pourrait en absorber au rapport de prix des facteurs existants (AB). Pour que ces facteurs puissent se reclasser, il faut que le prix relatif du travail baisse ($A'B'$), ce qui provoque un accroissement de l'intensité relative du travail dans les deux secteurs. Par conséquent, le prix relatif du capital s'élève, entraînant une hausse du prix du bien x relativement intense en capital. Nous retrouvons ainsi le rapport initial des prix des biens.

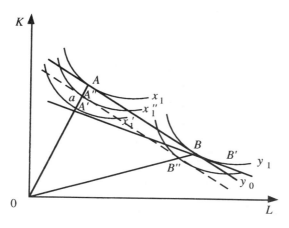

Nous en concluons que le progrès technique neutre dans une industrie conduit à une expansion de celle-ci, tandis que l'autre industrie dont la fonction de production reste inchangée rétrograde en termes absolus. L'effet de production est donc « ultra-pro-trade » lorsque le progrès technique neutre s'observe dans l'industrie exportatrice, et « ultra-anti-trade » lorsqu'il est introduit seulement dans l'industrie concurrencée par des importations.

Illustrons, à titre d'exemple, le lien entre l'allocation des facteurs et la courbe de transformation de production lorsque le progrès technique neutre est introduit dans l'industrie y.

Dans le graphique suivant, il faut noter que l'allure des isoquantes ne change pas. Seul le niveau de production qu'elles expriment subit une hausse généralisée. Comme le progrès technique n'a lieu qu'en y, la production de x, si toutes les ressources étaient employées, ne se modifierait pas. Par conséquent, la courbe de transformation de production ne se déplace que du côté de la production y.

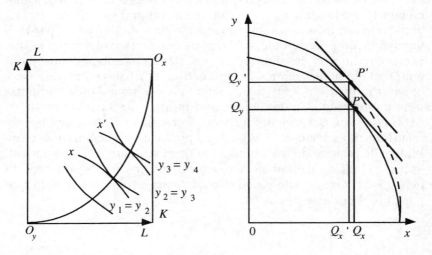

Avec des prix relatifs constants des biens y et x, le nouveau point de production se situe à P' illustrant l'effet « ultra-anti-trade ».

2) Le progrès technique « capital saving »

Pour un taux marginal de substitution donné, le même niveau de production est obtenu avec une économie de travail moins que proportionnelle à celle du capital.

L'isoquante Q_1 exprime l'effet du progrès technique par un changement de la forme de l'isoquante Q_0. Ce changement se transmet à l'ensemble de la famille d'isoquantes.

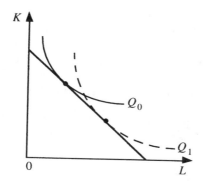

— *Introduction du progrès technique « capital saving » dans l'industrie x*

Supposons que ce type de progrès technique soit appliqué dans l'industrie relativement intensive en capital. Par conséquent, l'intensité relative en capital baisse dans cette industrie alors que le rapport des prix des facteurs reste constant. Pour que le capital libéré puisse se reclasser, il faut que la structure de la production se modifie. Par analogie au théorème de Rybczynski, il faut que l'industrie relativement intensive en capital croisse tandis que l'industrie y diminue en termes absolus. L'effet est donc « ultra-pro-trade ».

Durant l'ajustement de l'appareil de production, un effet de substitution peut être observé. En effet, par suite de la diminution du coût moyen entraînée par le progrès technique dans l'industrie exportatrice, le prix du bien x baisse en termes relatifs. Mais comme nous supposons que le rapport du prix des biens reste constant – disons qu'il est dicté par les conditions régnantes sur le marché mondial – il faut que cette baisse du coût moyen soit compensée par un accroissement de la production de x.

Cet effet de substitution dans la production provoque donc un accroissement de x et une diminution absolue de y. Par conséquent, cette substitution s'effectue dans le même sens que celui provoqué par la libération des facteurs due à l'introduction du progrès technique dans l'industrie x : la production croît donc bel et bien dans la direction « ultra-pro-trade ».

Un tel résultat univoque ne peut être obtenu lorsque nous examinons l'effet du progrès technique « capital saving » dans l'industrie relativement riche en travail.

— *Introduction du progrès technique « capital saving » dans l'industrie en concurrence des importations*

Dans un premier temps, le progrès technique libère du capital dans l'industrie y, ce qui permet l'expansion de l'industrie x. Mais puisque le coût moyen dans l'industrie y a baissé, il faut que le prix relatif du travail s'élève. Or, ceci n'est possible que pour une augmentation de la production de y. Donc les deux effets vont en sens contraire : l'effet du « capital saving » augmente l'intensité relative du travail tandis que l'effet de substitution la diminue dans l'industrie y. La variation finale de la production dépend ainsi de l'importance relative des deux effets. Dans le graphique suivant, nous avons illustré le cas où le premier effet est plus faible que celui de substitution : par conséquent, l'intensité relative du travail a diminué dans l'industrie y.

Dans l'industrie x, la même modification peut alors être observée : l'effet de substitution a provoqué ici également une diminution de l'intensité relative du travail.

La situation initiale est donnée par le point P. Par suite de l'introduction du progrès technique dans l'industrie y, les isoquantes se modifient donnant lieu à une nouvelle courbe d'allocation optimale des facteurs $(O_y,\ P'\ O_x)$. Dans un premier temps, au point P', c'est effectivement la production x qui s'est accrue $(O_xP' > O_xP)$, mais dans un deuxième temps, l'accroissement de l'intensité relative du capital dans les deux industries n'est possible que si l'industrie y croisse et l'industrie x diminue. C'est le cas au point P''.

Ce résultat est donc influencé par l'importance du progrès technique. Si celui-ci est suffisamment important, il entraîne dans l'industrie y une augmentation de l'intensité relative du travail qui ne sera pas contrecarrée par l'effet de substitution. Dans ce cas, l'expansion de la production pourrait être, à la limite, « ultra-pro-trade ».

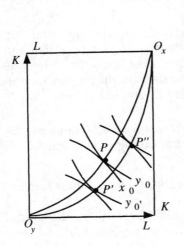

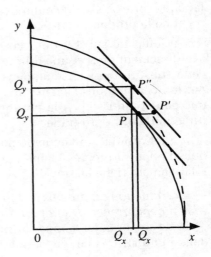

3) Le progrès technique « labour saving »

Pour un taux marginal de substitution des facteurs donné, le même niveau de production peut être atteint avec une économie de travail plus que proportionnelle à celle du capital.

Dans cette situation, l'isoquante exprime le progrès technique par un changement de sa forme qui se transmet ensuite à l'ensemble de la famille d'isoquantes. Par conséquent, la courbe d'allocation optimale des facteurs de production se déplace en direction de la diagonale de la boîte.

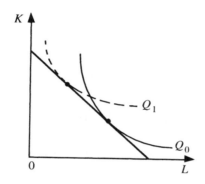

D'une manière générale, l'effet du progrès technique « labour saving » s'analyse comme dans le paragraphe précédent : appliqué dans l'industrie relativement intensive en travail, le progrès technique conduit à une expansion de la production dans le sens « ultra-anti-trade », tandis que ses effets sur la production restent indéterminés lorsqu'il est introduit dans l'industrie relativement riche en capital.

Les différents effets du progrès technique sur la production sont regroupés dans le tableau suivant :

Progrès technique	Dans l'industrie y	Dans l'industrie x
neutre	« ultra-anti-trade »	« ultra-pro-trade »
« capital saving »	indéterminé	« ultra-pro-trade »
« labour saving »	« ultra-anti-trade »	indéterminé

Si le progrès technique s'applique dans les deux industries, il convient de combiner ces différents effets afin de déterminer la conséquence du progrès technique sur l'ensemble de l'appareil de production. Il ne fait aucun doute que seules des hypothèses supplémentaires parviendront à lever les nombreuses indéterminations qui peuvent dès lors se présenter.

12.5. L'effet de la croissance sur la consommation

L'expansion possible de la production analysée dans la section précédente doit évidemment être mise en parallèle avec l'effet de la croissance sur la demande. Seule la combinaison des deux effets nous permettra de déterminer quelle sera la direction finale de la croissance.

Dans le graphique suivant, nous pouvons lire les diverses directions de l'expansion de la consommation. À nouveau nous admettons que les termes de l'échange sont constants (les droites *AA* et *BB* ont la même pente).

En raison du processus de croissance, une nouvelle courbe d'indifférence collective plus éloignée de l'origine ($CI_2 > CI_1$) devient tangente aux termes de l'échange *BB*. Ces divers points de tangence nous montrent les différentes orientations possibles de l'expansion de la consommation.

En effet, l'accroissement relatif de la demande des deux biens nous renseigne sur l'évolution de la consommation.

L'accroissement proportionnel de la consommation des deux biens indique une croissance neutre. Si l'accroissement de la demande du bien *y* est plus que proportionnel à celui de *x*, la croissance est du type « pro-trade ». Si l'accroissement de la demande du bien *y* s'accompagne d'une diminution en termes absolus, de la consommation du bien *x*, l'expansion est appelée « ultra-pro-trade ».

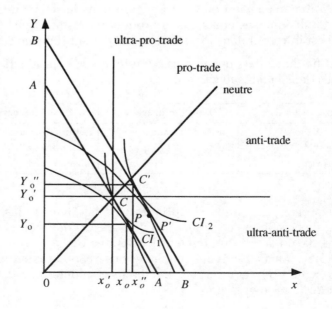

En revanche, une demande intérieure accrue pour le bien destiné à l'exportation entraîne une évolution « anti-trade » (si la demande du bien x s'accroît plus que proportionnellement à celle de y). Dans le cas où, parallèlement à cet accroissement nous pourrions observer une diminution absolue de la demande pour y, l'effet de la croissance est « ultra-anti-trade ».

12.6. Les effets combinés de la croissance sur le commerce international

Il est alors facile de déterminer l'effet global qui résulte de l'interaction de l'accroissement de la production et de la consommation. Cette juxtaposition montre cependant de nombreux cas indéterminés.

Lorsque, par exemple, la croissance de la production est « pro-trade », tandis que celle de la consommation est « anti-trade », il devient impossible de déterminer l'effet global, du moins avec les instruments que nous avons utilisés dans ce chapitre.

Afin d'aboutir à un résultat, nous supposons donc en général que l'évolution de la demande est neutre. Dans ce cas, seul l'effet du côté de la production détermine la direction des courants d'échange.

Il ne faut pas non plus perdre de vue que ces effets ont des répercussions soit du côté de la production, soit au niveau de l'allocation des ressources, et que tout déplacement sur une nouvelle courbe de transformation de production implique un déplacement à l'intérieur de la boîte d'Edgeworth-Bowley. Par conséquent, la croissance d'un pays n'affecte pas seulement ses courants d'échange mais également toute l'organisation de sa production.

Pour un pays comme la Suisse, la croissance est supposée du type « pro-trade » à titre net. En effet, les observations des changements structurels de l'appareil productif de notre pays semblent indiquer une expansion plus marquée des entreprises travaillant pour le marché extérieur.

Un exemple des effets combinés de la croissance sur le commerce international est donné par l'affirmation que les pays en voie de développement s'appauvrissent dans le libre-échange avec les pays occidentaux. Une telle affirmation repose sur l'hypothèse que la croissance de la consommation et de la production entraîne un changement des prix relatifs. En effet, un pays se spécialisant dans la production du bien x pour lequel il a un avantage relatif pour l'exportation crée une offre supplémentaire sur le marché mondial pour le bien x.

Par conséquent, les termes de l'échange se détériorent d'une manière telle que le bien-être économique du pays en question se trouve réduit après que la croissance a eu lieu. Cette situation paradoxale est représentée dans le graphique suivant :

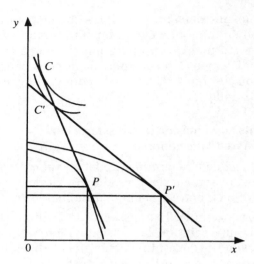

Dans la situation initiale, le pays produit au point *P* et consomme au point *C*. Après que la croissance a eu lieu, ces points se déplacent en *P'* et *C'*. Comme *C'* se trouve sur une courbe d'indifférence plus proche de l'origine que celle atteinte dans la situation initiale, le bien-être économique de ce pays a diminué.

Ce résultat est donc obtenu à cause de l'évolution ultra-pro-trade de la production et ultra-anti-trade de la consommation. Or, une telle évolution est peu plausible car on ne voit pas comment cette évolution de la consommation peut se justifier lorsque l'on observe un appétit croissant des pays en voie de développement pour des biens importés.

Au fond, le terme de croissance est mal approprié dans le contexte des pays en voie de développement puisqu'il ne tient pas suffisamment compte des mutations sociales et culturelles qu'il accompagne.

La coopération internationale a forgé des instruments de développement de trois catégories différentes :

1) Développement de l'agriculture

Cette tendance reflète l'expérience de l'Occident pour lequel l'essor économique ne devenait possible que grâce au surplus de production réalisé dans l'agriculture. Il s'agit donc, en développant d'abord l'agriculture, non seulement d'imiter les étapes de croissance de l'Occident, mais également de donner la priorité à la lutte contre la famine. C'est le but de la Food Agriculture Organisation (FAO) à Rome.

Le fondement idéologique d'une telle approche est étudié par Rostow dans son livre « Stades de développement économiques » qui décrit les différentes étapes de la croissance de l'Occident.

Or, comme les pays en voie de développement peuvent profiter du stade avancé de l'industrialisation des pays développés, certains ont argué que ces différentes étapes pouvaient être omises pour passer directement à l'industrialisation.

2) Transfert technologique

Cette approche part de l'idée que, en contrepartie des matières premières, l'Occident doit fournir directement l'instrument-clé de tout développement économique, à savoir les usines permettant une rapide industrialisation. Cette tendance est représentée surtout par les organes subsidiaires de l'Assemblée générale de l'ONU tels que la Conférence des Nations Unies sur le Commerce et le Développement (CNUCED) et l'Organisation des Nations Unies pour le Développement Industriel (ONUDI). Cependant, il a bien fallu se rendre à l'évidence qu'une industrialisation rapide allait se heurter à un problème d'éducation.

3) Développement par l'éducation

Des programmes d'alphabétisation et d'éducation sont lancés par l'intermédiaire de l'UNICEF et de l'Organisation de l'éducation de l'ONU.

Le problème de l'efficacité des mesures de développement est donc avant tout lié au dosage et à la pondération appropriée de ces trois catégories d'instruments qui doivent être adaptés à chaque pays individuellement. En effet, on aurait tort de généraliser les problèmes de développement alors que pour chaque pays se posent des problèmes spécifiques.

Pour l'économiste cependant, le problème du développement économique est lié à la capacité d'investissement d'un pays et comme la source principale de cet investissement – l'épargne nationale – fait défaut, il s'agit de trouver les moyens d'opérer un transfert d'épargne étrangère vers les pays en voie de développement. Or, ce transfert n'apparaît pas dans le modèle du commerce international que nous avons pour analyser les effets de la croissance.

12.7. Le protectionnisme

Le protectionnisme désigne toutes les mesures empêchant la libre circulation de marchandises entre les nations. Il vise notamment la limitation quantitative du commerce extérieur et la protection d'une activité économique domestique.

Afin d'analyser les effets du protectionnisme, notamment sur le gain de l'échange, nous nous référons en premier lieu à la représentation partielle du commerce internationale qui ne permet d'étudier les flux commerciaux entre deux marchés que pour un seul bien. En second lieu, nous utiliserons ce cadre théorique pour y analyser les deux formes les plus courantes du protectionnisme, à savoir les droits de douane et le contingentement.

12.7.1. L'analyse partielle du gain de l'échange

Nous nous référons à deux marchés pour un seul bien x. L'un est le marché intérieur caractérisé par un prix d'équilibre (P_i) au-dessus du prix mondial (P_m) désignant ainsi ce pays comme importateur de ce bien. L'autre est le marché étranger dont le prix d'équilibre (P_e) se situe en dessous du prix mondial. Comme il s'agit d'un modèle à deux pays, le marché extérieur représente le reste du monde qui exporte le bien x.

En outre, les hypothèses suivantes sont adoptées :
— il n'y a pas d'obstacle au libre-échange sur le plan international,
— l'analyse est statique (les mouvements de l'offre et de la demande sont supposés inexistants).

Le graphique suivant illustre la situation sur les deux marchés en autarcie (aux prix P_i et P_e respectivement) et en libre-échange où l'équilibre est assuré à un niveau de prix unique (P_m).

Dans ce modèle, les exportations de l'un sont forcément les importations de l'autre pays. Sur le marché intérieur, une demande plus grande peut être satisfaite tandis que, sur le marché extérieur, c'est l'offre qui s'avère maintenant plus importante. Par conséquent, le gain de l'échange échoit sur le marché intérieur aux consommateurs et sur le marché extérieur aux producteurs.

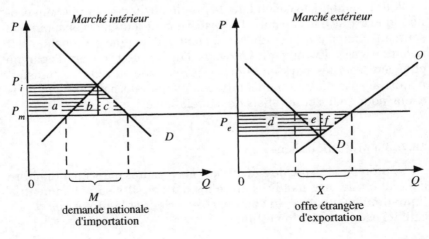

a : transfert des producteurs aux consommateurs ;

b : gain des consommateurs qui achetaient déjà ce bien avant l'ouverture à l'échange. En fait, ce gain peut être compensé par la perte des installations productives des entreprises les moins compétitives ;

c : gain net des consommateurs.

2) Gain de l'échange dans le pays exportateur

d : transfert des consommateurs aux producteurs ;

e : gain des producteurs pour la même quantité produite avant l'échange ;

f : gain net du producteur.

De cette décomposition en zones, il résulte que les gains de l'échange s'accroissent en fonction des quantités absolues échangées. Plus la distance mesurant soit les *M*, soit les *X* est grande, plus les zones c et f sont importantes.

Par l'analyse de l'équilibre partiel, nous venons de montrer que le gain réalisé du commerce international est à son maximum lorsqu'il y a libre-échange. Toute diminution des quantités échangées entraîne une réduction de ce gain pour les co-échangistes. Les deux politiques commerciales suivantes, en cherchant à protéger les producteurs indigènes, exercent justement cet effet.

12.7.2. Les droits de douane

Les droits de douane sont un impôt sur les marchandises échangées sur le plan international et sont perçus essentiellement sur les importations. On distingue deux modes de perception :

– ad valorem ;

– spécifique (pour la Suisse : sur le poids).

Les droits de douane applicables dans un pays forment le tarif douanier classé selon la nomenclature standardisée de Bruxelles. Leur perception vise deux buts : l'un est purement fiscal (par exemple : taxe sur le carburant), l'autre est protectionniste (par exemple : produits agricoles).

Dans le cadre de l'analyse partielle, les droits de douane introduisent un écart entre le prix mondial et le prix pratiqué effectivement à l'intérieur. Par conséquent, la quantité importée diminue (la distance *CD* est plus petite que *AB*). De ce fait, la zone qui représente le gain de l'échange pour le consommateur diminue également.

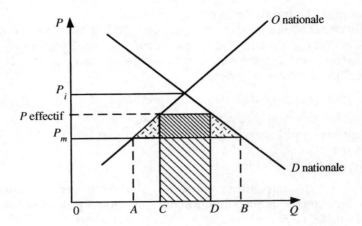

Dans ce graphique, la signification des différentes zones est la suivante :

valeur des importations (la distance *CD* représente la quantité importée après le prélèvement d'un droit de douane) ;

droit de douane ;

perte nette pour la collectivité.

Cette analyse montre que le prélèvement d'un droit de douane est de nature à accroître la production nationale de *A* à *C*, mais que cet effet protectionniste ne crée globalement aucun gain pour l'économie nationale puisque, à titre net, elle subit une diminution du bien-être économique.

12.7.3. *Le contingentement*

Ce terme désigne une limitation quantitative des marchandises importées ou exportées et s'applique aujourd'hui essentiellement aux importations de produits agricoles.

Son effet, sur le courant d'échange, s'analyse également dans le cadre de l'approche partielle.

La fixation de la quantité importée par le gouvernement entraîne – comme dans le cas d'un droit de douane – un prix intérieur effectif (P_e) plus élevé que le prix mondial. Cependant, cette fois-ci, la différence entre le prix intérieur et le prix mondial (P_m) donne lieu à une rente d'importation qui échoit à l'importateur.

Cette rente est définie par la surface *ABCD* et dépend de la quantité fixée par le contingentement. En effet,

$$\text{rente} = (P_e - P_m)\, Q_m$$

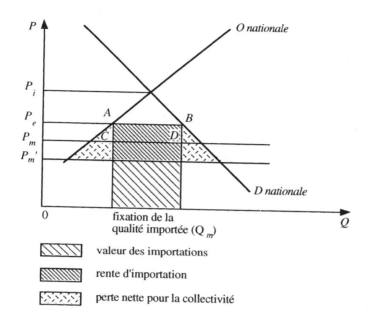

La figure présente les courbes d'offre et de demande, ainsi que les légendes suivantes :

- valeur des importations
- rente d'importation
- perte nette pour la collectivité

Afin d'éviter cette source de profit pour l'importateur, le régime de contingentement est assorti d'un système d'autorisations qui sont soumises aux enchères. Comme chaque importateur veut profiter de la rente à l'importation, il est prêt à faire de la surenchère afin de pouvoir obtenir une licence d'importation. Mais en le faisant, les prix de ces autorisations augmentent jusqu'à ce que, à la limite, cette rente soit transférée à l'État.

Dès que l'importateur entre en possession d'une telle autorisation, il peut bénéficier d'une rente éventuelle future. Tel serait notamment le cas si le prix mondial devait baisser après accord de l'autorisation (P_m passe à P_m' dans le graphique précédent).

La comparaison entre le système des droits de douane et le contingentement montre que les droits de douane représentent une protection plus flexible, évitant le problème créé par l'apparition d'une rente à l'importation. Dans les deux cas, le gain de l'échange se trouve amputé par une perte supportée par le consommateur.

12.8. Les investissements internationaux

Jusqu'à présent, nous ne nous sommes occupés que de l'échange des biens en montrant que leur libre circulation sur le plan international est source de gain pour tous les coéchangistes. En réalité, l'échange des biens s'observe parallèlement à l'échange des facteurs de production.

Nous nous concentrerons ici sur l'échange du facteur de production capital qui nous semble dicter de plus en plus les relations économiques internationales.

12.8.1. Le concept des mouvements internationaux de capitaux

Les mouvements de capitaux sont analysés sous deux angles dans la théorie économique :

— Premièrement, on distingue les mouvements de capitaux à court et à long terme. Dans la catégorie du court terme, on place les mouvements de capitaux qui sont sensibles aux variations du taux d'intérêt entre nations et du taux de change. Cette catégorie inclut les souscriptions ou l'achat de reconnaissances de dettes étrangères, la variation des créances portées aux comptes courants des banques et des institutions non bancaires à l'étranger et l'achat de pièces de monnaies et de billets de banque étrangers. Bien que ces flux posent des problèmes complexes aux politiques économiques et méritent une analyse détaillée, nous ne traiterons pas cet aspect des mouvements de capitaux sur le plan international.
— Deuxièmement, les capitaux à long terme sont divisés en investissements de portefeuille et investissements directs. Les premiers sont essentiellement constitués d'obligations et d'actions étrangères ainsi que de crédits internationaux d'une durée supérieure à une année. Ils émanent plutôt des résidents individuels. Les investissements directs, par contre, impliquent une participation plus ou moins active dans une industrie étrangère et sont donc plutôt le fait des entreprises. Ces capitaux ont intéressé : l'économiste, au niveau de leurs conséquences sur la balance des paiements et sur la croissance du revenu réel d'un pays ; le financier, en raison des problèmes de choix qu'ils posent entre les différents moyens de les réaliser ; le politicien, à cause de leur influence sur les relations extérieures d'un pays ; le juriste, pour leurs implications dans le droit international. Ces investissements présupposent une participation dans une industrie ou le contrôle plus ou moins étendu d'une entreprise située à l'extérieur d'un pays. Les mouvements de capitaux à long terme peuvent être désagrégés en flux privés et publics.

Dans les mouvements de capitaux privés, nous retrouvons les investissements de portefeuille motivés essentiellement par le rendement, et les investissements directs. À ces deux catégories s'ajoutent les crédits à l'exportation qui occupent une importance croissante dans la position créancière de la Suisse à l'étranger.

Les mouvements de capitaux publics sont essentiellement formés par les paiements unilatéraux comme les dons, dans le cadre d'un programme d'aide, par exemple, et par les paiements multilatéraux dans le cadre du FMI.

Une autre façon de distinguer les mouvements de capitaux est de les classer en mouvements autonomes et induits ; elle ne parvient pas non plus à pallier le manque d'information, mais permet de mieux faire ressortir les causes de ces flux.

Les mouvements de capitaux autonomes n'ont pas leur origine dans un poste de la balance externe mais sont engendrés par des facteurs externes. L'achat de titres par un résident suisse à la bourse de Londres, motivé par un rendement plus élevé ou par une hausse prévue de la livre, est un exemple de ces mouvements autonomes.

Les mouvements de capitaux induits, par contre, sont la conséquence d'une transaction figurant dans la balance externe. Comme exemples, mentionnons le paiement des produits importés, la dépense des touristes étrangers en Suisse et le rapatriement des revenus de placement à l'étranger.

Ces mouvements de capitaux induits peuvent être mis en relation avec les mouvements de capitaux à court terme. En effet, ils peuvent être considérés comme des flux à court terme, tandis que les mouvements de capitaux autonomes concernent plutôt les flux à long terme. Ces tentatives de regrouper, conceptuellement au moins, les mouvements de capitaux échouent cependant, car il n'est pas possible de délimiter clairement ces flux en pratique, ni de pondérer leur importance relative.

Il n'est donc pas étonnant de ne pouvoir, le plus souvent, pas déterminer les effets d'une politique économique agissant directement ou indirectement sur les mouvements de capitaux.

12.8.2. *L'analyse des mouvements de capitaux*

Cette analyse se base sur le calcul intertemporel de l'épargnant que nous avons présenté dans la section 10.2 consacrée à l'étude du marché du capital. Afin de montrer l'ajustement du stock optimal du capital en économie ouverte, nous admettons que le taux d'intérêt formé sur le marché international ($r'r'$) est supérieur à celui appliqué en économie fermée (rr).

Cette différence peut provenir d'une productivité marginale plus élevée du capital à l'étranger et n'est pas forcément influencée par des considérations d'imperfections du marché. Nous maintenons également l'hypothèse que le pays en question ne parvient pas à modifier ce taux d'intérêt international ($r'r'$) en changeant son offre et sa demande de capital sur ce marché. Dans le graphique suivant, ce fait est illustré par la droite $r'r'$ qui reste parallèle à $r''r''$, exprimant un taux d'intérêt inchangé dans la période suivante.

Supposons que la rémunération de capital soit plus élevée à l'étranger, qui connaît une dotation relative en facteur capital moins importante que le petit pays. Face à ce nouveau taux d'intérêt, le petit pays réorganise son appareil de production (exprimé, dans le graphique suivant), par le déplacement du point de production de S à P). À ce dernier point, le taux international $r'r'$ est tangent à P_tP_0, et le point de consommation se trouve en C_1.

Au point P, les investisseurs maximisent leurs profits escomptés : à ce point, en effet, le coût marginal de l'investissement donné par $r'r'$ est égal à la productivité marginale du capital.

Au point C_1 les consommateurs se trouvent dans la situation qu'ils préfèrent car, au prix du capital international, ils peuvent atteindre la courbe d'indifférence la plus éloignée possible de l'origine. L'écart entre les deux points permet de définir un triangle C_1EP qui compare C_1E de revenu futur à EP de revenu présent. Pour matérialiser cet échange de revenu pendant différentes périodes, supposons que le commerce international ne porte que sur le bien Y.

La balance externe du petit pays est excédentaire durant la première période. En effet, son économie produit OY_{01} de revenu présent mesuré par la production courante du bien Y qui est partiellement exportée. Cette exportation est mesurée par la distance EP. En contrepartie, cette économie reçoit des reconnaissances de dettes du reste du monde qui lui garantissent en outre le paiement d'intérêts d'un montant équivalent à la distance EC_1. Selon les hypothèses du modèle à périodes continues, il pourrait s'agir d'achats d'obligations à annuités perpétuelles par les résidents.

La balance externe est donc équilibrée car l'excédent de la balance externe du petit pays est exactement compensé par un déficit de sa balance des mouvements de capitaux qui, exprimé en valeur actuelle, correspond aux biens y mesurés par C_1E.

Cette approche nous permet de distinguer clairement une exportation nette de biens et services d'un prêt net de capital : la valeur actuelle de l'annuité couvrant le coût d'emprunt pour le reste du monde forme alors la contrepartie financière de l'excédent obtenu par l'échange des biens.

Puisque les résidents du petit pays se contentaient d'une consommation ($Y_{t1}E$) de la production du bien Y durant la première période, le point de départ de la deuxième période est donné par R_2 qui correspond à un nouveau niveau de production. Grâce au paiement correspondant au service de la dette par l'étranger, l'appareil de production du petit pays a pu s'étendre.

En effet, l'accroissement du stock de capital physique conduit à une augmentation proportionnelle de la production du bien Y dans la deuxième période.

Deux hypothèses importantes, et forcément restrictives, rendent possible la détermination du niveau de consommation au point R_2.

Nous supposons d'abord que le taux de rémunération du capital prêté ne s'est pas modifié, ce qui fait déplacer $r'r'$ parallèlement, en passant par le point R_2. Nous admettons ensuite que la fonction de consommation est homothétique, ce qui signifie qu'une droite partant de l'origine et passant par C_1 représente tous les points de consommation à rapport d'utilité marginale constant.

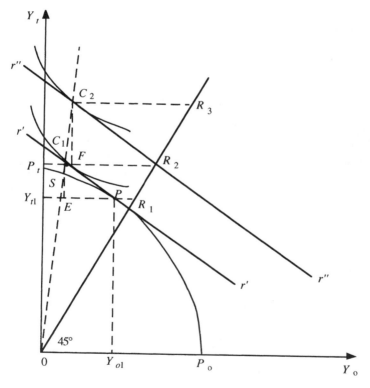

Le triangle visualisant l'échange dans la deuxième période est formé par FR_2 d'exportation du bien Y, symbolisant le revenu courant contre FC_2 de paiement d'annuités sur le capital prêté.

L'expansion de l'économie du petit pays suit donc les étapes C_1 vers R_2 de la première à la deuxième période, de R_2 à C_2 pendant la deuxième, et de C_2 à R_3 de la deuxième à la troisième période.

Il est intéressant de noter que ce processus est cumulatif. Au fur et à mesure que l'expansion se poursuit, les investissements nets du petit pays à l'étranger augmentent. La compensation du solde de sa balance des transactions courantes nécessite une exportation de capitaux croissante.

En réalité, il y a plusieurs forces qui empêchent qu'une telle évolution ne devienne explosive. À long terme, un changement technologique important peut modifier profondément les données de départ et même créer une situation dans laquelle le petit pays devient importateur net de capitaux. En outre, il est difficile de maintenir l'hypothèse que la fonction de consommation reste inchangée pendant de longues périodes car des changements de goûts peuvent intervenir. Finalement, l'intervention de l'État exerce une influence certaine sur l'évolution des avoirs nets à l'étranger.

12.8.3. *Observations empiriques*

À partir de l'égalité macro-économique

$$I_{er} = X - M + SBRF$$

il est possible d'estimer les investissements étrangers d'un pays selon un solde de la balance $(X - M + SBRF)$. Pour la Suisse, ce solde étant traditionnellement excédentaire, les investissements à l'étranger se sont élevés à quelques milliards de francs en moyenne durant ces dernières années.

QUESTIONS

1) Soit une économie composée de deux secteurs : le secteur des produits énergétiques, relativement intense en capital, et le secteur des produits manufacturés, relativement intense en travail. L'ouverture à l'échange international conduit l'économie à exporter les produits manufacturés et importer des produits énergétiques.
   a) Montrez le gain de l'échange de cette économie en termes de consommation des deux biens. Considérez ensuite que les termes de l'échange se détériorent par suite notamment de la hausse des prix du pétrole.

b) Montrez l'incidence de cette détérioration sur le revenu réel de l'économie. Déterminez les quantités importées et exportées.

c) Indiquez ensuite comment le progrès technique dans le secteur des produits manufacturés peut compenser l'effet de cette détérioration sur le revenu réel.

2) Pourquoi l'introduction du progrès technique « capital saving » dans l'industrie *y* provoque-t-elle des effets indéterminés sur la production ?

3) Pourquoi le modèle d'Heckscher-Ohlin peut-il difficilement être appliqué empiriquement aux relations commerciales entre pays développés et pays du Tiers-monde.

4) À l'aide d'une analyse partielle, montrez pourquoi le prélèvement d'un droit de douane à l'importation est néfaste pour tout pays participant à l'échange international.

5) Pourquoi le prélèvement d'un droit de douane peut-il être considéré comme une forme de protectionnisme créant moins de distorsions dans les échanges que l'établissement d'un contingentement ?

6) Montrez pourquoi le contrôle des changes équivaut à une mesure protectionniste en vous inspirant de l'approche partielle de l'ajustement externe.

7) À l'aide d'une analyse partielle, montrez quelles différences existent entre le contingentement et l'introduction d'un droit de douane.

POUR EN SAVOIR PLUS

Appleyard D. et A. Field (2001), *International Economics*, New York, McGraw-Hill, 4e édition.

Dean J. (éditeur) (2001), *International Trade and the Environment*, Aldershot, Ashgate.

Mucchielli J.-L. (2005), *Relations économiques internationales*, Paris, Hachette.

Rainelli M. (2003), *Le commerce international*, Paris, La Découverte.

Rodseth A. (2000), *Open Economy Macroeconomics*, Cambridge, Cambridge University Press.

CHAPITRE XIII

L'ÉQUILIBRE EXTERNE

Jusqu'à présent, nous avons raisonné avec un modèle du commerce international qui – dans la tradition des néo-classiques – se définit en termes réels. Les déséquilibres externes ne peuvent se produire que potentiellement car un changement des termes de l'échange assure en permanence l'équilibre entre l'exportation du bien x et l'importation du bien y.

Mais, comme les relations économiques internationales ne se limitent pas uniquement à l'échange de biens, nous allons examiner de plus près le mécanisme d'équilibre d'une économie nationale avec l'étranger, et analyser notamment la formation du prix qui régit ces relations, à savoir le taux de change.

13.1. Le fonctionnement du marché des changes

Le taux de change est le prix d'une monnaie exprimé en termes d'une autre monnaie. Il existe deux façons d'exprimer ce prix :

— *La cote à l'incertain*
Le taux de change exprime le rapport entre la monnaie nationale et la monnaie étrangère. C'est le cas pour la plupart des pays.
Ex. : Pour la Suisse, le prix du dollar en franc suisse s'exprime par F. 1.70/1 $.

— *La cote au certain*
Le taux de change exprime le rapport entre la monnaie étrangère et la monnaie nationale. C'est le cas pour l'Angleterre.
Ex. : $ 1.40/1 £.

Dans la représentation graphique suivante, nous exprimons le taux de change à l'incertain.

Le marché des changes se trouve équilibré au prix de 2 euros qui est alors un taux de change unique déterminant le volume de monnaie étrangère le plus élevé possible pouvant être échangé sur ce marché (OQ_0).

La variation du taux de change est provoquée par les mouvements de l'offre et de la demande.

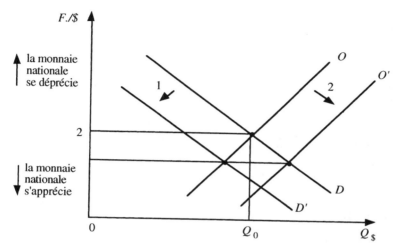

Prenons comme exemple la hausse du prix de la monnaie nationale. Cette hausse peut provenir de :
1) la contraction de la demande (passage de D à D')
2) l'expansion de l'offre (passage de O à O')
1) + 2) des deux mouvements conjugués.

Quelles sont les forces qui sont à l'origine de ces déplacements ?

Regroupons dans le tableau suivant les agents économiques qui forment l'offre et la demande de monnaie étrangère et associons à chaque catégorie la charge ou la recette pour un pays considéré dans son ensemble. La demande de monnaie étrangère représente une charge (Débit) tandis que l'offre de monnaie étrangère représente une recette (Crédit) pour les pays en question.

Débit	**Crédit**
Demande de $\$$	*Offre de $\$$*
Importation de biens et services	*Exportation de biens et services*
(demander des $\$$ à Genève par un importateur suisse, offrir des F. à un exportateur américain à N.Y.).	(offrir des $\$$ à Genève par un exportateur suisse, demander des F. à N.Y. par un importateur américain).
Revenu provenant de placements en Suisse par des étrangers qui sont rapatriés (revenus de titres suisses, revenus d'investissements directs des étrangers en Suisse).	Revenus provenant de placements à l'étranger par des résidents suisses qui sont expatriés (revenus de titres étrangers, revenus d'investissements directs des Suisses à l'étranger).

Exportation de capitaux	*Importation de capitaux*
(offre de F. par un exportateur suisse de capitaux)	(demande de F. par un importateur suisse de capitaux)
— achat de titres étrangers par des résidents	— achats de titres suisses par les étrangers
— investissements directs à l'étranger	— investissements directs des étrangers en Suisse
— placements spéculatifs à court terme à l'étranger	— placements spéculatifs à court terme à l'intérieur de la Suisse.

Si la demande de $ compense l'offre de $, le taux de change reste stable. Si, par contre,

l'offre de $ > la demande de $: baisse du taux de change
la demande de $ > l'offre de $: hausse du taux de change.

Statistiquement, le recensement de ces flux pour chaque pays est comptabilisé dans la balance des paiements.

13.2. La balance des paiements

Cette balance regroupe les transactions économiques et financières d'un pays avec l'étranger pour une période donnée (en général pour un an).

Du point de vue comptable, la balance des paiements se compare à un tableau de financement et non pas à un bilan, puisque les flux et non les stocks sont enregistrés. Elle représente un système à double entrée qui égalise par définition le débit et le crédit. Par conséquent, la balance des paiements est toujours équilibrée.

13.2.1. L'articulation de la balance des paiements

La balance des paiements est souvent divisée en deux parties principales, séparées par une ligne imaginaire. Les flux enregistrés au-dessus de la ligne englobent toutes les transactions autonomes tandis que les flux comptabilisés en dessous de la ligne forment les transactions de financement reflétant ainsi l'incidence de la première catégorie de flux sur l'équilibre externe.

Cette distinction n'est cependant pas très utile car ces flux ne se distinguent pas aussi nettement en pratique.

Le FMI (Fonds monétaire international) propose comme alternative une présentation analytique de la balance des paiements, qui la divise en trois comptes principaux :
— le compte courant,
— le compte capital,
— le compte de réserves officielles (financement compensatoire).

Voici l'articulation des trois comptes, lorsque les transactions courantes dégagent un excédent net :

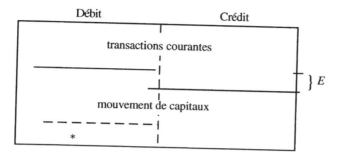

* Si l'excédent net des transactions courantes (*E*) n'est pas entièrement compensé par une sortie nette de capitaux, le financement compensatoire équilibre finalement la balance des paiements. Ce financement (appelé également « le compte monnaie ») correspond à la variation nette des réserves internationales formées par l'or, par des monnaies étrangères convertibles, par des DTS et des positions de réserves auprès du FMI. (Nous discuterons la signification des DTS et la position des réserves sous le point 13.5 *infra*).

13.2.2. Les composantes de la balance des paiements

La balance des paiements peut être représentée de différentes manières. Voici un schéma de classification souvent adopté :

```
                                                    ┌ Balance          ┌ Balance
                                                    │ commerciale      │ commerciale
                                                    │ au sens large  ┤ au sens strict
                                                    │                  │
                                                    │                  └ Balance des
                                                    │                    services
                                                    │
                                                    │ Balance des      ┌ Revenus des
                                                    │ revenus des      │ placements
                            ┌ Balance des         ┤ facteurs         ┤
                            │ opérations           │                  └ Revenus du
BALANCE DES    ┌ Balance des │ courantes           │                    travail
PAIEMENTS    │ comptes     ┤                      │ Balance des transferts
             │              │                      │ (se répétant de façon régulière
             │              │ Balance des          │
             │              └ opérations         ┤ Mouvement de capitaux
             │                en capital           │ à long et à court terme
(toujours en │                                     │
équilibre)  ┤                                      │ Balance des transferts unilatéraux
             │                                     └ en capital
             │ Financement
             └ compensatoire officiel
```

Il convient d'adapter ce schéma aux particularités statistiques de chaque pays. En effet, les différents flux observés entre pays peuvent être classés de plusieurs manières entre ces différentes balances modifiant ainsi le signe de leur solde. Nonobstant, la balance des paiements reste toujours en équilibre.

13.2.3. *Le cas de la Suisse*

La balance des paiements de la Suisse en 1999 s'articule de la manière suivante (en millions de francs suisses) :

1. Transactions courantes		+ 43 531
— marchandises	− 276	
— services	+ 19 986	
— revenus de facteurs	+ 31 365	
— transferts sans contrepartie	− 7 544	
2. Mouvements de capitaux (sans la banque nationale)		− 54 118
— investissements directs	− 36 895	
— investissements de portefeuille	− 61 507	
— mouvements de capitaux des banques commerciales	+ 27 501	
— mouvements de capitaux des entreprises	+ 3 108	
— autres mouvements de capitaux du secteur privé	+ 10 633	
— mouvements de capitaux des collectivités publiques	+ 218	
3. Variables de la position extérieure nette de la banque nationale		− 1312
4. Compensations		+ 4 136
5. Erreurs et omissions		+ 7 763

Remarques :
Le signe moins − signifie un excédent des importations sur les exportations, dans les transactions courantes, et des exportations de capitaux, dans les mouvements de capitaux. Pour la position extérieure de la Banque nationale, il signifie une augmentation des avoirs.

Source : BUS, Bulletin mensuel de statistique économique.

Statistiquement, nous disposons surtout des chiffres concernant la balance des transactions courantes. Ces chiffres dégagent pour la plupart des années récentes des excédents importants comme le montre le tableau suivant :

Solde de la balance suisse des transactions courantes (BTC)

Année	Solde (en milliards de francs suisses)	Solde en % du PNB
1976	8,4	5,7
1980	− 0,9	− 0,5
1985	12,4	5,1
1990	12,0	3,7
1995	25,2	6,65
2000	43,5	10,66

Pendant la période citée, la Suisse était en régime de changes flexibles. Par conséquent, l'interprétation de ces chiffres est la suivante : lorsque les excédents de la balance des revenus ne sont pas compensés par des exportations nettes de capitaux suffisants, le franc suisse augmente. Mais, comme les statistiques mesurant les mouvements de capitaux sur le plan international n'étant qu'incomplètement connues nous ne pouvons les exprimer que par voie résiduelle et déduire ainsi leur impact sur le taux de change.

En effet, pour obtenir les mouvements de capitaux sur le plan international par voie résiduelle, il convient d'établir le lien entre la variation des réserves monétaires (R) et le solde de la balance des paiements (B) :

$$\frac{dR}{dt} = B = 0$$

Or nous venons de constater que B = balance des revenus + mouvements de capitaux. Par conséquent :

$$\frac{dR}{dt} = \text{balance des revenus + mouvements de capitaux}$$

Par les statistiques publiées par la Banque nationale, nous connaissons la position nette des banques sises en Suisse face à l'étranger ainsi que la variation des réserves monétaires. Il est donc possible de faire apparaître les mouvements nets de capitaux du secteur non bancaire par voie résiduelle. Malgré cette approche, la balance de paiement de la Suisse ci-contre mentionne une partie importante du solde comme erreur et omission (4,3 milliards de francs suisses), ce qui montre les difficultés de vouloir mesurer concrètement les prix économiques avec l'étranger d'un pays de plus en plus tourné vers les activités de services financiers.

Il n'est donc pas possible de déterminer statistiquement si le mouvement net des capitaux de la Suisse compense exactement le solde de la balance des transactions courantes (BTC).

Il ne nous reste donc qu'à situer le déséquilibre externe de la Suisse dans le contexte global. En nous basant sur les chiffres tirés de la comptabilité nationale, la relation suivante se vérifie pour 1999.

C	234 813	
$+ G$	56 772	
$+ I$	76 747	
A	368 331	
$+ (X - M)$	20 237	20 237
PIB	388 568	

+ SBRF	31 267		31 267
PNB	419 835	BTC	51 504

En d'autres termes, le solde chiffrable de la balance des transactions courantes (BTC) correspond à la différence entre la valeur finale de la production et l'absorption.

$$BTC = Y - A$$
$$51\ 504 = 419\ 835 - 368\ 331$$

Produit national brut de la Suisse selon le genre de dépenses

Genre de dépenses	1982	1990	2000
	En millions de francs suisses, aux prix courants		
Dépenses des consommateurs en biens et services	122 060	177 605	200 408
Dépenses courantes de l'État et des assurances sociales	25 935	42 240	51 016
Formation intérieure brute de capital	47 095	90 960	92 044
Exportation de biens et de services	69 55	115 105	167 886
Moins : importation de biens et de services	68 660	113 555	171 161
Revenu du travail et de la propriété reçue de l'étranger	15 140	28 345	102 679
Moins : revenu du travail et de la propriété versée à l'étranger	5 950	14 645	63 107
Produit national brut aux prix du marché	205 170	326 055	379 765

1 : Estimations.
Source : Bulletin mensuel de la Banque nationale suisse.

Les grands déséquilibres regroupés sur le plan international

Solde de la balance des transactions courantes en milliards de US $		
	1997	**1999**
USA	− 443.5	− 338.9
Japon	94.3	109.5
Euro	106.8	45. 8
UK	10.8	− 20.7
CH	25.9	29.2
Australie	− 12.7	− 22.3
Canada	− 10.3	− 2.9
Nouvelle-Zélande	− 4.3	− 4.3
Total	− 80.2	− 193.2

Source : Banque de règlements internationaux, Bâle.

13.3. Les régimes des changes

En réalité, malgré l'absence de preuves au niveau des chiffres disponibles, le solde des mouvements de capitaux privés ne compense pas exactement le solde de la balance des transactions courantes. L'État est donc appelé à équilibrer la balance des paiements.

Examinons plus en détail ces différents mécanismes du marché des changes en distinguant le régime de change fixe du régime de change flexible.

13.3.1. Le change fixe

L'équilibre du marché des changes est assuré par l'intervention de la Banque centrale.

Le principe est le suivant :

Si l'offre dépasse la demande de devises, la Banque centrale achète la monnaie étrangère.

Si la demande dépasse l'offre de devises, la Banque centrale vend la monnaie étrangère.

Expliquons cette intervention à l'aide d'un graphique qui illustre le premier cas.

Remarquons que l'illustration d'un excédent d'offre sur le marché des devises est obtenue par un mouvement de l'offre. Or, il est tout à fait possible de l'illustrer à l'aide d'un mouvement de la demande.

Une expansion de l'offre et/ou une contraction de la demande exerce une pression à la hausse de la monnaie nationale. L'intervention de la Banque centrale qui en résulte influence l'offre monétaire. L'achat de devises provoque une hausse de la masse monétaire en circulation, la vente en provoque une baisse.

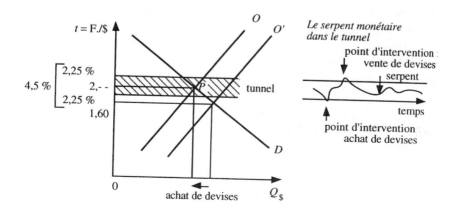

Bien que l'équilibre soit maintenu par les interventions de la Banque centrale, le déséquilibre peut devenir chronique et ne s'éliminera que par un changement du taux de change.

Un déficit chronique de la balance des comptes entraîne une dévaluation de la monnaie nationale (le poids d'or diminue).

Un excédent chronique de la balance des comptes provoque une réévaluation de la monnaie nationale (le poids d'or augmente).

Le régime de change fixe a connu une renaissance le 13 mars 1979 avec la création de l'Union Monétaire Européenne.

Sur le plan européen, cette union représente une tentative de stabiliser le marché des changes par un régime de change fixe, mais ne représente en aucun cas un pas vers une intégration monétaire de l'Europe puisque l'émission monétaire continue d'être le monopole national de chaque pays.

Le système adopté se caractérise comme suit :

1) Mécanisme des changes

Le mécanisme des changes définit les cours pivots[1] et les limites d'intervention des monnaies participantes. Chaque pays est obligé de déclarer un cours-pivot en Écus pour sa monnaie. L'Écu se définit comme un panier standard formé par des montants pondérés des monnaies nationales des neufs pays participants au marché commun. La pondération a été opérée en fonction de la part respective de chaque pays dans les échanges commerciaux inter-européens, de leur produit national brut et de leur quote-part dans le mécanisme de soutien monétaire à court terme de la CEE.

La valeur de l'Écu exprimée dans les diverses monnaies de la CEE (reflétant la moyenne pondérée du cours des changes) varie en fonction des modifications des relations du taux de change intra-communautaire. Cependant, l'Écu n'est pas utilisé pour intervenir sur le marché des devises. Cette intervention se fait toujours dans les monnaies des principaux pays.

Les limites d'intervention sont fixées par une marge de ± 2,25 % avec des exceptions allant jusqu'à une marge de ± 6 % (l'Italie fait usage de cette marge élargie).

En outre, il existe un indicateur de divergence qui s'applique aux mouvements des monnaies participantes. Une monnaie atteint son seuil de divergences chaque fois qu'elle s'écarte de son cours-pivot Ecu de 75 % de la déviation qu'elle enregistrerait si elle atteignait sa

---

1. Cours pivot : rapport de base servant de référence entre la monnaie nationale et l'Ecu qui n'est qu'une unité de compte et non pas un moyen de paiement.

limite d'intervention supérieure et inférieure sur le marché par rapport à toutes les autres monnaies de la CEE simultanément. Une monnaie devenue « divergente » nécessite alors une réaction des autorités concernées.

2) Facilités de crédit et création d'écus

Afin d'élargir la liquidité monétaire des Banques centrales des pays membres nécessaires à leurs interventions sur le marché des changes, les crédits à court terme accordés à cette fin ont été portés à 14 milliards et les crédits à moyen terme à 11 milliards d'Écus.

Les crédits à court terme sont inconditionnels et accordés pour une durée de 3 mois en principe.

En plus de ces facilités de crédit, plus de 23 milliards d'Écus ont été créés par les Banques centrales des pays membres en déposant en commun des crédits croisés (swaps), de l'or (20 % de leurs avoirs) et des dollars (20 % de leurs réserves en $).

3) Financement et règlement des soldes d'intervention

En principe, on applique les mêmes règles que celles en vigueur pour le serpent monétaire de 1971. Chaque Banque centrale s'engage à mettre à disposition des interventions une quantité illimitée de sa monnaie.

13.3.2. Le change flexible

Dans ce régime, le prix de la monnaie étrangère est fixé librement sur le marché sans qu'il y ait intervention de la Banque centrale. La balance des comptes est maintenue en équilibre par un ajustement permanent du taux de change. Un déficit potentiel de cette balance déprécie automatiquement la monnaie nationale tandis qu'un excédent potentiel entraîne son appréciation (passage de P_1 à P_2).

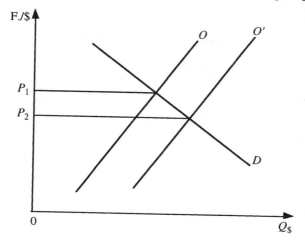

Ce système présente deux inconvénients :
— Une instabilité des changes, illustrée par de fortes fluctuations qui risque de perturber également les courants d'échange, notamment des importations et des exportations de biens et services.
— Le mouvement spéculatif des capitaux à court terme se trouve renforcé, contribuant à rendre le marché des changes instable.

13.3.3. Le contrôle des changes

Le contrôle des changes se définit par un contingentement des moyens de paiement mis à la disposition des résidents qui effectuent des paiements à l'étranger (essentiellement des importateurs).

Il s'agit d'une politique délibérée pour maintenir la balance des comptes en équilibre. En fait, il s'agit d'éviter une perte de réserves monétaires.

Le contrôle des changes implique un contrôle par l'autorité monétaire de toutes les transactions financières avec l'étranger.

Il faut donc un permis pour effectuer des dépenses à l'étranger, ce qui revient à dire que l'on rationne les importations en biens et services.

C'est pour cette raison que le contrôle des changes peut être aussi interprété comme une mesure de protectionnisme.

Les inconvénients en sont les suivants :
— la possibilité de fraude existe car le contrôle est difficile à maintenir ;
— la capacité de concurrence sur le marché international est altérée du fait que le pays produit de plus en plus de biens pour satisfaire une demande intérieure qui ne peut plus être comblée par les importations.

Il en résulte une diminution des échanges internationaux et, de ce fait, une perte de gain.

13.3.4. Aperçu historique des systèmes monétaires

On entend par système monétaire la relation qui existe entre la monnaie fiduciaire légale d'un pays et la monnaie internationale.

Jusqu'aux environs de 1914, le monde vivait dans un système d'étalon or (gold specific standard).

Ce système monétaire se caractérise par les trois points suivants :
1) la parité,
2) la convertibilité,
3) le libre échange d'or.

Reprenons ces différents éléments que nous trouvons également à la base des systèmes monétaires adoptés ultérieurement :

1) La parité

L'unité monétaire est définie par un certain poids d'or. Une monnaie nationale par rapport à une monnaie étrangère est donc définie par un rapport de poids d'or.

Exemple : 1 euro = 0,3 gr. d'or fin,
           1 $ = 0,9 gr. d'or fin.
           La parité est donc 3 euros/1 $.

En régime de change fixe, nous parlons de dévaluation ou de réévaluation lorsque la parité est modifiée par une politique délibérée.

En 1971, nous avons assisté à la dernière modification de la parité du franc suisse qui était alors défini par 0,218 gr. d'or fin. Cette nouvelle définition entraînait une réévaluation du franc suisse de 7,1 % par rapport au dollar.

2) La convertibilité

La Banque centrale est obligée de convertir la monnaie fiduciaire légale qu'elle a émise en or et inversement. Cette conversion est assurée au prix qui correspond à la parité.

3) Le libre-échange d'or

L'importation et l'exportation d'or étant libres, l'offre monétaire d'un pays se compose à la fois de billets de banque et de pièces d'or ainsi que de monnaies internationales. La composition de la masse monétaire dépend donc en dernière analyse du goût du public.

Ce système, qui assurait une grande stabilité aux échanges internationaux, ne commença à se désagréger qu'à la veille de la Première Guerre mondiale. En 1914, en effet, plusieurs pays craignant que leurs réserves d'or ne fussent dispersées dans le public décidèrent de supprimer la condition de la libre convertibilité des monnaies en or. Au moment où la convertibilité fut levée, les billets de banque eurent un cours forcé.

Cependant, comme les billets continuaient à circuler, les Banques centrales se rendirent compte que les agents économiques utilisaient les billets à cause du pouvoir d'achat qu'ils représentaient et non pas à cause de leur convertibilité en or.

Pendant la Première Guerre mondiale, tous les pays belligérants supprimèrent la convertibilité en or et instaurèrent un contrôle des changes très sévère.

Après la Première Guerre mondiale, les changes flexibles furent adoptés. Ce système devint très vite intolérable aux yeux de certains gouvernements à cause des fluctuations importantes des cours.

La peur de manquer d'or les obligea alors à adopter un nouveau régime et à ne pas revenir à l'ancien système du gold specific standard.

Deux systèmes furent adoptés :
— L'étalon de change or (gold exchange standard) ; la monnaie nationale se définit par rapport à une autre monnaie qui, elle, reste convertible en or. C'est notamment le cas pour la livre sterling (zone sterling).
— L'étalon or lingot (bullion standard) ; la Banque centrale assure la convertibilité en or, mais seulement pour un montant élevé (valeur d'un lingot).
En réalité, seules les banques s'échangeaient des lingots pour effectuer les paiements. C'est à cette époque que les pièces d'or disparurent de la circulation. La convertibilité de MFL en or fut donc réservée aux paiements internationaux. La Suisse notamment appliqua ce principe.

En raison de la crise économique mondiale des années trente, ces systèmes d'étalon or s'écroulèrent (en 1936 pour la Suisse).

Comme avant la Première Guerre mondiale, deux positions furent adoptées :
— La Grande-Bretagne revint au régime de change flexible, en imposant toutefois une restriction : la Banque centrale devait intervenir dans le cas de très fortes fluctuations des changes pour tenter d'en stabiliser le marché. On peut constater que cette situation se répète actuellement.
— L'Allemagne et l'Italie adoptèrent le contrôle des changes.

La Deuxième Guerre mondiale imposa le contingentement, voire la suppression du commerce international. Le contrôle des changes se généralisa, la convertibilité des monnaies nationales en or fut définitivement abolie.

À l'issue de cette guerre, une des tâches primordiales fut de relancer les échanges internationaux en supprimant rapidement le contrôle des changes pour pouvoir mettre en pratique l'accord conclu par les Alliés à Bretton Woods en 1944. Cet accord prévoyait le retour à un système d'étalon-or en créant le Fonds Monétaire International. Ce système se caractérise de la manière suivante :
— l'unité monétaire nationale est définie par rapport à un certain poids d'or. Nous retrouvons donc la condition de la parité ;
— la convertibilité en or ne s'applique qu'aux paiements internationaux. Pour le public, les billets de banque ont un cours forcé ;
— pour les besoins des paiements extérieurs, la convertibilité n'est plus seulement assurée par l'or mais aussi par le dollar. Toutes les Banques centrales interviennent sur le marché avec des dollars. Si

une Banque centrale achète des dollars, elle a le choix, soit de constituer une réserve en dollars, soit de demander la convertibilité en or à la trésorerie américaine. La circulation de l'or ne se fait plus qu'entre Banques centrales.

Il s'agissait donc d'un système hybride qui se référait à la fois à un étalon-or pur et à un étalon de change or.

Ce système permit un essor sans précédent du commerce international et introduisit une stabilité dans les relations monétaires jusqu'aux années soixante. Les déséquilibres croissants dans le monde, notamment l'accumulation d'une dette américaine extérieure impressionnante, condamnaient cependant ce système à disparaître. En 1972, les Américains déclarèrent le dollar inconvertible en or. Par la suite, tous les pays adoptèrent de nouveau les changes flottants (pour la Suisse : le 23 janvier 1973).

13.4. Les différents mécanismes d'ajustement externe

Trois approches permettent l'analyse du mécanisme d'ajustement externe. Dans une première partie, nous présenterons l'approche par les élasticités, qui étudie les effets d'une variation du taux de change d'une manière exogène sans s'occuper des causes du déséquilibre. Cette analyse nous permettra de préciser l'impact d'une variation du taux de change sur les termes de l'échange. Mais comme cette approche néglige les effets secondaires et ne tient pas compte des influences monétaires, nous exposerons, dans la deuxième partie, l'approche abortion et l'approche monétaire.

Par l'approche absorption, nous essaierons de mettre en relief les effets de revenu qui permettent un rééquilibre de la balance des comptes. Dans ce cas, l'équilibre externe pourrait être rétabli non seulement par le changement du taux de change mais aussi par toute une gamme d'autres mesures.

L'approche monétaire, quant à elle, met l'accent sur les conséquences monétaires des déséquilibres externes entraînés par des variations du taux de change, analyse les changements dans les réserves en devises de la Banque centrale qui résultent d'un déséquilibre externe et leurs répercussions sur la liquidité interne, et elle considère les variations des termes de l'échange seulement comme une conséquence seconde du processus d'ajustement.

13.4.1. L'approche partielle

Cette approche précise les conditions nécessaires pour que la balance commerciale réagisse normalement après une variation du taux de change.

Par « réaction normale », nous expliquons le mécanisme suivant :
— Dans le cas d'une *dévaluation de la monnaie nationale*, le déficit externe diminue.
— Dans le cas d'une *réévaluation de la monnaie nationale*, l'excédent externe diminue.

Il s'agit donc de relier la variation du taux de change à la variation des termes de l'échange. Pour ce faire, nous sommes à nouveau obligés d'accepter les hypothèses propres à l'analyse partielle :
— En traitant les fonctions de l'offre et de la demande pour un bien donné comme des agrégats, elle masque tout problème d'ajustement de l'appareil productif (modification des prix relatifs des facteurs de production).
— Cette approche suppose également que les revenus sont constants tant à l'intérieur du pays qu'à l'étranger (absence de mouvements de l'offre et de la demande).

Les graphiques suivants représentent la réaction de l'offre et de la demande des biens importés et exportés consécutive par exemple à une réévaluation du taux de change.

a) Réévaluation et marché du bien importé

Le graphique suivant indique au point *E* l'équilibre sur ce marché formé par l'offre étrangère (*Oei*) du bien importé (*y*) et de la demande nationale (*Dni*).

Oei s'exprime par t.\$ = euro
Dni s'exprime directement en euro

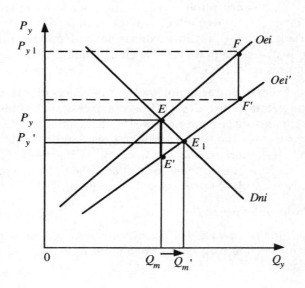

Une réévaluation de la monnaie nationale s'exprime par un changement de *t*. comme l'offre étrangère du bien importé s'exprime en monnaie étrangère, c'est elle qui sera affectée par ce changement tandis que la demande nationale s'exprimant en monnaie nationale reste inchangée. Graphiquement, l'offre étrangère *Oei* se déplace donc vers *Oei'*. Ce déplacement n'est pas parallèle à lui-même, puisque le montant absolu de la réévaluation s'accroît avec les quantités offertes. En termes relatifs, le taux de réévaluation reste par contre constant.

Dans ce graphique, le taux de réévaluation s'exprime par

$$\frac{EE'}{OP_y}$$

qui est donc forcément le même, quel que soit le volume du bien *y* échangé. Par conséquent, ce rapport est identique à celui qui peut être lu en euros :

$$\frac{FF'}{OP_{y_1}}$$

b) Réévaluation et marché du bien exporté

Cette fois-ci, ce marché est formé par l'offre nationale du bien exporté (*x*) (*One*) et la demande étrangère (*Dee*).

Comme précédemment, l'équilibre initial se trouve au point *E* dans le graphique suivant. À la suite de la réévaluation, c'est maintenant la demande étrangère qui se déplace puisque c'est elle qui s'exprime en monnaie étrangère :

$$Dee = t.\$ = \text{euro}$$
$$One = \text{euro}$$

À nouveau, nous exprimons le taux de change de la même manière que dans le graphique précédent.

Ce rapport reste constant quel que soit le volume du bien exporté.

Quelle est la réaction de la balance commerciale à la suite d'une variation des prix ?

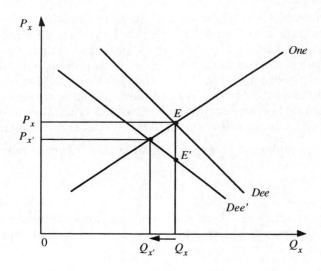

c) Variation du taux de change et balance commerciale

Pour répondre à cette question, nous nous référons à la définition suivante du solde de cette balance (*BC*) :

$$BC = X - M$$
$$BC = P_x \cdot Q_x - P_y \cdot Q_y$$

Selon les deux graphiques précédents, la réaction de la balance est la suivante :

$$\Delta BC = \Delta(P_x \cdot Q_x) - \Delta(P_y \cdot Q_y)$$

Le solde de la balance commerciale diminuera de manière univoque si la variation de la dépense à l'exportation est inférieure à la variation de la dépense à l'importation.

En d'autres termes, la « réaction normale » dépend de la valeur des élasticités des quatre fonctions qui détermine l'équilibre sur ces deux marchés.

Afin de déterminer les conditions d'une « réaction normale », nous supposerons que l'offre de biens *x* et *y* dans les deux pays est parfaitement élastique. La justification d'une telle hypothèse est double :
— dans l'optique keynésienne, l'accroissement de la production est obtenu par l'utilisation des facteurs de production restés en sous-emploi. Les prix restent donc constants lorsque l'offre s'accroît ;
— dans l'optique de la concurrence parfaite, l'offre à long terme est parfaitement élastique, étant donné que la pression continue de la concurrence force tous les entrepreneurs à produire au minimum du coût moyen.

Avec cette hypothèse supplémentaire, les marchés extérieurs sont représentés comme suit :

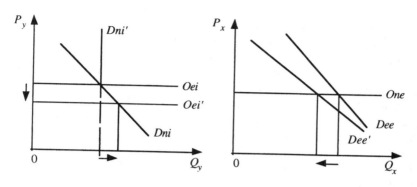

Dans une telle situation, l'équilibre externe est atteint à la suite d'une réévaluation. On remarquera que le mécanisme d'ajustement n'est déterminé que par la valeur des élasticités des deux demandes.

Plus formellement, nous pouvons démontrer que cette réaction normale ne peut être observée que lorsque la somme des élasticités-prix des deux demandes est supérieure à 1 :

$$|e_{dx} + edy| > 1$$

On rencontre cette expression dans la littérature sous le nom de Condition Marschall-Lerner (auteurs de cette formule). Nous nous contenterons de l'énoncer. La démonstration demande un petit effort d'algèbre puisqu'il s'agit de différencier l'équation de la balance commerciale utilisée précédemment. (Pour une démonstration, voir par exemple Annexe H, p. 536 ss. de Kindleberger Ch. P. et Lindert P.H., *International Economics*, Richard D. Irwin Inc., 1978, 6e édition.)

Si cette condition n'est pas remplie, un effet pervers peut être observé : après réévaluation (dévaluation), la balance commerciale devient encore plus excédentaire (déficitaire).

Nous avons représenté ce cas dans le graphique précédent : la demande nationale d'importation est supposée parfaitement inélastique ($edy = 0$). Dans ce cas, une baisse de prix à l'importation après réévaluation entraîne également une baisse de la valeur des importations. Si cette baisse était plus grande que celle – observée de toute manière – de la valeur des exportations, la balance commerciale deviendrait alors excédentaire (si elle était équilibrée au départ) ou plus excédentaire (si la réévaluation était provoquée par un excédent initial).

La probabilité qu'un effet pervers puisse se manifester dépend donc de l'évaluation des élasticités-prix de la demande.

Quelle est l'évaluation qui correspond à l'observation empirique ? Une évaluation pessimiste ($ep \to 0$) insiste sur les faibles possibilités de substitution entre la production intérieure et les importations qui devraient alors porter sur des biens de première nécessité. Historiquement, ce fut surtout pendant les années 1930 et le début des années 1940 que les économistes crurent à la possibilité d'un effet pervers. Aujourd'hui, l'optimisme basé sur les expériences des années 1960 est de rigueur. Cet optimisme est surtout justifié par l'accroissement des biens intermédiaires dans le commerce international et les possibilités accrues de substitution qu'ils permettent : une baisse des prix à l'importation à la suite d'une augmentation de la valeur de la monnaie nationale augmenterait la part des biens semi-fabriqués provenant de l'étranger et entrant dans une proportion accrue dans les exportations. En outre, la modification des prix relatifs entraînée par un changement du taux de change se répercute sur le revenu réel dont dépendent – en termes réels – les importations. Ainsi, dans le cas d'une réévaluation, les termes de l'échange ont tendance à s'améliorer : le revenu réel s'accroît entraînant également un accroissement des importations : la balance commerciale réagit donc normalement.

Cependant, le lien entre la variation du taux de change et la variation des termes de l'échange n'est pas évident non plus :

d) Relation entre la variation des termes de l'échange et la variation du taux de change

Pour démontrer ce lien, nous nous référons aux deux graphiques précédents, d'où nous tirons les relations suivantes :

	Marché du bien importé	Marché du bien exporté
Variation du prix en terme relatif	$\dfrac{PyPy'}{OPy}$	$\dfrac{PxPx'}{OPx}$
Variation du taux de change en termes relatifs (dt/t)	$\dfrac{EE'}{OPy}$	$\dfrac{EE'}{OPx}$
Élasticité-prix de l'offre du bien importé	$e_{0y} = \dfrac{QmQm'}{Qm'} \Big/ \dfrac{EE' - PyPy'}{Py'}$	
Élasticité-prix de la demande du bien importé	$e_{dy} = \dfrac{QmQm'}{Qm'} \Big/ \dfrac{PyPy'}{Py'}$	

Pour le bien importé, nous pouvons établir la relation suivante :

$$\frac{P_y P_y'}{EE' - P_y P_y'} = \frac{e_{0y}}{e_{dy}}$$

$$\frac{P_y P_y'}{OP_y} = \frac{e_{0y}}{e_{dy}} \cdot \frac{EE'}{OP_y} - \frac{e_{0y}}{e_{dy}} \cdot \frac{P_y P_y'}{OP_y}$$

$$\frac{P_y P_y'}{OP_y} \left(1 + \frac{e_{0y}}{e_{dy}}\right) = \frac{e_{0y}}{e_{dy}} \cdot \frac{dt}{t}$$

$$\frac{P_y P_y'}{OP_y} = \frac{e_{0y}}{\left(e_{dy} + e_{0y}\right)} \cdot \frac{dt}{t}$$

La variation relative du prix du bien importé est donc fonction des élasticités-prix de l'offre étrangère et de la demande nationale sur le marché du bien importé à la suite d'une variation du taux de change.

De même nous pourrions montrer par analogie que la relation suivante s'applique au bien exporté :

$$\frac{P_y P_y'}{OP_y} = \frac{e_{0y}}{\left(e_{dy} + e_{0y}\right)} \cdot \frac{dt}{t}$$

Le changement des termes de l'échange (*dte/te*) est défini par la différence entre la variation relative du prix du bien exporté et celle du prix du bien importé.

$$\frac{dte}{te} = \frac{e_{0y} \cdot e_{0x} - e_{dy} \cdot e_{dx}}{\left(e_{dy} + e_{0y}\right)\left(e_{dx} + e_{0x}\right)} \cdot \frac{dt}{t}$$

Les termes de l'échange varient donc dans le même sens que le taux de change quant le produit des deux élasticités de l'offre est plus grand que le produit des deux élasticités de la demande :

$$e_{oy} \cdot e_{ox} > e_{dy} \cdot e_{dx}$$

Ils varient dans le sens opposé quand

$$e_{dy} \cdot e_{dx} > e_{oy} \cdot e_{ox}$$

Cette formalisation met en évidence les effets d'une variation du taux de change sur les courants d'échange des deux biens considérés (*x* et *y*) en se concentrant sur l'étude de la variation de leurs prix. Simultanément, elle permet également d'établir le lien avec la variation du bien-être économique. En effet, il suffit de se rappeler qu'une amélioration des termes de l'échange conduit à un accroissement de ce bien-être tandis qu'une détérioration des termes de l'échange est responsable d'une baisse du revenu réel. Une réévaluation de la monnaie nationale – en absence d'une réaction perverse de la balance commerciale – conduit donc dans ce modèle à l'accroissement du revenu réel.

Confrontons maintenant cette vue partielle du mécanisme d'ajustement externe à une vue plus globale :

13.4.2. *L'approche-absorption*

En reprenant les signes habituels tirés du circuit économique, nous définirons le déséquilibre de la manière suivante :

Offre globale Y
Consommation C
Investissement I
Exportations X
Importations M
Absorption A
(la part de la production qui
est utilisée dans le pays)
Solde de la balance externe B
$Y = C + I + (X - M)$
$A = C + I$
$B = X - M$
$B = Y - A$

Précisons que B désigne soit la balance commerciale (BC) lorsque Y désigne le produit intérieur soit la balance des transactions courantes lorsque Y désigne le produit national.

Une telle définition de la balance externe met en évidence le rôle des variations du revenu et de l'absorption dans l'ajustement externe. Comme la variation de Y se manifeste à plus long terme, il ne reste que l'absorption comme variable principale d'une politique économique à court terme. La stimulation ou le frein de l'absorption devient ainsi l'instrument d'une politique qui cherche à remédier à un déséquilibre externe.

Distinguons entre deux déséquilibres selon que B accuse une valeur négative ou positive :

Le solde de la balance externe est excédentaire (B supérieur à 0) :
L'équilibre externe peut être atteint par une hausse de l'absorption. Une politique économique visant cet objectif est applicable lorsque l'économie se trouve en récession. En effet, la stimulation de A permet également d'atteindre l'équilibre intérieur. Si, par contre, l'économie devait se trouver en inflation, une telle politique deviendrait contradictoire avec les mesures qui recherchent la stabilité interne.

Le solde de la balance externe est déficitaire (B inférieur à 0) :
L'équilibre externe peut être atteint par une baisse de l'absorption. Cette fois-ci, une telle politique est conciliable avec des mesures cherchant à réduire l'inflation, mais est contradictoire avec une politique de relance si l'économie devait se trouver en récession.

Cette présentation du déséquilibre externe justifie le rappel suivant :

$$\underbrace{Y - C}_{} = \underbrace{I}_{} + \underbrace{(X - M)}_{}$$

$$S = I_{\text{intérieur}} + I_{\text{extérieur}}$$

Pour que l'équilibre extérieur puisse être atteint, il faut donc mettre en application une politique qui vise la variation des investissements intérieurs. (Un excédent externe réclame donc une politique d'expansion comme un déficit externe exige une politique de contraction des investissements.)

Or, cette variation des investissements déclenche un effet multiplicateur.

En rappelant le multiplicateur en économie ouverte selon la formule développée dans le chapitre IV :

$$dY = \text{pmc }dY + dI + dX - \text{pmi }dY$$

$$dY = \frac{1}{\text{pms} + \text{pmi}}(dI + dX)$$

nous pouvons montrer que la variation du revenu national en économie ouverte est un multiple moins grand des variations autonomes (I et X) qu'en économie fermée.

En cas d'excédent, une hausse de l'absorption (essentiellement de *I*) entraîne donc également un accroissement du revenu, ce qui peut renforcer le solde excédentaire de la balance extérieure à plus long terme une fois que le multiplicateur a exercé son effet.

En cas de déficit, une diminution de l'absorption entraîne une baisse multiple du revenu, ce qui peut de nouveau s'avérer contradictoire avec la recherche d'un équilibre externe.

Les hypothèses suivantes vont nous permettre d'observer des mécanismes d'ajustement :
— les prix restent constants pendant la durée de l'ajustement (l'économie se trouve donc en sous-emploi).

Ces hypothèses impliquent que la variation du taux de change n'est plus le seul remède qui permette de retrouver l'équilibre externe. Une politique économique restrictive aura les mêmes effets qu'une dévaluation : le niveau de l'emploi devrait baisser (à condition que les prix de la production nationale soient rigides à la baisse). Une politique économique d'expansion, par analogie, pourrait remplacer une réévaluation et, dans ce cas, la stabilité des prix serait menacée.

Une dévaluation, dans un pays en sous-emploi, pourrait déclencher le mécanisme suivant :

— la production nationale s'accroît par un mécanisme de multiplicateur keynésien car elle répond à une demande étrangère qui remplace sur le marché intérieur la diminution des importations. Il en résulte un accroissement de l'absorption, c'est-à-dire de la demande intérieure, qui freine le rééquilibre de la balance externe. Pour l'équilibre, il faut que l'absorption croisse moins rapidement que la production.

— En outre, rappelons également qu'une dévaluation détériore très probablement les termes de l'échange. La baisse du revenu réel qui en découle réduit la demande intérieure au bénéfice de la demande étrangère et libère une partie de la production nationale. Pour que la balance externe puisse se retrouver en équilibre, il faut que cette partie de la production nationale corresponde donc exactement au déficit accru de la balance commerciale résultant de la détérioration des termes de l'échange.

Il en ressort que l'équilibre externe peut être atteint lorsque l'économie se trouve en sous-emploi sans que soient nécessaires des modifications importantes dans la structure de l'appareil productif sous l'action des fortes pressions de la concurrence étrangère.

Par contre, dans une économie en plein-emploi, l'augmentation de la demande provoque des pressions inflationnistes qui rendent tout équilibre externe impossible : la diminution des prix des biens exportés en monnaie étrangère est compensée par une hausse du niveau général des prix qui annihile l'effet de la dévaluation. Le rééquilibre n'est possible que si une politique de réduction de la demande intérieure puisse être appliquée.

13.4.3. *L'approche monétaire*

L'absorption ne dépend pas seulement du revenu mais également du niveau des encaisses réelles ; une politique monétaire restrictive peut donc réduire la demande intérieure et permettre le rééquilibre de la balance externe. En effet, les excédents ou les déficits consécutifs à un déséquilibre influencent l'offre intérieure de monnaie. À cette variation de la masse monétaire traitée comme une variation de stock doit correspondre un changement dans la demande de monnaie pour que le marché monétaire trouve son équilibre et, par-là, rendre possible le rééquilibre de la balance externe.

En outre, au lieu de partir par exemple d'un déficit de la balance externe pour tracer le chemin du rééquilibre, l'approche monétaire se base sur une balance équilibrée au départ. Pour analyser les effets d'une variation du taux de change, nous devrions donc aboutir à un excédent (déficit) de la balance externe en cas de dévaluation (réévaluation).

Cette approche suppose aussi, dans la plupart de ses analyses, que le pays considéré n'a pas d'influence sur le niveau des prix des biens échangés. Elle évite donc l'effet d'un éventuel changement du prix relatif.

Lorsque les termes de l'échange sont imposés à un pays, une dévaluation augmente le niveau général des prix intérieurs (P_i) puisqu'il est lié directement au niveau des prix mondiaux (P_m) par le taux de change (t) coté à l'incertain ($P_i = tP_m$). À la suite de cette augmentation, les encaisses réelles baissent, entraînant une réduction de l'absorption si l'on suppose que, pour maintenir la valeur réelle de ses encaisses, le public restreint ses dépenses.

À court terme, un excédent de la balance externe apparaîtra par suite de la diminution des encaisses réelles ($Y > A$). Si l'économie se trouve en plein-emploi, cet excédent correspond à la diminution de la demande intérieure. En sous-emploi par contre, cet excédent peut se trouver renforcé. Supposons que la hausse du niveau intérieur du prix entraîne une baisse du salaire réel ; dans ce cas, le coût moyen du travail se trouve réduit, ce qui peut inciter les entreprises à augmenter le nombre d'emplois et le volume de production à condition qu'une demande réponde à cette offre. Mais la résorption du chômage stimule alors la demande intérieure qui absorbe une partie de l'augmentation de la production. Si l'accroissement de la demande intérieure est inférieur à l'augmentation du revenu, le solde positif de la balance externe devient plus grand.

À plus long terme toutefois, cet excédent n'est pas durable car il déclenche une augmentation de l'offre de monnaie en termes nominaux. Les encaisses réelles s'accroissent de nouveau. La demande intérieure en est stimulée. Pour la satisfaire, le pays réduit ses exportations et augmente ses importations : la balance externe se trouve ainsi rééquilibrée.

Si par une politique monétaire adéquate on parvenait à maintenir constante – du moins temporairement – la masse monétaire, l'absorption pourrait rester réduite, ce qui prolongerait la durée de l'excédent externe : à la suite de la hausse du niveau général des prix, la demande d'encaisses nominales pour des besoins de transactions s'accroîtrait, ce qui impliquerait une baisse des encaisses de spéculation ; en termes réels, ces dernières subiraient une réduction encore plus forte à cause de la hausse des prix, le public ne parvenant à maintenir ses encaisses en termes réels que par une réduction de sa dépense intérieure.

Rappelons que ce raisonnement s'appuie sur l'hypothèse que le niveau général des prix intérieurs est lié directement à celui des prix mondiaux à travers le taux de change.

Cette théorie part donc de l'idée qu'il existe un lien étroit entre le taux de change de deux monnaies nationales et leur pouvoir d'achat exprimé en biens et services. Ce lien peut être formalisé et a donné lieu à la *théorie du pouvoir d'achat* :

t = taux de change
P, P^* = niveaux des prix intérieurs
            (l'astérisque dénote le pays étranger)
k = facteur de proportionnalité constant
$k \cdot P$ = tP^*

$$t = k\frac{P}{P^*}$$

Le taux de change entre deux pays est donc proportionnel au rapport de leurs prix intérieurs.

En tenant compte de la théorie quantitative, une relation simple entre le niveau de prix domestique et la masse monétaire de chaque pays peut être établie :

MV = PQ ; $M^*V^* = P^*Q^*$
M, M^* = masse monétaire
V, V^* = vitesse de circulation considérée constante à court terme
Q, Q^* = nombre de transactions considérées constant à court terme

Considérant les variations, le taux de change peut être défini comme un rapport entre les variations des masses monétaires de chaque pays :

$$\Delta t = \frac{\Delta M}{\Delta M^*}$$

Il y a donc une relation étroite entre les offres monétaires de chaque pays et la variation du taux de change.

Cette relation peut s'écrire, en adoptant des logarithmes par une différence[1] :

---

1. Pour une démonstration entre taux de croissance et logarithme, voir par exemple Branson W.A., *Macroeconomic Theory and Policy*, New York, Harper & Row, 1972. Annexe au chapitre 16, p. 342-347.

Par la suite, le sigle ~ dénote des logarithmes.

$$t = M - M^*$$

Si nous partons de l'idée que le marché monétaire se trouve équilibré, nous pouvons remplacer l'offre par la demande de monnaie dans chaque pays en distinguant la demande de transaction (DT) de la demande de spéculation (DS).

$$t = (D_T + D_S) - (D_{T^*} + D_{S^*})$$

D_T est fonction du revenu Y formé par le produit $P \cdot Q$ (le niveau général des prix multipliés par la production réelle). Par contre, D_S est une fonction inverse du niveau des taux d'intérêt observé dans chaque pays.

Par conséquent, la variation du taux de change s'explique par l'écart du taux d'inflation observé dans chaque pays, par l'écart entre les taux de croissance réelle de l'activité économique de chaque pays et par la différence entre les niveaux des taux d'intérêt.

Tout en acceptant des hypothèses monétaires sous-jacentes à cette définition de la variation du taux de change, nous nous éloignons de la théorie du pouvoir d'achat qui semble trop simpliste pour expliquer à elle seule la variation du taux de change.

La monnaie nationale s'apprécie par exemple lorsque :
— l'inflation est plus forte à l'étranger ;
— le taux d'accroissement réel de la production est plus élevé à l'étranger (à cause de l'effet multiplicateur entraînant une hausse plus forte des importations à l'étranger) ;
— une variation du taux d'intérêt est plus faible à l'étranger qu'à l'intérieur attirant ainsi des capitaux étrangers vers l'économie nationale.

Ces trois raisons sont liées : si l'inflation plus forte à l'étranger est effectivement due à une expansion monétaire, cette offre de monnaie plus forte entraîne une baisse des taux d'intérêt et, par-là, une stimulation des investissements responsables des forts taux de croissance réels.

Dans une telle situation, stabiliser le taux de change signifie harmoniser la croissance monétaire nationale sur le plan international.

13.5. Les efforts de la coopération internationale

Les interactions croissantes sur le plan international, notamment au XXe siècle, rendaient les organismes de coopération de plus en plus nécessaires. L'intensification de l'information et l'extension des échanges internationaux réclamaient en outre l'établissement d'un « code de conduite », particulièrement dans le domaine économique.

Après la Deuxième Guerre mondiale, les organisations internationales connurent un véritable essor. On compte actuellement plus de 200 organisations internationales publiques et privées : nous nous limiterons à n'en présenter que quelques-unes des plus importantes.

La classification suivante distingue, d'une part les organisations qui s'occupent des échanges internationaux et, d'autre part, les organisations qui s'occupent du financement international.

a) Les organisations internationales en matière de libéralisation des échanges internationaux

Nous parlerons succinctement des organisations suivantes :
— sur le plan mondial : GATT, OMC,
— sur le plan régional : OCDE, AELE et CEE.

1) Le GATT (L'accord général sur les tarifs douaniers et le commerce). Après la Deuxième Guerre mondiale, il s'agissait de démanteler le protectionnisme qui s'était établi surtout sous forme du contrôle des changes et de relancer le libre-échange sur le plan international.

En 1946 fut signée la Charte de la Havane qui énonçait le principe du libre-échange et qui cherchait donc à réorganiser le commerce international.

L'accord qui suivit fut signé à Genève en 1947 et compte aujourd'hui plus de 100 membres, dont la Suisse depuis 1961.

L'objectif du GATT est la réduction des droits de douane et de toutes les autres restrictions commerciales telles que les contingentements et surtout, depuis peu, les pratiques commerciales restrictives non tarifaires (spécification de qualité abusive, règlements d'emballages, formulaires et documents non harmonisés, etc.). Pour atteindre ce but, le GATT a adopté le principe de la non-discrimination.

Les moyens de GATT consistent en accords bilatéraux obtenus par négociations entre partenaires commerciaux et appliqués ensuite aux autres membres (clause de la nation la plus favorisée). Les accords récents portant le nom de Kennedy-Round (1967) introduisent une réduction des tarifs douaniers d'environ 37 % et ceux de Nixon ou Tokyo-Round, conclus en 1979, une réduction tarifaire d'environ 34 %.

À la suite de ces réductions douanières, les droits de douane des neuf principaux marchés industriels s'élèvent encore à 4,7 % en moyenne.

Il est à souligner que le Tokyo-Round a explicitement tenu compte des problèmes des pays en voie de développement en dérogeant au principe de non-discrimination. En effet, les pays en voie de développement ont obtenu une base juridique permanente dans le cadre du GATT qui rend possible les préférences commerciales accordées à ces pays ou conclues entre ces pays (enabling clause).

Par la suite, l'Uruguay-Round de négociations commerciales de 1986 à 1994 a précisé des règles dans les domaines agricoles, de textiles et des marchés publics. Il a créé par son acte final une extension des accords du GATT, appelé OMC.

2) L'OMC (l'Organisation mondiale du commerce)

Créé en 1994, l'OMC étend les accords de GATT vers le commerce des services et de la propriété intellectuelle. Lors de sa dernière conférence ministérielle à Daho au Qatar en 2001, un nouveau round de négociations commerciales notamment dans le domaine du développement durable a été décidé.

3) L'OCDE (l'Organisation de Coopération et de Développement Économique)

Cette organisation, regroupant aujourd'hui essentiellement les pays industrialisés, est issue en 1961 de l'OECE (Organisation européenne de Coopération Économique) qui, entre le 30 avril 1948 et le 30 juin 1952, a eu comme principale tâche de distribuer l'aide américaine aux pays européens. Cette aide était de l'ordre de 12,8 milliards de dollars (Plan Marshall). Son objectif était également la libéralisation des échanges.

Les objectifs de l'OCDE se résument en quatre points :
a) poursuite de la libéralisation des échanges ;
b) coordination des politiques économiques ;
c) aide aux pays en voie de développement ;
d) travaux spécialisés visant l'enseignement, les sciences et la technologie, la main-d'œuvre, l'agriculture, etc.

Sous le point a), l'OCDE cherche à
— supprimer les derniers contingentements entre les pays membres et à éliminer les doubles impositions.

Sous le point b), l'OCDE a concentré son effort sur
— l'amélioration des statistiques et leur comparabilité par des examens annuels des situations économiques des pays membres et par des études comparatives sur la croissance, l'inflation, etc.

Sous le point c), l'OCDE a créé
— un Comité d'Aide au Développement (CAD) chargé d'organiser une concertation permanente de ses membres sur le plan des politiques et programmes d'aide en vue d'harmoniser les efforts en faveur du Tiers-monde. Une règle stipule qu'une participation de 0,7 % du

produit national des pays industrialisés doit être affectée à l'aide au développement.

Sous le point d), l'OCDE a tenté des actions spécifiques dans les domaines suivants :
— la concertation entre les grands pays en matière de politique agricole. Un modus vivendi s'est établi pour attribuer les autres problèmes agricoles à d'autres organisations : l'alimentation du Tiersmonde est l'affaire de la FAO et les problèmes du commerce agricole international sont traités au sein du GATT et de la CNUCED) ;
— l'industrie et l'énergie qui représentent une tentative de regrouper les pays demandeurs de pétrole face à l'OPEP :
— le développement de la recherche et de l'enseignement avec une étude approfondie sur la main-d'œuvre, l'environnement et les transports.

4) L'Union Européenne (UE)

L'Allemagne fédérale, la France, l'Italie et les pays du Benelux formaient en 1951 la Communauté européenne du Charbon et de l'Acier (CECA) et en 1957 la Communauté européenne de l'Énergie Atomique (EURATOM) dont est finalement issu le Marché Commun basé sur un traité international.

Ce traité appelé de Rome, en vigueur depuis le 1er janvier 1958, a un objectif clairement politique. Il s'agit d'œuvrer pour l'union politique de l'Europe.

Une première étape cependant est formée par la création d'une union douanière qui est une zone à l'intérieur de laquelle les biens et les facteurs de production circulent librement et qui applique un tarif douanier unique vers l'extérieur. Aujourd'hui 15 pays européens en sont membres (Belgique, Allemagne, France, Italie, Luxembourg, Pays-Bas dès 1958, Danemark, Irlande, Royaume-Uni dès 1973, Grèce dès 1981, Espagne et Portugal dès 1986, Autriche, Finlande et Suède dès 1995).

Une deuxième étape est l'Union monétaire basée sur une monnaie européenne unique. Pour en faire partie, quatre critères de convergence doivent être remplis (art. 121 du traité) :
— la réalisation d'un degré élevé de stabilité de prix,
— le caractère soutenable des finances publiques,
— le respect des marges de fluctuations normales des taux de change,
— la convergence des taux d'intérêt à long terme.

Sur cette base, l'Euro est devenu monnaie de compte en 1999 et moyen de paiement en 2002. Tous les membres de l'UE en font partie, à l'exception, du Royaume-Uni, le Danemark et la Suède.

5) *L'Association européenne de Libre-Échange (AELE)*

L'objectif politique du marché commun a incité plusieurs pays qui entendaient préserver leur souveraineté à se réunir pour former une zone de libre-échange. Dans cette zone, les biens et les facteurs de production circulent également librement, mais chaque pays garde son propre tarif douanier vers l'extérieur. L'indépendance de la politique commerciale envers des pays tiers peut donc être maintenue. La zone de libre-échange fut créée en 1960 par l'Autriche, le Danemark, la Norvège, la Suède, la Suisse et la Grande-Bretagne. Par la suite, la Finlande (en 1986), l'Islande en 1970 et le Liechtenstein (en 1991) en sont devenus membres. En 2002, il ne reste que l'Islande, le Liechtenstein, la Norvège et la Suisse. Tous les autres pays ont quitté l'AELE pour rejoindre l'Union européenne. Les membres restants, sauf la Suisse, font partie de l'Espace Économique Européen.

6) *L'Espace Économique Européen (EEE)*

Issu de l'acte européen unique conclu à Luxembourg en 1985, le traité d'Espace Économique Européen établit les principes d'un marché unique entre la Communauté européenne et les pays de l'AELE. À partir du 1er janvier 1993, ce traité cherche à concrétiser les quatre libertés fondamentales : le libre-échange international des biens, des services, du travail et du capital. En outre, il prévoit des politiques d'accompagnement dans les domaines aussi variés tels que la protection de l'environnement, l'éducation (reconnaissance mutuelle des diplômes), la politique de l'innovation et des mesures sociales. Il regroupe aujourd'hui les 15 pays membres de l'Union européenne et les trois pays de l'AELE (Islande, Liechtenstein et Norvège).

Aujourd'hui, nous pouvons décrire l'Europe comme une union monétaire englobant une vaste zone de libre-échange en ce qui concerne la libre circulation des biens industriels, des services et des facteurs de production. Cette zone est en train de s'agrandir vers d'autres pays. Les pays suivants sont actuellement candidats à l'adhésion : Bulgarie, Chypre, Estonie, Hongrie, Lettonie, Lituanie, Malte, Pologne, République Tchèque, Roumanie, Slovaquie, Slovénie et Turquie. Les accords préférentiels sont également envisageables. Il s'agit d'accords entre deux parties qui s'octroient mutuellement des réductions tarifaires partielles sans que d'autres pays en bénéficient. Ils forment souvent la première étape sur le chemin de l'intégration économique.

b) Les problèmes monétaires internationaux

Les principales organisations sont les suivantes :
— sur le plan mondial : FMI, BIRD,
— sur le plan régional : BRI.

Nous verrons ensuite rapidement les problèmes de réforme du système monétaire international.

1) *Le FMI* (Fonds Monétaire International)

Avec l'accord de Bretton-Woods, les paiements internationaux ont été réorganisés en mettant en place ce fonds qui regroupe pratiquement tous les pays du monde et que nous avons déjà rencontré lorsque nous avons discuté des régimes de changes. Nous ne traiterons ici que quelques aspects institutionnels.

Les objectifs du FMI sont les suivants :
— créer un système d'échanges internationaux stable basé sur un taux de change fixe ajustable en adoptant le système d'étalon-or ;
— relancer le libre-échange international en établissant la libre convertibilité entre les différentes monnaies nationales ;
— sauvegarder une expansion équilibrée du commerce international, de la production et du niveau de l'emploi.

Les octrois de crédit du FMI, destinés aux pays ayant un déséquilibre externe, sont constitués par le Fonds, lui-même formé de quotas versés par les pays membres en raison de 25 % en or et de 75 % en monnaie nationale. Ce fonds constitue la réserve monétaire internationale.

La Suisse détient, depuis 1983, des DTS dans ses réserves de liquidité internationale, malgré le fait qu'elle ne soit pas membre du Fonds. Elle est devenue membre en 1992 et a pris la direction d'un nouveau groupe de vote formé par la Pologne, l'Azerbaïdjan, le Kirghizstan, le Tadjikistan, le Turkménistan, l'Ouzbékistan et la Yougoslavie.

Depuis 1970, le FMI a donc le droit de créer des DTS (droits de tirage spéciaux). Le DTS est de la liquidité internationale et sert de moyen de paiement entre Banques centrales. La création des DTS a augmenté la liquidité internationale nécessaire pour financer les déficits croissants dans le monde. Ils sont attribués aux pays qui en ont besoin, au prorata de leur souscription initiale au Fonds Monétaire International. La valeur de cette liquidité internationale s'exprime en termes de dollars.

Le rôle de FMI – depuis l'adoption du régime de change flexible – se trouve réduit puisque ce régime de change élimine les déficits éventuels par une libre dépréciation de la monnaie nationale, rendant ainsi les crédits de financement superflus.

Une publication fort utile du FMI est intitulée « Les statistiques financières internationales ».

2) La BIRD (Banque Internationale pour la Reconstruction et le Développement ; « La Banque mondiale »)

L'objectif de la Banque mondiale est d'accorder des prêts à long terme aux pays victimes de la guerre et aux pays sous-développés. Aujourd'hui, ce sont surtout les pays sous-développés qui profitent des prêts de la Banque mondiale devenue ainsi un des organismes de financement les plus importants des plans de développement.

Les instruments sont formés par un capital souscrit par les États membres et surtout par des emprunts.

En ce qui concerne son capital social, la BIRD peut en utiliser un dixième pour ses opérations de prêt dont 1 % librement et les 9 % restants payables en monnaie nationale, avec le consentement du pays intéressé.

3) La Banque des Règlements Internationaux (BRI)

Cette banque, dont le siège est à Bâle, fut initialement chargée, en 1930, de l'exécution des réparations de guerre ; ensuite, elle s'occupa des aspects financiers de la distribution du Plan Marshall dans le cadre de l'Union européenne des Paiements (UEP).

Aujourd'hui, l'objectif de la BRI est la coopération monétaire internationale : c'est le lieu de rencontre des Banques centrales.

Parmi ces rôles, citons celui de la surveillance de l'Euromarché qui s'est créé au cours des années soixante, à la suite de l'introduction de la réglementation Q aux États-Unis. Cette réglementation de la réserve fédérale (Banque nationale américaine) fixait le taux d'intérêt sur les dépôts à terme, à l'exclusion des dépôts détenus à l'étranger. Les euro-dollars sont donc devenus les dollars prêtés à l'extérieur des États-Unis par une banque non américaine.

c) Problèmes de la réforme monétaire internationale

Nous venons de passer en revue les principales organisations internationales dans le domaine économique. Leur spécialisation accrue ne devrait cependant pas nous faire perdre de vue que l'accord de Bretton-Woods n'est plus respecté depuis que le dollar a été déclaré inconvertible en 1971. Dès lors, la principale base de la coopération internationale s'est effondrée. La plupart des pays membres ne pouvaient qu'accepter les changes flottants. Ce désordre international fut ensuite légalisé à la conférence de Kingston (Jamaïque), en janvier 1976 et, accessoirement, à celle de Manille (Philippines), en octobre 1976 ; le régime de change flexible fut déclaré nouveau système monétaire international (deuxième amendement des articles formant l'accord du FMI). Cependant, les changes flottants posent encore les problèmes suivants qui feront l'objet du projet de réforme à venir.

1) Le fonctionnement du régime des changes flottants

L'expérience a démontré que ce régime donne lieu à des fluctuations erratiques des taux de change, exerçant ainsi un effet déséquilibrant sur les courants d'échange. Les Banques centrales furent donc successivement amenées à intervenir sur le marché des changes (« dirty floating ») ce qui nécessita de la liquidité internationale. Or, une émission abusive des monnaies utilisées comme réserve (par exemple le dollar) ne fait qu'accroître le danger inflationniste : la clef du problème réside dans le contrôle d'émission de monnaie.

2) Contrôle de la liquidité internationale

Pendant toute la période qui a suivi la Deuxième Guerre mondiale jusqu'aux années soixante, la discussion a porté sur l'éventualité que les liquidités internationales puissent être insuffisantes, étouffant ainsi toute expansion du commerce international. Ce danger a fait place, actuellement, à celui d'une surabondance de monnaie de réserve.

Dans un système de changes flottants concertés vers lequel il semble que nous nous dirigeons, le besoin de liquidités internationales se trouve diminué d'abord parce que les variations des taux de change réduisent les déséquilibres des balances des comptes, ensuite parce que la confiance en une monnaie n'est plus forcément liée aux réserves en or qu'un pays détient, mais plutôt à sa stabilité économique interne et externe. Or, c'est justement dans le problème de stabilité économique que se trouve le frein puissant à une véritable réforme du système monétaire international.

3) Problème d'ajustement interne et externe

Certains indices nous montrent que les déséquilibres extérieurs ne font que s'accroître dans le monde. Nous avons eu l'occasion précédemment de décrire ce phénomène surtout à l'aide de chiffres illustrant les déséquilibres entre pays industrialisés et pays en voie de développement, tout en insistant sur le fait qu'ils existent également à l'intérieur de chaque groupe de pays.

Or, il est pratique courante qu'un pays qui affronte des déséquilibres internes et un déséquilibre externe néglige sa stabilité extérieure pour donner la priorité à sa stabilité intérieure. Ce faisant, il exporte, en quelque sorte, ses déséquilibres internes, aggravant ainsi ses déséquilibres externes dans le monde. Or, aussi longtemps qu'il n'y a pas de discipline dans la conduite des politiques économiques de chaque pays et leur coordination sur le plan international, les taux de change continueront à varier d'une manière souvent « irréaliste ».

La stabilité internationale est à ce prix : la subordination des problèmes de stabilité interne à la recherche de la stabilité externe de chaque pays. Le véritable problème du système monétaire international est donc le manque de mesures qui cherchent avant tout à ajuster les déséquilibres de la balance des comptes par des effets réels et non pas par des effets monétaires.

QUESTIONS

1) Dégagez les principales différences entre un régime de changes fixes et un régime de changes flexibles.

2) Analysez l'effet d'une dévaluation de la monnaie nationale sur le marché du bien importé lorsque l'offre étrangère d'importation est parfaitement élastique. Commentez.

3) Pourquoi l'approche absorption de l'ajustement de la balance des paiements se réfère-t-elle plutôt à une économie en sous-emploi ?

4) Pourquoi peut-on affirmer que la variation du taux de change est, entre autres, dictée par un changement de l'écart entre la rémunération du capital à l'intérieur et à l'extérieur du pays ?

5) La réaction de la balance commerciale est influencée par la valeur des élasticités-prix à l'importation et à l'exportation. Qu'en est-il lorsqu'il s'agit d'un petit pays n'ayant aucune influence sur ses termes de l'échange par une variation de son offre d'exportation et sa demande d'importation ?

6) Le système monétaire international scellé par les accords de Bretton-Woods s'est effondré. Quelles sont à votre avis les principales raisons de cet échec ?

7) Analysez l'effet d'une réévaluation de la monnaie nationale sur le marché du bien importé, lorsque l'offre nationale d'exportation est parfaitement élastique. Vous raisonnerez avec des prix exprimés en dollars.

POUR EN SAVOIR PLUS

Burda M. et Ch. Wyplosz (2002), *Macroéconomie : une perspective européenne*, Bruxelles, De Boeck Université, 3e édition.

Krugman P.R. et M. Obstfeld (2002), *International Economics : Theory and Policy*, Addison Wesley Publishing Company, 6e édition.

CHAPITRE XIV

LE FONCTIONNEMENT
DE L'ÉCONOMIE OUVERTE

Ce chapitre de notre étude propose une synthèse des aspects réels et monétaires de l'économie ouverte en élargissant le modèle *IS-LM*. Cet élargissement découle de la prise en compte des conditions d'équilibre du marché extérieur selon les régimes de changes fixes ou flexibles. Une fois construit, nous utiliserons ce modèle pour examiner l'efficacité respective des politiques monétaire et budgétaire en économie ouverte.

14.1. Le marché des biens et services en économie ouverte

L'identité macro-économique entre offre et demande globale

$$Y = C + I + X - M$$

permet de déterminer la condition d'équilibre en économie ouverte

$$S - I = X - M \qquad I + X = S + M$$

et se traduit, dans le système *IS-LM*, par les relations fonctionnelles supplémentaires suivantes :

$$X = \overline{X}$$

$$M = M(Y) \qquad 1 > \frac{dM}{dY} = \text{pmi} > 0$$

Désignons par $X - M$ la balance commerciale au sens large si nous interprétons Y comme le PIB, ou la balance des transactions courantes si Y représente le PNB.

La nouvelle droite (désignée par XX au lieu de *IS*) est formée par les points d'équilibre du marché global des biens et services pour chaque niveau du taux d'intérêt intérieur correspondant à celui du revenu national. L'équilibre est atteint lorsque les investissements effectués à l'étranger et à l'intérieur du pays sont égaux à l'épargne nationale. La pente de cette droite est négative :

$$dY = \text{pmc } dY + I'di + dX - \text{pmi } dY \; ; \; dX = 0$$

$$-\frac{di}{dY} = \frac{\text{pms} + \text{pmi}}{I'}$$

Comme la somme des propensions marginales à épargner et à importer est positive et l'efficacité marginale de capital (I') négative, la pente de XX est donc clairement négative. Graphiquement, le commerce international s'insère dans le modèle IS de la manière suivante :

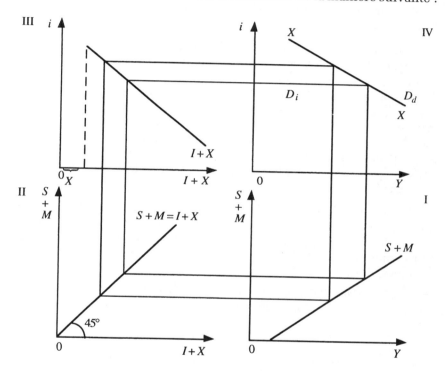

XX accuse donc une pente plus forte que IS. Cela n'est pas étonnant puisque nous avons ajouté la fonction d'importation à la fonction d'épargne.

14.1.1. Changements de la pente de XX

Le changement de la pente de XX est induit par celui de :

— la propension marginale à épargner ;
— la propension marginale à importer ;
— l'efficacité marginale du capital investi.

Pour déterminer le sens de ces changements, il suffit de se référer à la définition même de la pente de XX.

14.1.2. Déplacements de XX

Trois forces sont à l'origine d'un tel déplacement :

— Changement des propensions moyenne à épargner et à importer. Une hausse des propensions augmente en moyenne les fuites de revenus. *XX* se déplace donc vers la gauche, de même qu'une diminution de ces propensions provoque un déplacement de *XX* vers la droite (une diminution en moyenne des importations déplace *XX* vers la droite ; de même une hausse en moyenne des importations déplace *XX* vers la gauche).

— Changement des exportations. Une hausse exogène de la demande étrangère déplace *XX* vers la droite, de même qu'une baisse exogène déplace *XX* vers la gauche.
Dans notre formalisation du commerce international, nous n'avons pas tenu compte de la dépendance des exportations par rapport au niveau général des prix à l'intérieur du pays, ni par rapport au taux de change. Nous supposons donc – pour simplifier – que ce niveau général des prix à l'intérieur et à l'extérieur est égal à l'unité. Il en résulte que nous nous plaçons, pour le moment, dans le régime de changes fixes ;

— Déplacement de la fonction d'investissement. (Les raisons de ce déplacement sont les mêmes que celles évoquées pour les déplacements de *IS*.) Par rapport à *XX* qui regroupe tous les points d'équilibre sur le marché des biens et services. Deux zones de déséquilibre peuvent être définies :

— *À gauche et en dessous* de *XX*, l'offre de biens et services est plus faible que la demande, ce qui correspond à un déséquilibre inflationniste :

$$(S + M) < (I + X)$$

Ceci est illustré au point D_i qui, pour un niveau du taux d'intérêt donné, maintient la demande $(I + X)$ constante pour un revenu d'équilibre donné.

— *À droite et au-dessus* de *XX*, l'offre de biens et services, plus grande que la demande, témoigne d'un déséquilibre déflationniste :

$$(S + M) > (I + X)$$

Ceci est illustré par le point D_d obtenu au moyen d'un raisonnement analogue.

14.2. Les conditions monétaires en économie ouverte

En construisant *LM*, nous avons défini l'équilibre sur le marché monétaire par

$$-\frac{M_0}{P} = D_T(Y) + D_S(i)$$

d'où nous avons tiré la condition d'équilibre

$$D'_T\, dY + D'_S\, di = 0$$

et la pente positive de *LM*.

$$\frac{di}{dY} = \frac{-D'_T}{D'_S}$$

Cette définition continue d'être valable pour le moment. Cependant, il conviendra par la suite de distinguer clairement le régime de changes fixes du régime de changes flexibles.

En changes fixes, nous savons que l'offre monétaire est affectée dès que nous observons un déséquilibre externe. En effet, un déficit externe entraîne une diminution de l'offre monétaire, tout comme un excédent externe provoque une hausse de l'offre monétaire.

En changes flexibles, par contre, l'offre monétaire n'est pas affectée par l'introduction du secteur étranger.

14.3. Le marché extérieur

La balance des comptes est souvent présentée dans l'articulation suivante :

— solde de la balance courante
(dans l'optique du produit national) : $\qquad X - M = B$
— solde de la balance des mouvements de capitaux : $\quad K_M - K_X = K$

Cependant, pour déterminer l'équilibre sur le marché des changes, il convient d'adopter la distinction suivante :
$X + K_M$ offre de monnaie étrangère
$M + K_X$ demande de monnaie étrangère

Définissons donc l'équilibre externe par l'égalité suivante :

$$X + K_M = M + K_X$$

Pour que cette définition soit valable, il faut émettre deux hypothèses :
— Comme la valeur des importations est exprimée dans une monnaie différente de celle des exportations, il faut à nouveau supposer, pour simplifier, que le niveau des prix intérieurs est égal à celui des prix extérieurs et que les deux sont égaux à l'unité.
— De même s'agissant de flux, la condition d'équilibre externe dépend de la variation des réserves monétaires (R) dans le temps.

Pour pouvoir envisager l'équilibre externe, nous supposons que la variation des réserves monétaires dans le temps est nulle :

$$\frac{dR}{dt} = 0 = (X - M) + K$$

K étant défini ici comme le solde de la balance des mouvements de capitaux, nous obtenons :

$$K = -B$$

Si $X - M > 0$, $K < 0$. Ce solde indique une sortie nette de capitaux pour que la balance externe puisse s'équilibrer.

Si $X - M < 0$, $K > 0$. Ce solde indique une entrée nette de capitaux compensant ainsi le déficit de la balance courante.

Parmi les raisons qui sont à l'origine des mouvements de capitaux, nous ne retiendrons que l'écart entre le niveau du taux d'intérêt intérieur et celui du taux d'intérêt régnant sur le marché international. Nous ferons donc abstraction de raisons telles que le degré de confiance qu'un pays inspire aux placeurs de fonds – soit le risque –, les anticipations quant à l'évolution de la marche des affaires (qui peut différer d'un pays à l'autre) et les modifications de comportement induit par la variation des revenus nationaux sur les mouvements de capitaux sur le plan international.

En outre, nous simplifierons encore notre raisonnement en supposant que le niveau du taux d'intérêt sur le marché international est donné, de telle sorte que le solde des mouvements de capitaux ne dépend que du taux d'intérêt à l'intérieur du pays :

$$K = f(i)$$

Nous avons donc ainsi décomposé la balance des paiements en deux éléments, chacun d'eux étant relié à l'une des variables du système *IS-LM* élargi.

Le solde de la balance des transactions courantes $(X - M)$ est relié à la variable Y, tandis que le solde de la balance des capitaux (K) est relié à la variable i.

14.3.1. La représentation graphique du solde de la balance des capitaux

La droite KK illustre l'évolution du solde de la balance des mouvements de capitaux. Elle est reprise dans le système global et représente le premier quadrant dans la construction des conditions d'équilibre du marché extérieur.

La distance AB représente un excédent des importations de capitaux par rapport aux exportations $(K_M > K_X)$. Le solde des mouvements de capitaux est donc positif ($K > 0$). En mesurant à partir de l'axe vertical ce solde positif, nous obtenons en premier point de la droite KK (point B').

La distance CD mesure un déficit de la balance des mouvements de capitaux ($K < 0$). En la reportant à gauche de l'axe vertical, nous obtenons un deuxième point de la droite KK, soit C'. Cette dernière passe également par E', point auquel $K_M = K_X$.

Pour que la balance des comptes soit en équilibre, il faut que le solde de la balance des mouvements de capitaux soit exactement compensé par un solde de même montant de la balance des transactions courantes mais de signe opposé.

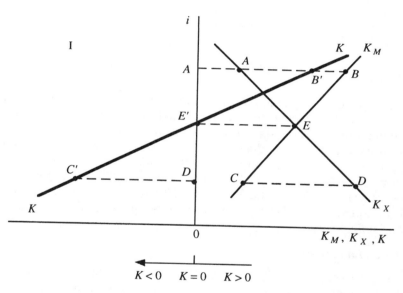

14.3.2. *La représentation graphique du solde de la balance des transactions courantes*

Les exportations étant déterminées d'une manière exogène au modèle, seules les importations sont une fonction croissante du revenu. Cette fois-ci, nous mesurons les déséquilibres à partir de l'axe horizontal :

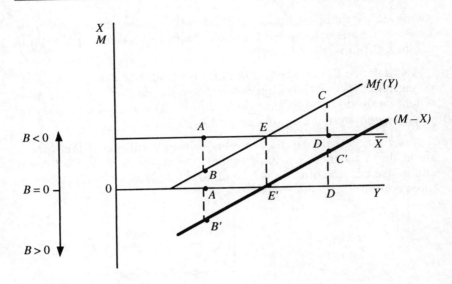

Un excédent de la balance des transactions courantes, mesuré par la distance *AB*, est reporté en dessous de l'axe des *Y* ; un déficit de la balance des transactions courantes, mesuré par la distance *CD* par exemple, est reporté au-dessus de l'axe des *Y*. La droite (*M – X*), qui exprime l'évolution du solde de cette balance, passe donc par les points *B'* et *C'* en coupant l'axe des *Y* au point *E'* qui correspond à l'équilibre entre *X* et *M*. La droite (*M – X*) forme le troisième quadrant de la construction des équilibres externes qui sont illustrés par la courbe *FF*.

14.3.3. La courbe FF

FF représente tous les points d'équilibre possibles de la balance des paiements pour des niveaux de revenus compatibles avec ceux du taux d'intérêt intérieur. Ces points sont obtenus en regroupant les deux graphiques précédents dans un système à quatre quadrants. La droite *FF* exprime donc la condition d'équilibre :

$$\frac{dR}{dt} = \underset{\substack{\text{solde} \\ \text{de la balance} \\ \text{des paiements}}}{BP} = \underset{\substack{\text{solde} \\ \text{de la balance} \\ \text{des transactions} \\ \text{courantes}}}{X - M} + \underset{\substack{\text{solde} \\ \text{des mouvements} \\ \text{de capitaux}}}{K} = 0$$

pour tous les niveaux de revenu compatibles avec les niveaux du taux d'intérêt.

Le quadrant II assure l'égalité entre le solde de la balance des mouvements de capitaux (quadrant I) et le solde de la balance des transactions courantes (quadrant III). Le quadrant IV illustre finalement tous les points d'équilibre externe regroupés en *FF*, tels que $K = -B$.

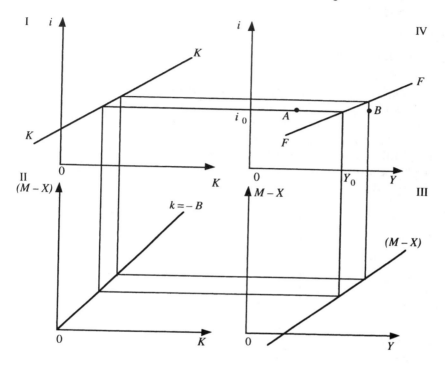

Supposons que nous ne soyons pas sur *FF*, mais en un point *A*. Pour un niveau du taux d'intérêt intérieur donné (i_0), le niveau de revenu est insuffisant pour assurer l'équilibre externe. Il faut que les importations s'accroissent pour assurer l'équilibre externe. Par conséquent, le point *A* correspond à une situation où le solde de $(M - X)$ est trop petit pour compenser *K*. Toute zone à gauche et au-dessus de *FF* désigne donc un excédent extérieur.

Un raisonnement analogue pour le point *B* nous permet de déceler une zone à droite et en dessous de *FF* qui correspond à un déficit extérieur.

14.3.4. La signification de la pente de FF

Deux éléments interviennent pour déterminer la pente de *FF*.

Le premier, dans le cadre de la balance des transactions courantes, est de la propension marginale à importer. Plus cette propension est élevée, plus la pente de *FF* est prononcée.

Le second est le degré de mobilité des mouvements de capitaux. Plus la sensibilité de *K* par rapport à la variation du taux d'intérêt est grande, plus la pente *FF* s'aplatit.

Analysons les deux extrêmes suivants :

a) Les mouvements de capitaux sont parfaitement inélastiques à la variation du taux d'intérêt

Dans ce cas, *K* est vertical, réduisant ainsi l'équilibre externe au seul solde de la balance des transactions courantes puisque cette hypothèse supprime tout mouvement de capitaux sur le plan international. Par conséquent, il n'y a qu'un seul niveau de revenu qui assure l'équilibre externe et *FF* est également représenté par une droite verticale (au niveau du revenu désigné par le point *F* dans le graphique précédent).

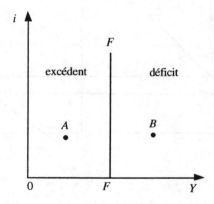

Au point *A*, le revenu national engendre des importations d'un niveau insuffisant pour équilibrer la balance des transactions courantes. La zone à gauche de *FF* correspond donc à un excédent, tandis que la zone à droite de *FF* indique un déficit.

b) Les mouvements de capitaux sont parfaitement élastiques à la variation du taux d'intérêt

La moindre variation du taux d'intérêt provoque des mouvements de capitaux massifs sur le plan international.

Si le taux d'intérêt monte légèrement au-dessus du taux d'intérêt mondial, un afflux de capitaux étrangers le fait aussitôt tomber à son niveau initial. Si, par contre, le taux d'intérêt intérieur baisse en dessous du taux d'intérêt mondial, une sortie de capitaux attirés par le niveau de rémunération plus élevé à l'étranger force le taux d'intérêt intérieur à s'aligner de nouveau sur le taux mondial.

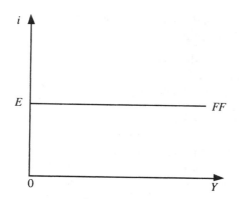

Par conséquent, le taux d'intérêt intérieur se confond avec le taux d'intérêt mondial et FF est une droite horizontale.

Dans une telle situation, les zones d'excédent et de déficit ne peuvent être désignées, car au point E (qui indique dans les graphiques précédents l'équilibre sur le marché des capitaux), l'équilibre est unique. Un excédent potentiel serait aussitôt éliminé par une sortie de capital, comme un déficit potentiel le serait par une entrée de capital.

Le degré de mobilité des capitaux sur le plan international a une importance décisive pour la conduite des politiques conjoncturelles en économie ouverte. Nous y reviendrons par la suite.

14.3.5. *Les déplacements de FF*

Une nouvelle fois, les déplacements de fonctions K et $(X - M)$ sont à l'origine d'un déplacement de *FF*, ce qui nous permet de distinguer une cause réelle d'une cause monétaire.

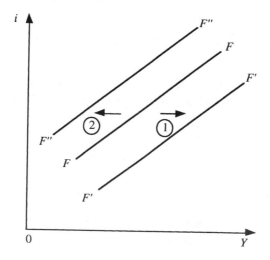

a) Les modifications du solde de la balance des transactions courantes

Si, pour un niveau de revenu donné, les exportations ou les importations se modifient, *FF* est affecté de la manière suivante :

— Une hausse des exportations provoque un effet multiplicateur sur le revenu qui entraîne à son tour des importations. *FF* se déplace à droite (→ 1) tandis qu'une baisse exogène des exportations entraîne un effet de contraction : *FF* se déplace à gauche (→ 2).

— Une hausse des importations, par contre, n'exerce pas d'effet sur les exportations, du moins dans le cadre de notre modèle. Si la propension moyenne à importer s'accroît, l'équilibre de la balance des transactions courantes s'établit à un niveau de revenu inférieur (par exemple au point *A* dans les graphiques précédents) *FF* se contracte et se déplace vers la gauche (→ 2). Une diminution de la propension moyenne, par contre, déplace *FF* vers la droite (→ 1).

b) Les modifications du solde des mouvements de capitaux

L'origine monétaire des déplacements de *FF* s'explique par des variations du taux d'intérêt d'équilibre, elles-mêmes provoquées par des mouvements des fonctions d'exportation et d'importation de capitaux.

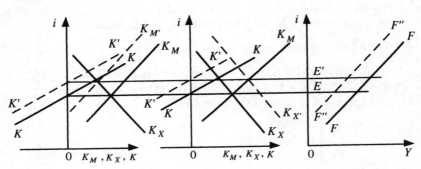

Prenons l'exemple de la hausse du taux d'intérêt d'équilibre qui peut être provoquée soit par une contraction de la fonction des capitaux importés, soit par une expansion de la fonction des capitaux exportés.

Ces déplacements peuvent être provoqués de différentes manières :

— Ils peuvent être provoqués par des anticipations du cycle conjoncturel différent d'un pays à l'autre. (Dans le cas du déplacement de *KM*, l'étranger peut escompter une baisse de l'activité économique dans le pays considéré ; dans le cas du déplacement de *KX*, ce sont les investisseurs nationaux qui prévoient des déplacements plus inté-ressants à l'étranger.)

— Il peut s'agir d'une modification structurelle dans l'appareil de production d'un pays. Si, d'une manière durable, les producteurs suisses augmentent leurs investissements directs à l'étranger, KX se déplace vers la droite, signalant ainsi une modification du comporte-ment des investisseurs, ce qui affecte également l'évolution du rap-port K/L de ces pays.

Par rapport au taux d'intérêt initial, nous parlerons alors d'un déséquilibre flux qui se manifeste surtout à long terme.

— S'il s'agit d'un phénomène observable à court terme, comme par exemple la modification de la composition de portefeuille de titres, nous parlerons d'un déséquilibre stock. Le déplacement de KX s'explique alors par une part croissante de titres étrangers détenus par des investisseurs résidant en Suisse.

Une hausse du taux d'intérêt déplace donc le point E vers le haut, dans les graphiques précédents, provoquant ainsi un déplacement de FF vers la gauche ($\rightarrow 2$), tandis que, par analogie, une baisse du taux d'intérêt déplace FF vers la droite ($\rightarrow 1$).

En résumé, l'offre et la demande de monnaie étrangère sont affec-tées par ces déplacements de la manière suivante :

	Offre de monnaie étrangère	=	Demande de monnaie étrangère
	$X + K_M$	=	$M + K_X$
$\rightarrow 1$ $FF \rightarrow FF'$	↗		↙
$\rightarrow 2$ $FF \rightarrow FF''$	↓		↑

14.4. L'équilibre simultané sur les marchés des biens et services et de la monnaie en régime de changes fixes

La juxtaposition des trois droites représentant le marché des biens et services (XX), le marché monétaire (LL) et le marché extérieur (FF) permet, à leur intersection, de définir l'équilibre simultané sur ces trois marchés. L'équilibre atteint en régime de changes fixes est repré-senté dans le graphique suivant. Nous en avons simplifié la représen-tation en omettant LL. En effet, dans ce modèle, nous supposons que l'équilibre monétaire s'ajuste automatiquement à l'équilibre atteint sur le marché extérieur et sur celui des biens et services. Cet automa-tisme, créé par l'intervention de la Banque centrale, devient nécessaire chaque fois que le taux de changes fixe ne correspond pas à l'équilibre externe. Un déficit externe entraîne donc automatiquement une diminution de la masse monétaire (vente de monnaie étrangère contre de la monnaie nationale), associée à un mouvement compensatoire de monnaie étrangère qui quitte le pays ; un excédent externe, par contre, provoque une hausse de la masse monétaire (achat de monnaie étrangère contre de la monnaie nationale), associée à un mouvement compensatoire de monnaie étrangère qui entre dans le pays.

De ce fait, il faut imaginer que le point d'équilibre *E*, dans le graphique suivant, est également coupé par la droite *LL* et que, lors du déplacement du point *E*, *LL* le suit automatiquement, sauf dans le cas où une action délibérée de la Banque nationale empêcherait cet automatisme.

Rappelons en outre que nous raisonnons toujours en admettant, pour simplifier que le niveau des prix intérieurs est égal au niveau des prix pratiqués sur le marché international.

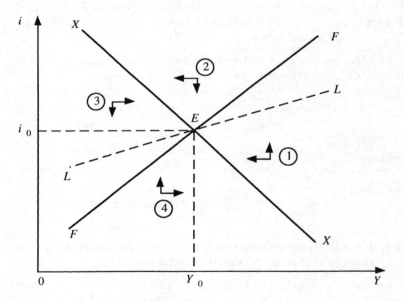

Au point *E*, les trois marchés envisagés sont équilibrés au taux d'intérêt intérieur i_0, unique taux d'intérêt d'équilibre, et au revenu national Y_0, seul revenu qui assure cet équilibre.

À partir du point d'équilibre initial, nous pouvons illustrer les forces d'ajustement au cas où l'économie se situerait dans une des quatre zones délimitées par les droites *FF* et *XX*.

Suivons le raisonnement pour un point de la zone 1 et illustrons ensuite, dans le tableau, les réactions observables dans les trois autres zones.

Dans la zone 1, nous nous situons à droite, au-dessus de XX. Nous savons donc que le marché des biens et services est caractérisé par un déséquilibre déflationniste $\{(S + M) > (I + X)\}$; le revenu doit donc baisser pour que l'épargne et les importations soient réduites à un niveau compatible avec les investissements, équilibrant ainsi ce marché. Comme nous nous situons à droite en dessous de FF, la balance des comptes se trouve en déficit, entraînant une diminution de la masse monétaire qui va équilibrer le marché extérieur à un taux de changes donné. Or, cette baisse de la masse monétaire entraîne une hausse du taux d'intérêt, réduisant ainsi également l'écart qui peut exister entre le taux d'intérêt intérieur et celui qui règne sur le marché mondial.

Regroupons ces différentes variations dans le tableau suivant :

	Δi	ΔY
Zone 1	+	−
Zone 2	−	−
Zone 3	−	+
Zone 4	+	+

Introduisons dans ce modèle l'hypothèse que Y_0 correspond à un équilibre macro-économique en sous-emploi et que l'autorité étatique responsable d'une politique conjoncturelle adéquate cherche à ramener l'économie vers le plein-emploi. Nous discuterons d'abord de l'efficacité des deux principaux instruments d'une telle politique et montrerons ensuite qu'il peut y avoir conflit entre ces instruments et l'objectif d'équilibre externe et interne.

14.5. L'efficacité de la politique conjoncturelle en régime de changes fixes

Reprenons la discussion soulevée dans le cadre de l'économie fermée où nous avons montré que l'efficacité relative de la politique monétaire et budgétaire dépend avant tout de la sensibilité de réaction de la demande de monnaie et de la demande d'investissement par rapport au taux d'intérêt. Dans le cadre d'une économie ouverte, il faut en outre tenir compte de l'élasticité des mouvements internationaux de capitaux par rapport au taux d'intérêt.

14.5.1. La politique budgétaire en économie ouverte

Une politique budgétaire d'expansion, qui doit être mise en place pour combattre le sous-emploi, déplace *XX* vers la droite (*X'X'* dans le graphique suivant). Cependant, l'effet sur le revenu d'un accroissement des dépenses de l'État n'est plus déterminé par le multiplicateur simple, mais par le multiplicateur du commerce international :

$$\Delta Y = \frac{1}{\text{pms} + \text{pmi}} \cdot \Delta G$$

Cet effet multiplicatif diminue selon le degré de mobilité des capitaux sur le plan international. Distinguons les trois cas suivants :

Mobilité parfaite

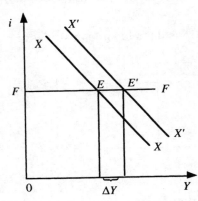

La politique budgétaire est pleinement efficace puisque la hausse de la demande globale n'entraîne pas une hausse du taux d'intérêt. Ce dernier reste fixé au niveau mondial.

Mobilité imparfaite

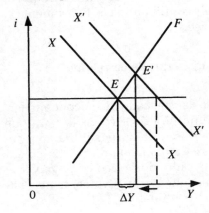

L'efficacité de la politique budgétaire est limitée par la hausse du taux d'intérêt qui conduit à une diminution des investissements déclenchant un effet contractif sur le revenu : ←).

Immobilité

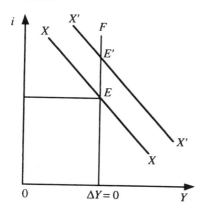

La politique budgétaire est totalement inefficace puisque l'augmentation de la demande globale entraîne une hausse du taux d'intérêt tel que tout effet expansionniste est annihilé par une baisse des investissements.

14.5.2. La politique monétaire en économie ouverte

La politique monétaire adéquate consiste à augmenter la masse monétaire, ce qui se traduit, dans le présent modèle, par un déplacement de *LL* vers la droite. Or, un tel déplacement entraîne forcément un déficit de la balance des comptes puisqu'au point *E'* (point d'intersection entre *L'L'* et *XX* dans le graphique suivant) nous nous trouvons à droite en dessous de *F*, dans une zone qui correspond justement à un déséquilibre déficitaire externe.

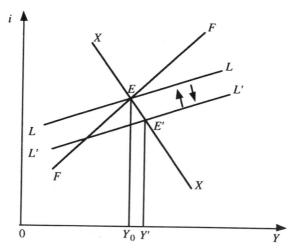

Par conséquent, l'accroissement de la masse monétaire ne sert qu'à alimenter le mouvement compensatoire nécessaire pour maintenir le taux de change fixe. En d'autres termes, l'accroissement de la masse monétaire, créé pour stimuler l'activité économique, est compensé par la diminution de la monnaie en circulation due à la vente de monnaie étrangère par la Banque centrale nécessaire au maintien du cours de la monnaie nationale. *LL* retrouve donc sa situation initiale. La politique monétaire en changes fixes s'avère totalement inefficace, quel que soit le degré de mobilité des capitaux sur le plan international.

Cependant, la Banque centrale peut maintenir l'économie « artificiellement » au niveau de revenu Y' si elle émet constamment de la monnaie. Ce flux monétaire accru permet alors de neutraliser le déficit externe et de maintenir l'économie à un niveau d'activité plus élevé.

L'utilisation durable de la politique monétaire en économie ouverte implique donc également un déséquilibre permanent de la balance des comptes. De ce fait naît un conflit entre le maintien d'un équilibre interne et d'un équilibre externe.

14.5.3. *Conflits de la politique conjoncturelle*

Référons-nous à l'égalité macro-économique habituelle qui permet de faire apparaître les équilibres interne et externe :

$$B = Y - A$$

L'équilibre externe est défini par $B = 0$ et se trouve vérifié tout au long de la droite *FF*.

L'équilibre interne se définit par conséquent par $Y = A$. Il ne se trouve vérifié pour la droite *XX* que si $X = M$. En outre, il faut que l'équilibre interne se réalise au niveau du plein-emploi (*YPE*) pour qu'il y ait équilibre simultané sur tous les marchés envisagés. (Le niveau général des prix est supposé constant).

Cette définition doit encore être précisée en fonction du degré de mobilité des mouvements de capitaux sur le plan international.

Si $K = 0$, B désigne la balance des transactions courantes
Si $K \gtrless 0$, B désigne la balance des comptes.

Dans cette dernière éventualité, l'équilibre externe se définit toujours par $B = 0$, mais B est composé par $X - M + K$.

Si, dans un tel contexte, la demande globale dépasse l'offre globale de plein-emploi, les pressions inflationnistes qui en résulte exigent une politique économique de restriction. Si, par contre, la demande globale tombe en dessous de l'offre globale de plein-emploi, des tendances récessionnistes font leur apparition, réclamant une politique économique de relance. Ces différentes politiques affectent les conditions d'équilibre extérieur. Les situations suivantes peuvent alors se produire.

Ce ne sont que les situations de dilemme qui nous intéressent ici, puisqu'elles soulèvent le problème de l'affectation des politiques économiques à des objectifs distincts.

Déséquilibre externe / Déséquilibre interne	$B < 0$ déficit	$B > 0$ excédent
$Y_{PE} > A$ déflation	Dilemme 1	Politique expansionniste
$Y_{PE} < A$ inflation	Politique de restriction	Dilemme 2

Dilemme 1

L'économie souffre d'une insuffisance de la demande globale et se trouve en déficit externe. Une politique expansionniste permet de pallier l'insuffisance de la demande, mais aggrave en même temps le déficit.

Dilemme 2

L'économie présente un déséquilibre inflationniste sur le plan interne et connaît un excédent de sa balance des comptes. Une politique de restrictions permet de lutter contre l'inflation, mais provoque des excédents plus importants.

Afin de résoudre ces conflits, la théorie économique a développé deux règles quant à l'affectation des instruments de la politique conjoncturelle aux objectifs d'équilibre externe et interne.

La première règle stipule qu'il faut disposer d'autant d'instruments que d'objectifs indépendants. C'est le cas pour les deux conflits en question :

$$
\begin{array}{ll}
\text{2 instruments} & \text{2 objectifs} \\
\text{politique monétaire} = & \text{équilibre externe} \\
\text{politique budgétaire} & \text{équilibre interne}
\end{array}
$$

La deuxième règle stipule que chaque objectif doit être atteint par la politique qui l'influence le plus.

Selon cette règle, la politique budgétaire doit être utilisée pour atteindre l'équilibre interne, la politique monétaire, par contre, est responsable de l'équilibre externe.

Cette proposition a été démontrée par R. Mundell (1968). Nous l'illustrons dans les graphiques suivants qui expriment successivement les équilibres interne ($Y = A$) et externe ($B = 0$) ainsi que les combinaisons des politiques conjoncturelles qui permettent de les atteindre. La politique budgétaire est mesurée sur l'axe horizontal. Elle est mesurée par une variation des dépenses publiques (G). La politique monétaire est portée sur l'axe vertical. Elle est signalée par une variation du taux d'intérêt (i).

En traçant les combinaisons des deux politiques compatibles avec l'équilibre interne qui assure le plein-emploi des facteurs de production, nous obtenons une droite que nous désignons par II. Tout au long de cette droite, l'équilibre interne est assuré. Cette droite a une pente positive. Pour le démontrer, il suffit de se situer au point E_0 qui indique l'équilibre interne pour des dépenses publiques (G_0) et un taux d'intérêt (i_0) donnés.

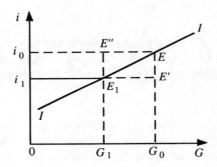

Référons-nous à une politique monétaire expansive signalée par une baisse du taux d'intérêt de i_0 à i_1. Cette baisse du taux d'intérêt entraîne un accroissement des investissements privés. Afin d'éviter un déséquilibre inflationniste tel qu'il peut être observé au point E' par exemple, il faut une diminution de la demande globale. Cette réduction est atteinte en contractant les dépenses publiques de G_0 à G_1. Le nouveau point d'équilibre sera E_1, situé sur la droite II. La pente de II est donc clairement positive : une politique monétaire expansive ne laisse la demande globale inchangée par rapport à l'offre de plein-emploi que si la hausse des investissements privés est exactement compensée par la baisse des dépenses publiques.

Par un raisonnement analogue, nous pouvons montrer que tout point au-dessus de la droite II, tel que le point E'' correspond à un déséquilibre déflationniste (sous-emploi). La droite II délimite donc deux zones de déséquilibres :

au-dessus de II : déflation
au-dessous de II : inflation

Qu'en est-il de l'équilibre externe ? Il est assuré tout au long de la droite EE, illustrée dans le graphique suivant. Cette droite a également une pente positive. Au point E_0, avec des dépenses publiques (G_0) et un taux d'intérêt (i_0) donnés, la balance des comptes est initialement en équilibre.

Référons-nous à nouveau à une politique monétaire expansive : le niveau du taux d'intérêt intérieur baisse, provoquant une sortie de capitaux d'une part, et un accroissement de la dépense intérieure ainsi qu'une hausse consécutive des importations d'autre part. Avec une politique budgétaire inchangée, la balance des comptes est en déficit au point E' par exemple. Afin de compenser ce déficit causé par la sortie des capitaux, les importations doivent également diminuer ; cette baisse est provoquée par une diminution des dépenses publiques de G_0 à G_1 qui réduit l'absorption dans ce pays. La balance des comptes revient dont à l'équilibre au point E_1.

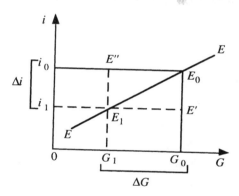

Par un raisonnement analogue, nous pouvons montrer que le point E'' correspond à un excédent de la balance externe. Par conséquent, deux zones de déséquilibres sont délimitées par la droite EE :

au-dessus de EE : excédent externe
au-dessous de EE : déficit externe

Afin de pouvoir superposer les deux graphiques précédents, nous devons déterminer les pentes relatives des droites II et EE. La pente est définie dans les deux cas par le rapport suivant :

$$\frac{\Delta i}{\Delta G}$$

Ce rapport peut être décomposé en deux termes qui mesurent la sensibilité de réaction de l'absorption (ΔA) à la politique monétaire (Δi) d'une part, et à la politique budgétaire (ΔG) d'autre part.

$$\frac{\Delta i}{\Delta G} = \frac{\dfrac{\Delta A}{\Delta G}}{\dfrac{\Delta A}{\Delta i}}$$

Le graphique suivant illustre le cas où les capitaux sont parfaitement immobiles sur le plan international ($K = 0$). *FF* est verticale au niveau de l'activité économique assurant le plein-emploi des facteurs de production (Y_{PE}). La balance des comptes n'est donc composée que par les exportations et les importations variables qui figurent également dans la définition de l'équilibre interne. Si l'on fait donc abstraction des mouvements de capitaux sur le plan international, la pente des droites *II* et *EE* est la même. Avec l'hypothèse que les exportations sont une donnée exogène au modèle *XX-LL-FF*, c'est la fonction d'importation qui, entre autre, détermine sa valeur. Plus la propension marginale à importer est élevée, plus forte est la pente de la droite unique *II/EE*.

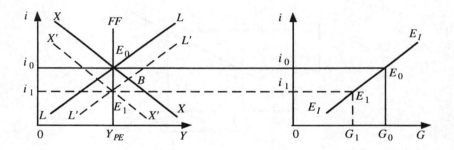

Si nous supposons qu'une politique monétaire expansive entraîne un déplacement de *LL* vers *LL'*, les effets seront les suivants :
— une baisse du taux d'intérêt stimulant l'investissement, entraînant un accroissement de l'absorption,
— suite à l'accroissement de l'absorption, une tendance à la hausse des importations (car pmi > 0) est donc au déficit de la balance des comptes.

L'économie sera donc en déséquilibre inflationniste et en déficit externe (point *B*).

Pour rétablir les équilibres, une politique budgétaire restrictive est nécessaire (déplacement de *XX* vers *X'X'*). L'économie sera conduite à un nouvel équilibre au point E_1 :
l'absorption aura suffisamment diminué pour que $Y = Y_{PE}$ et que la balance des comptes soit à nouveau en équilibre.

Dans ce cas particulier, pour toute variation de i consécutive à une politique monétaire, il faut la même variation de G pour rétablir les équilibres interne et externe. Par conséquent, II et EE sont confondues.

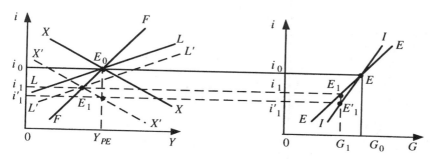

Afin de pouvoir illustrer les quatre combinaisons de déséquilibre regroupées dans le tableau précédent, il faut admettre que les capitaux ont un certain degré de mobilité sur le plan international. Dans le graphique suivant, FF exprime cette hypothèse par une pente positive qui, dans notre exemple, accuse une valeur plus élevée que celle de LL.

Après qu'une politique monétaire expansive a déplacé LL vers $L'L'$, et une politique budgétaire restrictive XX vers $X'X'$, l'équilibre général sur les marchés des biens et services, de la monnaie ainsi que des changes s'établit à E_1. À la suite de ces déplacements, l'équilibre interne de plein-emploi est atteint au taux d'intérêt i'_1 inférieur à i_1 qui assure l'équilibre externe pour un niveau de dépenses publiques réduit à G_1. Par conséquent, la pente de la droite II est plus élevée que celle de EE.

Nous retrouvons donc les quatre combinaisons de déséquilibre mentionnées dans le tableau précédent et illustrées dans le graphique suivant. Deux combinaisons ne posant pas de problème pour la conduite de la politique conjoncturelle. Il s'agit des zones 1) et 3).

La zone 1) se réfère à une combinaison déflation/excédent. Des politiques monétaires et budgétaires expansionnistes conduisent à l'équilibre général au point A. Ces politiques sont illustrées par des flèches qui signalent à la fois un accroissement des dépenses publiques et une baisse du taux d'intérêt consécutive à une politique monétaire expansive.

La zone 3) se réfère à une combinaison inflation/déficit qui ne pose pas non plus de problèmes pour la conduite de politique conjoncturelle. En effet, une politique restrictive tant dans le domaine monétaire que budgétaire conduit à l'équilibre général au point A.

Il reste donc à résoudre les dilemmes présents dans les zones 2) et 4).

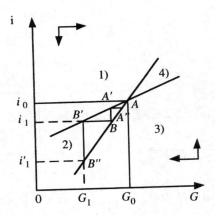

La zone de dilemme 2) (déflation-déficit)

Si la politique monétaire est appliquée pour assurer l'équilibre interne et la politique budgétaire pour assurer l'équilibre externe, le système devient instable. Partons d'un point B dans le graphique ci-dessus ou la balance des comptes externe est en déficit, mais où l'équilibre interne ou plein-emploi est assuré.

Pour éliminer le déficit externe par une politique budgétaire, il faut diminuer les dépenses publiques. L'équilibre externe est atteint au point B'.

Cependant, la diminution des dépenses publiques a créé en B' un déséquilibre interne du type déflationniste. Afin de le combattre, une politique monétaire expansionniste est mise en place. L'équilibre interne est de nouveau atteint au point B'', mais à cause de la baisse de i, le déficit extérieur réapparaît et nous éloignant davantage de l'équilibre simultané au point A.

Par contre, si la politique monétaire est affectée à l'équilibre externe et la politique budgétaire à l'équilibre interne, l'économie convergera vers le point A. En effet, une politique monétaire restrictive, chargée d'éliminer le déficit externe, conduit l'économie au point A' où l'équilibre externe est retrouvé ; mais sur le plan interne, nous observons une déflation qui sera neutralisée par une politique budgétaire expansive. L'économie se trouve donc au point A'', s'approchant ainsi de l'équilibre simultané au point A. Cette répartition des tâches se vérifie également pour la zone 2).

La zone de dilemme 4) (inflation/excédent)

Si la politique monétaire est utilisée pour assurer l'équilibre externe et la politique budgétaire pour assurer l'équilibre interne, le système est à nouveau stable. Si les rôles sont inversés, le système devient instable. Pour aboutir à l'équilibre simultané. Il faut que la politique monétaire soit expansionniste, réduisant ainsi le taux d'intérêt, et que la politique budgétaire soit restrictive.

Cette discussion a le mérite de formuler des règles pour la politique économique lorsque nous sommes en présence de conflits d'objectifs. Elle est cependant exposée à ces critiques :

— Le premier groupe de critiques s'attaque aux hypothèses sousjacentes. Qu'en est-il lorsque les prix sont flexibles ? Comment le système réagit-il lorsque le déséquilibre externe n'est pas seulement régi par des mouvements de capitaux ?

— Le deuxième groupe de critiques met en évidence les lacunes de cette théorie. Pour qu'elle soit effectivement valable, il faut que l'information soit parfaite. Bien qu'il soit pratiquement possible de situer le déséquilibre d'un pays dans une des quatre zones, il devient beaucoup plus difficile d'apprécier le chemin qui le sépare de l'équilibre simultané. En outre, l'autorité compétente de la politique conjoncturelle ne connaît pas en réalité la valeur de la pente des droites représentant les équilibres externe et interne et ne connaît pas non plus la sensibilité de réaction de l'économie à la mise en place des politiques conjoncturelles.

— Le troisième groupe de critiques insiste sur la distinction que nous avons introduite à maintes reprises entre l'ajustement en termes réels et en termes monétaires. Cette théorie de l'affectation des politiques est visiblement une théorie du court terme qui vise l'équilibre externe essentiellement en termes monétaires sans se soucier de la structure de la balance des paiements. Or, à plus long terme, les mouvements de capitaux sont associés à des transferts de ressources productives. Si un tel transfert devient nécessaire à plus long terme afin d'équilibrer la balance des paiements, cela signifie que le déséquilibre externe, de nature structurelle, nécessite un ajustement réel de l'économie.

— Le quatrième groupe de critiques insiste sur le fait que la politique budgétaire n'est en réalité pas disponible à des fins régulatrices de la conjoncture, car elle dépend des décisions, souvent tardives, du parlement. En Suisse, par exemple, si, depuis la Deuxième Guerre mondiale, la politique budgétaire a eu un effet, elle l'a toujours exercé en renforçant le cycle conjoncturel et non en réduisant les déséquilibres à court terme. De ce fait, nous nous trouvons dans la situation où seule la politique monétaire est véritablement disponible pour atteindre deux objectifs. En outre, une économie n'est pas libre d'utiliser la politique monétaire pour équilibrer sa balance externe sans se soucier de l'impact de la variation du taux d'intérêt sur le plan intérieur. Comme le modèle *XX-LL* le montre, le taux d'intérêt n'est pas seulement déterminé sur le marché monétaire ; il peut y avoir divergence de vue entre l'évolution d'un taux d'intérêt intérieur particulier, à savoir le taux hypothécaire, et celle du taux d'intérêt nécessaire pour réduire la sortie nette de capitaux.

En pratique donc, la politique monétaire a été bien plus souvent utilisée pour stabiliser le niveau des prix que pour rechercher l'équilibre externe. La plupart des pays ont donc utilisé le seul instrument de la politique conjoncturelle vraiment opérationnel à la stabilité interne, se désintéressant du déséquilibre externe. Cette attitude, comme nous l'avons précisé, ne pouvait que conduire vers un régime de changes flexibles.

14.6. L'équilibre global en régime de changes flexibles

En laissant flotter librement le taux de change, le problème d'affectation des politiques à des objectifs d'équilibre interne et externe change de nature. Les deux instruments nécessaires pour atteindre deux objectifs précis se répartissent maintenant comme suit :
— politique monétaire
  (accessoirement politique budgétaire)   stabilité interne
— politique du taux de change   stabilité externe

Cependant, cette formulation soulève également des problèmes du fait que la variation du taux de change influence les courants d'échange et se répercute sur le niveau de production. Afin de démontrer le mécanisme d'ajustement dans le modèle *XX-LL-FF*, il faut élargir les conditions d'équilibre sur les marchés des biens et services et sur le marché extérieur en introduisant le taux de change (t) côté à l'incertain.

Une hausse de t correspond à une dépréciation de la monnaie nationale. Une baisse de t correspond à une valorisation de la monnaie nationale.

14.6.1. Le marché des biens et services

La condition d'équilibre se complète pour

$$X = X(t) \qquad \frac{dX}{dt} > 0$$ Une valorisation du franc suisse par exemple entraîne une diminution des exportations.

$$M = tM'(t,Y) \quad \frac{\delta M}{\delta t} < 0$$

Une dépréciation du franc suisse rend les importations plus onéreuses, le volume est supposé diminuer (M' désigne la valeur des importations exprimée en monnaie étrangère).

La balance commerciale devrait donc réagir de manière habituelle, à l'exclusion des cas d'élasticités critiques.

Par conséquent, la droite XX qui représente l'équilibre sur le marché des biens et services se déplace de la manière suivante :

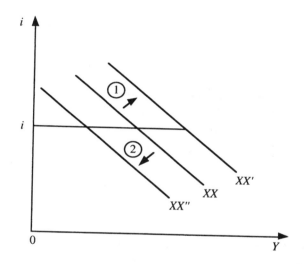

Y désigne toujours le revenu réel. Nous excluons donc les variations du revenu nominal dues à des changements du niveau des prix. Cette hypothèse n'est cependant valable qu'à court terme, puisque la variation du taux de change entraîne des modifications du niveau des prix à plus long terme.

1) Dépréciation de la monnaie nationale

Une hausse du taux de change déplace XX vers XX' et entraîne une hausse des exportations et une diminution des importations (pour un taux d'intérêt donné i_0) : le revenu se trouve donc accru.

2) Appréciation de la monnaie nationale

Une baisse du taux de change déplace XX vers XX'' en entraîne une diminution des exportations et une hausse des importations (pour un taux d'intérêt donné i_0) : le revenu se trouve donc diminué.

14.6.2. Le marché extérieur

La condition d'équilibre sur ce marché s'exprime en régime de changes flexibles de la manière suivante :

$$B = X\,(t) - tM'\,(t, Y) + K\,(i)$$

Une variation du taux de change entraîne donc les déplacements suivants de la droite *FF* :

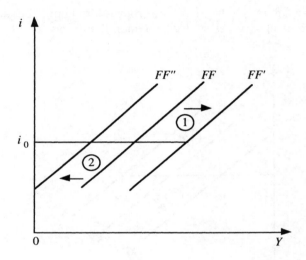

1) Dépréciation de la monnaie nationale

Une hausse du taux de change déplace *FF* vers *FF'* par suite de l'augmentation des exportations et de la diminution des importations dues à la dépréciation de la monnaie nationale.

2) Appréciation de la monnaie nationale

La hausse du taux de change entraîne un déplacement de *FF* vers *FF''* par suite des changements dans les flux commerciaux.

14.6.3. L'équilibre simultané sur les trois marchés en changes flexibles

En juxtaposant les deux graphiques précédents tout en les complétant par la droite *LL* qui réunit la condition inchangée d'équilibre sur le marché de la monnaie, nous pouvons illustrer l'équilibre simultané sur les trois marchés. Une caractéristique principale du régime de changes flexibles est que la balance des comptes se trouve toujours en équilibre et, par conséquent, que *FF* s'ajuste d'une manière endogène à toute intersection de *XX* et *LL*. En d'autres termes, l'économie se trouve toujours sur la droite *FF*.

Au point E, les trois marchés sont en équilibre au taux d'intérêt i_0 et au revenu réel Y_0. Une fois de plus, si l'économie se trouve à point extérieur à cette intersection, nous observons les déséquilibres déjà décrits. Cependant, FF s'ajuste automatiquement à un point tel que D, qui se situe à droite de XX, indiquant un déséquilibre déflationniste. Un déséquilibre externe ne peut donc exister que potentiellement, comme le déplacement de FF (dans le cas illustré : une dépréciation de la monnaie nationale) reconduit automatiquement l'équilibre externe. En outre, nous supposons que la politique monétaire est mise à la disposition de l'équilibre interne, assurant ainsi la stabilité des prix. Un déséquilibre déflationniste entraîne donc un accroissement de la masse monétaire (déplacement de LL vers LL') comme un déséquilibre inflationniste entraîne une diminution de la masse monétaire.

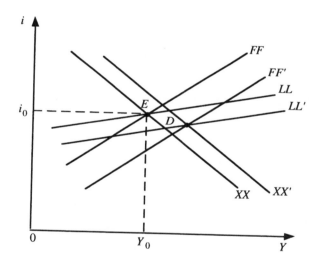

Finalement, la dépréciation de la monnaie nationale entraîne également un déplacement de XX vers la droite en modifiant X et M ; l'équilibre global se trouve ainsi restauré.

14.7. L'efficacité de la politique conjoncturelle en régime de changes flexibles

Nous supposons maintenant que le niveau de revenu Y correspond à un revenu en sous-emploi et que l'autorité étatique cherche à ramener l'économie en plein-emploi.

14.7.1. *La politique budgétaire*

Comme dans un régime de changes fixes, l'efficacité de cette politique dépend du degré de mobilité des capitaux sur le plan international.

a) La mobilité parfaite

Le taux d'intérêt intérieur reste constant et se situe au niveau du taux d'intérêt international (la droite *FF* est donc horizontale). Dans le graphique suivant, l'économie se trouve en équilibre au point *E*. Une politique budgétaire expansionniste déplace *XX* vers *XX'*, mais en plein-emploi. Au point *E'*, point d'intersection de *XX'* avec *LL*, le taux d'intérêt intérieur a augmenté, mais comme la mobilité des capitaux est supposée parfaite sur le plan international, cette hausse du taux d'intérêt ne peut être que potentielle ; une entrée immédiate de capitaux provenant de l'étranger la ramène aussitôt à son niveau initial. En outre, et cela est important pour le mécanisme d'ajustement au point *E'*, la balance externe est excédentaire. Par conséquent, la monnaie nationale se valorise, réduisant ainsi les exportations et augmentant les importations : *XX'* se déplace de nouveau à gauche. Ce processus nous ramène au point initial *E* où l'augmentation des dépenses publiques est parfaitement compensée par un déficit de la balance commerciale.

$$\Delta G - (\Delta X - \Delta M) = 0$$

Comme *E* se trouve sur *FF*, le déficit de la balance commerciale est exactement compensé par une entrée de capitaux provenant de l'étranger, de telle sorte que le déficit budgétaire se trouve financé par un endettement net à l'étranger :

$$K = \Delta G$$

contrairement à ce que nous avons pu observer en changes fixes, la politique budgétaire est donc entièrement inefficace lorsque les capitaux sont parfaitement mobiles sur le plan international.

b) La mobilité imparfaite

Dans cette hypothèse, la politique budgétaire devient à nouveau efficace. Cette efficacité augmente au fur et à mesure de l'immobilité du capital. Distinguons deux cas :

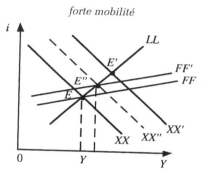
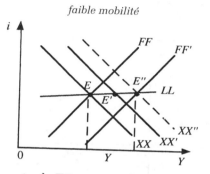

pente de FF < pente de LL
Dans ce cas, une politique budgétaire expansionniste déplace *XX* en *XX'*, coupant *LL* au-dessus de *FF*. La balance des comptes se trouve donc potentiellement excédentaire au point *E'*. *La politique budgétaire d'expansion provoque donc une valorisation de la monnaie nationale.*

pente de FF > pente de LL
Dans ce cas, la nouvelle intersection (*E'*) entre *XX'* et *LL* se fait en dessous de *FF*. La balance des comptes se trouve donc potentiellement en déficit. *La politique budgétaire d'expansion provoque donc une dépréciation de la monnaie nationale.*

Les différentes réactions du taux de change à la suite d'une politique budgétaire expansionniste s'expliquent de la manière suivante :

Lorsque le capital est fortement mobile sur le plan international, une stimulation de la demande globale provoquée par l'accroissement des dépenses de l'État augmente le niveau du taux d'intérêt intérieur, attirant ainsi massivement du capital en provenance de l'étranger : la demande de monnaie nationale augmente fortement. Cette demande dépasse l'offre de monnaie nationale provenant des importations accrues, de telle sorte que le taux de change baisse : *FF* se contracte vers *FF'* et *XX* vers *XX'* puisque les exportations se trouvent freinées et les importations stimulées. Le nouveau point d'équilibre se trouve au point *E''*, sur *LL* qui ne s'est pas déplacé étant donné que la flexibilité du taux de change n'affecte pas la masse monétaire du pays.

Si, par contre, le capital est faiblement mobile, voire immobile, sur le plan international, la hausse du taux d'intérêt intérieur intervenue par suite d'une politique budgétaire d'expansion n'attire pas suffisamment de capital. De ce fait, sur le marché des changes, l'accroissement de la demande de monnaie nationale demeure inférieure à celle de l'offre induite par la stimulation des importations : le taux de change monte, entraînant un déplacement de *FF* vers l'extérieur (vers *FF'*) et de *XX* vers *XX''*, puisque cette fois-ci les exportations sont stimulées et les importations freinées.

La réaction sur le marché des changes s'illustre alors comme suit :

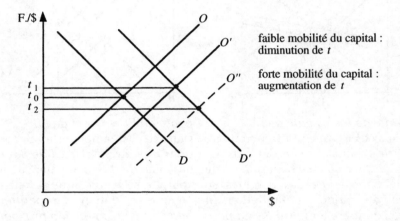

La variation du taux de change exerce donc un effet secondaire sur le revenu qui, selon les élasticités respectives des droites, diminue lorsque la monnaie nationale se valorise et augmente lorsque la monnaie nationale se déprécie (déplacements de *E'* à *E''* dans les graphiques précédents se référant à la forte et à la faible mobilité du capital).

En conclusion, la politique budgétaire reste inefficace pour un petit pays qui n'a pas d'influence sur le taux d'intérêt intérieur puisque celui-ci s'aligne sur le taux d'intérêt international. Seul un grand pays peut utiliser cet instrument dont l'efficacité dépend du degré de mobilité des capitaux.

14.7.2. La politique monétaire

Dans un régime de changes flexibles, la politique monétaire a un impact considérable sur le revenu national, quel que soit le degré de mobilité du capital sur le plan international.

Une expansion monétaire déplace *LL* vers la droite à *LL'* dans le graphique suivant. Comme la liquidité monétaire augmente dans l'économie, il devient plus facile d'emprunter : le taux d'intérêt intérieur baisse. Cette baisse a deux conséquences :

— la demande globale augmente, notamment par une stimulation des investissements ;

— la balance des comptes se trouve potentiellement en déficit en raison de l'accroissement de l'absorption et d'une sortie nette de capitaux.

Si nous étions restés en régime de changes fixes, l'économie se trouverait alors au point *E'* qui se situe à un niveau de revenu supérieur à celui de la situation initiale, mais à droite de *FF* indiquant ainsi un déficit extérieur. Ce point ne pourrait alors se maintenir que si une politique de neutralisation était mise en place, sinon l'économie retournerait au point initial.

En changes flexibles, ce déficit extérieur est éliminé par une dépréciation de la monnaie nationale. On suppose que cette variation du taux de change a un effet normal sur la balance commerciale : les exportations se trouvent stimulées et les importations freinées. *XX* se déplace vers la droite à *XX'*, en même temps que *FF* s'ajuste endogènement au nouveau point d'intersection entre *LL'* et *XX'*.

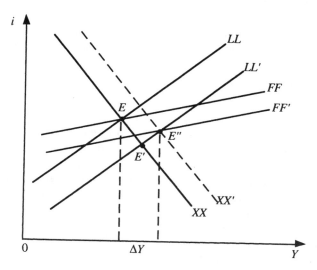

Par conséquent, le revenu national s'est accru : la politique monétaire est donc efficace en changes flexibles, quel que soit le degré de mobilité de capital, puisqu'elle provoque toujours, d'une manière univoque, une dépréciation de la monnaie nationale du fait que le taux d'intérêt évolue dans le sens opposé à l'évolution de la masse monétaire.

14.8. Leçons pour la conduite de la politique conjoncturelle en économie ouverte

En guise de conclusion, nous allons regrouper les effets de la politique conjoncturelle en changes fixes et en changes flexibles.

Régime de changes	Mobilité des capitaux	Politique monétaire	Politique budgétaire
Fixes	Mobilité parfaite Immobilité	Inefficace Inefficace	Efficace Inefficace
Flexibles	Mobilité parfaite Immobilité	Efficace Efficace	Inefficace Efficace

Ce tableau nous permet d'énoncer une règle simple : en général, la politique conjoncturelle est plus efficace en changes flexibles qu'en changes fixes. Peut-on en conclure que le régime de changes flexibles est préférable au régime de changes fixes ?

Pour répondre à cette question, il faut se rappeler que l'introduction des changes flexibles, en 1973, ne fut pas un choix politique délibéré mais imposé par les déséquilibres croissants qui posaient des problèmes de conflit entre la stabilité interne et la stabilité externe. Ce conflit fut essentiellement résolu en négligeant le déséquilibre externe. À défaut d'appliquer des mesures structurelles visant à réduire les déséquilibres extérieurs, on préféra financer ces déséquilibres par des politiques monétaires uniquement.

On laissait ainsi au voisin le soin de s'occuper du déséquilibre externe. L'argument simpliste se présentait de la manière suivante : si un pays accusait un déficit, ce dernier correspondait forcément à un excédent dans un autre pays. Or, nous avons vu qu'un déficit externe correspond à une absorption trop importante par rapport au produit national. Pour éliminer ces soldes, il fallut agir sur la demande globale en prenant des mesures restrictives en cas de déficit et expansionnistes en cas d'excédent. Le pays déficitaire, en obtenant des pays excédentaires l'application des mesures expansionnistes, pourrait donc se retrouver en équilibre externe sans s'occuper lui-même de l'élimination de son déficit par des mesures restrictives. Cette position fut adoptée par les États-Unis pendant la fin des années soixante et les années soixante-dix.

Le pays excédentaire – il s'agissait pendant la même période de la plupart des pays européens – partait du principe qu'une telle expansion augmenterait les pressions inflationnistes ; une politique de relance, destinée à éliminer le déficit du voisin, ne pouvait être appliquée que si le pays excédentaire était en sous-emploi. Nous retrouvons donc la problématique de l'attribution des politiques à la stabilité externe et interne. Le conflit entre pays déficitaires et pays excédentaires poussait la plupart des nations à avoir une optique intérieure : le réflexe nationaliste prenait donc le dessus sur la stabilité externe.

Ainsi, les déséquilibres extérieurs sont-ils devenus le problème de personne et de tout le monde. Comme la volonté politique de les éliminer n'existait plus, il fallait bien trouver un moyen de les perpétuer dans le temps. Le problème de la liquidité internationale était né. En finançant les déséquilibres externes essentiellement par la planche à billets, on créait un pouvoir d'achat ne correspondant nullement aux capacités réelles des économies : l'inflation mondiale se ranimait au début des années soixante. Pour la combattre, il aurait fallu une discipline plus stricte dans l'émission monétaire. Or, on assistait plutôt à une crise de confiance dans les monnaies dont l'offre s'accroissait le plus fortement.

Pour pouvoir accepter cet état de fait face à un dollar inconvertible, on introduisit, sans le nommer, le système de changes flexibles, préférant disposer de l'instrument de la politique monétaire à des fins de stabilisation interne plutôt que de restaurer la confiance dans le système monétaire international par une politique d'austérité et de changement structurel de l'appareil productif. Dans cette optique, le système de changes flexibles apparaît alors comme une conséquence et non comme un objectif souhaitable en soi.

Les changes flottants, comme expression des déséquilibres extérieurs perpétués dans le temps et comme illustration du retour à une certaine vision nationaliste ne sont donc pas préférables aux changes fixes qui étaient d'ailleurs ajustables. Pour renforcer ce point de vue, il suffit de citer les fluctuations erratiques du cours du change qui, par le mécanisme de l'approche partielle, créent des difficultés réelles aux industries d'exportations et à celles se trouvant en concurrence avec les importations, provoquant ainsi des risques accrus du fait de la persistance des déséquilibres intérieurs.

En conséquence, le chômage s'est aggravé, le taux d'inflation mondial s'est élevé : les politiques nationalistes ont préféré l'expansion monétaire au détriment d'un équilibre externe réalisé par des adaptations technologiques dans le cadre d'une coopération internationale renforcée.

Le Tiers-monde n'est pas étranger à cette tendance, couvrant de plus en plus difficilement le financement de ses déséquilibres externes. Les pays développés peuvent corriger cette orientation en luttant de manière concertée contre l'inflation et en recherchant de nouveaux avantages comparatifs. Cependant, le prix en sera plus élevé qu'il y a vingt ans. De nouveaux pièges se dessinent déjà : à son prix jugé peut-être trop élevé, on préférera la facilité et l'inflation se ranimera. Si, par contre, une politique d'austérité et de discipline monétaire est appliquée – souvent confondue avec le démantèlement de l'État – on entrera alors dans l'ère de nouvelles tensions sociales car la distribution du produit national sera remise en cause.

Nous avons rarement évoqué le problème de distribution qui semble plutôt appartenir au domaine normatif de l'économie politique ; il constitue pourtant une des principales critiques de l'économie de marché. Nous évoquerons ces différentes critiques dans le prochain chapitre de cet ouvrage.

QUESTIONS

1) Discutez soigneusement les hypothèses qui permettent de représenter l'équilibre externe en changes fixes par la droite *FF*. Après avoir rappelé la construction de cette droite, montrez ensuite comment l'anticipation d'une hausse du taux d'intérêt étranger la déplace.

2) a) Analysez, dans le cadre du modèle *IS-LM* en économie ouverte, le fait que les investisseurs deviennent pessimistes quant à la marche future des affaires. On admettra que les mouvements de capitaux sur le plan international sont parfaitement élastiques par rapport aux taux d'intérêt.
   b) Indiquez quelle politique conjoncturelle permet de revenir au niveau du revenu initial lorsque nous sommes :
   1. en régime de changes fixes,
   2. en régime de changes flexibles.

3) a) Analysez, dans le cadre du modèle *IS-LM* en économie ouverte, en changes fixes et en changes flexibles, le fait que :
   1. les consommateurs augmentent leur épargne,
   2. la demande étrangère diminue.
   On admettra que les mouvements de capitaux sur le plan international sont parfaitement inélastiques au taux d'intérêt.
   b) En changes fixes, pensez-vous qu'une politique conjoncturelle permet de compenser les effets d'une baisse de la demande étrangère ?
   Justifiez votre réponse.

4) Rappelez soigneusement la construction du modèle *XX-FF-LL*. Vous supposez que l'équilibre simultané sur les trois marchés s'établit en plein-emploi. Analysez les conséquences d'une position budgétaire d'austérité en régime de changes flexibles lorsque les capitaux sont parfaitement mobiles sur le plan international.

5) Pourquoi la politique monétaire s'avère-t-elle inefficace dans le régime de changes fixes et efficace dans le régime de changes flexibles, quel que soit le degré de mobilité des capitaux sur le plan international ?

6) Lorsqu'un pays souffre de sous-emploi et accuse en même temps un déficit de sa balance des comptes, analysez l'effet d'une politique monétaire restrictive.

7) Pourquoi la plupart des pays ont-ils été amenés à utiliser presque exclusivement la politique monétaire comme instrument de régulation de la conjoncture ?

8) Dans un régime de changes flexibles, analysez les conséquences d'une variation de la demande globale dans le cas où la monnaie est utilisée exclusivement à des fins de transaction.

POUR EN SAVOIR PLUS

Baldwin R. et Ch. Wyplosz (2003), *Economics of European Integration*, New York, McGraw Hill.

Kindleberger Ch. P. et P.H. Lindert (1997), *Économie internationale*, Paris, Economica, 10e édition.

Krugman P.R. et M. Obstfeld (2005), *International Economics : Theory and Policy*, Addison Wesley Publishing Company, 7e édition.

Mundell R.A. (1968), *International Economics*, New York, The Macmillan Company, chap. 16 et 18.

QUATRIÈME PARTIE

L'économie : une science sociale

Cette dernière partie propose une synthèse des principales critiques adressées à l'économie de marché et montre comment les valeurs, les normes sociales et les institutions ne peuvent être traitées hors du champ de la science économique.

Le chapitre XV montre que le marché est assorti de certains échecs qui rendent nécessaires des politiques de régulation tentant à gérer la complexité sociale. Le chapitre XVI rappelle que le marché n'est qu'un mécanisme de décisions collectives parmi d'autres. En comparant les principaux échecs de ces mécanismes entre eux, il propose une approche interdisciplinaire, socio-économique des problèmes contemporains.

Le chapitre XVII éclaire la protection de l'environnement dans cette optique en rappelant l'évolution de la pensée socio-économique et conclut ce livre par une discussion du concept de développement durable qui cherche à concilier la croissance économique avec l'environnement.

CHAPITRE XV

LES ÉCHECS DU MARCHÉ

Les principales critiques sont de trois ordres :

— L'économie de marché, comme mécanisme d'allocation optimale des ressources ne fonctionne que si un degré de concurrence élevé existe. Or, les monopoles et cartels limitent le degré de concurrence non seulement sur le marché des biens et services, mais également sur le marché des facteurs de production.

— L'économie de marché n'est basée que sur des coûts explicites. Elle ne prend donc en considération ni les effets externes, ni les biens et services publics pour lesquels il n'existe pas un véritable marché. Il en résulte, d'une part, une orientation quantitative de l'effort productif et, d'autre part, que certaines activités importantes ne sont pas prises en considération (santé publique, etc.).

— L'économie de marché est basée sur le mécanisme de flexibilité des prix et ne met donc pas l'accent sur la distribution des fruits de la production. Nous avons parlé à ce propos de l'effet d'exclusion des prix. Les effets de richesses par héritage et de rentes foncières renforcent encore le caractère inéquitable de la variation des prix.

Ces trois critiques du marché légitiment des actions correctrices de l'État. En effet, en complément à l'économie de marché, notre société confie un rôle à l'État dans les trois domaines suivants :

1) *Renforcement des mécanismes de prix*
(allocation optimale des ressources) moyennant une
• politique de concurrence
• politique de protection du consommateur
• politique structurelle (notamment par une politique d'investissement dans le capital humain).

2) *Production de biens publics*
Un bien public remplit deux conditions :

- non rivalité

La consommation pour une personne diminue en rien la quantité disponible pour les autres personnes.

- non exclusivité

Le plus grand nombre jouit de bénéfices d'un bien public (exemple : éducation, services médicaux) en payant un prix inférieur à celui du marché.

3) *Correction des inégalités de revenus et de fortunes*
Commentons brièvement ces trois critiques.

15.1. Les conditions de concurrence imparfaite

Nous les avons analysées dans le chapitre IX pour démontrer que l'absence de concurrence entraîne indubitablement un prix plus élevé que celui pratiqué sur un marché « parfait », réduisant ainsi la quantité de biens disponibles pour satisfaire les besoins. En outre, l'allocation des ressources n'est pas optimale. Il n'existe plus de force obligeant les entreprises à produire – du moins tendanciellement – au moindre coût moyen. Les observations empiriques disponibles suggèrent que presque tous les marchés obéissent à des règles de concurrence imparfaite. Faut-il en conclure que le système d'économie de marché est en train de s'essouffler ? Trois éléments, selon nous, empêchent cette évolution :
— Les conditions de concurrence imparfaite se modifient sans cesse, ne serait-ce que pour la simple raison que de nouveaux produits sont élaborés et de nombreux marchés exploités.
— Si au niveau national certaines imperfections de marchés peuvent se maintenir pour des raisons institutionnelles ou politiques, il ne reste pas moins la possibilité de rétablir un certain degré de concurrence à travers le commerce international.
— L'existence d'une réglementation étatique en matière de cartels et d'organisations analogues visent à empêcher les abus consécutifs à des situations dominantes sur un marché trop marqué.

Du point de vue de l'ordre économique, le maintien des conditions de concurrence doit donc rester un postulat important dont il faut souhaiter que la réalisation soit plus fortement soustraite aux groupes de pression existant dans notre type de société.

15.2. Les effets externes

Que le phénomène des effets externes puisse surgir et former une critique au fonctionnement d'une économie de marché est un fait relativement récent, probablement parce que nous sommes plus conscients des problèmes dus à la pollution dont l'étendue et les conséquences sur notre environnement sont devenues plus visibles. L'économiste considère l'environnement comme un bien public qui ne peut être laissé au marché libre. Ce terme désigne un bien utile à toute la collectivité, pour lequel il n'y a cependant pas de véritable marché, puisque son prix ne peut être déterminé par la rencontre de l'offre et de la demande.

Pourquoi le mécanisme de marché ne fonctionne-t-il pas pour réduire la pollution ? La raison principale est liée au caractère externe à toute activité économique de la pollution. En effet, le producteur de biens ne tient compte dans le calcul de ses coûts de fabrication que des coûts explicites, à savoir les coûts qu'il doit réellement supporter pour la production d'un bien. Or, la pollution représente un coût pour la collectivité. Elle est externe à la production.

D'une manière plus générale, le terme d'externalité désigne les conséquences bénéfiques ou négatives d'une activité économique sur un individu qui n'y participe pas et qui, par conséquent, ne la contrôle pas.

Nous avons rencontré ce problème lorsque nous avons discuté, dans le cadre du chapitre III, des concepts de mesures de l'activité économique. À titre d'exemple, nous pouvons citer comme effet externe positif la diminution du bruit dans une localité consécutive à la construction d'une route de délestage, et comme effet négatif l'augmentation de la teneur de l'air de plomb le long du tracé de la même route. Si nous ne nous référons par la suite qu'aux coûts externes, l'équilibre sur le marché au point P_e doit se déplacer à P_e' qui tient compte de ces coûts externes. L'équilibre P_e, établi sur le comportement individuel des agents économiques, diffère donc de l'équilibre du point de vue social.

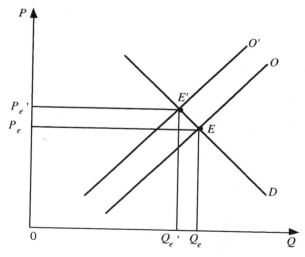

En posant le problème dans ces termes, l'économiste essaie de faire appliquer des techniques qui internalisent ces effets externes, c'est-à-dire qu'il tente de faire supporter les frais de la pollution selon le principe du pollueur-payeur. Il en résulte une augmentation du prix sur le marché (P_e') et une diminution de la quantité échangée de Q_e à Q_e'.

Comme la pollution ne peut être entièrement éliminée aussi longtemps que des activités économiques absorbent des ressources naturelles, il faut chercher des moyens qui la réduisent :
— recyclage des ressources productives ;
— durée de vie des produits prolongée ;
— progrès technologique qui utilise moins de ressources naturelles pour obtenir la même quantité de biens (exemple : miniaturisation de machines) ;
— procédé d'élimination de la pollution (filtre, épuration).

Nous poursuivons cette réflexion dans le chapitre XVII consacré au concept du développement durable.

15.3. Les inégalités dans la distribution des revenus et des fortunes

Distinguons les inégalités entre différents pays de celles qui existent à l'intérieur d'un seul pays.

a) Inégalités entre pays

Elles découlent essentiellement du fait que les niveaux de vie sont différents d'un pays à l'autre. Aux difficultés conceptuelles d'établir des comparaisons internationales de ces niveaux de vie s'ajoute le problème du choix des critères. Selon l'OCDE, les facteurs suivants sont utilisés comme indicateurs de niveaux de vie.

	France	Suisse	Portugal	Turquie
Consommation privée par habitant en dollars (1997)	12 764	15 840	9 391	4 397
Nombre de voitures de tourisme pour 1 000 habitants (1995)	432	459	378	50
Nombre de postes de téléphones pour 1 000 habitants (1995)	558	613	361	212
Nombre de postes de télévision pour 1 000 habitants (1994)	591	416	321	181
Nombre de médecins pour 1 000 habitants (1996)	2,9	6,1	3	1,2
Mortalité infantile pour 1 000 naissances vivantes (1996)	4,9	4,7	6,9	42,2

Source : OCDE, Études économiques par pays.

Outre ces indicateurs de niveau de vie, l'OCDE utilise également le taux d'accès à l'enseignement supérieur, celui de la mortalité infantile, comme mesure du bien-être économique.

Il est entendu qu'ils ne mesurent le niveau de vie matériel qu'en termes normatifs ; ils permettent cependant de nous faire une idée de l'ampleur des inégalités qui peuvent exister entre différents pays.

b) Inégalités à l'intérieur d'un pays

L'économie de marché cherche une allocation optimale des ressources en vue de satisfaire le maximum de besoins au moindre coût. Une telle allocation est appelée efficace, elle est réalisée par le mécanisme de marché. Dès lors, il y a conflit entre efficacité et équité.

En effet, en allouant efficacement les ressources à différents types de production, le revenu créé par cette activité productive n'est pas distribué équitablement ; chaque individu ne reçoit donc pas la même part de l'ensemble des revenus distribués dans l'économie. Le schéma ci-dessous permet d'illustrer l'inégalité dans la distribution des revenus. Pour construire, la courbe dite de Lorenz, nous nous sommes basés sur les données disponibles de l'impôt fédéral direct existant en Suisse. En exprimant en pourcentage le nombre d'individus payant cet impôt et le groupe de revenus qu'ils représentent, nous obtenons, sous forme de cumul, des couples d'observation que nous portons dans un carré formé par des axes mesurant chacun 100 %. La diagonale de ce carré représente alors la distribution égale. Une déviation à droite de cette diagonale indique une inégalité croissante dans la distribution des revenus. Ainsi, l'aire entre la diagonale et la courbe peut être interprétée comme un indicateur d'inégalité dans la distribution des revenus dans un pays.

Pour la Suisse, il apparaît que cette courbe est restée stable durant les dix dernières années. Elle illustre simplement le fait qu'une certaine inégalité existe dans notre pays, mais elle ne parvient pas à l'expliquer.

Parmi les sources d'inégalités, citons :
— la différence entre les fortunes héritées ;
— la différence d'éducation et de formation professionnelle ;
— la différence d'aptitudes.

Pour ce qui est des inégalités de fortune, le remède préconisé est à nouveau l'impôt progressif sur les richesses, dont nous avons déjà parlé, et *l'impôt sur les héritages*. Rappelons cependant que le degré d'imposition ressort du domaine normatif. Les conflits quant à son importance ne peuvent être tranchés par appel à des techniques économiques.

La distribution des revenus en Suisse (Selon l'impôt fédéral direct)

Groupes de revenu soumis à l'impôt (en 1 000 francs)	% de la population payant l'impôt		% de l'ensemble des revenus soumis à l'impôt	
		cumul (axe horizontal)		cumul (axe vertical)
0 – 9,9	3	3	1	1
10 – 14,9	25	28	12	13
15 – 19,9	25	53	17	30
20 – 24,9	16	69	15	45
25 – 49,5	22	91	28	73
50 – 99,9	7	98	12	85
100 et plus	2	100	15	100
	100 %		100 %	

Représentation graphique (courbe de Lorenz selon l'indice de Gini)

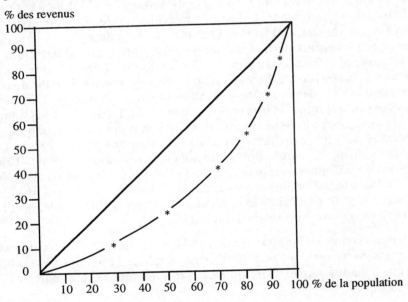

Cependant, il faut se rendre à l'évidence qu'il y a une limite à toute politique de redistribution. Supposons que tous les revenus soient confisqués pour être redistribués équitablement parmi tous les individus : un tel système réduirait certainement, et la volonté de production et, par conséquent, l'ensemble des revenus à distribuer.

Pour remédier aux inégalités professionnelles, l'État a favorisé les politiques visant un large accès à l'éducation et à la formation professionnelle. La loi sur la démocratisation des études et l'entrée à l'université sans maturité à Genève en sont une illustration.

15.4. Principaux échecs de marché

Le tableau suivant fournit une liste des défaillances du marché et les met en relation avec des exemples et des actions publics choisis parce qu'ils permettent d'illustrer les arguments théoriques. De nombreuses actions tant publiques que privées peuvent être envisagées pour y palier. Commentons brièvement ces différentes défaillances de marché :

1. Les conditions de concurrence imparfaite s'observent certes d'une manière fréquente, mais ont tendance à s'effacer à long terme si l'État met en place des conditions cadre pour la promotion de la concurrence. Le service public ne se justifie donc que dans le cas d'un monopole naturel qui, à son tour, peut évoluer dans le temps.

2. Les rendements d'échelle s'expriment par une baisse du coût moyen lors d'une augmentation de la production. Le coût marginal se situe donc en dessous du coût moyen, ce qui met la règle d'optimisation (prix égal au coût marginal) en échec, puisque cette égalité impose un prix en dessous du coût moyen, ce qui incite l'offrant à augmenter sa production. Il peut en résulter une tendance vers la monopolisation du marché. Il est loisible d'évaluer la portée pratique de cette argumentation. Rappelons que les économies d'échelles dépendent du progrès technique qui lui-même est en constante mutation.

3. Les effets externes ont gagné en actualité par le débat environnemental. Le service public devient ainsi un instrument dans la poursuite des objectifs nouveaux. L'acceptation de l'initiative des Alpes ne permet d'ailleurs plus d'évaluer le service public à la seule lumière de l'efficacité économique. Elle doit s'accommoder avec une efficacité écologique souvent conflictuelle. Ce conflit risque de s'étendre et de soumettre le service public à une tension encore largement sous-estimée. Prise entre deux tendances, l'une soumettant l'environnement à la logique économique, l'autre soumettant l'économie à la logique environnementale, l'action de l'État est en train de se redéfinir. Les réformes ne s'inspirant que de la première tendance risquent de bloquer un débat normatif sur la finalité de l'action publique.

4. Le marché implante les activités en fonction du critère de la rentabilité dont les coûts de transaction sont un élément déterminant. La distribution spatiale puisqu'elle n'obéit pas à ce critère représente donc un cas particulier des effets externes.

5. La distribution de revenus et des fortunes est l'argument normatif par excellence. Elle se réfère au lien entre l'efficacité économique et l'équité sociale. Dans l'optique économique, elle est abordée du point de vue de la justice distributive, mais elle a une portée plus

générale que soulève « la question sociale ». Cette question porte sur la manière comment une société assure sa cohésion sociale. Cependant, elle ne peut être exclusivement mise en faveur d'une intervention de l'État. Une politique de redistribution s'appuie sur une large palette d'instruments comprenant tant des initiatives privées ou de la fiscalité, que des services publics proprement dits dans ce domaine comme l'assistance publique. Des tendances récentes ne se contentent d'ailleurs plus de limiter le débat sur la justice sociale à la distribution, mais attendent de l'État d'être également attentif à la justice procédurale dont celle qui est entre les générations ne représente qu'un aspect.

6. À cause du hasard moral, il n'existe pas de marchés assurant toutes les éventualités. Il existe des cas où l'assureur de dernière instance reste le contribuable comme pour les accidents nucléaires. Plus généralement, lorsqu'il y a des asymétries d'information, un assureur doit faire face à une sélection adverse des assurés justifiant une intervention de l'État.

7. La question sur le taux d'investissement optimal du point de vue social assuré par des marchés concurrentiels reste très controversée parmi les économistes. Elle a également gagné en actualité par le débat environnemental où l'avis domine que les investissements sont trop faibles pour orienter l'économie vers des objectifs du développement durable. Le diagnostic porte sur un double échec de marché. Non seulement il manque une incitation à investir, car le taux de rentabilité privée est inférieur au taux de rentabilité sociale, mais les prix sur des marchés futurs des biens et services environnementaux consécutifs à ces investissements ne sont pas connus. Une taxe environnementale devrait notamment réduire la différence entre les taux de rentabilité privée et publique et modifier ainsi plus rapidement le changement des prix relatifs par une action publique délibérée.

8. L'argument précédent a conduit à discuter le taux d'escompte social. Si des acteurs sur des marchés actuels utilisent un taux d'escompte trop élevé, ils n'investissent pas assez dans l'avenir. Dans les cas où le stock de capital revêt les caractéristiques d'un bien public, son utilisation profite surtout aux générations futures. Il peut ainsi s'avérer insuffisant s'il ne résulte que des préférences individuelles présentes. L'État devrait donc devenir plus actif par exemple dans la création des parcs industriels qu'impliquent les métabolismes industriels dans la protection de l'environnement, notamment par un évitement systématique des déchets. Placer en proximité spatiale des industries complémentaires, dont les déchets de l'une sont des ressources pour l'autre, représente donc un nouveau défi pour une action publique dans le domaine technologique.

9. Certaines activités économiques ne sont pas laissées au marché. La question fondamentale de la promotion de la liberté individuelle assurée par le marché est conditionnée par le contexte social et les règles institutionnelles qui font partie des tâches de l'État. Ces raisons peuvent varier dans le temps et d'une société à une autre, mais elles ont toutes trait à la moralité publique à un moment donné. En Suisse, le consensus actuel porte sur des exemples suivants : ne pas commercer le sang et des organes du corps humain, certaines drogues, des êtres humains et des positions dans la vie publique et politique. Le statut du fonctionnaire s'est fondé en partie sur ce type d'argumentation.

10. L'efficacité d'une politique conjoncturelle fait partie des controverses classiques de la science économique. Elle dépend considérablement de la vitesse d'ajustement des mécanismes de prix à court terme et du contexte international. Dans les débats rendus souvent très sommaires pour des raisons médiatiques entre keynésiens et monétaristes, il y a une association entre Étatistes et promoteurs de libre concurrence qui est totalement inappropriée pour la discussion du service public.

Échecs de marchés

Type de défaillance	Exemple	Action
1. Nombre d'acteurs économiques insuffisants pour garantir un mécanisme concurrentiel	Configurations D'oligopoles fréquents	Politique de concurrence
2. Rendements d'échelle	Élimination de la concurrence	Monopoles publics
3. Effets externes dont les biens publics ne sont que des cas extrêmes	Problèmes environnementaux	Mesures incitatives
4. Dimension spatiale	Problèmes régionaux	Décentralisation
5. Distribution de revenus et de fortunes non équitable	« La Question sociale »	Politiques de redistribution
6. Hasard moral et sélection adversaire, conditions d'incertitude	Assurances	Assurances publiques
7. Vitesse d'ajustement trop lent	Évolution du prix du pétrole	Taxation environnementale
8. Incitation à l'investissement socialement sous optimal (marchés myopes ?)	Investissements « verts »	Politique technologique
9. Marchés manquants et amoraux	Commerce d'organes	Économie du don
10. Déséquilibres conjoncturels	Sous-emploi	Politique de régulation conjoncturelle

15.5. Les échecs de la politique

L'argument des échecs de marché est parfois abusivement utilisé pour justifier une intervention étatique. Il implique également que l'État se fonde exclusivement sur la correction de ces échecs et qu'il n'a pas d'existence propre en dehors de cette référence économique. Dans ce sens, l'État ne se voit attribuer qu'un rôle subsidiaire et complémentaire. Or, le lien entre le fonctionnement réel des marchés et l'État a un caractère réciproque et interdépendant dans la mesure où des actions économiques publiques, notamment dans les grandes infrastructures, représentent souvent une condition préalable au bon fonctionnement des marchés. Or, chaque fois que l'action de l'État se justifie par les échecs de marché, il y a une analyse des défaillances politiques à mener. Ces dernières font l'objet de nombreuses analyses que nous rappelons dans le chapitre XVI consacré à l'étude des mécanismes de décision collective.

Ces analyses expliquent pourquoi des décisions majoritaires peuvent conduire à exprimer des intérêts d'une minorité. L'importance des interventions de l'État déterminée démocratiquement n'est pas forcément compatible avec l'intérêt général.

15.6. Arguments non-économiques en faveur   de l'intervention de l'État

Ces arguments se nourrissent de plusieurs sources dont une se trouve dans la littérature appelée « du second rang ». Les marchés réels ne fonctionnent jamais optimalement (du premier rang), mais sous-optimalement (du second rang) si ce n'est que pour la raison des coûts des transactions.

Dans une analyse des coûts de transaction des marchés, les services publics peuvent soit les augmenter, soit les diminuer. Leur rôle ne peut être déterminé sans se référer à des circonstances clairement définies. Dans cette perspective, les coûts de transactions parmi les plus tangibles qui sont les coûts de transport, peuvent avoir un rôle crucial pour le bon fonctionnement des marchés. La discussion sur l'évaluation du coût direct et indirect des différents modes de transports ainsi que le conflit entre trafic individuel privé et trafic collectif public montrent à quel point le service public dans ce domaine représente un choix politique qui ne fait que se compliquer puisque les critères économiques doivent dorénavant être mis en balance avec ceux d'ordre écologique. L'évaluation du secteur public sous le seul angle économique est en train de céder la place à une analyse multicritère.

Le fonctionnement sous-optimal a également comme conséquence qu'il devient beaucoup plus difficile de séparer soigneusement les aspects scientifiques des aspects normatifs de l'analyse économique du service public. Si les jugements de valeurs ne peuvent être séparés des critères objectifs, il faut donc exiger une transparence accrue dans le débat pour ou contre le service public. Il faut définir d'une part clairement les critères de jugement de valeurs et d'autre part le service public.

Nous pouvons ainsi rendre dérisoire l'argument des échecs de marché en faveur d'intervention d'État, car les échecs de marché doivent être évalués à la lumière d'une crise de confiance dans l'action publique. L'aspect fallacieux provient surtout de l'utilitarisme qui se trouve à l'origine de l'analyse économique. La controverse liée à l'utilitarisme provient moins du fait que celui-ci donne de l'importance au libre choix individuel, qu'il serve de référence exclusive à l'analyse économique du service public. Cette exclusivité conduit à une interprétation abusive niant tout un processus de socialisation et de contextualisation institutionnelle du raisonnement économique. Cette exclusivité accordée à l'utilitarisme minimise d'autres courants de pensée qui, pourtant, existent également dans le débat public.

L'utilitarisme réduit plusieurs facettes de ce débat en un seul indicateur qui est l'utilité pour en déduire une norme économique unique. Il ne fait qu'intégrer les autres courants philosophiques comme le contrat social dans une fonction d'utilité individuelle qui a une portée si générale qu'elle ne parvient pas à rendre justice de la pluralité des normes et des valeurs qui ont cours dans notre société. Or, c'est dans cette pluralité que les arguments non-économiques en faveur du service public trouvent leur origine. Nous en avons déjà mentionné en grande partie : la cohésion sociale, la justice distributive, la souveraineté de l'État et le civisme. La liste peut être aisément prolongée par la justice procédurale et intergénérationnelle, par le respect des minorités et par la recherche du « bonheur non seulement le plus élevé pour le plus grand nombre », mais également un pour un petit nombre. Cette dernière proposition n'est certes pas incompatible avec l'approche économique, mais faut-il encore l'articuler d'une manière explicite.

Derrière des arguments apparemment, non-économiques peut donc se cacher un raisonnement économique. De même, des arguments non-économiques peuvent avoir des conséquences économiques soit indirectes, soit différées dans le temps. Le renforcement de la cohésion sociale par exemple peut réduire les frictions sur les marchés, tandis que son affaiblissement peut se traduire par des coûts économiques à long terme, sans avoir des effets immédiatement perceptibles.

Si plusieurs arguments peuvent être évoqués en faveur ou en défaveur d'une intervention de l'État dans l'économie du marché, c'est au politique, en dernière instance, de décider de leur pondération. La pondération plus forte des arguments économiques n'a pas de fondement scientifique et nous ne pouvons que constater un dialogue de sourds entre ceux qui font du raisonnement économique leur unique référence et ceux qui font valoir d'autres arguments. Cette absence de dialogue rend également difficile l'évaluation objective des avantages et des inconvénients des marchés concurrentiels par rapport aux avantages et inconvénients du service public. La régulation de la privatisation peut notamment s'avérer plus coûteuse que celle du service public proprement dit. Le remplacement d'un monopole public par un oligopole privé par exemple peut s'avérer contre-productif du point de vue de sa régulation. L'évaluation *ex ante* des coûts et des avantages des différentes solutions est illusoire et seule une évaluation concrète pas à pas permet de choisir la solution la plus adéquate.

Nous venons de passer en revue les trois critiques principales adressées à l'économie de marché. Nous avons mis en évidence que l'existence de situations de concurrence imparfaite crée des situations de pouvoirs économiques qui sont soupçonnés d'être prolongés dans le domaine politique. Il convient donc d'étudier les interactions entre les différents mécanismes de décisions collectives. La concurrence imparfaite implique également un prix plus élevé sur le marché qu'en concurrence parfaite, et que le même résultat est obtenu par des techniques d'internalisation des effets externes, ce qui nous oblige de discuter soigneusement les possibilités et les limites de toute politique de protection de l'environnement. Enfin la hausse de prix, quelle qu'en soit en définitive la raison, crée un effet d'exclusion : une quantité moindre de biens est à la disposition du consommateur. Cet effet d'exclusion, provoqué par la variation des prix, s'oppose au principe d'équité créant ainsi un problème de distribution des revenus qui se trouve renforcé sur le plan mondial entre pays industrialisés et pays en voie de développement.

QUESTIONS

1. Quels sont les échecs de marchés les plus fondamentaux ?

2. Comment définissez-vous le lien entre l'efficacité économique et l'équité sociale ?

3. Dans quelle mesure l'observation d'échecs de marché justifie-t-elle une intervention de l'État dans l'économie ?

4. Pourquoi les situations de concurrence imparfaite sont-elles analysées comme des échecs de marché ?

5. Pourquoi l'environnement est-il considéré comme une externalité au marché ?

6. Comment peut-on mesurer statistiquement les inégalités sociales en termes économiques ?

POUR EN SAVOIR PLUS :

Akerlof G.A. (1970), « The Market for Lemons : Quality Uncertainty and the Market Mechanism », *Quarterly Journal of Economics,* vol. 89.

Bergougnoux J., directeur (2000), *Services publics en réseaux : perspectives de concurrence et nouvelles régulations*, Paris : La Documentation française.

Lipsey R.G. et K. Lancaster (1956), « On the General Theory of the Second Best », *Review of Economics Studies*, n° 1.

Marceau N., Pestieau P. et F. Vaillancourt (2000), *Économie publique*, Paris : Economica.

CHAPITRE XVI

MÉCANISMES DE DÉCISIONS COLLECTIVES

Les citoyens doivent se mettre d'accord sur une règle délimitant les sphères privée et publique. La recherche d'un tel consensus implique des coûts et se sert de différents mécanismes de décisions collectives.

16.1. Les coûts du consensus

Deux types de coûts sont à prendre en considération. Il s'agit d'une part d'un coût d'exclusion individuel et d'autre part d'un coût de négociation.

16.1.1. *Le coût d'exclusion*

Ce coût se manifeste chaque fois que la société prend une décision qui ne tient pas compte de l'intérêt d'un individu ou d'un groupe. Plus une société décide autoritairement, ne tenant pas compte de l'avis des personnes concernées, plus ce coût sera élevé. Il diminue en fonction d'une application stricte des règles de consensus. Lorsque, par exemple, une majorité de 3/4 des citoyens est exigée, ce coût est moindre que dans le cas où des décisions se prennent à majorité simple.

Nous pouvons donc illustrer l'évolution de ce coût (C_e) comme une fonction décroissante du consensus obtenu :

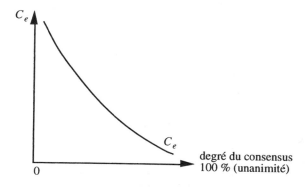

16.1.2. Le coût de négociation

Au fur et à mesure que la société cherche un consensus, elle doit tenir compte de nombreux intérêts particuliers, souvent antagonistes. La recherche de consensus s'accompagne donc d'un processus de négociation qui cherche à réconcilier les intérêts divergents. Ce processus implique un coût (C_n) qui augmente en fonction du degré de consensus recherché. À nouveau, il est possible de l'illustrer sous forme d'un graphique :

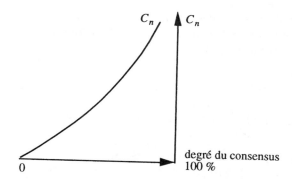

16.1.3. Le consensus social optimal

En juxtaposant les deux graphiques précédents tout en additionnant les deux types de coût en un seul coût total (*Ct*) du consensus, il est possible de déterminer le minimum de ce coût total :

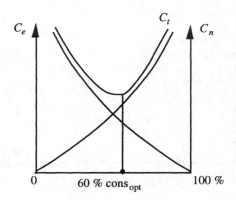

Le consensus optimal (dans le graphique ci-dessus, il correspond à 60 % des citoyens) se situe au minimum du coût total.

Voici quelques facteurs susceptibles d'expliquer une hausse du coût total :

Sur le plan économique :
— des rigidités de prix et des structures cartellisées.

Sur le plan politique :
— l'organisation sociale en clans et groupes d'intérêt,
— l'émergence de nouveaux problèmes diminuant la représentativité des groupes d'intérêt établis.

Sur le plan social :
— le manque de cohésion sociale lui-même provoqué par une mobilité accrue,
— un degré d'éducation plus élevé et des exigences accrues en matière d'information.

Afin de répondre à la question comment la société détermine le consensus optimal (consopt), il faut connaître les mécanismes de décisions collectives.

16.2. Mécanismes de décisions collectives

Nous passerons en revue trois mécanismes de décisions :
— le marché,
— la démocratie,
— les administrations publiques.

Nous discuterons d'abord leurs avantages et illustrerons leurs inconvénients majeurs à l'aide de la politique de protection de l'environnement.

16.2.1. Avantages des différents mécanismes

Dans la partie introductive de ce livre (1.1.1), nous avons insisté sur les aspects positifs et normatifs de l'économie politique qui rend l'économie de marché indissociable de la démocratie. L'une ne va pas sans l'autre.

Les avantages de l'économie de marché ont été mis en évidence tout au long de ce livre. Cela apparaissait clairement dans le chapitre VIII concernant la représentation partielle de l'économie et le chapitre XI concernant l'équilibre général. Basé sur la liberté d'action individuelle, le marché assure un comportement optimal du consommateur et du producteur et garantit la meilleure allocation des ressources. Ce mécanisme économique est assuré par la flexibilité du prix et débouche sur une politique de la concurrence.

Les avantages de la démocratie résident dans le fait que ce mécanisme de décisions collectives stipule une règle de majorité simple basée sur le principe que chaque personne a une voix, principe qui jouit d'une grande légitimité, facile à comprendre et à appliquer. Remarquons que ce principe n'est pas respecté dans les mécanismes du marché où les « voix » des acteurs se trouvent pondérées par leurs niveaux de revenus et de fortunes. Cependant, dans tout processus de décisions se trouve une place à la négociation qui a tendance à s'accroître. En effet, l'influence des groupes d'intérêt dans le processus politique est grande.

Les avantages des administrations publiques. Dans de vastes secteurs de la société, les décisions collectives sont prises par une procédure hiérarchisée et formalisée dans laquelle les administrations publiques jouent un rôle important. Elles symbolisent l'État et l'intérêt général. Il faut donc au niveau du consensus fondamental veiller à ce que les administrations publiques soient elles-mêmes soumises aux contrôles publics.

16.2.2. Les échecs des mécanismes de décisions collectives

Nous discuterons les échecs constatés dans les mécanismes de décisions collectives à l'aide de la politique de protection de l'environnement. Nous renouons donc avec le chapitre précédent réservé aux seuls échecs du marché. Or, le fait que le marché n'est qu'un mécanisme de décision parmi d'autres place la politique de la protection de l'environnement sur plusieurs plans formés non seulement par la sphère économique, mais également par les sphères politiques et administratives. De ce fait, elle est également tributaire des échecs constatés dans chacune des sphères. Elle doit donc s'accommoder de différents mécanismes de décisions collectives qui peuvent se compléter, s'opposer ou se cumuler. La mise en place d'une politique de protection de l'environnement devient un processus de décision beaucoup plus normatif que la théorie économique sur l'internalisation des effets externes ne l'admet.

Le tableau suivant met en parallèle les différents défauts inhérents à chaque mécanisme de décisions collectives. La sphère économique y est représentée par le marché, la sphère politique par la démocratie et l'État est pris en compte par ses fonctions administratives.

Ce tableau indique en colonne les principaux échecs constatés dans les mécanismes de décisions collectives en omettant cependant les décisions collectives prises par des groupes d'intérêts tels que des organisations faîtières et des associations professionnelles et syndicales. Comme ces groupes opèrent simultanément dans les trois créneaux mentionnés, il ne nous est pas apparu nécessaire de leur conférer un processus de décisions collectives séparé.

En lisant ce tableau en ligne, des liens apparaissent entre les différents mécanismes de prises de décision collectives. La première objection à l'économie de marché (1) était si forte qu'elle a alimenté un espoir dans un système économique alternatif fondé sur un centralisme planifié. C'est dire combien ce premier échec du marché a non seulement façonné l'histoire des luttes sociales dans les sociétés se réclamant de l'économie de marché mais également conduit à une désillusion sans précédent dans les pays ayant adopté le modèle de l'économie centralement planifiée. Compte tenu de cette perspective, aucune politique de protection de l'environnement qui cherche à être opérationnelle ne peut être conçue en dehors de cette référence. L'aménagement d'une telle politique reste soumise à la problématique de redistribution des revenus et des fortunes qu'un mécanisme de marché ne parvient pas à résoudre.

Principaux échecs constatés dans les mécanismes de décisions collectives

Marché	Démocratie	Administrations publiques et juridiques
Redistribution des revenus et des fortunes 1	Intensité des préférences non exprimée 2	Augmentation des dépenses publiques 3
Concurrence imparfaite 4	Résultats logiquement inconsistants (Paradoxe de Condorcet) 5	Augmentation de l'espace discrétionnaire des administrations publiques 6
Biens publics 7	Pas d'incitation de s'informer personnellement 8	Administrations en tant que biens publics 9

La variation des prix sur des marchés et des prix relatifs entre des marchés partiels (entre biens « non-polluants » et biens nocifs à l'environnement) crée des exclusions du point de vue de l'équité. Les économistes reconnaissent cet échec, mais insistent sur une séparation nette entre raisonnement positif et normatif. À l'économie d'analyser le fonctionnement de marché, à la politique de trancher les cas de justice sociale. Or, en se tournant vers le mécanisme de décision collective politique qui est la démocratie, force est de constater que le problème n'est pas résolu pour autant (2). Le principe démocratique, un homme – une voix, ne permet pas d'exprimer l'intensité des préférences. On a beau réclamer l'internalisation des effets externes, si l'on n'est pas en mesure, budgétairement parlant, d'assumer la hausse des prix consécutive. Autant chercher des alliances et des accords portant sur les reports des voix pour atteindre à cet objectif : réclamer une protection de l'environnement pour soi à charge des autres. Une des conséquences de ce paradoxe ne se manifeste pas seulement dans le fait qu'une minorité réussit à imposer démocratiquement sa volonté, mais que les problèmes de la protection de l'environnement sont souvent tranchés en faisant appel à un troisième mécanisme de décision collective qui sont les administrations publiques. Les économistes en cherchant à se débarrasser des jugements de valeur en comptant sur le mécanisme démocratique deviennent ainsi complices du renforcement de la bureaucratie publique réputée prendre des mesures non conformes au marché telles que les normes techniques.

Afin d'alléger le conflit, les dépenses publiques de l'État ont tendance à augmenter (3), témoignant, ainsi, de l'accroissement du secteur non marchand de l'économie.

La lecture de la première ligne du tableau rappelle que l'approche positive exprimée en termes économiques ne peut être séparée de l'approche normative exprimée en termes politiques. Cette séparation a un coût qui, à son tour, a des conséquences économiques. L'accroissement des dépenses publiques se présente ainsi comme une conséquence logique d'une séparation de la sphère économique de la sphère politique.

En lisant la deuxième ligne du tableau ci-dessus, il apparaît que le fonctionnement d'une économie de marché, modifiée par des mesures incitatives afin de protéger l'environnement, repose sur un certain nombre d'hypothèses parmi lesquelles se trouvent un nombre élevé de participants à l'échange seuls garants de la concurrence comme mécanisme allocatif efficace (4). Or, l'existence de nombreuses situations de concurrence imparfaite a conduit à la reconnaissance de ce deuxième échec de marché. L'absence de concurrence empêche dès lors que des mesures incitatives perdent leur efficacité. Le modèle de l'oligopole concurrentiel dégageant un prix de trêve reste dans certaines limites insensible à ce type de mesures. Autant de situations justifiant des réglementations techniques de la protection de l'environnement autant de situations imitant dans le domaine démocratique des jeux stratégiques (5) contribuent donc à augmenter l'espace discrétionnaire des administrations publiques (6) chargées d'appliquer et de surveiller les réglementations.

La troisième ligne enfin rappelle que la sphère économique n'est pas seulement caractérisée par la flexibilité des prix, mais également par un secteur non marchand important. Dans l'optique de la théorie économique, il s'agit de biens publics dont les prix ne peuvent être déterminés sur un marché (7). L'environnement naturel en fait partie bien qu'il ait sa valeur intrinsèque et jouit de ce fait d'un statut particulier. En le considérant comme externe au marché, on entre dans une logique qui s'inscrit dans un schéma devenu classique. Un antagonisme entre marché et environnement d'une part et entre économie et État d'autre part. Dès lors, on ne confère une valeur économique à l'environnement qu'au moment de son internalisation dans le marché.

La nature de l'environnement en tant que bien public a encore une autre conséquence. Il y a dissociation entre coût collectif et bénéfice individuel. L'intervention de l'État trouve ici sa justification. Comme personne ne trouve intérêt à prendre en charge les coûts externes, l'État doit s'en charger afin de pallier ce troisième type d'échec du marché. Ce manque d'incitation individuelle se retrouve également dans le mécanisme démocratique des prises de décisions collectives. Comme les votes cherchent à capter les grands courants de fonds qui traversent la société, un vote pris isolément n'a pas de signification. De ce fait, les votants pris individuellement ne sont pas tenus de s'informer (8). Dès qu'ils supposent que leurs voix ne sont pas décisives, ils sont tentés de voter en méconnaissance de cause. Les préférences collectives face à la pollution ne peuvent donc s'exprimer correctement ce qui a deux conséquences importantes.

La première est la pratique de propagande politique qui cherche à exploiter ce manque d'information. La transparence – condition essentielle dans tout mécanisme de décision collective – se trouve limitée. Ajoutons à ce phénomène une incertitude réelle dans nos connaissances scientifiques quant aux interactions écologiques complexes et nous sommes confrontés à un manque d'information pertinent des électeurs. Faute d'incitation à vérifier les informations diffusées dans le domaine de la sauvegarde du milieu vital, les résultats issus de votes démocratiques peuvent être biaisés.

La deuxième conséquence porte sur la nature même de l'organisation sociale. Si, par manque d'information, la rationalité économique se trouve limitée, les marchés ne peuvent fonctionner optimalement. Les acteurs limités dans leur compétence cherchent donc à se soustraire d'un mécanisme concurrentiel pour se protéger par de nombreuses coalitions entre différents groupes d'intérêts. Les intérêts individuels ne s'expriment pas par le marché, mais par un réseau hautement organisé qui sont devenus nos sociétés.

Le mécanisme administratif des prises de décisions collectives tire profit de ce manque de transparence pour justifier à nouveau l'accroissement de son propre pouvoir discrétionnaire. Mais, à son tour, il subit les mêmes influences. En effet, les administrations en tant que services publics (9) ont les mêmes caractéristiques qui ont conduit précédemment à un échec de marché. Par conséquent, l'administration publique elle-même est soumise au jeu de coalition et de conflit des groupes de pression en présence et fait donc partie intégrante du réseau organisationnel de notre société. Dans le domaine de la politique de la protection de l'environnement, par les règles qu'elles édictent, les administrations publiques ont donc tendance à perdre leur rôle indépendant et symbolique d'incarner l'intérêt général, pour refléter les échecs constatés dans les autres mécanismes de décisions collectives.

Le mécanisme de décision démocratique obéit donc souvent à une logique différente de celle qui régit le mécanisme de la flexibilité des prix. Par son aspect normatif, l'organisation sociale favorise davantage les tentatives de manipulations que celles d'un mécanisme de marché. Il est cependant illusoire de vouloir déterminer l'importance relative des deux mécanismes de décisions collectives. La question n'est pas de savoir si le mécanisme de la flexibilité des prix doit l'emporter sur celui de la décision démocratique ou l'inverse, mais d'appliquer des politiques de protection de l'environnement sur les deux terrains. Seul l'économiste qui tient explicitement compte de ces deux aspects peut d'ailleurs émettre des recommandations politiques opérationnelles.

En posant le problème de la politique dans ces termes, il s'ensuit que la recherche de consensus devient plus coûteuse et le gouvernement a tendance à favoriser les groupes de pression établis. Cependant, des coalitions éprouvées sur le plan de la politique économique doivent de plus en plus s'accommoder de la présence de nouveaux groupes de pression qui ne sont pas encore institutionnalisés. Ces coalitions établies servent de catalyseur à une opinion publique souvent mal perçue par le gouvernement et l'aident à guider son action. Par la même occasion, le gouvernement peut compter sur ces coalitions pour faire passer l'information notamment lorsqu'il s'agit de populariser des mesures. Face à l'émergence de nouveaux groupes parfois éphémères, le gouvernement est déconcerté. Il se trouve privé de guide et de relais dans sa politique aussi longtemps que ces groupes n'ont pas trouvé une assise institutionnelle. Il est donc tenté d'entourer ses décisions de précautions supplémentaires : il multiplie les expertises et cherche refuge dans des études d'impact sur l'environnement. La fuite devant la discussion des valeurs conduit finalement à une approche de plus en plus procédurière et administrative de la protection de l'environnement.

16.3. Conclusion

Le système de valeur sur lequel les actions publiques s'appuient mérite d'être clairement explicité. Cette référence nous interpelle sur l'idée que la société se fait de l'État et nous ramène à la distinction profonde entre intérêt général et intérêt particulier d'une part et entre sphère publique et sphère privée d'autre part. La délimitation de ses sphères reste la tâche essentielle de la politique au sens original du terme, sans laquelle il ne peut avoir éclosion de libertés individuelles. Elle est fondamentalement du ressort d'une approche interdisciplinaire des problèmes de société. Elle est à l'origine du concept du développement durable.

QUESTIONS

1) Quelles différences faites-vous entre échecs de marché et échec de la politique ?

2) Dans quelle mesure le coût du consensus pèse-t-il dans les mécanismes de décision collective ?

3) Quelle fonction peut-on attribuer à la bureaucratie dans les mécanismes de décision collective ?

POUR EN SAVOIR PLUS

Arrow K.J. (1970), *Social Choice and Individual Values*, Yale University Press, 2e édition.

Buchanan J.M., Tullock G., Rowley Ch. K. (2004), *The calculus of consent*, Liberty Fund.

Downs A. (1997), *An Economic Theory of Democracy*, Addison – Wesley.

CHAPITRE XVII

LE DÉVELOPPEMENT DURABLE

Jusqu'à présent, nous avons suivi l'analyse économique orientée vers l'objectif de la croissance. Cet objectif subit une lente transformation vers le développement durable qui nous invite à analyser l'économie à plusieurs dimensions. Le défi environnemental rend nécessaire une approche interdisciplinaire, réunissant les dimensions économique, sociale et écologique dans une représentation complexe.

Le malaise d'une approche exclusivement économique des phénomènes environnementaux et sociaux est ancien, même si des économistes qui ont contribué à la science économique dominante ont complété leurs études d'économie par des réflexions environnementales. Les différentes écoles de pensée hétérodoxes ont également insisté sur l'interdépendance entre les dimensions économique, écologique et sociale. Ces dimensions font partie intégrante de la définition du développement durable dont le trait commun est la responsabilité intergénérationnelle.

Par la suite, nous illustrons la nécessité d'une approche interdisciplinaire en montrant comment la science économique a cherché à traiter l'environnement. Nous conclurons ensuite ce chapitre en tenant compte des valeurs et des normes sociales nouvelles dans l'analyse de l'économie.

17.1. La science économique face au développement durable

La science économique contribue à rendre le concept du développement durable opérationnel. Il comprend l'économie non pas comme une science exacte, mais comme une science sociale. Les normes et les valeurs qui sont souvent déterminées dans le domaine politique en font explicitement partie. La dénomination de la science économique en « économie politique » est fort ancienne et profondément enracinée dans les traditions européennes de la pensée économique. Cette approche aborde la science économique sous une double facette : L'aspect positif est indissociable de celui qui est normatif. « Au monde politique à fixer les objectifs, aux économistes de montrer comment ces objectifs peuvent être atteints au mieux. » Cette devise distingue clairement les objectifs des instruments. Or, l'interaction entre moyens et fins est permanente. Les valeurs et les normes sont en train de changer et font de plus en plus référence au concept de développement durable.

17.1.1. Le concept

Ce concept est issu d'un long processus de réflexion lors des négociations internationales menées au sein de l'ONU. Il est en train de devenir une référence incontournable dans les débats publics sur la finalité de toute activité humaine. La Commission mondiale sur l'Environnement et le développement a défini le développement durable dans son rapport de 1987 comme suit :

> « Un processus de changement par lequel l'exploitation des ressources, l'orientation des investissements, des changements techniques et institutionnels se trouvent en harmonie et renforcent le potentiel actuel et futur de satisfaction des besoins des hommes. »

La généralité de cette définition confie à ce concept un caractère universel, mais sa signification varie considérablement des pays développés aux pays en voie de développement. Il ne surprend donc guère que d'autres définitions ont été proposées et de nombreuses interprétations nourrissent des controverses que le concept de développement durable suscite. Ce concept reste donc très flou et ne se clarifie que par l'action politique qui cherche à le rendre opérationnel.

La formulation du concept du développement durable est un compromis entre différents points de vue dont les plus courants sont :

• Économie pure

Les problèmes environnementaux peuvent être résolus par le progrès technique dans un contexte de marchés concurrentiels. Tout problème lié au milieu naturel, comme l'épuisement des ressources naturelles et les déchets, modifie à terme les prix relatifs formés sur des marchés. Ce signal de prix incite les acteurs économiques à modifier leur comportement. Les producteurs adoptent de nouvelles technologies. Les consommateurs modifient leurs achats en fonction du changement des prix relatifs. La conséquence pour la politique économique est simple : Face aux problèmes liés à la dégradation de l'environnement, il suffit de faire confiance au marché.

• Économie de l'environnement

Les problèmes environnementaux peuvent certes être résolus par le marché, mais il convient d'apporter des correctifs à son fonctionnement. Ce point de vue s'inscrit dans la même logique que la précédente, mais admet des défaillances du marché qu'il faut corriger. Le milieu naturel est considéré comme externe au fonctionnement des marchés. Afin de l'aborder dans l'optique économique, l'État doit intervenir d'une manière incitative. La conséquence pour la politique économique consiste dans la promotion d'instruments conformes aux marchés comme les taxes environnementales et des droits de propriété dans de nouveaux domaines environnementaux comme la flore et la faune.

• Économie écologique

L'environnement a rang de priorité et détermine les activités économiques. La science économique doit intégrer des contraintes naturelles dans son raisonnement. Le fonctionnement des marchés est considéré comme externe au milieu naturel et apparaît comme socialement construit. Au lieu de réduire la complexité économique à des modèles de causalité simple, il faut promouvoir la compréhension de cette complexité en abordant les problèmes environnementaux à plusieurs dimensions. La conséquence pour la politique économique est de miser sur une combinaison de plusieurs instruments afin de donner corps à une stratégie globale. La référence à des mesures statistiques de croissance économique doit être remplacée par des indicateurs de développement durable.

Ces différents points de vue montrent le potentiel de conflits inhérent au concept du développement durable. Ces conflits sont forcément portés sur la place publique et influencent le débat politique. Ils affectent aujourd'hui pratiquement tous les thèmes portant sur la mondialisation, sur la croissance économique et sur le développement. Cependant, l'attention portée à ces conflits fait oublier qu'il y a convergence de vue dans l'interprétation du concept du développement durable. Cette convergence porte pour l'essentiel sur les points suivants :

Un premier point de convergence porte sur une affirmation forte : Il ne peut y avoir protection de la nature efficace sans réduire significativement les inégalités sociales dans le monde.

Un deuxième fait référence à la responsabilité de notre génération envers des générations futures. La mise en évidence d'une éthique inter-générationnelle est pour beaucoup le trait caractéristique majeur du concept du développement durable. Dans cette optique, le principe de précaution devrait guider les activités humaines.

En effet, ses dimensions économique, écologique et sociale se trouvent intimement liées entre elles. La nature de cette interdépendance fait l'objet de beaucoup de représentations formelles. Une tendance vers des analyses multicritères et transdisciplinaires peut être observée.

La transdisciplinarité désigne un processus qui traverse les différentes disciplines pour les prolonger et les impliquer dans un processus politique. Il s'agit donc de mener des analyses scientifiques en collaboration avec plusieurs disciplines certes, mais en y intégrant une approche participative des acteurs concernés par ces analyses. Pour utiliser une formule raccourcie : les différentes sciences ne se pratiquent pas pour mais avec la société civile. Cette idée participative se trouve exprimée d'une manière explicite dans l'agenda 21 proposé lors de la grande conférence internationale à Rio de Janeiro en 1992. Cet agenda esquisse un programme d'action montrant comment le concept du développement durable peut être rendu opérationnel au niveau local, notamment dans le milieu urbain qui se trouve peut-être le plus exposé à la pollution dont les sources se trouvent à proximité.

L'idée participative est donc importante pour éviter que le concept du développement durable soit du seul domaine des experts, mais qu'il contribue à une prise de conscience de tous les acteurs des problèmes de l'environnement. Mais reprenons les différentes approches pour comprendre un peu mieux cette évolution théorique.

Un troisième conclut sur une interdépendance entre trois dimensions du développement durable.

17.1.2. *Le marché face à l'environnement*

Le fonctionnement concurrentiel des marchés peut contribuer à protéger l'environnement. Le graphique suivant illustre l'importance du changement des prix relatifs entre le bien A dont la production et la consommation occasionnent une pollution relativement plus forte que le bien B. Le pétrole en tant qu'énergie d'origine fossile peut servir comme exemple pour le bien A et l'électricité produite à partir d'éoliennes fournit un exemple pour le bien B.

Dans la situation initiale, le prix relatif entre les deux biens est formé par le rapport entre P_{A_1} et P_{B_1}. Puisque nous avons admis implicitement par le choix de nos exemples que les deux biens sont des substituts parfaits. Ce rapport est égal à un : le prix du bien A est égal à celui du bien B.

Lors qu'un problème environnemental se concrétise, ce prix relatif initial se modifie. Prenons l'exemple d'une raréfaction croissante du

Changement des prix relatifs et sa contribution à la protection de l'environnement

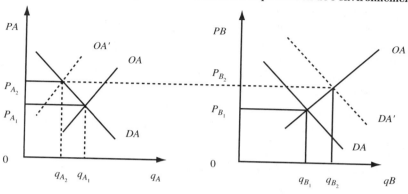

pétrole qui est une ressource non renouvelable par excellence. Nous pouvons illustrer cette rareté croissante par un mouvement contractif de l'offre sur le marché du bien A vers OA'. Le prix du bien A est maintenant supérieur à celui du bien B tant en termes absolus et relatifs.

Du fait que le bien B devient relativement meilleur marché par rapport au bien A, sa demande augmente. Nous illustrons cette conséquence par un mouvement expansif de la demande du bien B vers DB'. Le prix du bien B augmente à son tour et se situe maintenant à P_{B_2}. Dans cette nouvelle situation, le prix du bien A est à nouveau égal à celui du bien B, mais nous observons des réajustements des marchés qui vont dans le sens d'une meilleure protection de l'environnement :

Sur le marché du bien A, la quantité échangée a diminué de q_{A_1} à q_{A_2} réduisant ainsi la pollution. Sur le marché du bien B, nous observons une augmentation de la quantité échangée de q_{B_1} à q_{B_2}. La vente du bien supposé moins polluant se trouve donc stimulée.

Ce raisonnement en statique comparative montre que l'effet « signal » exercé par les prix relatifs non seulement réoriente les préférences des consommateurs du bien A vers le bien B, mais change également à terme la technologie moins polluante.

Ces effets de substitution du côté de la demande et de l'offre ne s'observent pas toujours en réalité. Après la crise du pétrole dans les années soixante-dix qui s'est manifestée par un doublement du prix du pétrole, nous observons aujourd'hui un prix du pétrole plus bas qu'avant la crise. Les explications de l'évolution du prix contraire à celle qui est souhaitable du point de vue environnemental sont multiples dont les trois principales sont :
— La lenteur d'ajustement des marchés. Une des causes de cette lenteur est liée au fait que des investissements effectués dans une tech-

nologie existante doivent d'abord être amortis avant d'être réorientés vers de nouvelles technologies.

— La concurrence imparfaite. La hausse du pétrole dans les années soixante-dix était notamment la conséquence d'une cartellisation des pays producteurs de pétrole.

— La rentabilité privée inférieure à la rentabilité publique des investissements dans les technologies non polluantes.

Dans tous ces cas, nous sommes confrontés à des échecs de marché qui justifie une intervention de l'État qui est appelé à mener une véritable politique de l'environnement.

17.1.3. *Économie de l'environnement*

Lorsque les marchés n'évoluent pas spontanément en faveur d'une meilleure protection de l'environnement, l'État a principalement trois options pour le choix des instruments de sa politique d'intervention :

Des contrôles, des régulations juridiques et des mesures de police forment un premier groupe de mesures allant de la surveillance jusqu'à l'interdiction d'activités économiques jugées nocives. Cette première option dictée par l'urgence des événements a été prioritairement appliquée dans le passé.

Des accords « volontaires » conclu entre différents acteurs économiques et l'État qui se voit ainsi attribué le double rôle de l'arbitre et de l'intermédiaire. Le rôle de l'arbitre est exercé par le fait que c'est généralement l'État qui fixe une norme à atteindre. Le rôle de l'intermédiaire est assuré par l'État qui offre son aide dans la négociation entre différents acteurs qui s'engagent ensemble de respecter un objectif de protection de l'environnement. Dans le cadre du Protocole de Kyoto par exemple, la Suisse s'engage à réduire l'émission de CO_2 de 8 % par rapport au niveau observé en 1990 et compte dans un premier temps sur les efforts de réduction volontaires. Si ces efforts s'avéreront insuffisants pour atteindre cet objectif, une taxe sur le CO_2 rentrait en vigueur selon les modalités que le Parlement est appelé à préciser à l'avenir. Ces accords sont donc souvent couplés soit avec la première option – fixation d'une norme –, soit avec la troisième qui concerne la mise en application d'une mesure incitative.

Des instruments conformes au marché corrigent les échecs de marchés tout en sauvegardant leur mécanisme d'ajustement par les prix relatifs. Ces instruments déplacent le débat de la protection de l'environnement de la réparation et de l'endiguement des dégâts déjà causés vers une approche plus prévoyante.

Ces trois approches se fondent sur des images que la société se fait de l'environnement. Ces images sont faites d'expériences, d'attentes nouvelles, des rapports des forces idéologiques et politiques en présence ainsi que la relation culturelle que l'homme entretient avec la nature.

L'économie de l'environnement aborde ces multiples images que la société se fait de la nature de deux manières. Le schéma suivant illustre les deux conceptions juridiques et morales fondamentalement différentes que la théorie économique propose pour analyser l'environnement pour être en mesure de proposer des instruments de protection de l'environnement. La première approche considère l'environnement comme un bien public rare. La deuxième le traite comme un bien économique dont les droits de propriété sont à définir. Les impôts environnementaux pour corriger les échecs des marchés existants illustrent la première approche. La création de nouveaux marchés pour des biens environnementaux sous forme d'échange de certificats d'émission en illustre la deuxième.

a) L'environnement en tant que bien public

Si l'environnement est considéré comme un bien public, il obéit aux deux traits caractéristiques suivants : le premier est sa non-rivalité. Le fait que des individus consomment un bien environnemental ne doit pas empêcher son usage pour les autres. Le deuxième trait est sa non-exclusion. L'environnement propre doit être accessible pour tout le monde. Cette non-exclusion peut avoir des raisons techniques et normatives. Certains usages de la nature ne connaissent pas de substituts technologiques comme l'air et l'eau tandis que d'autres se fondent sur des jugements de valeur. Ces derniers peuvent être illustrés par le fait que dans les pays développés, les mesures de protection de l'environnement sont plus nombreuses que dans les pays en voie de développement dont la non-exclusion à la pollution est moindre.

L'approche de l'environnement par la théorie des biens publics débouche sur une règle de l'internalisation des effets externes qui est conforme au principe du pollueur-payeur. Dans le deuxième chapitre de ce livre, nous avons analysé les effets de cette internalisation sur les prix en relation avec l'introduction d'une taxe forfaitaire. Ce raisonnement peut être facilement être mis en relation avec celui que nous avons développé ci-dessus en rappelant le fonctionnement du marché face à l'environnement. Si l'État corrige des échecs de marché par une technique d'internalisation, il déplace *OA* vers *OA'*. Ce déplacement est illustré dans le graphique précédent, mais cette fois-ci il ne s'agit plus d'un mouvement spontané, mais provoquée par une intervention de l'État suivant les trois options que nous avons mentionnées.

Deux conceptions différentes de l'environnement

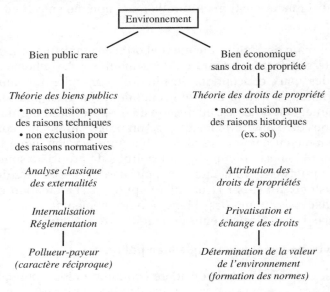

L'approche qui traite l'environnement dans le cadre de la théorie des biens publics pose cependant deux problèmes majeurs. Le premier provient du fait qu'il est parfois très difficile de clairement identifier le pollueur tellement les sources de pollution sont issues d'interactions complexes que ne connaissons pour la plupart que d'une manière incomplète.

Le deuxième problème provient du caractère réciproque de certaines actions polluantes. S'il est vrai que toute activité économique pollue, il s'agit de déterminer le niveau optimal. Dans le graphique précédent, la quantité échangée du bien *A* n'est pas nul, mais après que les changements de prix sont intervenus. Le bénéfice escompté d'une activité économique se compare donc à son coût tant économique qu'environnemental. Mais ce calcul coût-bénéfice s'applique pour n'importe quelle activité, il devient donc parfaitement arbitraire de désigner un marché plutôt qu'un autre qui doive faire l'objet d'intervention. Illustrons ce phénomène à l'aide de l'industrie des eaux minérales et son lien avec l'agriculture. Les eaux minérales sont menacées de pollution signalée notamment par un taux de nitrates élevé. Si les paysans sont désignés comme pollueurs qui doivent subir les coûts y relatifs, ils peuvent valoir que leur activité agricole est bien antérieure à l'exploitation industrielle d'une source d'eau. Dans cette optique, cette industrie n'a qu'à couvrir ses coûts environnementaux elle-même.

Ce genre de débat n'est pas facile à trancher. Selon la désignation du pollueur, les prix relatifs entre l'eau minérale et les produits agricoles sont affectés et leur changement privilégie les uns plutôt que des autres. Il en résulte des litiges qui sont finalement décidés par le juge appelé à peser les intérêts sur un terrain normatif et non pas purement économique.

La multiplication de ce type de litiges a contribué à favoriser la deuxième approche que l'économie de l'environnement propose.

b) L'environnement en tant que bien économique

Cette fois-ci, l'origine de la pollution est attribuée au manque de droits de propriété associés aux biens environnementaux. Si la nature appartient à personne et à tout le monde, personne en prend soin et une tendance à sa surexploitation existe. Cette deuxième approche se fonde donc sur le fait que le marché est avant tout un univers contractuel où s'échange moins des biens et services proprement dits, mais des titres de propriété. Dans cette optique, il suffit donc d'attribuer des droits de propriété à des biens environnementaux, de mettre en place de nouveaux marchés pour échanger les titres y relatifs et de déterminer ainsi la valeur de l'environnement par les prix qui s'y forment.

La théorie des droits de propriété se réfère souvent à la terre qui était longtemps considérée un bien accessible à tous. La non-exclusion d'usage de la terre s'observait dans de nombreuses activités comme la cueillette de fruits sauvages ou encore la chasse. Ce n'est qu'en 1815 qu'un premier acte juridique (« enclosure act ») en Angleterre en a limité l'usage par un droit de clôturer des terrains, ce qui introduisait un droit de propriété de la terre clairement défini. Des marchés de terrains pouvaient dès lors être organisés. L'extension de cette expérience historique concerne des domaines du bruit, de la faune et de la flore, notamment en relation avec la protection de la biodiversité. L'instrument principal qui en résulte est l'échange de certificats d'émissions polluantes notamment en relation avec les changements climatiques. Le protocole de Kyoto prévoit d'ailleurs cet instrument pour baisser le CO_2 sur le plan international.

L'approche de l'environnement en tant que bien économique soulève également des problèmes dont nous citons les deux principaux. Le premier a trait à la conception morale sou jacente. Le deuxième est lié à la création de nouveaux marchés et leur fonctionnement.

Dans l'optique des droits de propriété, il ne s'agit plus de punir le pollueur en lui infligeant un payement, mais d'accepter la pollution comme un fait reconnu. L'échange de certificats d'émission confère ainsi un droit implicite à la pollution que l'instrument ne cherche pas à sanctionner, mais à réduire. L'attribution des droits de propriété situe la régulation dans l'aménagement institutionnel de nouveaux marchés et non pas dans la correction des marchés existants et la référence privée a des implications normatives et juridiques certaines par rapport à l'approche par des biens publics. Ce n'est donc pas un hasard que les certificats d'émission sont des instruments privilégiés aux États-Unis, tandis que l'Europe continue à favoriser les instruments basés sur la théorie des biens publics. Les conceptions juridiques ne sont décidément pas les mêmes et nous ne pouvons que conclure sur les avantages et les inconvénients des différents instruments que l'économie de l'environnement analyse.

17.1.4. *Avantages et inconvénients des instruments de la politique de l'environnement*

Dans le tableau suivant, nous simplifions la comparaison des différents instruments en nous référant qu'à deux catégories. Nous opposons les contrôles directs aux instruments incitatifs. Nous comparons donc la première avec la troisième option de l'État pour formuler une politique de l'environnement.

Cette simplification se justifie à la fois par le fait que la deuxième option concernant les accords « volontaires » se trouve à cheval entre ces deux options et que les certificats d'émission malgré les différences conceptuelles certaines font partie intégrante des instruments conformes au marché.

Instruments de la politique de l'environnement : Avantages et Inconvénients

	Avantages	Inconvénients
Contrôles directs Règlements Obligations technologiques Interdiction, amendes	Réparation ou endiguement des dégâts Applicabilité Expériences pratiques Logique politique n° 1	Prix relatifs inchangés Bureaucratie Arbitraire n° 2
Instruments incitatifs Impôts, subventions Certificats d'émission à négocier Dépôts Droits de propriété	Prévention Liberté de choix Information condensée de variations de prix Démonstration théorique Logique économique n° 3	Problème d'équité Évaluation empirique Impraticable en cas de catastrophe n° 4

Le casier n° 1 mentionne les avantages des contrôles directs qui étaient les premières mesures adoptées pour lutter contre la pollution. Nous les pratiquons donc depuis un certain temps déjà et avons pu tester leur application. Souvent, ils ont obéi à une logique politique qui consiste à mettre des mesures en place au moment qu'un problème a été identifié. La manifestation de la souveraineté de l'État et l'appel à des solutions technologiques administrées en sont la conséquence. Au fur et à mesure que ce dispositif a été mis en place, ses inconvénients devenaient également visibles.

Le casier n° 2 rappelle les principaux défauts des contrôles directs. Du point de vue de la théorie économique, le traitement non différencié de tous les acteurs économiques est décisif pour rejeter ces contrôles directs comme mesures exclusives. Une entreprise n'y trouve aucune stimulation pour aller au-delà des normes prescrites par exemple. Les prix relatifs restent inchangés et ne peuvent contribuer à modifier les fonctions de production et de consommation par le progrès technique et respectivement par le changement des préférences. Enfin, ces mesures impliquent des instances de surveillance et de sanction entraînant des coûts administratifs souvent élevés. L'expérience concrète de ces défauts a conduit à favoriser les mesures incitatives.

Le casier n° 3 liste leurs principaux avantages qui sont surtout visibles par une approche plus préventive des problèmes environnementaux. Les instruments incitatifs préservent la liberté de choix des acteurs économiques et utilisent l'effet « signal » exercé par la variation des prix. Ils ont la logique économique pour eux et s'appuient sur une démonstration théorique cohérente. Ces nombreux attraits doivent être également évalués en relation avec leurs défauts qui apparaîtront au fur et à mesure que ces instruments sont vraiment utilisés à large échelle.

Le casier n° 4 regroupe trois défauts principaux des instruments incitatifs. En misant sur la variation des prix relatifs, ils renforcent l'effet exclusion exercé par les prix. Ils renforcent donc les problèmes d'équités lorsqu'ils conduisent à une hausse des prix de l'essence par exemple. Le montant d'une taxe écologique sur l'essence est d'ailleurs très difficile de déterminer, car l'évaluation du coût social de la pollution reste sujette à controverses. Que finalement les instruments ne sont pas praticables en cas d'une catastrophe environnementale ou seules des mesures de polices urgentes s'imposent, ne fait que souligner leur caractère préventif.

Cette discussion montre qu'aucun instrument qui cherche à internaliser les effets externes de la pollution dans le fonctionnement habituel des marchés n'est parfait. Il s'agit donc de chercher de cas en cas la combinaison optimale des plusieurs instruments.

L'intervention de l'État dans l'économie de marché est à nouveau justifiée et peut donc s'exercer fondamentalement de la manière suivante :

— *par les contrôles directs*

Un certain taux d'émission d'agents polluants est fixé (phosphate dans l'eau, gaz d'échappement des voitures, etc.). Ce principe implique une recherche des fautifs et a un effet punitif.

— *par les mesures conformes au marché*

L'activité polluante des entreprises est soumise à une taxe. Ce principe est plus facile à appliquer à condition de pouvoir mesurer la pollution. Il exerce un effet coercitif.

Une politique de l'environnement efficace vise la combinaison optimale de plusieurs instruments à la fois et comprend le marché régulé pour les besoins de la protection de l'environnement comme socialement construit.

17.1.5. *Économie écologique*

La signification du concept de développement durable réside dans l'interaction des dimensions économiques, sociales et environnementales. Elle condamne donc une approche par une seule discipline et réclame une analyse de la complexité au lieu d'études de causalité simples et se concentre sur un changement d'objectifs dans l'expression de la qualité de vie. Dans ce sens, l'objectif de la croissance s'érode. Les étapes de raisonnement suivantes y ont contribué :

Première étape : analyse coûts-bénéfice

Deuxième étape : analyse multicritères

Troisième étape : études d'impact avec des éléments participatifs.

Ces différentes étapes montrent à quel point il est difficile de mener empiriquement des études qui comparent les coûts et les bénéfices des décisions économiques en relation avec la protection de l'environnement. Ni les coûts, ni les bénéfices sont clairement identifiables. Si qui peut avoir un coût économique, peut être un bénéfice pour l'environnement par exemple. Cette difficulté a conduit dans une deuxième étape à privilégier des analyses multicritères qui souffrent d'un autre défaut. Puisque plusieurs critères interviennent dans une décision, comment faut-il les pondérer sachant que certains critères peuvent avoir une signification tout à fait différente à partir d'un certain seuil d'émission ou en relation avec certains autres critères seulement ? En outre, certaines variables peuvent avoir des effets cumulatifs et permanents qui ne se manifestent qu'à très long terme.

Il était donc impératif de déterminer la pondération des critères par voie participative. Le développement durable favorise une telle voie. Comme il reste un concept flou, il faut initier un processus d'apprentissage qui mise d'avantage sur la collaboration sociale que sur la concurrence économique.

Cette exigence s'impose d'autant plus que la signification du concept de développement durable varie considérablement des pays développés aux pays en voie de développement. Or, si l'environnement est soumis à la même représentation théorique que les pratiques économiques consécutives à la révolution industrielle, elle n'est abordée que dans l'optique des marchés concurrentiels ayant un caractère universel. La formation des valeurs environnementales ne se fait qu'en termes monétaires.

Le développement durable rend nécessaire de tenir également compte de valeurs non monétaires. Il ranime donc un vieux débat sur la formation de la valeur que la science économique a cru avoir résolu par le marché obéissant à des critères objectifs et monétaires. Définir la valeur sans faire appel à un jugement normatif s'avère voué à l'échec. Le reproche au concept de développement durable est de taille : il aurait un contenu idéologique : la prédominance de l'économie sur toute autre considération, notamment écologique et éthique. La théorie néo-classique n'offrait qu'une justification de l'autonomie de la production par rapport au tout social : la discussion sur le sens de nos actions resterait soumise aux seuls impératifs économiques. Sous prétexte de défendre la liberté individuelle – la théorie économique codifierait l'aliénation de nos sociétés aux seules exigences économiques. Une approche interdisciplinaire, socio-économique, rend attentif à un tel danger.

17.2   Vers un concept élargi de l'économie

Le tableau suivant résume les principales objections à une interprétation exclusivement économique du développement durable.

Concept élargi de l'économie
a) Reconnaissance explicite d'échecs de marché et d'interdépendance des aspects normatifs et positifs en économie.
b) Élaboration d'une théorie du pouvoir et d'une définition de l'État.
c) Élaboration des théories de motivation.
d) Référence explicite à l'évolution démographique.
e) Reconnaissance d'un fil historique unique et de la dimension temporelle.
f) Mise en évidence des situations institutionnelles spécifiques à chaque pays s'opposant à une explication théorique généralisable.
g) La diversité culturelle opposée à des valeurs occidentales considérées comme universelles.

Cette liste n'est pas exhaustive, mais elle met en évidence dans quel domaine une recherche interdisciplinaire doit compléter une approche purement économique du développement durable.

Ces différents aspects sont escamotés par une modélisation exclusivement économique qui les réduit à une somme d'ajustements marginaux individuels. De ce fait, les institutions n'ont pas leur propre indépendance. Leur rôle se trouve sous-estimé dans la mesure où l'interdépendance entre institution et comportement humain est niée conférant aux structures sociales un caractère immuable.

17.2.1. *Approches interdisciplinaires*

L'origine du renouveau d'intérêt pour une approche élargie, est liée aux problèmes économiques croissants des pays en voie de développement. Afin de doter ces pays d'instruments leur permettant de se développer, l'économie a été mise à contribution, alors que le développement n'implique pas seulement une croissance de l'activité économique proprement dite mais également un changement social et une mutation culturelle.

La théorie économique réduit ces aspects à un problème d'optimalisation sous contrainte. Pour elle, une contrainte particulièrement pesante est la capacité d'investissement. Comme la source principale de l'épargne nationale est généralement vite tarie, une contrainte s'exerce également sur les conditions de transfert de l'épargne étrangère vers les pays en voie de développement.

Or, ce transfert est compromis par des déséquilibres externes qui se manifestent par l'étendue de l'endettement international.

Les programmes d'aide internationale, qui s'appuient sur la théorie économique dominante, cherchent à faciliter les mécanismes d'ajustement externes et à renforcer le lien entre l'épargne et l'investissement sur le plan international. Cette théorie ne réussit pas à tenir compte de l'évidence selon laquelle un pays pauvre manifeste un besoin et un pays riche une capacité de financement.

Cependant, le véritable problème du développement n'est pas le transfert d'épargne insuffisant sur le plan international, mais le choc culturel qui l'accompagne. Or, ce sont des approches socio-économiques, qui rappellent les données d'un tel affrontement. Toutefois, elles soulèvent des problèmes méthodologiques redoutables, qui ont ravivé l'opposition entre l'approche néo-classique et l'approche socio-économique.

Pour étudier le fonctionnement de l'économie, l'approche néoclassique simplifie. Cette simplification permet de mettre de l'ordre dans l'observation des faits sociaux. Elle clarifie ainsi l'analyse. Une approche plus globale est forcément plus descriptive, mais a une vertu didactique unique : elle sensibilise le chercheur en économie au débat des valeurs.

17.2.2. Les normes sous-jacentes au marché

Le rappel de quelques étapes dans l'évolution de pensée économique a servi de mise en garde contre une application de la théorie économique qui risque de perpétuer un système de valeurs auquel on voulait justement se soustraire par une analyse rigoureuse. Vouloir réduire l'influence des jugements de valeur apparaît aussi idéologique que l'élaboration de modèles théoriques.

Nous connaissons depuis le chapitre XIV les échecs de marché. Ils se trouvent amplifiés dans les pays en voie de développement dont les inégalités de revenus et de fortunes sont une des principales caractéristiques. Une approche exclusivement économique ne se soucie guère des origines de ces inégalités et risque de les perpétuer par un deuxième échec de marché, à savoir les situations de concurrence imparfaite qui permettent non seulement des rentes économiques, mais également des positions de pouvoir. La variation des prix relatifs entre biens « non-polluants » et biens nocifs à l'environnement crée un effet d'exclusion du côté de la demande qui est choquant du point de vue de l'équité. C'est certainement une des raisons pour lesquelles les objectifs si clairement mis en évidence par la théorie néo-classique continuent à être critiqués par ceux qui réclament la couverture des besoins élémentaires comme objectif prioritaire de l'économie.

Tout en reconnaissant l'échec de marché, les économistes qui insistent sur une séparation nette entre aspects positifs et aspects normatifs de l'étude du fonctionnement de l'économie rejettent cette reformulation des objectifs économiques. Une analyse scientifique du marché s'oppose ainsi à une évaluation normative effectuée dans le domaine politique. Ce refus ne trouve sa justification que dans un modèle abstrait où des conditions « idéales » ont pu être clairement définies. La réalité offre des conditions moins idéales : toute politique de développement ne peut éviter une appréciation normative, et l'ambition de la science économique d'être une aide à la décision selon des critères objectifs s'avère elle-même être idéologique.

La discussion des valeurs a lieu en fait à tous les stades de décisions collectives. L'économie du développement ne peut être dissociée des mécanismes de décisions collectives en vigueur dans les pays concernés tant sur le plan politique que sur le plan administratif.

17.2.3. Élaboration d'une théorie du pouvoir et d'une définition de l'État

Une fois reconnu que le marché n'est qu'un mécanisme de décisions collectives parmi d'autres, il rentre forcément en conflit avec le monde politique symbolisé par l'État. Or, l'État est une entité formée de multiples objets et phénomènes ayant des implications économiques.

Des orientations théoriques cherchent d'ailleurs à tenir compte du fait que l'État en tant qu'organisation publique est complexe. Des exemples sont fournis en sciences commerciales par les théories de la décision et en sociologie par les théories des groupes de pression qui, dans sa forme la plus abstraite, définit par exemple un équilibre non pas par les mécanismes d'un marché mais par le jeu des pouvoirs et des contre-pouvoirs des groupes en conflit. La théorie des coalitions et la théorie des complexes sectoriels sont d'autres exemples de modèles sectoriels de l'État.

L'État est aussi gestionnaire de contraintes en tous genres qui l'amènent à intervenir dans l'économie : il oriente les choix individuels et collectifs, il sélectionne et/ou exclut certains acteurs ou choix, ne serait-ce que par la législation pénale. Il « assume » une partie des externalités (pollution, détérioration de l'environnement) et « règle » éventuellement par la répression certains coûts sociaux qui s'y réfèrent.

Soulignons également que l'État intervient différemment selon les périodes considérées. Le passage d'une économie de paix à une économie de guerre en fournit une illustration. Les expériences de guerre ont été probablement décisives pour notre siècle notamment en matière économique, mais cela concerne aussi la théorie keynésienne. La façon dont les économistes traitent comme des dépenses « normales » les dépenses militaires est frappante et contraste avec la position d'Adam Smith. Ces dépenses hypothèquent dans certains pays non seulement le financement des projets de développement, mais sont également source de pollution (champs de mines entre l'Iran et l'Irak par exemple).

De ce point de vue, même la théorie keynésienne, qui fait jouer un rôle plus actif à l'État ne définit pas l'interaction entre l'économie et la politique. Le maintien d'un niveau de consommation, par exemple, peut être un impératif politique ou culturel et une exigence démocratique autant qu'une politique de plein-emploi. Les émeutes provoquées par la hausse de certains prix dans les pays maghrébins illustrent bien cette interdépendance, que la théorie néo-classique occulte également. Clairement, le concept de développement durable a une connotation culturelle.

Les discontinuités historiques dans le fonctionnement de l'État jouent un rôle clef dans l'application des politiques économiques assurant un développement durable. Le blocage institutionnel observé dans de nombreux pays n'est acceptable que dans certaines circonstances, quand le coût du changement est jugé politiquement ou culturellement trop élevé par rapport au maintien du statu quo. Or, il y a des moments où l'État et ses composantes réagissent à des phénomènes ayant un effet révélateur tels que la pollution devenue trop manifeste pour être ignorée. Il n'y a pas de règle générale sauf que l'immobilisme est normalement considéré comme moins risqué et donc moins coûteux. C'est certainement la raison pour laquelle la plupart des recommandations de politiques de développement issues d'une approche économique exclusive doivent être assorties d'un avertissement. Un État corrompu ne peut remplir le rôle normatif que la théorie néo-classique abandonne habituellement à la sphère politique.

17.2.4. *Élaboration de théories de motivations*

Dès que l'on s'interroge sur l'origine des préférences, le concept de la rationalité économique qui suppose un comportement unique prêté à tous les individus est mis en doute. Or, un des principes fondamentaux d'un courant philosophique qui s'oppose à l'utilitarisme, à savoir le contrat social, insiste sur le droit à la différence assuré par un État soucieux de distribuer les droits et les devoirs d'une collectivité aussi équitablement que possible parmi ces individus. Le problème de gouvernance constaté dans de nombreux pays en voie de développement trouve son origine dans le non-respect de ce principe. La politique économique de développement issue d'un raisonnement exclusivement économique est d'emblée contrecarrée par les échecs de marché amplifiés par les difficultés d'application des politiques économiques.

Du point de vue des psychologues qui insistent sur les motivations inconscientes, les différentes étapes du développement cognitif des individus et surtout sur des déviations possibles dans des contextes sociaux différents, la motivation économique dans les pays en voie de développement ne peut être cernée par une théorie de comportement monocausal.

Des approches sociologiques vont dans le même sens. Partant d'une rationalité limitée, elles proposent des théories de l'organisation où les sociétés apparaissent non pas comme des marchés, mais comme des réseaux de groupes coalisés ou en conflit. Certaines conditions de fonctionnement de marché n'étant pas remplies, notamment l'accès non contraint à l'information, les individus protègent leurs intérêts non pas par des attitudes concurrentielles, mais par des stratégies de pouvoir exercées par des groupes sociaux.

Dans l'optique du contrat social, l'État ne parvient pas à corriger les échecs de marché. Cela a des conséquences sur les régimes juridiques, notamment sur la définition des droits de propriété dont l'absence dans certains pays cause des ravages à la nature constatés par exemple dans les forêts tropicales. La rationalité économique apparaît dès lors comme hypothèse datée culturellement. En aucun cas des modèles bâtis sur cet unique comportement ne peuvent être généralisés ni servir de support à des analyses économiques des pays en voie de développement.

17.2.5. Référence explicite à l'évolution démographique

La croissance démographique est à l'origine des problèmes environnementaux croissants. Il est dès lors tentant de préconiser son contrôle. Non seulement, la croissance économique par tête se trouverait stimulée, mais également la pollution limitée. On trouve dans le contrôle des naissances un thème majeur du développement durable : concilier les objectifs de la croissance économique avec celui de la protection de la nature.

Or, lorsque la principale ou la seule richesse sont les enfants qui assurent la descendance et la continuité d'un culte, quel sens donner au contrôle des naissances si nécessaire économiquement parlant ? Il est évident que la théorie néo-classique est totalement inopérante pour rendre compte de la diversité des systèmes familiaux et qu'on ne peut que constater l'impasse dans laquelle se trouve la théorie économique à l'échelle mondiale.

Les faits sont connus : les pays en voie de développement se caractérisent par un taux d'accroissement de 2,3 % entre 1960-1990 et représentent avec 4,98 milliards d'habitants 80 % de la population mondiale, tandis que les habitants des pays industrialisés se sont accrus à un taux de 0,8 %. Avec un taux de 2 % d'accroissement prévu pour les années à venir, la population mondiale est susceptible de doubler vers 2050. Le fait de traiter cet accroissement en termes de facteurs de production, et de n'y voir qu'un processus allocatif du travail, illustre bien l'impasse analytique dans laquelle se trouve une approche exclusivement néo-classique du développement.

Il convient de rappeler que la croissance démographique s'accompagne d'une concentration urbaine qui se mesure par le fait que la part de la population urbaine a passé de 22 % en 1960 à 37 % en 1990, ce qui bouleverse complètement la carte de densité humaine dans le monde. Cependant, les ressources ne se trouvent pas forcément mieux allouées. Des modèles de marché ne feraient que refléter des règles institutionnelles en terme de distribution de préférence ayant des conséquences sur le milieu naturel traité comme extérieur à la sphère économique. Puisque dans un modèle néo-classique on ne parvient pas à internaliser, en termes monétaires, la concentration de la population dans des centres urbains, le raisonnement reste parfaitement circulaire : l'individu connaissant le mieux ce qui est dans son intérêt se concentre en ville. Les forces provoquant son déplacement l'ont conduit à faire ce choix. Un modèle qui prend des préférences comme données peut rester muet sur leur origine.

L'inégalité se renforce avec l'évolution démographique. Dès lors, il est peu probable que la croissance de la population trouve une solution autorégulatrice dans un modèle englobant conceptuellement l'économie et l'environnement. On s'écarte donc de l'objectif visé par le concept du développement durable.

17.2.6. *L'histoire unique ?*

Une des conséquences néfastes de la bataille des méthodes entre l'école historique allemande et celle fondée par les néo-classiques est l'évacuation de l'enseignement d'histoire économique de la formation des économistes exposés au courant principal de la théorie économique souvent présentée comme la seule voie d'analyse prometteuse. Bien que le fil historique dans l'aménagement institutionnel des pays soit unique, l'effort de le transcender pour formuler une théorie généralisable quel que soit le lieu et le temps reste un objectif important dans toutes recherches en sciences sociales. Mais un tel objectif reste tributaire de l'évolution des institutions soumises à des bifurcations surprenantes. La montée fondamentaliste dans l'Islam est un phénomène qu'aucune théorie n'a prédit. De même, on ne comprend toujours pas, malgré des éclairages récents, pourquoi des civilisations articulées autour du bassin méditerranéen ayant atteint un même niveau économique au milieu du XIXe siècle ont basculé en une partie développée et en une partie relativement stagnante. Enfin, les conséquences du colonialisme sur les différents degrés du développement restent un objet de controverse. La référence à l'histoire et ses projections sur le passé s'avèrent donc être au service d'une égocentricité culturelle plutôt que valider une théorie néo-classique qui réduit toute évolution historique à une distribution de préférences données. Cette hypothèse semble se confirmer par les thèses selon lesquelles la révolution industrielle, comme modèle universel, continue à façonner nos analyses sur les causes du sous-développement, alors que le fil unique de l'histoire nous impose des limites à toute explication universelle.

17.2.7. *Le poids des institutions*

Les écoles institutionnelles ont échoué à influencer le courant principal de la théorie économique, mais elles continuent à alimenter une controverse qui est particulièrement significative pour les stratégies issues du concept du développement durable : quelle importance faut-il accorder à l'État dans la lutte contre la pollution et plus généralement dans l'économie ?

Les institutions forment les conditions-cadres aux mécanismes économiques qui se trouvent liés aux structures sociales. La théorie néo-classique considère ces mécanismes comme la résultante du comportement rationnel individuel. Elle assigne à l'État un rôle passif. Cependant, comme les mécanismes économiques – en l'occurrence le marché comme référence universelle – sont liés aux structures sociales, il appartiendrait à l'État de modifier ces structures. Un changement des institutions, si nécessaire du point de vue du développement, justifierait donc une part plus active de l'État dans le domaine économique. Quelle est la signification réelle de l'État ? Pour répondre à cette question, nous sommes donc renvoyés à la notion même de l'intérêt commun si fréquemment mis en opposition aux intérêts individuels définis en termes économiques. Peu importe que la sphère économique se manifeste par le marché international ou par des intérêts locaux organisés plus coopérativement, la soumission aux impératifs économiques de tout changement institutionnel est proclamée comme objectif prioritaire. De ce fait, les changements liés à la protection de l'environnement sont soumis à la même logique. La dimension institutionnelle nous rappelle également la spécificité de chaque pays qui s'est donné des règles explicites sous forme de lois, mais également implicites, par une pratique, qui exige une connaissance approfondie. Une politique conforme à une théorie peut avoir des effets contraires à ceux qui sont escomptés, si son application s'avère être entravée par des règles et pratiques institutionnelles inconnues ou mal comprises par l'analyste. L'acceptation politique d'une mesure fait partie du champ de la science économique et ne peut être traitée comme un phénomène exogène. La cohérence d'une théorie économique ne peut être justifiée par une déresponsabilisation de l'économiste face aux problèmes d'application des recommandations politiques qu'il émet.

17.2.8. *Diversité culturelle et relativité des valeurs*

Les institutionnalistes ont revendiqué une étude alternative et non pas complémentaire à celle issue du courant principal de la pensée économique. C'est peut-être pour cela que ce sont les modèles surtout d'essence néo-classique qui se sont imposés en évoluant vers des formes de plus en plus complexes.

La critique des institutionnalistes n'a donc pas marqué le courant principal. Elle a cependant inspiré toute une littérature socio-politique de l'économie.

Un dénominateur commun à cette littérature est l'idée que la science économique est culturellement déterminée et qu'elle est indissociable de l'histoire de la culture occidentale. Elle ne peut donc être généralisée quant à sa méthode et à sa modélisation, ni avoir une valeur universelle à laquelle aspire le modèle néo-classique. L'État interventionniste reste un instrument de changement des structures économiques et devient le critère normatif pour toute recherche économique qui suit la voie que les institutionnalistes ont tracée.

La pensée économique occidentale est étrangère, par exemple, à la culture islamique et aux cultures africaines où la production, la consommation, la maximisation des utilités n'ont le plus souvent aucun sens. Dans ces conditions, que peut être une économie politique du sous-développement, ou plus récemment du développement durable.

La relativité des valeurs ne s'observe pas seulement dans l'espace mais également dans le temps. Les mutations de valeurs que connaît non seulement l'Occident, mais également le monde islamique, sont illustrées par l'accentuation de mouvements fondamentalistes. Afin de ramener le débat sur le terrain de l'analyse, la référence à la science économique est utile.

17.3. Conclusion

Le concept de développement durable s'inscrit dans la prolongation de la théorie néo-classique et non seulement s'expose à la critique socio-économique adressée à ce courant théorique, mais doit également se référer à une éthique. Réunir sous un seul concept l'économie et l'environnement nécessite une prise de conscience des changements de valeurs sans précédent. Le développement durable doit s'accommoder d'un domaine normatif beaucoup plus important que celui admis par une approche exclusivement économique. Il a un contenu significativement différent selon que l'on se réfère aux pays développés ou au tiers-monde. Les inégalités observées entre les deux hémisphères exigent un bouleversement du système de valeurs qui nous interrogent sur le sens de nos actions. Ce sens est devant nous. À vous de le découvrir.

QUESTIONS

1) Rappelez brièvement les différents échecs de marché.

2) Pourquoi la théorie économique considère-t-elle l'environnement comme une externalité ?

3) Comparez les mesures conformes au marché aux contrôles directs.

4) Pourquoi peut-on affirmer que l'économie de marché n'assure pas forcément l'équité simultanément avec l'efficacité ?

5) Quelles conséquences principales tirez-vous du fait que le marché n'est qu'un mécanisme de décision parmi d'autres ?

6) Résumez les principaux arguments militant pour une approche interdisciplinaire des problèmes économiques.

7) Le concept de développement durable vous paraît-il réaliste ?

POUR EN SAVOIR PLUS

Buchanan J. et G. Tullock (1962), *The Calculus of Consent, Logical Foundations of Constitutional Democracy*, Ann Arbor, University of Michigan Press.

Bürgenmeier B. (2005), *Économie du développement durable*, Bruxelles, de Boeck, 3e édition.

Commission mondiale sur l'environnement et le développement (1988), *Notre avenir à tous*, Montréal, Editions du Fleuve (rapport Brundtland) traduit de l'anglais « Our common Future (1987) ».

Cline W.R. (1992), *The Economics of Global Warming*, Washington D.C., Institute for International Economics.

Field B.C. et M.K. Field (2002), *Environmental Economics, An Introduction*, Irvwin, McGraw-Hill, 3e edition.

Söderbaum P. (2000), *Environment and Development*, Londres, Earthcan.

RÉFÉRENCES BIBLIOGRAPHIQUES

Introduction et premiers concepts

Blaug M. (1999), *La pensée économique : origine et développement*, Paris, Economica, 5e édition, (traduit de *Economic Theory in Retrospect*).

Cobb C. et J.B. Cobb (Jr.) (1994), *The Green National Product*, New York, Londres, Lanham.

Mankiw N.G. (2001), *Principes de l'Économie*, Paris : Economica, (original en anglais, 3e édition en 2004).

Ministère de l'Environnement (1996), *Données économiques de l'Environnement*, Paris : Economica, 13e édition.

Office fédéral de la Statistique (2003), Monitoring du développement durable (MONET), rapport final, Neuchâtel.

Office fédéral de la Statistique (2004), *Comptes nationaux de la Suisse, Résultats et commentaires*, Neuchâtel.

Parkin M. (2005), *Economics*, Pearson Education, Addison – Wesley, Boston etc., 7e édition.

Polanyi K. (1944), *La Grande Transformation*, Paris, Éditions Gallimard (traduction française : 1983).

Samuelson P.A. et W.D. Nordhaus (2005), *Economics*, New York etc. : McGraw-Hill Book Compagny, 18e édition, (également en traduction française « Économie » chez Paris : Economica, 2005).

Stiglitz J.E. (2000), *Principes d'économie moderne*, Bruxelles, De Boeck Université, 2e édition, notamment chap. 2 « Comment raisonnent les économistes ».

Tremblay R. (1992), *Macroéconomique moderne*, Montréal, les Éditions Études Vivantes, chap. 1 : « Les marchés microéconomiques et macroéconomiques », p. 3-40.

Vaté M. (1999), *Leçons d'économie politique*, Paris, Economica, 8e édition.

1re partie : L'équilibre économique

Banque de règlements internationaux (2000), Rapports annuels.

Barro R.J. (1997), *Macroeconomics*, 5e édition, Cambridge (Mass.), The MIT Press.

Baumol W.J., Blinder A.S. et N.M. Scarth (1990), *L'Économique : Principes et politiques*, St-Laurent, Éditions Études Vivantes, 2e édition.

Blanchard O. (2000), *Macroeconomics*, Upper Saddle River N.J., Londres, Prentice Hall, 2e édition.

Deiss J. (1998), *Politique économique et sociale de la Suisse*, Fribourg, Éditions Fragnière, chap. 13 « Les cycles économiques ».

Greset J.F. (2000), *Les interdépendances économiques*, Genève, Éditions Slatkine.

Heertje A., Pieretti, P. et P. Barthélémy (2003), *Principes d'économie politique*, Paris, Bruxelles, De Boeck Université, chap. 6, « Le modèle IS-LM », 4e édition.

Heijdra B.J. et F. van der Ploeg (2002), *The Foundations of Modern Macroeconomics*, Oxford, Oxford University Press.

Kohli U. (1999), *Analyse macroéconomique*, Paris, Bruxelles, De Boeck Université, notamment Chapitre 2.

La Grandville O. de (1995), *Principes d'Économie*, dans « Macroéconomie », chap. 6, 7 et 8, Paris, Economica, tome 2.

Laidler D.E.W. (1993), *La demande de monnaie : théories et vérifications empiriques*, trad. M. Fitau, Paris, Dunod, 4e édition.

Mankiw N.G. (2001), *Principes de l'Économie*, Paris, Economica. (Original en anglais, 3e édition, 2004)

Miskin F. (2004), *The Economics of Money, Banking, and Financial Markets*, New York, Harper Collins, 7e édition.

OCDE (1977), *Pour le plein-emploi et la stabilité des prix*, Paris.

Publications de la Banque Nationale Suisse, notamment son bulletin mensuel et, pour des Séries statistiques historiques, son ouvrage paru à l'occasion de son 75e anniversaire, Zurich.

Samuelson P.A. et W.D. Nordhaus (2005), *Économie*, Paris, Economica. (Traduction française de la 18e édition en anglais)

Walsh C. (2003), *Monetary Theory and Policy*, Cambridge (Mass.), M.I.T. Press, 2e édition.

Warren Y. et B.-Z. Zilberfarb (éds) (2001), *IS-LM and Modern Macroeconomics*, Berlin, Springer.

2e partie : Le marché

Baumol W.J.et A.S. Blinder (1997), *Economics : Principles and Policy*, Forth Worth, The Dryden Press, 7e édition, 2e partie.

Besanko D.A. et R.R. Braentigam (2002), *Microeconomics : an Integrated Approach*, New York, Chichester, Wiley, chap. 6 : Inputs and Production Functions.

Caves R. et R. Jones (1981), *Économie internationale I : le commerce*, Collection U., Paris, A. Colin.

Henderson J.M. et R.E. Quandt (1993), *Microéconomie – Formulation mathématique élémentaire*, Paris, Dunod, 2e édition, chap. 2, 3 et 4.

Hirshleifer J. et D. Hirshleifer (1998), *Price Theory and Applications*, New York, Prentice-Hall, 6ᵉ édition.

Jullien B. et P. Picard (1994), *Éléments de microéconomie*, Éditions Montchrestien E.J.A., Domat économie, Paris, 2ᵉ édition, 2. *Exercices et corrigés*.

Johnson H.G. (1972), *Développement économique et commerce international*, dans « Échange international et croissance », édité par Lassudrie-Duchêne, Paris, Economica.

Jones W.R. et J.A. Scherikman (1977), « The Relevance of the Two-Sector Production Model in Trade Theory », *Journal of Political Economy*, octobre.

Kemp M.C. (2001), *International Trade and National Welfare*, Londres, Routledge.

La Grandville, O. de (1994), *Principes d'Économie*, Tome 1, Microéconomie, Paris, Economica.

Lancaster K. (1970), « The Heckscher-Ohlin Trade Model : A Geometric Treatment », dans *International Trade*, selected reading, édité par J. Bhagwati (1987), Cambridge, Mass., MIT Press, 2ᵉ édition.

Perloff J.M. (2001), *Microeconomics*, Boston, Londres, Addison-Wesley, 2ᵉ édition (guide pour l'étudiant par Whaples R. et Ch. F. Mason (2001) ; voir également « Student resource kit » par G. Sethi (2001) pour des exercices en relation avec ce manuel).

Picard P. (1994), *Éléments de microéconomie*, Éditions Montchrestien E.J.A., Domat économie, Paris, 4ᵉ édition, 1. *Théories et Applications*, notamment chapitre 6.

Stambouli M. (2005), L'économie du travail : Des théories aux pratiques, Paris, A. Colin.

Stiglitz J.E. (2005), Principles of Microeconomics, Boston, W.W. Norton, 4ᵉ édition.

Varian H.R. (1999), *Intermediate Microeconomics : a Modern Approach*, New York, Londres, Norton, 5ᵉ édition.

3ᵉ partie : Les relations internationales

Appleyard D. et A. Field (2001), *International Economics*, New York, McGraw-Hill, 4ᵉ édition.

Baldwin R. et Ch. Wyploz (2003), *Economics of European Integration*, New York, McGraw Hill.

Burda M. et Ch. Wyploz (1998), *Macroéconomie : une perspective européenne*, Bruxelles, De Boeck Université.

Dean J. (éditeur) (2001), *International Trade and the Environment*, Aldershot, Ashgate.

Kindleberger Ch. P. et P.H. Lindert (1997), *Économie internationale*, Paris, Economica, 10ᵉ édition.

Krugman P.R. et M. Obstfeld (2002), *International Economics : Theory and Policy*, Addison Wesley Publishing Company, 6ᵉ édition.

Krugman P.R. et M. Obstfeld (2005), *International Economics : Theory and Policy*, Addison Wesley, 7ᵉ édition.

Mucchielli J.-L. (2005), *Relations économiques internationales*, Paris, Hachette.

Mundell R.A. (1968), *International Economics*, New York, The Macmillan Company, chap. 16 et 18.

Rainelli M. (2003), *Le commerce international*, Paris, La Découverte.

Rodseth A. (2000), *Open Economy Macroeconomics*, Cambridge, Cambridge University Press.

4ᵉ partie : L'économie : une science sociale

Akerlof G.A. (1970), « The Market for Lemons : Quality Uncertainty and the Market Mechanism », *Quarterly Journal of Economics,* vol. 89.

Arrow K.J. (1970), *Social Choice and Individual Values*, Yale University Press, 2ᵉ édition.

Bergougnoux J., directeur (2000), *Services publics en réseaux : perspectives de concurrence et nouvelles régulations*, Paris : La Documentation française.

Buchanan J. et G. Tullock (1962), *The Calculus of Consent, Logical Foundations of Constitutional Democracy*, Ann Arbor, University of Michigan Press (2004, Liberty Fund).

Bürgenmeier B. (2005), *Économie du développement durable*, Bruxelles, de Boeck, 3ᵉ édition.

Commission mondiale sur l'environnement et le développement (1988), *Notre avenir à tous,* Montréal, Éditions du Fleuve (rapport Brundtland) traduit de l'anglais « Our common Future (1987) ».

Downs A. (1997), *An Economic Theory of Democracy*, Addison – Wesley.

Field B.C. et M.K. Field (2002), *Environmental Economics, An Introduction,* Irvwin, McGraw-Hill, 3ᵉ édition.

Lipsey R.G. et K. Lancaster (1956), « On the General Theory of the Second Best », *Review of Economics Studies*, n° 1.

Marceau N., Pestieau P. et F. Vaillancourt (2000), *Économie publique*, Paris : Economica.

Söderbaum P. (2000), *Environment and Development*, Londres, Earthcan.

5. Textes d'appoint

Echange international et croissance, les textes fondamentaux, Paris, Economica, 1972.

Economic Analysis and Policy, Background Reading for Current Issues, 4ᵉ édition, L.M. Joseph, N.C. Seeber, G.L. Bach, Englewood Cliffs, New Jersey, Prentice-Hall Inc., 1974.

Economics : a Reader, K.G. Elzinga éditeur, New York etc., Harper & Row, 1972.

Monetary Economics : Readings on Current Issues, New York, McGraw-Hill Book Company, 1071.

Readings in International Economics, Caves, R.E., J.G. Johnson édition, London, George Allen and Unwin Ltd., 1980, 4e impression.

Readings in Monetary Theory, American Economic Association, London, George Allen and Unwin Ltd., 1970.

Readings in Money, National Income and Stabilization Policy, Teigen, R.L. édition, Homewood, Illinois Richard D. Irwin Inc., 1978, 4e édition.

Readings in Price Theory, American Economic Association, London, George Allen and Unwin Ltd., 1970.

Selected Readings in Economics, C.L. Harriss, 3e édition, London etc., Prentice-Hall International Inc., 1967.

Théorie macroéconomique : textes fondamentaux, édités et traduits par Berdonèche M. et J. Teulié, Paris, Presses Universitaires de France, 1977.

6. Exercices

Diulio E. (1986), *Macroéconomique cours et problèmes*, série Schaum, 353 exercices résolus, Paris, McGraw-Hill, 9e tirage.

Flückiger Y. *et al.* (1996), *L'économie en 401 questions et 1600 réponses* : introduction à l'analyse micro- et macroéconomique, Genève, Georg.

Morgan J.M. (1983), *Study Guide et Accompany Fischer/Dornbusch, Economics*, New York etc., McGraw-Hill.

Salvatore D. (1987), *Microéconomique cours et problèmes*, série Schaum, 310 exercices résolus, Paris, McGraw-Hill, 9e triage.

7. Sources statistiques principales

Annuaire des statistiques du travail, BIT, Genève.

Annuaire statistique de la Suisse, Office fédéral de la Statistique, Zurich : Édition Neue Zürcher Zeitung.

Banque de règlements internationaux (2000), Rapports annuels.

La vie économique, rapports économiques et de statistique sociale, publiée par le Département fédéral de l'économie publique avec supplément, La situation économique, Berne.

OCDE, Paris, *Études économiques par pays, statistiques financières, indicateurs conjoncturels.*

Office fédéral de la Statistique (1981-1982), *Indicateurs sociaux pour la Suisse*, Berne.

Office fédéral de la Statistique (1989), *Comptes nationaux de la Suisse, Résultats et commentaires*, Berne.

Publications de la Banque Nationale Suisse (1981), notamment son bulletin mensuel et, pour des Séries statistiques historiques, son ouvrage paru à l'occasion de son 75e anniversaire, Zurich.

Statistiques financières internationales, Fonds monétaire international (FMI), Washington, publication mensuelle.

Yearbook of International Trade Statistics, ONU, New York.

Réponses aux questions a choix multiples

Questions Chapitres	1	2	3	4	5	6	7
2	b	c	a	b	b	c	d
3	c	b	a	c	d		
4	c	c	d	c	d		
5	c	c	d	c	a	b	c
6	c	d	c	c	b	c	d
7	a	c	c	b	d		
8	a	b	c	c	c	b	c

TABLE DES MATIÈRES

PREMIÈRE PARTIE
L'ÉQUILIBRE ÉCONOMIQUE

CHAPITRE IV :   Théorie de la détermination du revenu
et de ses fluctuations 99

QUATRIÈME PARTIE
L'ÉCONOMIE : UNE SCIENCE SOCIALE

Réalisé en P.A.O. par STDI - Z. A. Route de Couterne - 53110 LASSAY-LES-CHÂTEAUX
N° 391722P - *Imprimé en France*. - JOUVE, 11, bd de Sébastopol, 75001 PARIS